*exempla*

# Geschichte Geschehen

Rolf Brütting
Klaus Fieberg
Elke Fleiter
Rüdiger Fleiter
Annette Gümbel
Ulrich Höffer
Josef Scheele-von Alven
Volker Sinemus
Reinhard Sturm

**Ernst Klett Schulbuchverlag Leipzig**
Leipzig Stuttgart Düsseldorf

# GESCHICHTE & GESCHEHEN exempla

Geschichtliches Unterrichtswerk für die Sekundarstufe II


| | | |
|---|---|---|
| Verfasser: | Dr. Rolf Brütting | (Kursthema III, Kap. 1.2; 6.2) |
| | Klaus Fieberg | (Kursthema I, Kap. 1–2) |
| | Elke Fleiter | (Kursthema I, Kap. 3–4) |
| | Rüdiger Fleiter | (Kursthema I, Kap. 2–4) |
| | Annette Gümbel | (Kursthema III, Kap. 1–5) |
| | Ulrich Höffer | (Kursthema II, Kap. 4) |
| | Josef Scheele-von Alven | (Kursthema I, Kap. 3–4) |
| | Dr. Volker Sinemus | (Kursthema II, Kap. 3) |
| | Reinhard Sturm | (Kursthema II, Kap. 1–2) |



Kartenbearbeitung: Justus Perthes Verlag Gotha GmbH
Kartenredaktion: Willi Stegner

Grafiken: Rudolf Hungreder, L.-Echterdingen
Erhard Müller, Leipzig

Einbandgestaltung: Sabine Panster, Leipzig
Layoutentwurf: Sabine Golde, Leipzig

1. Auflage A 1 5 4 3 2 1 | 2006 2005 2004 2003 2002

Alle Drucke dieser Auflage können im Unterricht nebeneinander benutzt werden, sie sind untereinander unverändert. Die letzte Zahl bezeichnet das Jahr dieses Druckes.



Internetadresse: http://www.klett-verlag.de

Redaktion: Kerstin Meyer, Jens Sieberns

Satz: Ernst Klett Schulbuchverlag Leipzig GmbH, Leipzig
Tabellen und Grafiken: Karena Klepel, Monique Schygulla
Repro: Meyle & Müller GmbH + Co., Pforzheim
Druck: SCHNITZER Druck GmbH, 71404 Korb
ISBN 3-12-415120-8

9 783124 151209

# HINWEISE ZUM UMGANG MIT DIESEM BUCH

Die Bände der Reihe »Geschichte und Geschehen exempla« umfassen jeweils drei Kursthemen. Neben einer übersichtlichen inhaltlichen Gliederung erleichtern Ihnen folgende Symbole die Orientierung:

*Zeitleiste* – Da die Kapitelthemen nicht die Chronologie der historischen Ereignisse in den Vordergrund stellen, zeigt eine an den Anfang gestellte Zeitleiste die Rahmendaten jedes Kapitels im Überblick.

1850 Deutschland
1900 Universitäten

*Zwischenüberschriften* – Einzelnen Abschnitten der Verfassertexte sind jeweils in der Randleiste fett gedruckte Zwischenüberschriften zugeordnet. Als Schlagworte vermitteln sie eine Übersicht über die Inhalte der Textabschnitte.

**Der Adel**

*Grundbegriffe* – Wichtige Begriffe sind in Form kurzer Lexikonartikel erläutert.

**Autokratie** *(griech.*

*Quellenmaterialien* – Zu jedem Kapitel gibt es Materialien wie Text- und Bildquellen, Schaubilder und Karten. Sie sind innerhalb eines Kursthemas fortlaufend durchnummeriert. Bild- oder Kartenlegenden sowie bibliografische Hinweise zu den Zitaten finden Sie in der Randleiste bei den betreffenden Materialien.

**1** **»Zeit der Technik«**

*Textquellen* – Dieses Symbol setzt den Textquellenteil eines Kapitels deutlich von den Verfassertexten ab.

*Aufgaben* – Der Stift kennzeichnet Arbeitsaufträge zu den einzelnen Materialien. Aufgabenstellungen, die sich auf Bildmaterialien beziehen, finden Sie darüber hinaus direkt unter den Abbildungen in der Marginalie.

*Übergreifende Aufgaben* – Das gekonterte Aufgabenzeichen weist auf solche Aufgabenstellungen hin, die sich nicht auf einzelne Materialien beziehen, sondern zur Reflexion übergreifender Fragestellungen der Unterkapitel anregen wollen.

*Methodentraining* – Im Rahmen jedes Kursthemas wird Ihnen eine grundlegende Methode historischen Arbeitens vorgestellt. Sie ist jeweils als allgemeine Einführung zu verstehen und thematisch nicht gebunden.

M

*Referatvorschlag* – An geeigneter Stelle geben wir Ihnen Anregungen für Referatsthemen zu vertiefenden Fragestellungen oder historischen Hintergründen.

*Informationen aus dem Internet* – Von der Homepage des Verlages aus können Sie sich zu einzelnen Kursthemen im Internet informieren (www.klett-verlag.de). Das Symbol gibt Hinweise auf Themen, zu denen Sie hier Links finden.

*Anhang* – Ein Schlagwortregister liefert Ihnen die zentralen Begriffe und Themenstichworte des Bandes mit den zugehörigen Seitenangaben. Zudem haben wir Ihnen ausgewählte weiterführende Literatur zu den Schwerpunktthemen der Kapitel zusammengestellt.

**REGISTER**

# INHALT

# EINHEIT ODER TEILUNG EUROPAS? – ZUR BEDEUTUNG VON REVOLUTIONEN 1789–1989

**1 Nationalgarden pflanzen einen Freiheitsbaum.** Gouache von Pierre-Etienne Lesueur, um 1790.

## BEGINN UND NEUBEGINN

Revolutionen sind geschichtliche Prozesse mit einem besonders hohen Intensitätsgrad. In vergleichsweise kurzer Zeit ersetzen sie etwas Altes, noch Bestehendes, dem die Zeit schon zuzusetzen begonnen hat, durch etwas vollkommen Neues. Konkret handelt es sich dabei um grundlegende Umwälzungen der politischen Machtverhältnisse, des Rechtssystems, der Wirtschaft und der Gesellschaftsordnung. Die Auswirkungen von Revolutionen sind daher bis in die letzten Winkel des gesellschaftlichen wie des privaten Lebens zu spüren.

Doch Revolutionen wirken nicht nur auf die Menschen, sondern werden auch zu einem ganz entscheidenden Teil von der Bevölkerung selbst in die Wege geleitet und gestaltet. Vom Sonderfall einer »Revolution von oben« abgesehen, gehört es zu den charakteristischen Merkmalen von Revolutionen, dass sie unter Beteiligung eines großen Teils der Bevölkerung vonstatten gehen, ja dass sie gerade erst als Massenbewegung die nötige revolutionäre Durchschlagskraft entwickeln. Ob die beteiligten Bevölkerungskreise und -schichten im revolutionären Verlauf tatsächlich ihre Interessen durchsetzen und realisieren können oder ob sie nicht auf Dauer von den neuen Eliten einer Revolution für deren Zwecke und Interessen missbraucht werden, ist eine andere Frage.

Der Verlauf von Revolutionen wirft von Fall zu Fall in unterschiedlicher Dringlichkeit verschiedene Fragen auf:

- Revolutionäre Bewegungen haben zum Ziel, einen positiven Fortschritt in die Entwicklung menschlichen Zusammenlebens zu bringen. Werden die revolutionären Ideen aber dauerhaft ihren selbst formulierten Ansprüchen gerecht?

- Revolutionäre beanspruchen eine »übernationale« Reichweite ihrer Ideale. Wirken diese Vorstellungen tatsächlich international und wie realistisch ist ihre Umsetzung?
- Eskalieren Revolutionen zwangsläufig? Müssen sich am Ende die durchschlagskräftigsten Teile der revolutionären Bewegung als neue Despoten an die Stelle der alten Machthaber setzen?
- Können revolutionäre Prozesse an der Widersprüchlichkeit oder sogar der Gegensätzlichkeit ihrer Ideen und Ideale scheitern?

**2 Ein Diktator wird entsorgt.** Vier Jahrzehnte nach dem ersten Versuch befreit sich Ungarn von seiner sozialistischen Vergangenheit. Foto, 1990.

Dieses letzte Problem zeigte sich immer wieder in den zwei Hauptforderungen aus der Französischen Revolution, »Freiheit« und »Gleichheit«, die auch in darauf folgenden Revolutionen zu wichtigen Postulaten der Aufständischen wurden. Freiheit als Alternative zur Unfreiheit bezog sich in Revolutionen immer auf die äußeren Umstände – im Gegensatz etwa zur Gewissensfreiheit. Die Forderung des liberalen Bürgertums seit der Französischen Revolution, individuelle Freiheitsrechte für alle Menschen in Verfassungen zu verankern und Wirtschaftsfreiheit zu schaffen, sind Ausdruck dieses Verständnisses. Mit dem Freiheitsgedanken verknüpft wurde die Forderung nach Gleichheit aller Menschen. Ein genauerer Blick muss unterscheiden zwischen politischer, sozialer bzw. wirtschaftlicher Gleichheit und Rechtsgleichheit. Die Schaffung der Gleichheit vor dem Gesetz schuf die Voraussetzung für eine kapitalistische liberale Marktgesellschaft. Doch an diesem Punkt offenbarten sich immer wieder gegensätzliche Ansprüche von Freiheit und Gleichheit und entzündeten sich Konflikte:

- Geht eine unbeschränkte Freiheit des Einzelnen – insbesondere im Wirtschaftsleben – nicht auf Kosten der sozial Schwachen einer Gesellschaft?
- Schränkt andersherum eine Absicherung sozial schwacher Personen nicht die Freiheitsrechte des Individuums ein?

Bleibt zu fragen, wie die revolutionären Kräfte in den vier hier behandelten Revolutionen Freiheit und Gleichheit gewichteten und welche Folgen daraus für den Revolutionsverlauf und die nachrevolutionären Gesellschaften erwuchsen.

Die hier ausgewählten »europäischen« Revolutionen werfen schließlich die Frage auf, in welchem geschichtlichen Zusammenhang sie zueinander stehen. Markierte die Französische Revolution 1789 den Beginn eines Prozesses, der durch die gescheiterten Versuche von 1848 zurückgeworfen wurde, dann mit der russischen Oktoberrevolution 1917 für mehr als ein halbes Jahrhundert auf Abwege führte, aber schließlich mit den friedlichen Revolutionen in Osteuropa 1989/90 in eine europäische Gemeinschaft von Demokratien mündete? Sind also alle Revolutionen Stationen auf einem langen Weg von ersten freiheitlichen und sozialen Bewegungen einzelner Länder hin zu einer gemeinsamen Union demokratischer Nationalstaaten? Dabei ist von speziellem Interesse, wie sich im Rahmen dieses Prozesses die »Deutsche Frage« stellte und welche Lösung sie schließlich gefunden hat.

# 1. 1789 – EINE MODELLREVOLUTION FÜR EUROPA?

**3 Der Sturm auf die Bastille am 14. Juli 1789,** zeitgenössisches Gemälde.

Mit den Bildern auf dieser Doppelseite wurde und wird immer wieder der Beginn der revolutionären Ereignisse illustriert, die Frankreich und Europa mehr als ein Jahrzehnt in Atem hielten und die bis heute kontrovers beurteilt werden.

Die Erstürmung der Bastille am 14. Juli 1789 durch das bewaffnete Volk von Paris gilt als Beginn der Französischen Revolution. Die mächtige, hässliche Festung als Schauplatz von Verbrechen, Willkür und Unmenschlichkeit versinnbildlicht das Ancien Régime, auch wenn in dem Staatsgefängnis in Wahrheit nur noch wenige Gefangene saßen. In Gestalt der Pariser Aufständischen tritt das ganze französische Volk auf. Befürwortern der Revolution, Liberalen und Anhängern der Republik, gilt der im Bild dargestellte Gewaltausbruch als

- Befreiung der in der Bastille eingekerkerten und misshandelten Insassen,
- gerechte Reaktion des Volkes für erlittene Ungerechtigkeit und Unterdrückung,
- eigene Befreiung von der Tyrannei und Aufbruch ins Zeitalter der Freiheit.

In diesem Sinne begeht Frankreich den 14. Juli bis heute als Nationalfeiertag. Konservative kritisieren jedoch die Gewaltanwendung beim Bastillesturm – sie sehen darin die spätere Schreckensherrschaft der Revolutionäre angekündigt.

Das zweite Bild zeigt den Ballhausschwur vom 20. Juni 1789, wenige Tage vor dem Bastillesturm. Die Abgeordneten der neu gegründeten Nationalversammlung schwören, sich nicht zu trennen, bevor sie dem Königreich eine Verfassung gegeben haben. Der Maler Jacques Louis David hat diesen Vorgang in allegorischer Weise verklärt und damit einen später oft kopierten Bildtyp geschaffen.

Der Ballhausschwur verkörpert im Gegensatz zum Bastillesturm den gewaltlosen Widerstand als Hoffnung tragendes Prinzip. Für die Anhänger der Revolution steht der gemeinsame Schwur als Sinnbild für den Sturz der alten, tyrannischen Herrschaft und die Prinzipien Freiheit, Gleichheit und Brüderlichkeit. Die Darstellung betont auch den Grundsatz der Öffentlichkeit und des Parlamentarismus. Die spontane Aktion, in auffälligem Kontrast zu dem ausgeklügelten Hofzeremoniell von Versailles, vollzieht sich in einem kargen, keineswegs prunkvollen Saal.

Die Französische Revolution hat von Beginn an Frankreich und Europa in zwei Lager gespalten und kontroverse Stellungnahmen hervorgerufen. Diskutiert werden bis heute Ursachen, Träger, Ziele, Verlauf und lang anhaltende Wirkungen der Revolution. Verschiedentlich wurde die Französische Revolution als Muster für politische Revolutionen interpretiert. Der Historiker Theodor Schieder betonte das Neuartige an der Französischen Revolution: Im Gegensatz zu einem bloßen Wechsel der Staatsführung handele es sich in Frankreich um einen grundlegenden Wechsel der Lebensverhältnisse – eine »Totalrevolution«.

**Revolution** – *wörtlich: Umwälzung – meint eine tief greifende Änderung der Verhältnisse. Im politischen Bereich wird damit eine schnelle, oft gewaltsam gegen den Willen der Herrschenden herbeigeführte Umgestaltung der Staats- und Rechtsverhältnisse bezeichnet. Mit der Französischen Revolution bekam das Wort die Bedeutung einer radikalen Umgestaltung historisch gewachsener Verhältnisse zugunsten einer neuen, nach Grundsätzen der Vernunft zu gestaltenden politischen und gesellschaftlichen Ordnung. Ausgelöst werden Revolutionen meist durch Gruppen- oder Massenbewegungen, die offen ihren Widerstand gegen die bestehende Ordnung artikulieren. Für gegenläufige, meist bewahrende Bestrebungen wurde in der Französischen Revolution der Begriff »Konterrevolution« geprägt.*
*Seit Karl Marx unterscheidet man nach betroffenen Bereichen zwischen politischer, sozialer und kultureller Revolution oder nach Trägern zwischen bürgerlicher oder proletarischer Revolution. Wird eine Revolution von der Regierung veranlasst, spricht man von einer Revolution von oben. In diesem Fall ist der Übergang zwischen Revolution und Reform oft fließend.*

**4 Der Ballhausschwur vom 20. Juni 1789.** Im Oktober 1790 erhielt der Abgeordnete und Maler Jacques Louis David den Auftrag, den »Ballhausschwur« in einem Kolossalgemälde – Personen in Lebensgröße – für den Sitzungssaal der Nationalversammlung festzuhalten. Seine Federzeichnung fand 1791 große Zustimmung; das Gemälde wurde jedoch nie vollendet, weil einige der abgebildeten Akteure von 1789 inzwischen als Verräter an der Revolution galten.

## 1.1 Ursachen und Vorboten der Revolution

**Anciem Régime und Absolutismus**

Die Ursachen der Französischen Revolution reichen zurück in die Epoche des Absolutismus und des Ancien Régime. Dieser Begriff, den erst die Revolutionäre zur Benennung der überkommenen Ordnung wählten, beschreibt eine Ständegesellschaft, die geprägt war von der sozialen und politischen Vorherrschaft des Adels, von feudalen Eigentumsrechten, Steuerprivilegien, grundherrschaftlichen Rechten und Relikten persönlicher Unfreiheit. Die französische Gesellschaftsordnung bestand seit etwa 1600 in relativ stabiler Weise.

Frankreich war eine absolute Monarchie; dies drückte sich vor allem in seiner Verfassungs- und Verwaltungsstruktur aus. An der Spitze stand der König. Intendanten waren der Verwaltung übergeordnet und setzten mit weit reichenden Vollmachten die königlichen Befehle um. Trotz des Zentralismus besaß Frankreich keine Rechts- und Wirtschaftseinheit – dem standen Sonderrechte einzelner Provinzen sowie unterschiedliche Steuerarten und -sätze im Wege. Hier zeigte sich bereits die Schwäche des vermeintlich absolutistischen Staates, der damit wesentlich zu seinem eigenen Sturz beitrug.

**Aufklärung**

Neben sozialen und ökonomischen Hintergründen ist ein Komplex geistig-psychologischer und politischer Ursachen für die revolutionäre Situation am Ende des 18. Jahrhunderts verantwortlich; hervorzuheben ist die Aufklärung. Geistige Wegbereiter der revolutionären Neugestaltung Frankreichs waren insbesondere

- Charles de Montesquieu (1689–1755) mit seinem Modell der Gewaltenteilung,
- François-Marie Arouet de Voltaire (1694–1778) mit seiner Kritik an Verwaltung und Rechtsprechung,
- Denis Diderot und Jean d'Alembert als Herausgeber der »Enzyklopädie der Wissenschaften, der Künste und des Handwerks« (1751–1780),
- Jean-Jacques Rousseau (1712–1778) mit seiner Idee vom Gesellschaftsvertrag und idealen Gemeinschaftswillen (»volonté générale«) aller mündigen Bürger.

**5 Zeitungsverkäuferin.** Erst nachdem 1789 die Pressefreiheit verkündet wurde, konnte sich dieser neue Beruf durchsetzen. Aquarell von Louis Philibert Debucourt, 1790.

Die Aufklärer forderten Rechtsgleichheit aller Menschen, Trennung und gegenseitige Kontrolle der politischen Gewalten, Abschaffung der Privilegien und eine Beteiligung des besitzenden Bürgertums an der Macht. Einige Vorstellungen fanden auch Anhänger beim Adel , insbesondere dann, wenn sie zugleich eine Einschränkung der absolutistischen Macht des Königs zum Ziel hatten. Popularität erlangten die aufklärerischen Ideen durch politische Publikationen, Flugschriften und Journale. Die Aufklärung schuf so eine neue Form politischer Öffentlichkeit.

**Vertragslehre** *Diese staatstheoretische Lehre geht von der Existenz eines Gesellschafts- oder Staatsvertrages aus, der den rechtlosen »Naturzustand« durch eine freie Vereinbarung der einzelnen Menschen miteinander beendet. Unterschieden wird zwischen einem nicht mehr aufkündbaren Unterwerfungsvertrag (Hobbes) und dem Gesellschaftsvertrag (Rousseau) als einer Vereinbarung auf Gegenseitigkeit zwischen freien Individuen oder – so noch für die Epoche des Absolutismus – zwischen dem Fürsten und dem Volk. Diese Lehre sieht bei einem Missbrauch von Herrscherrechten (Vertragsbruch) das Recht des Volkes vor, den Herrscher zur Rechenschaft zu ziehen oder Widerstand zu leisten.*

## 6 Soziale und wirtschaftliche Situation bis 1789

**a)** Verteilung des Grundbesitzes 1789:

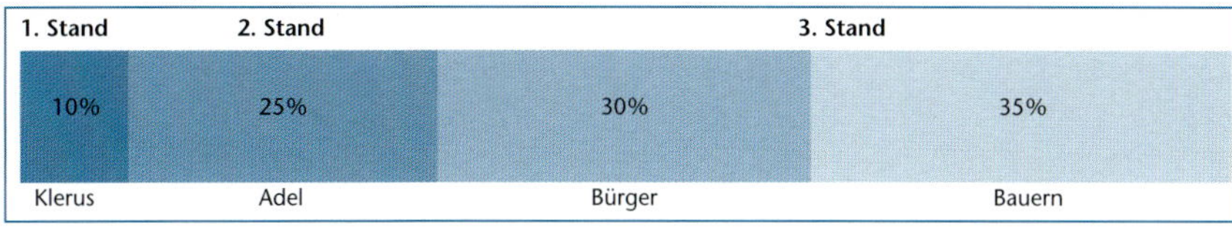


**b)** Wirtschaftliches Wachstum 1730–1789:

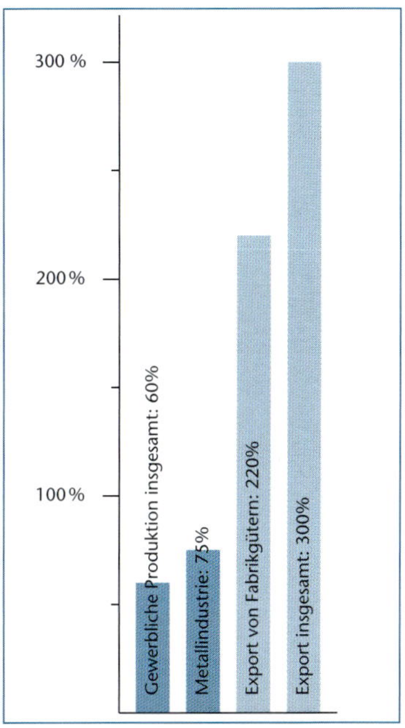


**c)** Steigerung der durchschnittlichen Lebenshaltungskosten und Löhne 1730–1789:

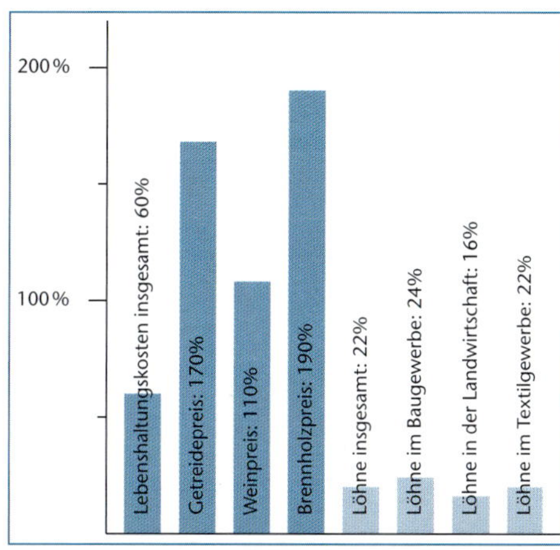


François Furet/Denis Richet, Die Französische Revolution, Frankfurt/Main 1968, S. 29 f. Zit. nach: Volkmar Wittmütz (Hrsg.), Die Französische Revolution, Frankfurt/Main 1983, S. 8.

**d)** Der dritte Stand nach der 1780 erschienenen Studie eines französischen Abtes:

| Bürgertum | Anzahl | Frauen und Kinder |
|---|---|---|
| Kapitalrentner, Finanzberufe, Kaufleute, Ladenbesitzer, Handwerker | 1 Mio. | 3 Mio. |
| Professoren, Anwälte, Ärzte, Apotheker | 25 000 | 75 000 |
| Militärpersonen | 300 000 | 50 000 |
| Beamte der Reichs- und Finanzverwaltung | 60 000 | 240 000 |
| Seefahrer | 70 000 | 210 000 |
| Flussfischer, Flößer | 10 000 | 30 000 |
| Bediente | Männer: 1 Mio. | Frauen: 920 000<br>Kinder bis 15 Jahre: 122 000 |

| Bauern | Anzahl | Frauen und Kinder |
|---|---|---|
| Viehbauern | 426 000 | 1,7 Mio. |
| Wein- und Ackerbauern | 1 Mio. | 3,5 Mio. |
| Landarbeiter und Tagelöhner | 2,5 Mio. | 7,5 Mio. |

**e) Gesellschaftliche Gliederung – der erste und der zweite Stand:**

| | Erster Stand: Klerus | Zweiter Stand: Adel |
|---|---|---|
| Anzahl | ca. 130 000 Personen (0,5 % der Bevölkerung) | ca. 350 000 Personen (1,5 % der Bevölkerung) |
| Innere Gliederung | 1. Hohe Geistlichkeit:<br>143 Bischöfe und Äbte<br>8000 Domherren und Prälaten adliger Herkunft mit bedeutenden Einkünften<br>2. Niedrige Geistlichkeit:<br>bäuerliche bzw. bürgerliche Herkunft, z. T. ärmliche Verhältnisse<br>60 000 Pfarrer und Vikare<br>25 000 Ordensbrüder<br>35 000 Nonnen | 1. Hofadel:<br>ca. 4000 Familien, die dem König vorgestellt worden waren und am Hof lebten, Ehrenämter, Pensionen<br>2. Landadel:<br>unterschiedlicher Besitz, z. T. verarmt<br>Ursprung:<br>1. Schwertadel: feudaler und militärischer Ursprung im Mittelalter<br>2. Amtsadel: durch Kauf richterlicher und verwaltender Ämter mit adelndem Charakter |
| Privilegien | Befreiung von Militärdienst und allen Steuern, dafür freiwillige Steuerabgabe, Erhebung eigener Steuern (Zehnt), Ehrenrechte, eigene Gerichtsbarkeit | Befreiung von den meisten Steuern, Feudalrechte (Hand- und Spanndienste, Jagdrecht), Anrecht auf Ämter und Pfründen, bezahlte Ehrenstellen in Verwaltung und Armee |
| Pflichten | Armen- und Krankenfürsorge, Unterrichtswesen | ursprünglich Militärdienst, im 18. Jahrhundert keine Gegenleistung |
| Beschränkungen | | Verbot der Betätigung in Handel und Industrie (außer in Kolonien) |

K. Griewank, Die Französische Revolution 1789–1795, 4. Aufl. Köln 1972, S. 10 ff. und François Furet/Denis Richet, Die Französische Revolution, Frankfurt/Main 1968, S. 26 ff. Zit. nach: Volkmar Wittmütz (Hrsg.), Die Französische Revolution, Frankfurt/Main 1983, S. 8.

1. Charakterisieren Sie anhand der statistischen Daten in 6a–c die wirtschaftliche Situation im Frankreich des 18. Jahrhunderts.
2. Erstellen Sie ein knappes Gesamtbild der französischen Gesellschaftsordnung (6d und e).
3. Setzen Sie die statistischen Daten aus 6a und c mit Ihren Informationen über die Gesellschaftsordnung in Beziehung. Diskutieren Sie, welche Auswirkungen die wirtschaftliche Lage vermutlich auf die drei Stände gehabt hat.
4. Überlegen Sie, wo die wirtschaftliche und die gesellschaftliche Situation Frankreichs revolutionäres Potenzial barg (6a–e).

## 7 Forderungen der Bevölkerung

**Aus dem Beschwerdeheft des Dorfes Chérancé (Provinz Anjou) vom 6. März 1789:**

Die Einwohner verlangen

1. die vollständige Abschaffung der Salzsteuer, einer wahren Geißel im Staate;
2. die Abschaffung der grundherrlichen Gerichtsbarkeiten;
3. den freien Verkauf von Tabak;
4. die Abschaffung der Zölle im Innern des Königreiches;
5. die freie Jagdausübung für jeden Grundbesitzer, da es nicht gerecht ist, dass die Ernten verwüstet werden, nur um der Prahlsucht der Adligen zu schmeicheln und die Bauern zu ruinieren;
6. die Ablösung der Abgaben, die den Grundherren und der Kirche geschuldet werden, und zwar die Gebühren zum zwanzigfachen Betrag und die Naturalabgaben zum fünfundzwanzigfachen;

7. Gleichbehandlung bei den Steuern, die anlässlich der Generalstände geregelt werden sollen; [...]
9. Abschaffung des Feudalwesens und Aufhebung der Benutzungspflicht für die Backöfen des Grundherrn; [...]
Sie verlangen ferner:
11. Die Bäume an den Wegen sollen den Grundstücksanliegern erhalten bleiben.
12. Es sollen nur noch Steuern anerkannt werden, die von den Generalständen festgesetzt werden. [...]
14. Es soll eine Straße von Craon nach Segré gebaut werden, um die Versorgung der ganzen Region Bas-Anjou zu erleichtern.
15. Die Geistlichen und die Adligen sollen der allgemeinen Steuer unterworfen werden.
16. Bischöfe, Pfarrer und Vikare sollen in ihrem Amt verbleiben, doch alle übrigen Kirchenämter sollen nach dem Ableben ihrer Inhaber aufgehoben werden und deren Vermögenswerte zugunsten des Staates verkauft werden. [...]
18. Die Minister sollen über die Gelder, die ihnen anvertraut werden, Rechenschaft ablegen müssen.

P. Goubert/M. Denis, 1789. Les Français ont la parole. Cahiers de Doléances des Etats généraux, Paris 1964, S. 32f. (Übersetzung: A. Moser)

1. Stellen Sie dar, auf welche Grundprobleme die Dorfbewohner aufmerksam machen. Ordnen Sie die Forderungen nach politischen, wirtschaftlichen und sozialen Kategorien.
2. Erörtern Sie, welche Forderungen eine grundlegende Veränderung des bestehenden Systems bedeuteten.

## 1.2 Chronologie und Struktur der Revolution

**Die Phasen der Französischen Revolution**

Die Geschichtswissenschaft teilt historische Abläufe in zeitliche Abschnitte ein. Von den Zeitgenossen wurden – bzw. werden – solche Phasen meist nicht wahrgenommen; erst aus der Distanz ergibt sich eine Periodisierung. In jeder zeitlichen Gliederung drückt sich eine bestimmte Bewertung der Geschichte aus. Die Französische Revolution wird gemeinhin in drei oder vier Hauptphasen eingeteilt:

- 1786–1789: »Pré-Révolution« (die so genannte Vorrevolution),
- Mai 1789 bis August 1792: erste eigentliche Revolutionsphase (konstitutionelle Monarchie, Menschen- und Bürgerrechte, Verfassung),
- 1792–1794: Konventsherrschaft. September 1793 bis Juli 1794: Diktatur des Wohlfahrtsausschusses, Terrorregime, Krieg.

Einige Historiker sehen im Sturz Robespierres 1794 das Ende der Revolution. Die meisten Geschichtswissenschaftler beziehen aber die Phase der bürgerlichen Republik zwischen 1794 und 1799 in die Gesamtepoche der Revolution mit ein.

**Drei parallele Revolutionen**

Auch für die inhaltliche Gliederung geschichtlicher Abläufe gilt: Strukturierungen spiegeln bestimmte Sichtweisen desselben Vorganges wider. Der französische Historiker Clemenceau sah in der Französischen Revolution einen Block. Dagegen sehen die Historiker François Furet und Denis Richet »drei teleskopartig ineinander geschobene, gleichzeitige und selbstständige Revolutionen«:

1. die gemäßigte Verfassungsrevolution der aufgeklärten Eliten,
2. die radikal-demokratische, z. T. soziale Revolution der städtischen Grundschichten, insbesondere in Paris,
3. die Revolution der traditionsverhafteten bäuerlichen Landbevölkerung.

## 8 Der Revolutionsprozess als ein Geflecht von drei autonomen Revolutionen

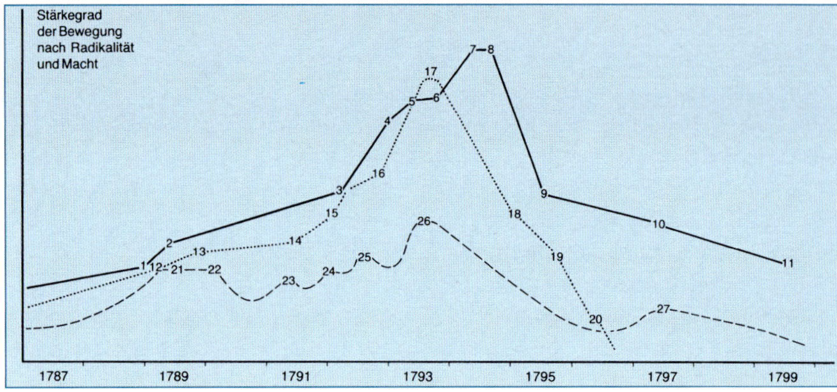


**Revolution der aufgeklärten Eliten:** (durchgezogene Linie)

1 17. Juni 1789 Konstituierung der Nationalversammlung durch den dritten Stand

2 4.–11. August 1789 Abschaffung feudaler Privilegien
26. August 1789 Menschen- und Bürgerrechte
20. April 1792 Kriegserklärung an Österreich

3 10. August 1792 Sturz des Königtums
1. Februar 1793 Kriegserklärung an England und Holland

4 21. Januar 1793 Hinrichtung des Königs

5 31. Mai–2. Juni 1793 Vertreibung der Girondisten durch radikale Jakobiner
23. August 1793 Einführung der allgemeinen Wehrpflicht

6 10. Oktober 1793 Beschluss der Revolutionsregierung, bis zum Frieden im Amt zu bleiben

7 10. Juni 1794 Beginn des »Großen Terrors«

8 27. Juli 1794 Sturz der Jakobinerdikatur

9 22. August 1795 Direktorialverfassung

10 4. September 1797 Staatsstreich des Direktoriums

11 9./10. November 1799 Staatsstreich Napoleons

**Revolution der Pariser Bevölkerung:** (gepunktete Linie)

12 14. Juli 1789 Sturm auf die Bastille

13 5./6. Oktober Zug der Marktfrauen nach Versailles

14 17. Juli 1791 Massaker auf dem Marsfeld

15 20. Juni 1792 Demonstration in den Tuilerien

16 2.–6. September 1793 Septembermorde

17 4./5. September 1793 Pariser Sansculottenaufstand

18 20.–23. Mai 1795 Prairialaufstand der Pariser Sansculotten

19 10. Mai 1796 Verhaftung Babeufs und seiner Freunde

20 Neojakobinismus

**Bauernrevolution:** (gestrichelte Linie)

21 Juli 1789 »Große Furcht«

22 Dezember 1789 bis Januar 1790 Aufstandswelle (Bretagne, Limousin, Périgord, Quercy, Rouergue, Agenais)

23 Juni–August 1791 Aufstände in den Départements Somme, Seine-et-Oise, Seine-et-Marne, Yonne, Charente, Creuse, Corrèze und in Südwestfrankreich

24 Winter 1791/92 Aufstände in Mittel-/Südwestfrankreich

25 Juli–Oktober 1792 Aufstandswelle, besonders im Westen

26 März–Oktober 1793 Vendée-Aufstand

27 1797 Royalistenaufstand niedergeworfen (Beginn: 1792)

Funkkolleg Geschichte, Studienbegleitbrief 8, S. 73, Zeichnung von Rolf Reichardt, Mainz. Zit. nach: Gunhild Wilms (Hrsg.), Revolutionen und Reformen 1789–1848/49, Frankfurt/Main 1990, S. 10.

## 1.3 Die Phase der Vorrevolution – »Pré-Revolution«

Nach dem Amtsantritt Ludwigs XVI. im Jahre 1774 hatten mehrere Finanzminister versucht, die staatliche Finanzkrise mit zum Teil tief greifenden Reformen zu überwinden. Vorschläge zielten z. B. auf eine landeseinheitliche Grundsteuer für alle Stände, Gewerbefreiheit sowie die Aufhebung von Frondiensten und Zünften. Doch alle Reformversuche scheiterten am Widerstand der Adelsopposition. Die Verweigerung königlicher Reformgesetze durch die Parlamente, die obersten Gerichtshöfe, trug zur Inflexibilität der Rechts-, Wirtschafts- und Verfassungssituation bei.

1787 berief der König die so genannte Notabelnversammlung aus hochgestellten Würdenträgern und Adligen ein, um im Sinne des Königs die Staatsfinanzen zu reorganisieren. Doch die Versammlung lehnte die vorgeschlagene Steuerreform ab. Stattdessen verlangte sie die Beteiligung der schon seit 1614 nicht mehr zusammengetretenen Generalstände an der Gesetzgebung. Die Generalstände hatten als ursprünglich vorabsolutistische Einrichtung den Ständen weit reichende Mitspracherechte gesichert. Im Verlauf des 17. und 18. Jahrhunderts hatte sich die Stellung des Königs jedoch verstärkt und die Ständeversammlung machtlos werden lassen. Nun erhofften sich Adel und Klerus größeren politischen Einfluss, eine Schwächung der Monarchie und eine Rückkehr zum Ständestaat.

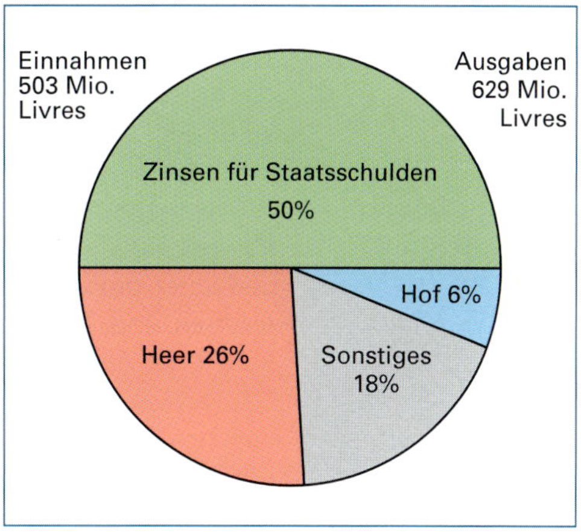


**9 Der französische Staatshaushalt 1788.** Der große Heereskostenanteil beruht auf der Unterstützung der amerikanischen Kolonien gegen England.

Untersuchen Sie, inwiefern der Staatshaushalt die Politik des Ancien Régime widerspiegelt.

**10 Die Eröffnung der Generalstände.** Darstellung auf einem Fächer.

Unterscheiden Sie die Stände nach Kleidung und Sitzordnung.

**Beschwerden**

Mit der Einberufung der Generalstände forderte Ludwig XVI. die Stände auf, Beschwerdehefte zu verfassen. An die 40 000 »Cahiers de doléances« kamen zustande. Noch heute bilden sie eine ausgezeichnete Basis für die Einschätzung der Stimmungen sowie der politischen, wirtschaftlichen und sozialen Forderungen der Bevölkerung. Von einer Abschaffung des Königtums jedoch war zu diesem Zeitpunkt auf keiner Seite die Rede.

**Neue politische Öffentlichkeit**

Die verspäteten Reformansätze des Königs verschärften die politische Diskussion. Das gesteigerte Selbstbewusstsein des Bürgertums zeigte sich in politischen Klubs und einer großen Anzahl von Flugschriften, in denen der dritte Stand seine Interessen und Reformvorschläge formulierte. Das bedeutendste Beispiel ist die Schrift des Abbé Sieyès »Qu'est-ce que le tiers-état?« (Was ist der dritte Stand)? Der Verfasser gehörte als Abt dem ersten Stand an – seine Schrift verweist darauf, dass sich innerhalb der beiden privilegierten Stände eine Reihe reformwilliger Personen mit den Interessen des dritten Standes identifizierten.

## 1.4 Revolution 1789

**Verfassungsrevolution**

Im Mai 1789 tagten die Generalstände in Versailles zunächst getrennt. Nachdem die Versammlung durch einen Streit über den Abstimmungsmodus lahm gelegt schien – der dritte Stand sah sich einem deutlichen Übergewicht der ersten beiden Stände gegenüber –, forderten die Abgeordneten des dritten Standes die beiden privilegierten Stände auf, sich gemeinsam zu versammeln. Am 17. Juni erklärten sich die Abgeordneten, unter ihnen jetzt auch reformwillige Adlige und Kleriker, zur Nationalversammlung. Drei Tage später legten sie den Eid ab, Frankreich eine neue, gerechte Verfassung zu geben. Der König erkannte die neue Situation nur scheinbar an und forderte Klerus und Adel auf, sich der Nationalversammlung anzuschließen; gleichzeitig ließ er Truppenverbände aufmarschieren. Die politische Gesamtverantwortung verlagerte sich von der Krone auf die gewählte Vertretung, die Nationalversammlung. Konsequenterweise erklärte sich die Nationalversammlung am 7. Juli zur verfassunggebenden Versammlung. Nach amerikanischem Vorbild entschloss man sich, der auszuarbeitenden Verfassung eine »Erklärung der Menschen- und Bürgerrechte« voran zu stellen.

**Städtische Revolution**

Zum dauerhaften Erfolg der Verfassungsrevolution der aufgeklärten Eliten trug die parallele städtische Volksrevolution bei. Vor dem Hintergrund wirtschaftlicher Krisenerscheinungen wie Lebensmittelknappheit, Teuerung und Arbeitslosigkeit verschärften Gerüchte über sich auf Paris zu bewegende königliche Regimenter die Situation. Als der populäre Finanzminister Necker entlassen und durch antireformerische Minister ersetzt wurde, befürchtete die Bevölkerung ein »aristokratisches Komplott«. Eine Linderung der sozialen Lage schien aussichtslos – und bald artikulierte die Bevölkerung ihre Interessen auf Massenversammlungen. Am 14. Juli gipfelte der Volksaufstand im Sturm auf die Bastille, eine als Staatsgefängnis genutzte Festung. Erneut beugte sich der König: Die Truppen wurden zurückgezogen, Necker und andere liberale Minister wieder eingesetzt. In Paris und anderen Städten übernahmen Bürger die Verwaltung. Zum Schutz gegen äußere Feinde und drohende Anarchie im Innern wurde die Nationalgarde aufgestellt.

Referieren Sie über die Bauernunruhen und die »große Furcht« auf dem Lande. Berücksichtigen Sie die Ausbreitung und die Gründe für diese Panik.

Die dritte revolutionäre Bewegung auf dem Land setzte wiederum die Revolution in Versailles unter Zugzwang: Durch die Bauernunruhen fühlten sich auch Teile des dritten Standes bedroht, sofern sie durch Kauf in den Besitz grundherrschaftlicher Rechte gelangt waren. Darüber hinaus sahen die Vertreter der Nationalversammlung bürgerliche Eigentumsrechte gefährdet. Die Konstituante reagierte und schaffte in ihrer Sitzung vom 4./5. August 1789 die Feudalität ab. In der Begeisterung über diesen sensationellen Schritt wurden nur wenige kritische Stimmen laut. Doch das »patriotische Opfer«, das die Bauernrevolte erzwungen hatte, war ein geschickter Kompromiss. Zwar wurden die auf Personen lastenden Rechte beseitigt, nicht aber die den Boden belastenden. Erst 1793, unter gänzlich veränderten politischen Bedingungen, wurden die letzten Reste des Feudalismus abgeschafft.

**11 Pariser Marktfrauen und Nationalgardisten** bringen den König von Versailles nach Paris. Nachträglich kolorierte zeitgenössische Zeichnung.

## 12 Von den Generalständen zur Nationalversammlung

**Am 17. Juni 1789 erklärten sich die Generalstände zur Nationalversammlung:**
Nach Prüfung der Vollmachten stellt diese Versammlung fest, dass sie sich bereits aus den Abgeordneten zusammensetzt, die von zumindest 96 % des Volkes entsandt worden sind.

Eine derartige Masse von Vertretern darf nicht inaktiv bleiben, weil die Abgeordneten einiger Kreise oder einiger Klassen von Bürgern fehlen; denn die Abwesenden, die zur Teilnahme aufgerufen waren, können die Anwesenden nicht daran hindern, ihre Rechte voll auszuüben, besonders wenn die Ausübung dieser Rechte zu einer gebieterischen und dringenden Pflicht geworden ist. […]

Die Benennung »Nationalversammlung« ist die einzige, die bei dem gegenwärtigen Stand der Dinge der Versammlung zukommt, sowohl weil die Mitglieder, aus denen sie sich zusammensetzt, die einzigen Vertreter sind, die gesetzlich und öffentlich anerkannt und bestätigt sind, als auch weil sie direkt von nahezu dem gesamten Volk entsandt worden sind, als auch weil – da die Versammlung einen unteilbare Einheit darstellt – keiner der Abgeordneten, von welcher Schicht oder Klasse er auch gewählt sein mag, das Recht besitzt, seine Funktionen getrennt von der gegenwärtigen Versammlung auszuüben. Die Versammlung wird nie die Hoffnung aufgeben, in ihrer Mitte alle heute noch abwesenden Abgeordneten zu vereinigen; sie wird nicht davon ablassen, sie zur Erfüllung der ihnen auferlegten Verpflichtung anzuhalten, an der Abhaltung der Generalstände mitzuwirken. Sie erklärt schon jetzt, dass sie, sobald im Laufe der jetzt beginnenden Tagung die abwesenden Abgeordneten erscheinen, gern dazu bereit ist, sie aufzunehmen und mit ihnen, nach Überprüfung ihrer Vollmachten, weiter die großen Arbeiten zu verfolgen, die zu der Wiedergeburt Frankreichs führen sollen. Die Nationalversammlung beschließt, dass die Beweggründe des vorliegenden Beschlusses sofort schriftlich formuliert werden, damit sie dem König und dem Volk vorgelegt werden.

Im Oktober 1791 zwangen Pariser Marktfrauen und Nationalgardisten die königliche Familie zum Umzug nach Paris. Die Nationalversammlung folgte wenige Tage später. Schließen Sie aus der Zeichnung (11) auf Anlass und Verlauf des Zuges. Informieren Sie sich über Ziele und Ausgang des Aufstandes und erklären Sie die starke Beteiligung der Pariser Marktfrauen.

Zit. nach: Irmgard und Paul Hartig, Die Französische Revolution, Stuttgart 1984, S. 41.

1. Fassen Sie zusammen, welche Bedeutung für die Mitglieder der Nationalversammlung die Zusammensetzung ihrer Versammlung spielt (12). Ziehen Sie zum Vergleich die statistischen Daten über die französische Gesellschaftsordnung heran (6a, d und e). Problematisieren Sie die Angabe »96% des Volkes«.
2. Arbeiten Sie mithilfe des Verfassertextes heraus, worin das Revolutionäre an der Benennung zur Nationalversammlung liegt (12).
3. Erörtern Sie, inwieweit Ihre Einschätzung mit dem Selbstverständnis der neu gegründeten Nationalversammlung übereinstimmt (12).

## 13 Menschen- und Bürgerrechte

**a) Aus der Erklärung der Menschen- und Bürgerrechte vom 26. August 1789:**

**1.** Die Menschen werden frei und gleich an Rechten geboren und bleiben es. Die gesellschaftlichen Unterschiede können nur auf dem allgemeinen Nutzen begründet werden.

**2.** Der Zweck jeder staatlichen Vereinigung ist die Erhaltung der natürlichen und unverjährbaren Menschenrechte. Diese Rechte sind Freiheit, Eigentum, Sicherheit und Widerstand gegen Unterdrückung.

**3.** Der Ursprung jeder Herrschaft liegt wesensmäßig beim Volke; keine Körperschaft, kein Einzelner kann Herrschaft ausüben, die nicht ausdrücklich von ihm ausgeht.

**4.** Die Freiheit besteht darin, alles tun zu können, was einem anderen nicht schadet (Die Grenzen der Freiheit bestimmt allein das Gesetz).

**5.** Das Gesetz darf nur die Handlungen verbieten, die der Gesellschaft schaden. Nur das, was das Gesetz verbietet, kann untersagt werden, und niemand kann zu einer Handlung gezwungen werden, die das Gesetz nicht gebietet.

**6.** [...] Da alle Bürger vor dem Gesetz gleich sind, so sind sie auch alle in der gleichen Weise zu allen Ehrenämtern, öffentlichen Stellungen und Beschäftigungen gemäß ihren Fähigkeiten zugelassen, ohne einen anderen Unterschied als den ihrer Kräfte und Geistesgaben.

**7.** Niemand darf außer in den durch das Gesetz bestimmten Fällen angeklagt, verhaftet oder gefangen gehalten werden und nur nach den Formen, die es vorgeschrieben hat. Wer willkürliche Anordnungen empfiehlt, erlässt, ausführt oder ausführen lässt, soll bestraft werden; aber jeder Bürger, der kraft des Gesetzes vorgeladen oder festgenommen wird, muss sofort gehorchen; durch Widerstand macht er sich strafbar.

**8.** Das Gesetz darf nur Strafen festsetzen, die unbedingt und offenbar notwendig sind, und man kann nur bestraft werden aufgrund eines Gesetzes, das vor der Straftat festgelegt und verkündet war und gesetzmäßig angewendet wurde.

**9.** Da jeder Mensch so lange für unschuldig gehalten wird, bis er für schuldig erklärt worden ist, soll, wenn seine Verhaftung für unumgänglich erachtet wird, jede Härte, die nicht notwendig wäre, um sich seiner Person zu versichern, durch das Gesetz streng unterbunden werden.

**10.** Niemand darf wegen seiner Ansichten, selbst nicht der religiösen, bedrängt werden, vorausgesetzt, dass ihre Äußerung nicht die durch das Gesetz festgelegte öffentliche Ordnung stört.

**11.** Die freie Mitteilung der Gedanken und Ansichten ist eines der kostbarsten Menschenrechte; daher kann jeder Bürger frei sprechen, schreiben, drucken, mit dem Vorbehalt, dass er verantwortlich ist für den Missbrauch dieser Freiheit in den von dem Gesetz festgelegten Fällen.

**16.** Eine Gesellschaft, in der die Garantie der Rechte nicht gesichert und die Teilung der Gewalten nicht festgelegt ist, hat keine Verfassung.

Irmgard und Paul Hartig, Die Französische Revolution, Stuttgart 1984, S. 52ff.

**b)** Die vergessenen Menschen – Der Status von Frauen und Minderheiten:

| Gruppe | Ancien Régime | ab 1789 | spätere Entwicklung |
|---|---|---|---|
| *Frauen* ca. zwölf Mio. (einschließlich Kinder) | Frauen unter Vormundschaft des Vaters bzw. Ehemanns, keine Scheidung, keine Rechts- und Geschäftsfähigkeit (Ausnahmen: Lehnsherrin und bestimmte weibliche Handwerker) | 1791: Gleichstellung von männlichen und weiblichen Erben 30. August 1792: Zivilehe und Scheidungsgesetz, sonst keine Änderung im bürgerlichen Status, weder Wahlrecht noch Ämterzugang | Code civil: Frauen in der Ehe untergeordnet, Scheidung erschwert 1944: Wahlrecht |
| *Juden* ca. 30 000 im Osten, 5 000 im Süden | Zwang, im Ghetto zu wohnen, Verbot der meisten Berufe, Sondersteuer, Kleidervorschriften | »Emanzipation«, 28. Juli 1791: Gleichstellung als Aktivbürger | Napoleon garantiert freie Religionsausübung |
| *Protestanten* ca. eine Mio. | 1598–1685: Edikt von Nantes: Toleranz für Religionsausübung ab 1685: vollständiges Verbot 1787: zivilrechtliche Anerkennung protestantischer Ehen, Geburten, Todesfälle | 24. Dezember 1789: Anerkennung der vollen Aktivbürgerrechte per Dekret | Napoleon garantiert freie Religionsausübung |
| *Sklaven* in den Kolonien ca. eine Mio. | Rechtsstellung im Code noir geregelt: Sklave ist Eigentum des Käufers, kein Besitzrecht, keine Verfügung über eigenen Körper | 4. Februar 1794: Code noir und Sklaverei aufgehoben | 1802: Code noir und Sklaverei wieder eingeführt 1815: Sklavenhandel abgeschafft 1848: Sklaverei abgeschafft |
| *freie Farbige* in den Kolonien ca. 50 000 | persönlich frei, aber ab 1760 Einschränkungen in Berufswahl, Kleidung, Aufenthaltsort, Heiraten | 24. September 1791: Aktivbürgerrechte aberkannt, aber: 24. März 1792: volle Bürgerrechte | |

Christiane Tichy/Lutz Tornow, Französische Revolution. Menschenrechte, Machtkampf, Ideologie, Frankfurt/Main 1989, S. 40 f.

1. Zeigen Sie die grundsätzliche Bedeutung der Erklärung der Menschen- und Bürgerrechte auf (13a).
2. Unterscheiden Sie Menschen- und Bürgerrechte. Ordnen Sie die einzelnen Artikel der Erklärung entsprechend zu (13a).
3. Stellen Sie die Erklärung der Menschen- und Bürgerrechte (13a) der Situation von Frauen und Minderheiten in Frankreich gegenüber (13b). Diskutieren Sie Chancen und Grenzen der Erklärung.

## 1.5 Die konstitutionelle Monarchie

### Das Reformwerk der Konstituante

Stellen Sie in einem Kurzreferat die Neuerungen vor, die die Konstituante zwischen 1789 und 1791 in Verwaltung, Rechtswesen und Wirtschaft durchsetzte.

Referieren Sie über die antirevolutionäre Opposition in Frankreich und im Ausland zwischen dem Herbst 1791 und 1792. Beachten Sie die Träger und Ziele der Opposition und die Rolle König Ludwigs XVI.

Zwischen der »Erklärung der Menschen- und Bürgerrechte« bis zur Verabschiedung der Verfassung von 1791 leitete die Konstituante (verfassunggebende Versammlung) in vielen Bereichen des öffentlichen Lebens eine grundlegende Neuordnung Frankreichs ein und brachte damit das Land auf den Weg zu einem modernen konstitutionellen Einheitsstaat.

Im Verlauf der Jahre 1789/90 verschlechterte sich die Finanzsituation durch rückläufige Staatseinnahmen. Die Nationalversammlung suchte einen Ausweg in der Integration der katholischen Kirche und ihrer Güter in den Staat. Doch der Einspruch des Papstes und die Weigerung vieler Priester, den Treueid auf die Verfassung abzulegen, trieb zahlreiche Kleriker in die antirevolutionäre Opposition.

Ihren Abschluss fand die Arbeit der Konstituante in der Vorlage einer Verfassung, die am 3. September 1791 in Kraft trat. Bei den Beratungen war besonders um die Stellung des Königs, den Aufbau der Legislative und das Wahlsystem gestritten worden. Mit dem In-Kraft-Treten der Repräsentativverfassung wurde Frankreich eine konstitutionelle Monarchie.

Als der König trotz seiner offenkundigen Ablehnung der revolutionären Nation die Verfassung akzeptierte und erneut den Eid leistete, schien die Revolution beendet. Nach den Septemberwahlen waren Adel und Klerus in der Legislative (gesetzgebende Versammlung, Nachfolgerin der Konstituante) kaum mehr vertreten, allerdings fehlten aufgrund des Zensuswahlrechtes auch Abgeordnete aus den unteren sozialen Schichten.

**14** **Die französische Verfassung von 1791.**

Analysieren Sie den Aufbau des französischen Staates anhand des Verfassungsschemas. Diskutieren Sie die Stellung des Königs.

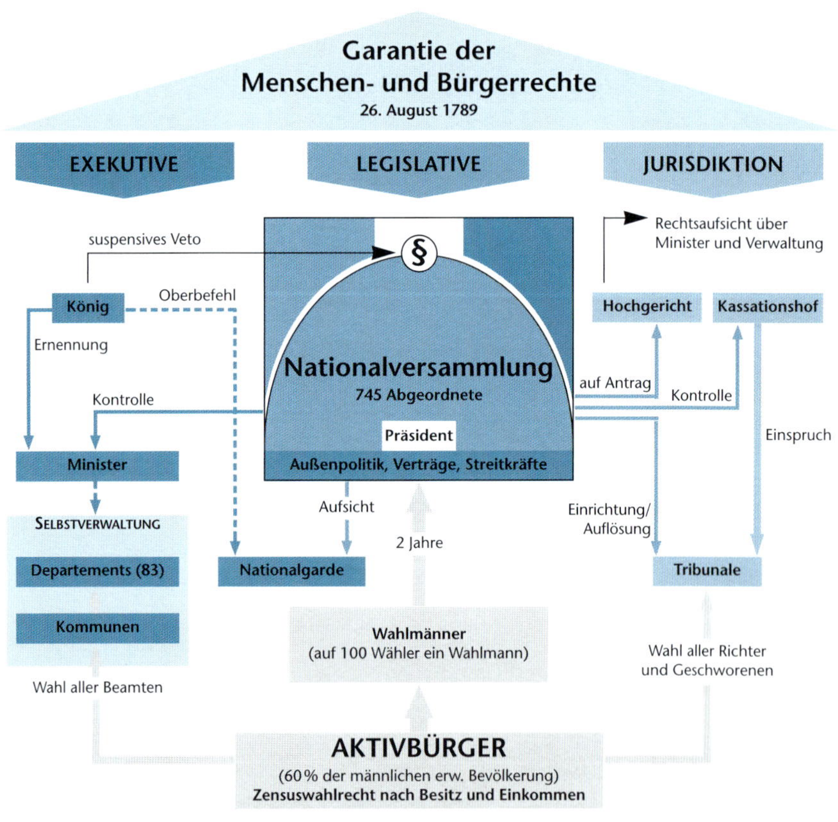


Nach: Hermann Kinder/Werner Hilgemann, dtv-Atlas Weltgeschichte. Von den Anfängen bis zur Gegenwart, München 2000, S. 296.

## Der Weg in den Krieg

Im Herbst 1791 verschärfte sich die Auseinandersetzung um das Vorgehen gegen die meist adligen Emigranten, die vom Ausland her die Revolution zu bedrohen schienen. Eine republikanische Opposition mit Sitz im Jakobinerklub als außerparlamentarischem Diskussionsforum formierte sich gegen die Anhänger der Verfassung und diskutierte die Möglichkeit eines Krieges. Im Frühjahr 1792 erklärte die Regierung Österreich den Krieg. Ein »Manifest des Herzogs von Braunschweig«, das den französischen Nationalgarden und der Pariser Bevölkerung schärfste Strafen androhte, falls der königlichen Familie auch nur das geringste Leid angetan würde, bewirkte das Gegenteil und stachelte die französische Kampfbereitschaft an. Diese Stimmung fand ihren Ausdruck in dem Kampflied »Marseillaise«, das heute als französische Nationalhymne dient.

**15 Plakat der Französischen Republik** von 1793.
In der Mitte: »Einheit, Unteilbarkeit der Republik, Freiheit, Gleichheit, Brüderlichkeit oder den Tod«. Auf der linken Fahne: »Terror der Könige«, auf der rechten: »Vereinigung der Republikaner«.

Informieren Sie sich über die Pariser Nationalgarde und die Sansculotten. Ordnen Sie die Figuren und Symbole des Plakates entsprechend zu und verdeutlichen Sie das Selbstverständnis der Revolutionäre. Entwerfen Sie ein »Gegenplakat« aus weiblicher Sicht.

## Das Ende der Monarchie

Als Ludwig XVI. gegen Gesetze über die Landesverteidigung 1792 Veto einlegte, wendeten sich die Pariser Sektionen (Vollversammlungen der 48 Pariser Bezirke) gegen den König. Im August stürmten radikale Pariser Volksmassen das königliche Tuilerienschloss. Ludwig XVI. wurde abgesetzt; im September wurde das Königtum formal abgeschafft. Ein provisorischer Exekutivrat trat an die Stelle der Regierung. Das neue Parlament, der Nationalkonvent, ließ Ludwig XVI. hinrichten. Ist die Revolution rückblickend an der destruktiven Haltung des Königs gescheitert, ließ die außenpolitische Bedrohung den König als inneren Feind erscheinen oder erzwang die Stärke der republikanischen Kräfte den Übergang von der Monarchie zur Republik?

**Konstitutionalismus** *Der Begriff bezeichnet eine Staats- und Regierungsform, in der die Gewalt eines Herrschers (Monarchen) eingeschränkt ist durch eine geschriebene Verfassung (Konstitution), welche insbesondere die Mitwirkung einer vom Volk gewählten Vertretung garantiert. Verfassungstheoretisch handelt es sich um eine Verknüpfung des monarchischen Prinzips und des Prinzips der Volkssouveränität. Die Entwicklung des Konstitutionalismus beginnt in England mit der »Bill of Rights« (1689) und in den 1776 neu gegründeten USA mit der Verfassung von 1787 (Prinzip der »checks and balances«). Frankreich erhält im Zuge der Revolution 1791 erstmals eine konstitutionelle Verfassung, die schon 1793 durch die republikanische Verfassung ersetzt wird. In Deutschland verläuft die Entwicklung so, dass erst nach dem Zusammenbruch des alten Reiches einzelne Territorialstaaten zu unterschiedlichen Zeitpunkten eine konstitutionelle Verfassung erhalten (Nassau 1814, Sachsen-Weimar 1816, Bayern 1818, Württemberg 1819).*

## 16 Die Revolution im Krieg

**a) Jacques Brissot am 16. Dezember 1791 im Jakobinerklub:**

Die Kraft der Überlegung und der Tatsachen hat mich davon überzeugt, dass ein Volk, das nach zehn Jahrhunderten der Sklaverei die Freiheit errungen hat, des Krieges bedarf. Es braucht den Krieg, um die Freiheit zu befestigen; es braucht ihn, um die Freiheit von den Lastern des Despotismus zu säubern; es braucht ihn, um aus seinem Schoß die Männer zu entfernen, die sie verderben könnten. Segnet den Himmel, dass er selber dafür gesorgt und euch die Gelegenheit gegeben hat, die Verfassung zu befestigen.

[...] Seit zwei Jahren hat Frankreich alle gütlichen Mittel erschöpft, um die Rebellen in seinen Schoß zurückzuführen; alle Versuche, alle Aufforderungen sind fruchtlos gewesen, sie beharren auf ihrem Aufruhr; die fremden Fürsten bestehen auf ihrer Unterstützung; kann man zögern, sie anzugreifen?

Irmgard und Paul Hartig, Die Französische Revolution, Stuttgart 1984, S. 67 f.

**b) Robespierre antwortete am 2. Januar 1792 im Jakobinerklub auf Brissots Rede:**

Die verrückteste Idee, die sich im Kopf eines Politikers bilden kann, ist die, zu glauben, ein Volk könne sich damit begnügen, mit Waffen in der Hand bei einem fremden Volk einzudringen, damit dieses seine Gesetze und seine Verfassung annimmt. [...] Ich habe erklärt, eine derartige Invasion könne die Erinnerung an die Verwüstung der Pfalz und der letzten Kriege wachrufen, leichter jedenfalls als Verfassungsvorstellungen Wurzeln fassen zu lassen, weil die Masse der Bevölkerung in jenen Gebieten diese Tatsachen besser kennt als unsere Verfassung. [...] Ehe sich die Leistungen unserer Revolution bei den fremden Nationen auszuwirken beginnen, muss diese bei uns gefestigt sein. Ihnen die Freiheit bringen zu wollen, ehe wir selbst sie gewonnen haben, bedeutet, gleichzeitig unsere Knechtschaft und die der ganzen Welt heraufzubeschwören.

Irmgard und Paul Hartig, Die Französische Revolution, Stuttgart 1984, S. 68.

**c) Nach der französischen Kriegserklärung an Österreich schrieb und komponierte der Hauptmann Claude Joseph Rouget de Lisle am 25. April 1792 die »Marseillaise«:**

1. Voran, Kinder des Vaterlandes!
Der Tag des Ruhmes ist gekommen!
Wehren wir uns gegen die Tyrannei,
Das blutige Banner erhebt sich.
Hört ihr im Lande
Die blutgierigen Soldaten schnauben?
Sie kommen bis in unsere Arme,
Schlachten unsere Söhne und Frauen! [...]
2. Was will diese Horde von Sklaven,
Verrätern und verschworenen Königen?
Für wen diese widerlichen Fesseln,
Diese seit langem liegenden Ketten?
Franzosen, für euch! Ah, welche Versöhnung!
Welche Aufwallung das erregen muss!

**17 Das Pathos der Revolution.** Claude Joseph Rouget de Lisle singt am 26. April 1792 bei dem Straßburger Bürgermeister Dietrich zum ersten Mal die »Marseillaise«. Farblithografie, um 1880, nach einem Gemälde von Isidore Pils.

Ihr seid es, bei denen man es wagt, darüber nachzudenken,
Euch der antiken Sklaverei zu unterwerfen!
4. Zittert, Tyrannen und Treulose,
Ihr Schande für jede Partei,
Zittert! [...] Eure vatermörderischen Pläne
Werden endlich ihren Lohn bekommen.
Jeder wird zum Soldat, um euch zu bekämpfen,
Und falls sie fallen, unsere jungen Helden,
Wird die Erde neue entstehen lassen,
Bereit, euch zu bekämpfen. [...]
6. Heilige Liebe zu der Heimat!
Führe unsere Rächerarmee und gib ihnen Halt!
Freiheit, geliebte Freiheit!
Kämpfe auf der Seite deiner Verteidiger!
Zu unserem Banner möge der Sieg
Kommen durch deinen männlichen Aufruf!
Mögen deine sterbenden Feinde
Deinen Triumph und unseren Ruhm sehen! [...]
Refrain nach jeder Strophe:
Zu den Waffen! Bürger, bildet eure Bataillone!
Marschieren wir, wenn unreines Blut unsere Furchen begießt!

Zit. nach: Michael Sauer, Historische Lieder. Begleitbuch zur CD, Stuttgart 1997, 31 f. (Übersetzung: Marçeline Breton)

1. Arbeiten Sie die Argumente Brissots und Robespierres für und gegen einen Krieg heraus (16a und b).
2. Analysieren Sie die Aussage der »Marseillaise«. Legen Sie besonderes Augenmerk auf die Beschreibung der Revolutionsgegner sowie der französischen Revolutionäre. Hören Sie sich das Lied an. Wie wirkt es auf Sie? Welche Wirkung hat der Komponist 1792 verfolgt?
3. Diskutieren Sie, ob der Krieg in der Situation der Jahre 1791/92 ein angemessenes Mittel zur Verteidigung der Revolution war.

**18 Robespierre als Henker des Henkers.** Die Blätter unten rechts symbolisieren die Verfassungen von 1791 und 1793. Anonyme Kupfergravur, 1794.

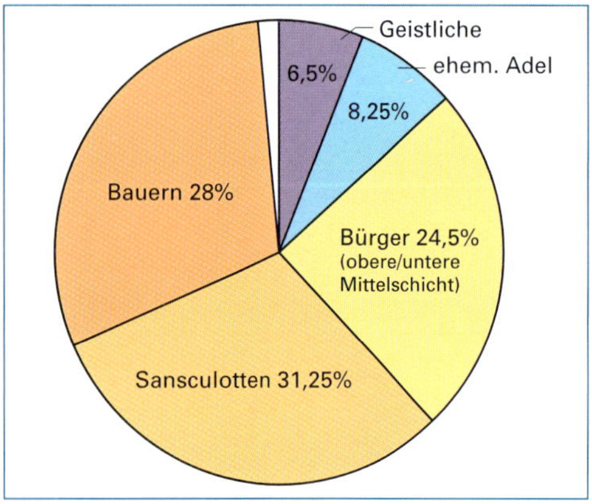


**19 Hinrichtungen zur Zeit des Terrors.** Zwischen Oktober 1793 und Juli 1794 fanden ca. 13 000 Hinrichtungen statt. Schätzungen ergaben eine Zahl von etwa 40 000 Opfern.

## 1.6 Republik und Terrorherrschaft

In den Jahren 1792/93 bestimmte der Machtkampf zwischen den gemäßigten Girondisten um Danton und den radikalen Jakobinern um Robespierre die Politik der jungen Republik. Verschärfend wirkten Krieg und Wirtschaftskrise. Die Jakobiner verlangten – unterstützt von den ländlichen und städtischen Unterschichten – eine Zwangswirtschaft, doch die Girondisten hielten an der Wirtschaftsfreiheit und der Unantastbarkeit des Privateigentums fest. Über diesen Konflikt eskalierte auch die politische Lage: Im Juni 1793 schlossen die Jakobiner – im Bündnis mit den Sansculotten – führende Girondisten aus dem Konvent aus und veranlassten deren Hinrichtung.

Der Wohlfahrtssausschuss als Revolutionsregierung stabilisierte zunächst die Lage. Eine neue Verfassung sollte u. a. Schulbildung und einen Mindestunterhalt garantieren. Ein Gesetz legte Höchstpreise und Maximallöhne fest. Die Einführung der Wehrpflicht ließ ein Massenheer entstehen, das erfolgreich die Koalitionsarmeen zurückdrängte. Diese Zugeständnisse stellten die radikalrevolutionären Kräfte in den Unterschichten zufrieden, auch wenn die Verfassung nie in Kraft trat. Vielmehr setzte Robespierre die »Säuberung« des Landes von anders Denkenden auf die politische Agenda. Zahllose »Verdächtige« wurden festgenommen und als angebliche oder tatsächliche Gegner der Revolution hingerichtet.

Am 27. Juli 1794 erhob sich die Konventsmehrheit gegen Robespierre. Mit seiner Verhaftung und Hinrichtung fand der Terror sein Ende. Robespierres Sturz hatte verschiedene Ursachen:

- Angst der Konventsabgeordneten um ihre persönliche Sicherheit, zumal ein neues Gesetz die Immunität der Konventsmitglieder infrage stellte,
- Entspannung der Kriegssituation durch den Sieg über die Österreicher (Juni 1794), mit dem ein wichtiger Grund für eine Fortsetzung des Terrors wegfiel,
- Bruch zwischen Jakobinern und Sansculotten, ausgelöst durch die zu Lasten der einfachen Bevölkerung gehende jakobinische Wirtschaftspolitik.

1. Begründen Sie, welche Phase der Französischen Revolution die Kupfergravur (18) darstellt. Diskutieren Sie, welche Stellung der Zeichner zu den Ereignissen bezieht.
2. Analysieren Sie die statistischen Daten (19) und erörten Sie die Verhältnismäßigkeit von Mittel und Zweck.

# Analyse historischer Spielfilme am Beispiel »Danton«

Der 1982 gedrehte Spielfilm »Danton« des polnischen Regisseurs Andrzej Wajda spielt in Paris im Frühjahr 1794 und thematisiert den Machtkampf zwischen den revolutionären Führern Robespierre und Danton. Der Film beginnt mit Dantons Rückkehr nach Paris. Der großartige Redner und populäre Anwalt des Volkes, Pragmatiker und Genussmensch, will die Terrorherrschaft beenden und den Menschen Brot und Frieden bringen. Robespierre und seine Anhänger glauben, dass Danton die Revolution verraten will, und beschließen, ihn und seine Freunde auszuschalten. Danton wird verhaftet, angeklagt und trotz seiner wortgewaltigen Verteidigung in einem politisch manipulierten Prozess zum Tode verurteilt. Am 5. April 1794 sterben Danton und einige seiner Anhänger unter der Guillotine.

Am Beispiel von »Danton« kann bewusst werden, dass historisches Geschehen aus verschiedenen Blickwinkeln rekonstruiert werden kann oder geschichtliche Deutungen für aktuelle politische Interessen in Anspruch genommen werden können. Der Film bietet auch die Möglichkeit, Personen und Strukturen in der Geschichte zu untersuchen. Musste die Französische Revolution strukturell bedingt in die Schreckensherrschaft münden, oder wurde diese Entwicklung durch die Dominanz der Person Robespierres mit ihren Prinzipien und Idealen bestimmt?

Der historische Spielfilm ist eine im Medienzeitalter beliebte Form der Geschichtsdarstellung. Die Kraft bewegter Bilder verführt dazu, das im Film Gesehene als ein Abbild der Realität und gesichterte Erkenntnis einzuordnen. Doch filmische Darstellung ist Fiktion und zeigt nur eine mögliche Deutung neben anderen. Daher müssen Filme genau untersucht werden, dazu gehört, die »Film-

**Analyse einzelner Stilmerkmale von Spielfilmen:**

- *Einstellungsgröße:* Erscheint die Szene in der Totale, Halbtotale, halbnah, nah, groß oder im Detail? Wird ein Überblick oder ein Ausschnitt gezeigt?
- *Kameraperspektive:* Wie erscheint die Szenerie, insbesondere Personen, aus der Normal-, Ober- oder Untersicht, also der Vogel- oder Froschperspektive?
- *Kamerabewegung:* Nimmt die Kamera die Szene als äußerer Betrachter auf oder ist sie ins Geschehen integriert (Stand, Schwenk, Fahrt, Zoom)?
- Bildkomposition: Wie ist der Vorder-, wie der Hintergrund gestaltet? Wie ist das Bild gefüllt? Wie kann man seinen Aufbau beschreiben?
- *Personendarstellung:* Stehen Personen im Vorder- oder Hintergrund des Bildes? Werden Sie frontal, im Halbprofil, Profil oder von hinten gezeigt?
- Welche Effekte werden mit der Beleuchtung, mit Licht und Schatten erzielt?
- Welche Bedeutung kommt dem Ton zu? Wie sind Geräusche eingesetzt, wann setzt Musik ein und was für welche? Wie sind Dialoge ausgestaltet?
- Welche Rolle spielen die Requisiten? Vermitteln Einrichtungsgegenstände oder Kleidung der Schauspieler historisches »Flair«?
- Welche Aussagen vermitteln Mimik und Gestik der Darsteller?
- Wie sind die Rohmaterialteile zum fertigen Film zusammengesetzt worden? Wann dominieren schnelle Schnitte, wann langsame Überblendungen?

**20 Szene aus »Danton«.** Robespierre und Danton treffen in einem Hotelzimmer zusammen. Das Gespräch offenbart die unterschiedlichen Standpunkte hinsichtlich einer Weiterführung der Revolution. Danton richtet heftige Vorwürfe an Robespierre; es gibt keine Einigung.

Analysieren Sie am Beispiel dieser Szene (Robespierre hebt das von Danton provozierend randvoll eingeschenkte Glas, ohne etwas zu verschütten) die Kameraführung und arbeiten Sie heraus, welche Wirkung Wajda damit erzielen wollte. Erabeiten Sie anhand der Unterredung die Rolle der gesprochenen Rede. Vergleichen Sie die Filmszene mit einer Theaterszene; welche Wirkung geht von dem Dialog aus?

sprache« mit ihren Ausdrucks- und Gestaltungsmitteln zu analysieren. Zwei Filmsequenzen bieten sich zu einer genaueren Betrachtung an. Die Hotelszene (20) problematisiert das Verhältnis zwischen Robespierre und Danton, ihre Ideale und Prinzipien sowie ihre Bedeutung für Fortgang bzw. Beendigung der Revolution. An Robespierres Auftreten (21) und Bourdons Argumentation und Verhalten bei der Konventsdebatte können Mechanismen politischer Meinungsbildung untersucht werden. Die Wirkung dieser beiden Schlüsselszenen lebt entscheidend von den filmsprachlichen Mitteln.

Der Film »Danton« wird wegen seiner Realitätsnähe als glaubhaft empfunden und scheint ein objektives Geschichtsbild zu vermitteln. Aus diesem Grund muss die Filmhandlung mit historischen Quellen verglichen werden. In wichtigen Teilen seines Films hat sich Wajda zeitgenössischer Quellen bedient, an anderen Stellen hingegen die historisch überprüfbare Realität gezielt verändert. Am Film kann auch untersucht werden, inwieweit mit der Personenzeichnung der Hauptcharaktere Mythenbildung betrieben wird. Der Held Danton fällt dem »bösen« Robespierre zum Opfer – ist diese Kategorisierung tatsächlich haltbar?

**21 Szene aus »Danton«.** Im Konvent verbreitet sich die Nachricht von Dantons Verhaftung; die Stimmung scheint zu Dantons Gunsten zu eskalieren. Robespierre besteigt die Rednerbühne und hält – bis auf die Zehenspitzen getrieben – eine scharfe Rede gegen Danton.

Analysieren Sie anhand von Robespierres Rede Kameraeinstellung, -perspektive und Bewegung. Finden Sie heraus, welchen Einfluss diese Stilelemente auf die Wirkung der Figur Robespierre haben.

Wajda will mit »Danton« nicht Geschichte spiegeln, sondern mit ästhetischer Gestaltungskraft die Vielschichtigkeit historischer Probleme anschaulich machen und dem Zuschauer Raum für eine eigene Deutung und Stellungnahme lassen. In der Öffentlichkeit stieß der Film auf geteilte Meinungen. Während er beim polnischen Publikum großen Anklang fand, wurden in Frankreich kritische Stimmen laut. Die heftigen Reaktionen – auch unter Historikern – zeigen, dass Geschichtsbilder für gegenwärtiges politisches Selbstverständnis und nationale Identität von großer Bedeutung sind.
Das Beispiel »Danton« macht deutlich, dass es nicht ausreicht, nur die formalen Stilmittel von Filmen zu untersuchen. Um den Wahrheitsgehalt eines historischen Spielfilmes herauszufinden, müssen weitere Informationen zum Hintergrund des Filmes beschafft und ausgewertet werden.

**Schritte zur quellenkritischen Analyse historischer Spielfilme:**

- *Hintergrundinformationen:* Wer hat den Film zu welchem Zeitpunkt gedreht? Gab es Auftraggeber, wer finanzierte den Film? Nach welchen Gesichtspunkten wurden das Drehbuch verfasst und die Schauspieler ausgewählt?
- Lässt die Person des Regisseurs Aussagen über den Film zu (z. B. Interesse für bestimmte Einzelaspekte, Bewertung historischer Sachverhalte)?
- *Entstehungszeit:* Gab es einen Anlass, den Film gerade zu dieser Zeit zu drehen (z. B. Ereignisjubiläen, Geburts- oder Todestage berühmter Personen)?
- Gegenwartsbezug: Nimmt der Film aktuelle (politische/gesellschaftliche) Themen auf? Beabsichtigt der Regisseur eine bestimmte politische Wirkung?
- *Authentizität:* Hält sich der Regisseur an die historischen Abläufe? Mit welcher Zielsetzung hebt er bestimmte Ereignisse hervor, lässt andere weg oder baut er fiktive Szenen in den Film ein?
- Was charakterisiert die Hauptfiguren? Gibt es Helden, »Gute« und »Böse«; werden auch deren Schwächen gezeigt? Nimmt der Film die Perspektive der Hauptfigur ein oder werden auch andere Sichtweisen dargestellt?
- *Wirkung:* Wie wirkt der Film auf mich als Betrachter? Bei älteren Filmen: Wie hat der Film auf die Zeitgenossen gewirkt? Welche öffentlichen Reaktionen hat er hervorgerufen; wie waren negative und positive Kritiken begründet?

1. Untersuchen Sie, ob der Film der historischen Realität entspricht. Diskutieren Sie, inwieweit Sie Veränderungen der geschichtlichen Abläufe im Film für gerechtfertigt halten.
2. Entwerfen Sie in einzelnen Gruppen und arbeitsteilig jeweils eine Kurzbeschreibung der beiden Hauptfiguren, Danton und Robespierre. Welches Bild vermittelt der Film über die historischen Personen? Halten Sie dieses Bild für zutreffend?
   Beurteilen Sie auch das Bild, das der Film von den Frauenfiguren zeichnet.
3. »Danton« stammt von einem polnischen Regisseur. Informieren Sie sich über die politische Situation in Polen Anfang der 1980er-Jahre sowie die persönliche Lage Andrzej Wajdas und suchen Sie nach möglichen Parallelen im Film.
   Erörtern Sie danach die polnischen und die französischen Reaktionen auf den Film.

## 1.7 Die bürgerliche Republik

**Die Direktorialverfassung**

Der »terreur« folgte eine Phase der Konsolidierung. Frankreich kehrte zum liberalen Verfassungsstaat zurück. Das neue Regime basierte auf der »Direktorialverfassung«. Das allgemeine Wahlrecht wurde zugunsten eines Zensuswahlrechtes wieder abgeschafft. Die großbürgerlich geprägte Republik geriet in dieser Zeit unter Druck der Royalisten, die auf eine Gegenrevolution setzten, aber auch der radikalen Jakobiner. Aufstandsversuche beider Seiten schlug die Regierung blutig nieder.

**Expansion**

Nach einer ruhigeren Phase betrieb die Regierung ab Mitte der 1790er-Jahre eine expansive und kriegerische Außenpolitik. Am Ende des ersten Koalitionskrieges (1797) besaß Frankreich die linksrheinischen Gebiete; sein Ziel, den Rhein als natürliche Grenze zu haben, war erfüllt. Mit den militärischen Eroberungen pervertierte der revolutionäre Befreiungskrieg zum Eroberungskrieg; Frankreich wollte sich als »Grande Nation« in Europa etablieren.

### Innere Krise und Ende der Revolution

Innenpolitisch blieb die Lage prekär: Trotz der Aufhebung des Preis- und Lohnmaximums litt das Land weiterhin unter einer Finanz- und Wirtschaftskrise, Hunger und Korruption bestimmten die wirtschaftliche und soziale Lage. Als aus den Wahlen von 1797 das royalistische Lager als Sieger hervorging, setzte das alte Direktorium in einem Staatsstreich Militär ein, so bestand die Direktorialverfassung noch bis 1799. Als in erneuten Wahlen die jakobinische Seite gestärkt wurde, sah die Bourgeoisie ihre Macht gefährdet, sodass sie sich um die Unterstützung durch den populären General Napoleon Bonaparte bemühte. Durch einen Staatsstreich an die Macht gelangt, proklamierte dieser sich zum Ersten Konsul, ließ eine neue Verfassung ausarbeiten (Konsulatsverfassung) und erklärte die Revolution für beendet.

## 22 Die Französische Revolution – ein Modell für ganz Europa?

**a) Anlässlich der 200-Jahr-Feier 1989 fasste Klaus Herding den Diskussions- und Forschungsstand zur Französischen Revolution zusammen:**

François Furet und Denis Richet [...] wenden sich, ähnlich wie [...] die [...] angloamerikanische Revolutionsforschung, gegen die plakative Grundthese von der Revolution als einem eindeutigen Akt der Befreiung vom Feudalismus, an der in Westeuropa wie in den sozialistischen Staaten allzu lange festgehalten wurde. Angesichts von Quellenstudien, die nachweisen, dass die »Bourgeoisie« eine traditionsbewusste »Notabelnschicht tendenziell aristokratischer Amts-, Renten- und Grundbesitzer« war, hat sich diese Position auch in den Augen historisch-materialistisch orientierter Forscher (wie Michel Vovelle und Walter Grab) als unhaltbar erwiesen. An Stelle der These von einem Vorgriff auf revolutionäre Strategien der 1848er oder der Oktoberrevolution 1917 herrscht heute die Vorstellung von einer uneinheitlichen Gemengelage, in der das Neue nur mühsam, oft gegen die eigene Klasse, durchgesetzt werden konnte. Doch besteht weiterhin ein deutlicher Unterschied in der moralischen Bewertung der Fakten: Während Furet »schon« vor zehn Jahren die Revolution für beendet erklärte und ihr jede fortdauernde Wirksamkeit absprach, sehen andere Forscher (nicht nur die eben genannten) republikanische und aufklärerische Grundwerte der Gegenwart nach wie vor durch den revolutionären Prozess initiiert. Vovelle, der aus seiner Verehrung für Robespierre keinen Hehl macht, begreift die Revolution als das unvollendete Projekt der Moderne.

Klaus Herding, Begräbnis oder Apotheose? In: Merkur 8 (1988), S. 697 ff.

**b) Der Historiker Michael Wagner zur »europäischen Dimension« der Französischen Revolution, 2000:**

Die [Französische] Revolution war kein auf Frankreich beschränktes Phänomen. Überall in Europa, aber auch in den USA und den spanischen und portugiesischen Kolonien in Südamerika gab es Personen und Gruppen, die von den revolutionären Ideen fasziniert waren. Nicht wenige dieser von ihren konservativen Gegnern als »Jakobiner« denunzierten Revolutionsenthusiasten wollten nicht nur bei theoretischen Diskussionen stehen bleiben, sondern waren entschlossen ihre Heimat – wenn nötig mit Gewalt und/oder Hilfe der französischen Armee – nach dem Vorbild Frankreichs umzugestalten. [...]

Die Revolutionsbestrebungen dieser »Jakobiner« wurden erleichtert durch die Tatsache, dass Frankreich seit 1794 zur dominierenden militärischen Macht in West-, Mittel- und Südeuropa wurde. [...] Das [in den Koalitionskriegen] siegreiche Frankreich dehnte sein Staatsgebiet durch die Annexion des heutigen Belgiens, des linksrheinischen Deutschlands, Savoyens und Nizzas bis zu seinen »natürlichen Grenzen« am Rhein und an den Alpen aus. Jenseits davon errichteten die Franzosen in den Niederlanden, der Schweiz und Italien so genannte »Schwesternrepubliken«, Satellitenstaaten, in denen unter der Aufsicht französischer Diplomaten und Generäle einheimische »Jakobiner« die Macht übernahmen und begannen, die politischen, religiösen und sozialen Verhältnisse nach französischem Vorbild zu verändern. Allen Berufungen auf das neue revolutionäre Prinzip des Selbstbestimmungsrechts der Völker zum Trotz war die französische Machtexpansion seit 1794 das Ergebnis einer harten Realpolitik, in der es primär nicht um die Befreiung der Völker vom »Joch des Feudalismus« ging, sondern um den Ausbau der geostrategischen Position und um die Durchsetzung der finanziellen und wirtschaftlichen Interessen Frankreichs. Die ausländischen Revolutionssympathisanten erhielten nur dann eine Chance, wenn sie sich den Imperativen der »Grande Nation« unterordneten.

Michael Wagner, Die Französische Revolution. In: Peter Wende (Hrsg.), Große Revolutionen der Geschichte. Von der Frühzeit bis zur Gegenwart, München 2000, S. 121–137, hier S. 135f.

**c) Der Historiker Franz Dumont über das Vorbild Französische Revolution, 1988:**
Dass die Französische Revolution selbst, zumindest anfangs, so heterogen war, macht ihre Anziehungskraft auf die unterschiedlichsten Strömungen und Menschen erklärlich und ließ sie vielen als nachahmenswert erscheinen. Doch auch wenn man Irland, Lüttich oder Polen berücksichtigt, gab es nirgendwo eine Frankreich vergleichbare revolutionäre Situation. Im Gegenteil: Obwohl die Französische Revolution Gebildete und Aufrührer faszinierte, war beim Übergang Europas vom Ancien Régime zur modernen, bürgerlichen Gesellschaft der revolutionäre Weg nicht die Regel, sondern eher die Ausnahme, zumal er vielfach auch auf Widerspruch stieß. Deswegen aber hinsichtlich ihrer Außenwirkung von einem Zeitalter der Gegenrevolution zu sprechen, ist unangebracht, denn selbst in der Abwehr blieb die Revolution politisch das Maß aller Dinge. Für lange Zeit wurde sie, auch und gerade als Erhebung des »Volkes«, zum Bezugspunkt der ideologischen und sozialen Grundsatzdebatten, zum Ausgangspunkt politischer Gruppenbildung, ja, zum Maßstab für künftige Revolutionen. Als politisches Ideal des Kontinents bekam das konstitutionell-liberale England seit 1789/92 eine wirksame revolutionär-demokratische Konkurrenz. Das alles hing sicher mit dem universalen und moralischen Geltungsanspruch der Leitideen der Französischen Revolution zusammen, auch mit ihrem spektakulären Verlauf, der den einen als Vorbild, den anderen als Schreckbild diente; noch Generationen später wiesen die Progressiven auf die großen Ideale und Fortschritte, die Konservativen auf Leid und Zerstörung, die die Revolution mit sich gebracht habe, hin. Ihre wichtigste Nachwirkung bestand aber darin, dass sie in vielen Ländern, besonders Mitteleuropas, große soziale und politische Veränderungen in Gang setzte, woran ihre militärische Expansion seit 1792 großen Anteil hatte. Wie im Innern, so ging die Revolution auch im Äußeren eine enge Verbindung mit dem (von ihr gründlich veränderten) Krieg ein, der allerdings auch konservative und nationale Widerstände weckte, die ihrerseits z. T. »revolutionierende« Folgen hatten, weil sie oft am französischen Vorbild orientiert waren. Die Französische Revolution fand zwar keine direkte Nachahmung, aber sie hatte überall in Europa erhebliche Nachwirkungen, denen sich im Grunde kein Land entziehen konnte.

Franz Dumont, Wirkungen auf Deutschland und Europa. In: Rolf Reichardt (Hrsg.), Ploetz. Die Französische Revolution, Freiburg/Würzburg 1988, S. 283f.

Stellen Sie die Argumente gegenüber, mit denen Historiker den Vorbildcharakter bzw. die Einzigartigkeit der Französischen Revolution begründen (21a–c). Geben Sie eine eigene Einschätzung ab.

# 2. 1848 – BRÜDERLICHKEIT EUROPÄISCHER NATIONALBEWEGUNGEN?

## 2.1 Europa zwischen Restauration und Revolution 1815–1847

| | |
|---|---|
| 1815 | Der Wiener Kongress beschließt die territoriale Neuordnung und verfassungspolitische Restauration Europas. |
| 1819 | Mit den »Karlsbader Beschlüssen« verschärft der Deutsche Bund die Unterdrückung aller oppositionellen Kräfte. |
| 1830 | Die Julirevolution in Frankreich stärkt die Macht des Besitzbürgertums. Revolutionen in Mittel- und Norddeutschland erzwingen konstitutionelle Staatsformen. |
| 1831 | Belgien erlangt seine staatliche Unabhängigkeit. Der polnische Aufstand gegen die russische Hegemonialmacht scheitert. |
| 1832 | Das »Hambacher Fest« wird zu einer Kundgebung der liberalen, demokratischen und nationalen Opposition in Deutschland. |

**Die europäische Friedensordnung von 1815**

Mit dem Siegeszug Napoleons durch Europa hatten sich die revolutionären Ideen der Französischen Revolution auf dem gesamten Kontinent verbreitet. Für das europäische Bürgertum waren sie in ihrem Streben nach Freiheit und Einheit zum Vorbild geworden, für die Kräfte der alten Ordnung zur Bedrohung. Nach der Niederschlagung Napoleons setzten die siegreichen Monarchen alles daran, die von den Franzosen vorgenommenen Veränderungen wieder rückgängig zu machen. Diese Bestrebungen bildeten den Hintergrund für den Wiener Kongress, auf dem die europäischen Machthaber 1814/15 zusammentraten. In Wien wurde feierlich die »Heilige Allianz« der europäischen christlichen Monarchien und das Ende der Revolution verkündet. Besonders der österreichische Staatskanzler Clemens Fürst Metternich sorgte dafür, dass die Wiener Friedensordnung zu einer Kampfansage an alle freiheitlichen und nationalen Bewegungen wurde.

**Territoriale Neuordnung**

Den Gang der Verhandlungen bestimmten die fünf europäischen Großmächte Russland, Österreich, Preußen, Großbritannien und Frankreich. Sie wollten in Europa ein Gleichgewicht der Großmächte schaffen, um dauerhaft für Stabilität und Frieden zu sorgen. Bei den beschlossenen territorialen Veränderungen fielen zwei Tendenzen ins Auge: Österreich gab seine Besitzungen am Ober- und Niederrhein auf, erhielt aber die Lombardei und Venezien in Oberitalien; es zog sich also aus dem engeren deutschen Raum zurück und verlagerte seinen Schwerpunkt nach (Süd-)Osten. Preußen hingegen musste in Osteuropa der russischen Großmachtstellung Rechnung tragen, gewann aber im Westen mit Westfalen und dem nördlichen Rheinland neues Territorium hinzu. Das Hohenzollernreich bestand nunmehr aus zwei voneinander getrennten Gebieten: Es erstreckte sich vom Memelgebiet im äußersten Nordosten bis nach Saarbrücken im Westen – ein Faktum, das in späteren Zeiten Wünsche nach nationaler Einheit unter der Führung Preußens befördern sollte. Doch das war Zukunftsmusik – in Wien standen nationale Wünsche hinten an.

**23 Europa nach dem Wiener Kongress**
Die in Wien beschlossene Neuordnung Europas hatte etwa für ein halbes Jahrhundert Bestand. Wichtigstes Ergebnis war, dass eine Anzahl neuer Staaten entstand und eine Reihe von Napoleon zerstörter Staaten wieder restauriert wurde.

## Der Deutsche Bund

Der Wiener Kongress war von vornherein darauf angelegt, die nationale Bewegung im Keim zu ersticken. Folglich hatte auch niemand daran Interesse, einen deutschen Nationalstaat zu schaffen. Man beließ es bei der Souveränität der deutschen Einzelstaaten, die das Prinzip der »legitimen« Ordnung unterstützten und so den Fortbestand der fürstlichen Autorität und der Monarchie sicherten. Dennoch schien es zu gewagt, das Streben nach Einheit vollständig zu ignorieren. Daher wurden die deutschen Einzelstaaten in einem losen Staatenbund – dem Deutschen Bund – zusammengeschlossen. An der Spitze stand der Bundestag in Frankfurt unter österreichischem Vorsitz, zu dem die rund 40 Mitgliedsstaaten ihre Vertreter entsandten. In jedem Mitgliedsstaat galten eigene Gesetze; eine einheitliche Außen- oder Wirtschaftspolitik wurde nicht verfolgt. Die beiden Großmächte Österreich und Preußen gaben den Ton an. Der Deutsche Bund sollte Stabilität, Gleichgewicht und Frieden garantieren und durch die Vielstimmigkeit der Einzelinteressen verhindern, dass in der Mitte Europas ein expansives Deutschland entstünde. In der Tat bescherte er Europa eine nie da gewesene Friedenszeit. Doch dieser Stabilität standen Kosten entgegen: Das »System Metternich« unterdrückte die freiheitlichen und nationalen Bewegungen brutal.

## Verfassungsentwicklung

Gleichwohl konnten die Monarchen die Uhren nicht vollständig zurückdrehen. Einige Errungenschaften der Französischen Revolution – Sicherheit des Eigentums, religiöse Toleranz oder das Auswanderungsrecht – mussten sie als Zugeständnis an das Bürgertum in die Bundesakte übernehmen. Ferner stellte der Deutsche Bund für alle Einzelstaaten »landständische Verfassungen« in Aussicht. In süddeutschen Bundesstaaten wie Baden oder Württemberg, die vom revolutionären Nachbarland Frankreich geprägt waren, traten bereits 1818/19 erste moderne repräsentative Verfassungen mit erweiterten Grundrechten in Kraft. Doch diese Entwicklung wurde von Preußen und Österreich nicht mitgetragen: Preußen beließ es bei der Ankündigung einer Verfassung, während Metternich überall in seinem europäischen Einflussbereich versuchte den Parlamentarismus wieder zurückzudrängen. In der Wiener Schlussakte von 1820 wurden denn auch alle Bundesmitglieder zur Einhaltung des »monarchischen Prinzips« verpflichtet. Damit waren den süddeutschen Verfassungsentwicklungen die Grenzen aufgezeigt.

### Restauration

Die national gesinnten Kräfte in Deutschland waren von den Ergebnissen des Wiener Kongresses enttäuscht. Allerdings konnten auch sie kein Konzept für eine nationale Staatsbildung vorlegen. So blieb es zunächst bei einzelnen Protestaktionen. Auf dem Wartburgfest am 18. Oktober 1817 – einer doppelten Gedenkfeier zum Jubiläum der Reformation und des Sieges über Napoleon in der Völkerschlacht bei Leipzig – verbrannten Studenten »undeutsche« Bücher. Das Fest wurde zum Gründungsimpuls für die Allgemeine Deutsche Burschenschaft. Diese studentische Verbindung strukturierte sich erstmals nicht landsmannschaftlich, sondern verstand sich national. Im März 1819 ermordete der Burschenschaftler Carl Ludwig Sand den Schriftsteller August von Kotzebue – das politische Attentat wirkte auf die Machthaber wie ein Schock. Metternich nutzte die Empörung, um den Deutschen Bund zu einem verschärften Vorgehen gegen Universitäten, Presse und Parlamente zu bewegen. Wenig später legte Metternich der Bundesversammlung die »Karlsbader Beschlüsse« zur Verabschiedung vor: Von nun an wurden freiheitlich gesinnte Professoren entlassen, vermeintliche »Demagogen« verfolgt, Burschenschaften verboten und Schriften zensiert.

Informieren Sie Ihre Mitschülerinnen und Mitschüler in Form eines Kurzreferats über die »Karlsbader Beschlüsse«.

### Nationale Bewegungen in Europa

Die Unterdrückung der nationalen Interessen auf dem Wiener Kongress hatte sich nicht auf den deutschen Raum beschränkt. Lediglich in Großbritannien, Frankreich und Spanien existierten Nationalstaaten. Nationale Bestrebungen in Neapel und Piemont-Sardinien sowie in den italienischen Besitzungen der Habsburgermonarchie waren in Wien abgewehrt worden – für Metternich handelte es sich bei Italien nur um einen »geografischen Begriff«. Polens Ruf nach einem Nationalstaat war ungehört geblieben – es befand sich seit seiner vierten Teilung von 1815 unter russischer, preußischer und österreichischer Herrschaft. Mit dem Vereinigten Königreich der Niederlande existierte ein künstliches Gebilde, das belgischen Interessen nicht gerecht wurde. In Südosteuropa strebten die slawischen Völker nach Unabhängigkeit. Griechenland kämpfte von 1820 bis 1823 gegen die osmanische Herrschaft – sein Freiheitskampf wurde von Liberalen in ganz Europa mit Begeisterung verfolgt. Zwar konnten die nationalen Proteste in Europa mühsam unterdrückt werden, es war aber nur eine Frage der Zeit, bis sie wieder hervorbrechen würden. Als in Frankreich mit der Julirevolution 1830 die nach Napoleons Sturz wieder eingeführte Monarchie gestürzt und durch ein Bürgerkönigtum ersetzt wurde, war der Zeitpunkt gekommen – die Konflikte flammten wieder auf.

### Nationale Konflikte um 1830

Ermutigt durch die französischen Verhältnisse, opponierte Belgien erfolgreich gegen die niederländische Fremdherrschaft, die ihm im Wiener Kongress aufgezwungen worden war. Es entstand ein liberales Königreich Belgien mit konstitutioneller Verfassung. Einen ganz anderen Ausgang nahmen die nationalen Aufstände im November 1830 in Polen: Der polnischen Revolutionsarmee gelang es zwar zunächst, die russischen Truppen aus den zaristisch verwalteten Gebieten Polens zu vertreiben; im Januar 1831 rief das Parlament die Wiedererstehung des polnischen Staates aus. Doch am Ende konnte Russland mit preußischer und österreichischer Unterstützung die polnischen Truppen besiegen. Jetzt wurden sogar die wenigen Autonomierechte aufgehoben, die Polen 1815 verblieben waren. Mit einer Niederlage endeten ebenfalls die Aufstände der Freiheits- und Nationalbewegung in Italien.

Im Gefolge der Julirevolution kam es auch in einigen deutschen Staaten zu politischen und sozialen Aufständen. In Braunschweig und Sachsen mussten die Machthaber abdanken, in Kurhessen und Hannover wechselten die Regierungen. Immerhin bewirkten die Unruhen, dass immer mehr Staaten konstitutionelle Verfassungen beschlossen – die herrschende Ordnung konnten sie nicht erschüttern. Nach der Julirevolution zeichnete sich in Europa eine Zweiteilung ab: im Westen die freiheitlichen Staaten England und Frankreich, im Osten die Mächte der alten Ordnung: Preußen, Österreich und Russland.

**24 »Die gefangenen Griechen von Mamelukken* bewacht«.**
Ölgemälde (185,5 cm x 248 cm) von Adolf Friedrich Teichs, 1836.
Die Erinnerung an das antike Griechenland begeisterte die Gebildeten Europas für den griechischen Freiheitskampf gegen die osmanische Herrschaft, an dem sich Freiwillige aus vielen christlichen Ländern Europas beteiligten. Zwar erlangten die Griechen 1829 ihre Autonomie, mussten sich aber 1832 unter dem Druck Großbritanniens, Frankreichs und Russlands mit der Errichtung einer absoluten Monarchie abfinden.

* (Mameluck = Söldner islamischer Herrscher)

### Deutschland im Vormärz

Trotz der massiven Unterdrückung erlebte die Freiheitsbewegung in den 1830er-Jahren einen neuen Aufbruch. Ihre Ideen verbreiteten sich in Kunst und Literatur, etwa durch Bücher von Schriftstellern des »Jungen Deutschland«. Zu dieser Gruppe gehörte beispielsweise der Dichter des Deutschlandliedes, August Heinrich Hoffmann von Fallersleben. Feste und Feiern etablierten sich als neue Protestform. Auf dem Hambacher Fest demonstrierten 1832 Tausende unter der schwarz-rot-goldenen Flagge der Burschenschaften für gesetzliche Freiheit und deutsche Nationalwürde. Die Hauptredner wurden wegen Hochverrats angeklagt, Metternich sah sich zu einer Verschärfung der Unterdrückungspolitik durch den Deutschen Bund veranlasst. Die Universitäten wurden zum Zentrum oppositionellen Denkens. Darüber hinaus sammelten sich liberale, demokratische und nationale Ideen in den Parlamenten der Einzelstaaten, die bereits Verfassungen eingeführt hatten.

**Restauration** *bezeichnet als zeitgenössische Wortbildung die Generallinie der politischen Machthaber seit 1815, den »Krater der Revolution« zu schließen und alle politischen Kräfte zu bekämpfen, die die bestehende Staats- und Gesesellschaftsordnung infrage stellten. Allerdings war die mit dem Begriff »Restauration« gemeinte Grundbedeutung der »Wiederherstellung« eine Fiktion. Die alte Ordnung des »Ancien Régime« wurde nicht wiederhergestellt, sondern fortgebildet und den veränderten Verhältnissen angepasst.*

## 25 Metternichs politische Ordnungsvorstellungen

**a)** Aus einer Instruktion Metternichs für einen österreichischen Gesandten (1826):

Das erste Ziel der Bemühungen unserer Regierung und aller seit der Wiederherstellung der Unabhängigkeit Europas mit ihr verbündeten Regierungen ist die Aufrechterhaltung der gesetzlichen Ordnung, die das glückliche Ergebnis dieser Wiederherstellung ist; eines Zustandes der Ruhe, der allen die Früchte eines so teuer erkauften Friedens sichert. [...] Seit einigen Jahren sehen wir zu unserer Genugtuung, wie mehrere der Regierenden, die am spätesten die Notwendigkeit der zur Erreichung dieses Zieles geeigneten Maßnahmen einsahen, sich endlich zu der Überzeugung durchrangen, dass die Unterdrückung des noch bestehenden Übels die erste und unerlässliche Vorbedingung dafür ist. Dieses Übel, man kann es nicht verhehlen, hat gerade seit der allgemeinen Befriedung erschreckende Fortschritte gemacht. Es ist allumfassend in seiner unheilvollen Betätigung, es äußert sich in allen möglichen Formen, in fast allen Ländern. Da es in seiner destruktiven Betätigung allumfassend ist, kann es nur durch einen allumfassenden Widerstand bekämpft und besiegt werden. Dieses Übel ist der revolutionäre Geist, geboren aus jener ordnungswidrigen Unruhe, welche die Umwälzungen der Epoche der heutigen Generation aufgeprägt haben, gespeist durch begehrliche Leidenschaften und tiefe Entsittlichung der einen, begrüßt durch den Fanatismus der anderen.

Zit. nach: W. Näf (Hrsg.), Europapolitik zu Beginn des 19. Jahrhunderts, Bern 1953, S. 47.

**b)** Aus Metternichs »Politischem Testament« (1849–1855):

Eine Erwägung, welche der liberale Geist gewöhnlich außer Acht lässt und die in ihren Folgen dennoch zu den gewichtigsten gehört, ist die des Unterschiedes, welcher sich praktisch in Staaten wie im Leben der Individuen zwischen Vorschreiten der Dinge in gemessenem Gange und in Sprüngen ergibt. Im Ersteren entwickeln sich die Bedingungen in einer logischen, naturgerechten Konsequenz, während Letztere den Zusammenhang unter diesen Bedingungen zerreißen. Alles in der Natur verfolgt den Weg der Entwicklung, des Aneinanderreihens der Sachen; bei solchem Gange allein ist das Ausscheiden der schlechten Stoffe und die Ausbildung der guten denkbar. Sprungweise Übergänge bedingen stets neue Schöpfungen, und schaffen können die Menschen nichts.

Fürst Richard von Metternich-Winneburg (Hrsg.), Aus Metternichs nachgelassenen Papieren, Bd. 7, Wien 1888ff., S. 634ff. Zit. nach: Geschichte in Quellen, Bd. 5: Das bürgerliche Zeitalter 1815–1914, bearb. v. Günter Schönbrunn, München 1980, S. 71f.

1. Wie berechtigt war Metternichs Bestehen auf dem Grundsatz der »Ordnung«?
2. Bewerten Sie Metternichs Unterscheidung von »gemessenem Gang« und »Sprüngen« hinsichtlich des »Vorschreitens der Dinge« (25b). Berücksichtigen Sie dabei die Eindrücke und Erfahrungen aus der Französischen Revolution.

## 26 Liberale und radikale Vorstellungen

**a)** Der liberale Württemberger Politiker und Schriftsteller Paul Pfizer, 1831:

Welcher Grad von Freiheit und von Gleichheit [...] möglich sei, ist nach der Verschiedenheit des Nationalcharakters, der Kulturperiode und der übrigen Momente des Volkslebens sehr verschieden. Dieselben Institutionen, welche bei einem gebildeten Volke die Schutzwehr aller Freiheit und die Lebensbedingungen des Fortschritts sind, Pressfreiheit, Volksvertretung, Schwurgerichte, Nationalbewaffnung, können bei einem ungebildeten, noch auf der Kindheitsstufe der Entwickelung stehenden Volke eine Quelle der Zerrüttung und Gesetzlosigkeit, ein Werkzeug der Gewalt und Unterdrückung werden, und von der bloß privatrechtlichen Freiheit und der rein passiven

Zit. nach: G. Küntzel (Hrsg.), Paul Achatius Pfizer. Politische Aufsätze und Briefe, Stuttgart 1924, S. 2f.

Gleichheit eines von jeder Teilnahme an der Staatsgewalt ausgeschlossenen Volks bis zur demokratischen Selbstregierung liegt eine weite Stufenreihe liberaler Institutionen in der Mitte, von denen der vernünftige Liberalismus keine weder unbedingt verwerfen, noch für die absolut heilbringende erklären wird. [...] Dass unter dem gleichen Rechte und der gleichen Freiheit aller, welche der Liberalismus fordert, nicht die äußerliche Gleichheit von Besitz und Macht gemeint sein könne, indem Rechtsgleichheit himmelweit verschieden ist von materieller Gleichheit des Besitzes, und die bleibende Durchführung der letztern ohne einen die Freiheit des Verkehrs, des Eigentums und der Verträge vernichtenden Despotismus gar nicht denkbar wäre, – dies wird [...] allmählich von den Gegnern des Liberalismus ebenso gut als von den Liberalen selbst eingesehen.

**b) Bedrohtes Licht der Wahrheit.** Lithografie, 1845.

**c) Der Publizist und Politiker Philipp Jakob Siebenpfeiffer, Initiator und Hauptredner des Hambacher Festes, in einer gerichtlichen Verteidigungsrede, 1834:**

Ich halte die Repräsentativ-Republik für die einzige Staatsform, die einem größeren Volk, das seine Würde fühlt, geziemt, für die alleinige, die heute möglich. [...]

Wir wollen nicht geistige Knechtschaft, wir wollen Freiheit des Denkens, Freiheit des Handelns für alle. *Welche Staatsform, welches Gesetz jeweils einem Volke fromme, das bestimme das Volk selbst.* Wollte das spanische von Mönchen regiert sein, wer hat ein Recht es zu hindern? Will der Türke nichts von europäischer Zivilisation wissen, warum quält ihn der Sultan damit? Will Italien freie Institutionen, warum fesselt Österreich die dortigen Regierungen? [...] Die monarchischen Gewalthaber behaupten ihre Systeme mit Kanonen; Marat und Robespierre wollten Republikaner mit der Guillotine machen; sind die einen im Unrecht, warum nicht die andern? So weit ist man jetzt einig in der denkenden Welt, dass der Mensch religiöse Gewissensfreiheit als ein Recht anspricht; warum wollt ihr nicht die politische Gewissensfreiheit anerkennen? Nationen sind wie Individuen: Jede nach ihrer Weise bilde sich durch freie lichtvolle Verständigung ihren politischen Glauben, denke sich ihre politische Gottheit, weih' ihre Altäre! Dies ist's, was ich Volkshoheit nenne. Ich will nicht, dass ein einzelner Mensch, sei's ein Napoleon oder [...] Joseph II., die Geschichte von Millionen nach seinen Einfällen bestimme; ich will, dass auch nicht irgendein Teil der Staatsglieder, seien's die Konservativen Englands oder die Pariser Sansculotten, herrschen; ich will, dass keine Partei die andere, nicht die Minderzahl die Mehrzahl, nicht einmal die Mehrheit die Minderzahl unterdrücke; ich will, dass die Gesamtheit herrsche, d.h. Geist und Gang der Regierung regle. [...] *Der herrschende Gesamtwillen, der freie Ausdruck aller Volksinteressen – dies ist meine Republik.*

F. Federici (Hrsg.), Der deutsche Liberalismus, Zürich 1946, S. 142 ff. Zit. nach: Geschichte in Quellen, Bd. 5: Das bürgerliche Zeitalter 1815–1914, bearb. von G. Schönbrunn, München 1980, S. 850 f.

1. Erörtern sie Pfizers Verständnis von »Gleichheit« und »Freiheit« und setzen Sie sich kritisch mit seiner These von verschiedenen »Entwicklungsstufen des Liberalismus« auseinander (26a).
2. Zeigen Sie die Unterschiede und Gemeinsamkeiten der politischen Vorstellungen Pfizers und Siebenpfeiffers auf (26a und c).
3. Bewerten Sie die Behauptung »Nationen seien wie Individuen« und die daraus abgeleitete Auffassung vom politischen »Individualismus« der Nationen (26c).

## 27 Deutsches Nationalgefühl

**a) Der Schriftsteller und Literaturwissenschaftler Ernst Moritz Arndt in seiner Schrift »Über Volkshass«, 1813:**

Wir sind von Gott in den Mittelpunkt Europens gesetzt, wir sind das Herz unseres Weltteils, wir sind auch der Mittelpunkt der neuen Geschichte und der Kirche und des Christentums. Gerade weil wir in der Mitte liegen, stürmen und strömen alle verschiedensten Völker Europens immer auf uns ein und suchen uns wegzuspülen und wegzudrängen. […] Wir haben also mehr als alle anderen Völker Ursache zu wachen, dass das Eigentümliche und Besondere, was uns als Deutsche, als ein bestimmtes Volk mit einem bestimmten Namen, auszeichnet, durch die Völkerflut und Geistesflut, die immer von uns und zu uns geht, nicht wegspült und weggewaschen werde; wir müssen dreifache und vierfache Bollwerke und Schanzen um uns aufführen, damit wir nicht zuletzt matte Bilder werden, welche allem und nichts ähnlich sehen und welche, weil sie Gestalt und Gepräge verloren haben, auch nichts andres gestalten und bilden können; dass ich es mit einem Wort sage, damit der Deutsche der große geistige Spiegel der Welt bleiben könne, muss er seine Eigentümlichkeit nicht verschleifen noch vertändeln: Er muss ein Deutscher bleiben.

H. Vogt (Hrsg.), Nationalismus gestern und heute, Opladen 1967, S. 103f.

**b) Aus den »Grundsätzen und Beschlüssen« der Deutschen Burschenschaften, 1817:**

1. Ein Deutschland ist, und ein Deutschland soll sein und bleiben. Je mehr die Deutschen durch verschiedene Staaten getrennt sind, desto heiliger ist die Pflicht für jeden frommen und edlen deutschen Mann und Jüngling, dahin zu streben, dass die Einheit nicht verloren gehe und das Vaterland nicht verschwinde. […]

5. Die Lehre von der Spaltung Deutschlands in Norddeutschland und Süddeutschland ist irrig, falsch, verrucht. Es ist eine Lehre, von einem bösen Feinde ausgegangen. Norddeutschland und Süddeutschland sind nicht verschiedener als Nordfrankreich und Südfrankreich. Die Unterscheidung ist lediglich geografisch. Es gibt ein Norddeutschland und ein Süddeutschland, wie es eine rechte und eine linke Seite am Menschen gibt. Aber der Mensch ist eins und hat nur einen Sinn und ein Herz, und Deutschland ist eins und soll nur einen Sinn und ein Herz haben.

6. Die Lehre von der Spaltung Deutschlands in das katholische und protestantische ist irrig, falsch, unglückselig. Es ist eine Lehre, von einem bösen Feinde ausgegangen. […]

12. Die Sehnsucht nach Kaiser und Reich ist ungeschwächt in der Brust jedes frommen und ehrlichen deutschen Mannes und Jünglings und wird bleiben, solange die Erinnerung an Kaiser und Reich nicht verschwunden und das Gefühl der Nationalehre nicht ausgetilgt und die Betrachtung der Lage des Vaterlandes zu anderen Völkern und Ländern nicht vernichtet ist. Es ist die Pflicht jedes frommen und ehrlichen deutschen Mannes und Jünglings, diese Sehnsucht in sich selbst zu nähren und in anderen zu erregen.

H. Haupt (Hrsg.), Quellen und Darstellungen der deutschen Burschenschaft und der deutschen Einheitsbewegung, Bd. 4, Heidelberg 1913, S. 117f.

**c) Studenten verbrennen auf dem »Wartburgfest« »undeutsche Schriften«.** Zeitgenössischer Stich.

1. Analysieren Sie die Argumente, die Arndt (27a) für die in seinen Augen herausragende Stellung des »deutschen Volkes« anführt. Setzen Sie sich kritisch mit der Arndt'schen Argumentation und den verwendeten Begriffen auseinander.

2. Erläutern Sie, inwiefern in den »Grundsätzen und Beschlüssen« der deutschen Burschenschaften (27b) ein romantisierender und rückwärts gewandter Begriff von der deutschen Nation zum Ausdruck kommt.

## 28 Was macht eine Nation aus?

**a) Der deutsche Sozialwissenschaftler und Historiker Eugen Lemberg, 1964:**
Was also die Nationen zu Nationen macht oder – allgemeiner gesagt – große gesellschaftliche Gruppen zu selbstbewussten, aktionsfähigen, nationalen oder nationähnlichen Gemeinschaften bindet und von ihrer Umwelt abgrenzt, das ist nicht die Gemeinsamkeit irgendeines Merkmals, die Gleichheit der Sprache, der Abstammung, des Charakters, der Kultur oder der Unterstellung unter eine gemeinsame Staatsgewalt, sondern umgekehrt: ein System von Vorstellungen, Wertungen und Normen, ein Welt- und Gesellschaftsbild, und das bedeutet: eine Ideologie, die eine durch irgendeines der erwähnten Merkmale gekennzeichnete Großgruppe ihrer Zugehörigkeit bewusst macht und dieser Zusammengehörigkeit einen besonderen Wert zuschreibt. [...] Eine solche Ideologie muss a) aufgrund irgendeines charakteristischen Merkmals ein Gesamtbild der zu integrierenden Gruppe enthalten, das diese Gruppe von ihrer Umgebung abgrenzt; b) dieser Gruppe eine Rolle in ihrer Umgebung zuweisen; c) die Gruppe mit dem Bewusstsein seiner Überlegenheit über diese Umwelt erfüllen; d) ein gruppenbezogenes Normensystem, eine Gruppenmoral, entwickeln, die unter Umständen innerhalb der Gruppe ein anderes Verhalten vorschreibt als außerhalb; e) das Gefühl einer Bedrohung von außen, eine Feindvorstellung erzeugen; f) die Einheit der Gruppe als ein lebenswichtiges, gegen Spaltungen sorgsam zu hütendes Gut erscheinen lassen; g) der Gruppe die Hingabe ihrer einzelnen Angehörigen verschaffen und diese Angehörigen für ihre Hingabe belohnen.

Eugen Lemberg, Nationalismus, Bd. 2, Reinbek 1964, S. 52 und 65.

**29** **»Germania«.** Aquarell (42,3 cm x 28,8 cm) von Philipp Veit, 1834.

**b) Der deutsche Historiker Otto Dann, 1996:**
*Nationen* sind Gesellschaften, die aufgrund gemeinsamer geschichtlicher Herkunft eine politische Interessengemeinschaft bilden. Sie verstehen sich als eine Solidargemeinschaft; denn sie gehen aus von der Rechtsgleichheit ihrer Mitglieder.

Nationen sind stets auf ein konkretes Territorium (patria) bezogen. Ihr wichtigstes Anliegen ist die eigenverantwortliche Gestaltung ihrer Lebensverhältnisse, d. h. politische Selbstverwaltung (Souveränität) innerhalb ihres Territoriums bzw. ein eigener Staat.

Nationen werden zusammengehalten durch einen Grundkonsens über ihre politische Verfassung und Kultur. [...]

Wie alle großen sozialen Gemeinschaften und Institutionen sind auch Nationen nicht von Natur aus gegeben, sondern ein Resultat gesellschaftlicher Kultur und geschichtlicher Entwicklung. [...]

Eine politische Nation entsteht mit der Bildung von Nationalbewusstsein innerhalb einer Bevölkerung. Wir verstehen darunter den Prozess einer kollektiven politischen Bewusstwerdung, in dem Mitglieder eines Volkes (Ethnie) bzw. Bewohner eines Territoriums entdecken, dass sie gemeinsame Traditionen und Interessen haben.

Eine nationale Bewusstwerdung führt Personen und Bevölkerungsgruppen zusammen, die bisher kaum etwas miteinander zu tun hatten, weil sie in verschiedenen regionalen, ethnischen, religiösen oder sozialen Zusammenhängen nebeneinander lebten. Sie motiviert sie zu gemeinsamen Aktionen und schafft zwischen ihnen ein Wir-Bewusstsein sowie emotionale Bindungen. Die Abgrenzungen gegenüber Nachbarvölkern spielt dabei eine wichtige Rolle. Die Bildung einer Nation ist somit in erster Linie als ein Vorgang *sozialer Integration* zu verstehen. [...]

Wie jede politische Bewegung ist eine Nationalbewegung geprägt von ihrer Programmatik, ihrer Ideologie (Der Begriff wird hier nicht negativ verstanden!). Eine *nationale Ideologie* stellt ihre Interpreten vor besondere Schwierigkeiten; denn bei der Legitimierung nationaler Bewegungen fließen zwei verschiedene Argumentationen zusammen. Einerseits vertritt eine Nationalbewegung menchenrechtliche und demokratische Partizipationsforderungen, die *universale Grundkonzeption* moderner Nationen. Zum anderen hat eine Nationalbewegung zu begründen, warum sie innerhalb des von ihr beanspruchten Gebietes politische Autonomie einfordert. Hier, bei der *Selbstdarstellung und -legitimierung der Nation*, kommen deren spezifische Identitätsmerkmale zum Tragen: eine gemeinsame Sprache, Kultur oder Religion, das eigene Siedlungsgebiet (Vaterland) und die gemeinsame Geschichte. [...]

Wir verstehen unter *Nationalismus* ein politisches Verhalten, das nicht von der Überzeugung der Gleichwertigkeit aller Menschen und Nationen getragen ist, sondern andere Völker und Nationen als minderwertig oder als Feinde einschätzt und behandelt.

Otto Dann, Nation und Nationalismus in Deutschland. 1770–1990, München 1996, S. 12ff. und 19f.

1. Wenden Sie Lembergs Merkmalskatalog a) bis g) (28a) auf die in den beiden Texten (27a und b) zum Ausdruck kommenden »nationalen« Vorstellungen an.
2. Erörtern Sie, inwiefern man dem Nationalismus mobilisierende und integrierende Wirkungen zuschreiben kann (28a).
3. Zeigen Sie die Unterschiede und Gemeinsamkeiten der beiden Begriffsbestimmungen von »Nation« auf (28a und b).
   Diskutieren Sie, welche der beiden Definitionen Ihnen stichhaltiger erscheint.
4. Erörtern Sie, inwieweit Veits allegorische Darstellung die These bestätigt, Deutschlands Weg nationaler Selbstfindung sei »der lange Weg eines tief vom Mittelalter geprägten Landes in die Moderne« gewesen (H. A. Winkler). (Hinweis für die Bilddeutung: Bei den sieben Wappen handelt es sich um die kurfürstlichen.)

Zeigen Sie Zusammenhänge zwischen der Französischen Revolution und der Entstehung der deutschen Nationalbewegung auf.

## 2.2 1848 in Deutschland: Das Scheitern von Einheit und Freiheit

**Europa 1848**

Abermals gab Frankreich den Takt vor, als es im Februar 1848 das Bürgerkönigtum entthronte und die Revolution in Europa auslöste. Ein vergleichender Rundblick offenbart den unterschiedlichen Entwicklungsstand der Großmächte in Europa: Im industriell entwickelten England blieb die Revolution aus – es hatte stürmische Jahre im Innern hinter sich, aber durch rechtzeitige Reformen den Umsturz immer noch gerade verhindert. Während in Frankreich 1848 bereits zum dritten Mal eine Monarchie gestürzt und die Republik ausgerufen wurde, handelte es sich bei den deutschen Unruhen um erste revolutionäre Versuche. In den vorindustriellen deutschen Staaten opponierten die Revolutionäre gegen eine vom Adel dominierte Ständegesellschaft, während die französische Februarrevolution erste Züge einer sozialistischen Revolution annahm. In die Unruhen in Mittel- und Osteuropa mischten sich nationale Proteste – England und Frankreich hingegen waren bereits Nationalstaaten. Im industriell zurückgebliebenen Russland blieb es ruhig: Das Zarenregime konnte noch jeglichen Protest unterdrücken.

**Märzforderungen**

Die Nachrichten vom französischen Umsturz verbreiteten sich wie ein Lauffeuer in allen europäischen Zentren. Die deutsche Opposition – unterstützt von einer spontanen Volksbewegung – drängte in diesen Tagen in den Einzelstaaten mit Petitionen, Kundgebungen und Umzügen auf die Erfüllung der »Märzforderungen«: Garantie der Grundrechte und der Pressefreiheit, Einrichtung von Schwurgerichten und Bürgerwehren. Gleichzeitig begann sie sich national zu organisieren. Am 5. März trafen sich in Heidelberg 51 prominente Oppositionspolitiker – unter ihnen Heinrich von Gagern und Friedrich Hecker. Sie beschlossen ein »Vorparlament« einzuberufen, das die verfassunggebende deutsche Nationalversammlung vorbereiten sollte. Damit brachen sie unwiderruflich mit dem alten System.

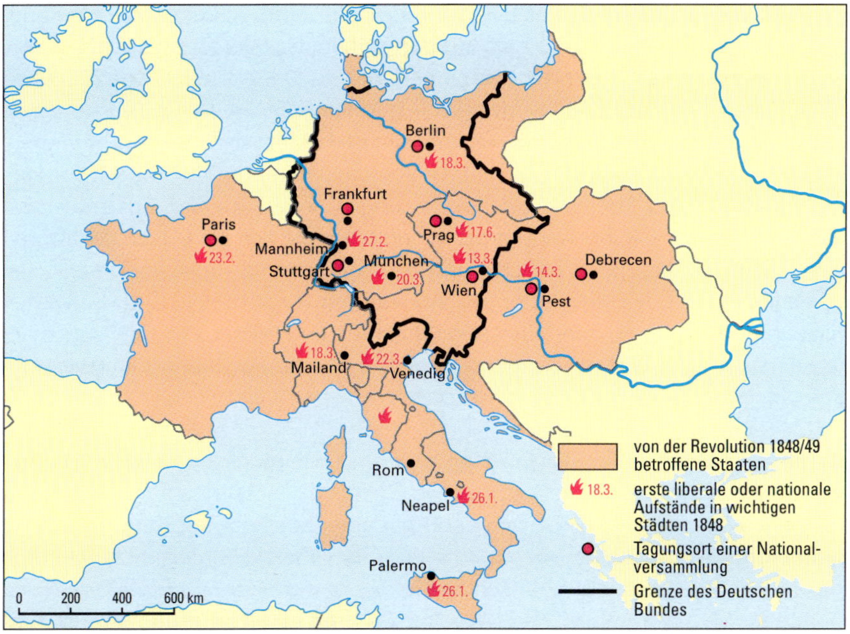


**30** 1848 – Das Frühjahr der Revolutionen

**Unruhen in Stadt und Land**

In der revolutionären Situation entluden sich auch soziale Spannungen. Die städtische Unterschicht – Tagelöhner, Handwerker, Proletarier – hatte in den vergangenen Jahren an den Strukturproblemen durch die fortschreitende Industrialisierung gelitten. Das allgemeine Massenelend in den Städten war 1845/46 durch zwei Missernten und ein Konjunkturtief noch verschärft worden. Auch auf dem Lande breiteten sich gewaltsame Aufstände aus: Die Landbevölkerung in Mittel- und Süddeutschland sowie Schlesien lehnte sich gegen Grundherren und Staatsbeamte auf, weil sie nach der Bauernbefreiung immer noch erdrückende Dienste und Abgaben zu leisten hatte. Die sozialen Proteste sorgten für die Massenbasis der Revolution. Als die Forderungen der Bauern erfüllt waren, zogen sie sich jedoch schnell vom revolutionären Geschehen zurück.

**Revolution in Wien**

Beeindruckt von der Wucht der Volksbewegung, leisteten die Monarchen in Wien und Berlin kaum Gegenwehr – auch wenn es zu blutigen Zusammenstößen zwischen Regierungstruppen und Revolutionären kam. In Wien stürmte die Menge am 13. März 1848 das Ständehaus. Als die tagende niederösterreichische Ständeversammlung sich den Forderungen des Volkes nicht sofort anschloss und das Militär versuchte, die Menge auseinanderzutreiben, eskalierte die Situation. Soldaten schossen blind in die Menge und töteten fünf Demonstranten – es folgten blutige Straßenkämpfe. Die Wiener Hofburg entschloss sich, die Lage durch Zugeständnisse an die Demonstranten zu beruhigen. Metternich, der verhasste Repräsentant des alten Systems, wurde zum Bauernopfer bestimmt und musste fliehen. In Wien feierte man den Sieg der Revolution.

**Revolution in Berlin**

Die Ereignisse in Wien zeigten auch in Berlin Wirkung, wo am 14. März 1848 die ersten Unruhen ausbrachen. Preußens König Friedrich Wilhelm IV. erklärte sich zu Zugeständnissen bereit: Am 18. März hob er die Zensur auf und kündigte die Einberufung eines »Vereinigten Landtages« an. Als Gerüchte über diese Veränderungen die Runde machten, versammelten sich tausende Menschen vor dem Berliner Stadtschloss. Dort wartete eine provozierend hohe Zahl von Soldaten. In der unübersichtlichen Situation lösten sich aus den Reihen des Militärs zwei Schüsse – die Situation eskalierte. Über Nacht tobte in Berlin der Bürgerkrieg, über 200 Menschen – meist Arbeiter und Handwerker – starben. In Berlin war quasi »aus Versehen« die Revolution ausgebrochen. Am nächsten Morgen lenkte der König ein und ließ die Truppen abziehen. Friedrich Wilhelm IV. trat die Flucht nach vorn an: Er stimmte der Ausarbeitung einer Verfassung zu, bewilligte den Zusammentritt einer preußischen Nationalversammlung und bekannte sich zur Einheit der Nation. Eines hatten die Ereignisse in Berlin und Wien gemeinsam – ganz im Unterschied zu denen in Paris: Die Revolution machte vor den Thronen halt. Die Monarchen blieben und mit ihnen ihre Stützen in Bürokratie und Militär. Die Gewaltakte riefen innerhalb der Protestbewegung schnell die Frage auf, wann die Revolution »geschlossen« werden sollte. Es entwickelten sich zwei verschiedene Strömungen.

**Liberalismus**

Das liberale Lager wollte die Unruhen so schnell wie möglich beenden. Eine Revolution lag ihm völlig fern: Die Liberalen wollten die Gesellschaft von Anfang an auf dem Wege der »Vereinbarung« mit den alten Mächten reformieren, um die befürchtete Revolution gerade zu verhindern. Das liberale Bürgertum hatte durch die Industrialisierung wirtschaftlich an Einfluss gewonnen; nun forderte es auch politische Mitbestimmung. Die Liberalen strebten eine konstitutionelle Monar-

**31 »Deutsche Nation siehe hier Deinen König!«.** Die Kreidelithografie (26,2 x 33,4 cm) von 1848 karikiert den Umritt des preußischen Königs in Berlin am 21. März 1848, mit dem er sich symbolisch an die Spitze der revolutionären Entwicklung setzen wollte.

Beschreiben Sie die Einzelelemente der Karikatur und erläutern Sie ihre Aussage.

(»Botanybai« = der Hafen der englischen Strafkolonie Australien)

chie an. Zu ihren Kernforderungen gehörten die Garantie der Presse- und Versammlungsfreiheit, der persönlichen Freiheitsrechte sowie einer unabhängigen Justiz. Im wirtschaftlichen Bereich setzten sie auf Selbstorganisation und das Gesetz des freien Marktes. So könne mehr Wohlstand erreicht werden – zunächst für das Bürgertum, im Laufe der Zeit aber auch für die Unterschichten. Eine politische Mitwirkung der Unterschichten ging den meisten Liberalen jedoch zu weit, deshalb befürworteten sie ein Zensuswahlrecht. Ein Abgleiten in die soziale Revolution wollten sie um jeden Preis verhindern.

Im Gegensatz dazu wollten die Demokraten die Unterschichten in den gesellschaftlichen Reformprozess mit einbeziehen. Neben dem allgemeinen Wahlrecht klagten sie einen Ausgleich von Kapital und Arbeit ein – etwa durch eine progressive Einkommenssteuer. Die Demokraten wollten die traditionellen gesellschaftlichen Sozialverhältnisse mittels eines demokratischen Staates wiederherstellen. Sie forderten die weitgehende Entmachtung des Monarchen und die Ausrufung einer Republik. Die demokratischen Vertreter kamen ausschließlich aus dem intellektuellen Milieu, sahen sich jedoch als Sprecher der Unterschicht. Zu ihren Anhängern gehörten kleine Gewerbetreibende, sozial bedrohte Gruppen der Handwerkerschaft, anfangs auch Bauern.
Die Entscheidung über den zukünftigen Kurs übertrug das Vorparlament mit dem Hinweis auf die »Volkssouveränität« der zukünftigen Nationalversammlung. Sie wurde unter hoher Beteiligung nach dem allgemeinen und gleichen Männerwahlrecht von allen »selbstständigen« Staatsbürgern gewählt.

Die Publizistin und Frauenrechtlerin Louise Otto-Peters (1819–1895) schrieb 1849 im Hinblick auf den Nutzen, den die 1848er-Revolution für die Stellung der Frauen gebracht hatte: »Die Geschichte aller Zeiten, und die heutige ganz besonders, lehrt, dass diejenigen auch vergessen wurden, welche an sich selbst zu denken vergaßen!« Fertigen Sie ein Referat darüber an, wie sich Frauen an der Revolution beteiligten, wie sie ihre Interessen artikulierten und welche Unterstützung sie dabei von männlicher Seite erfuhren. Zeigen Sie dabei auf, inwiefern Louise Otto-Peters' (Selbstan-)Klage gerechtfertigt war.

**Nationalversammlung**

Am 18. Mai 1848 trat die deutsche Nationalversammlung zum ersten Mal feierlich in der Frankfurter Paulskirche zusammen. Sie bestand fast ausschließlich aus bürgerlichen Repräsentanten – Professoren, Juristen, höheren Verwaltungsbeamten. Die Nationalversammlung setzte mit Billigung der Fürsten und Regierungen eine Zentralgewalt ein, an deren Spitze der österreichische Erzherzog Johann als Reichsverweser stand. Der alte Bundestag des Deutschen Bundes beendete damit seine Tätigkeit. Zentrale Aufgabe der Frankfurter Abgeordneten war es nunmehr, einen deutschen National- und Verfassungsstaat zu schaffen. Noch gab es keine politischen Parteien im heutigen Sinne, dennoch waren drei große politische Lager deutlich zu unterscheiden: eine zahlenmäßig eher schwache republikanische Linke, das konservative Lager und die große Mehrheit der liberalen Mitte.

## Uneinigkeit der Revolutionäre und agressiver Nationalismus

Die Arbeit der Nationalversammlung begann unter schwierigen Bedingungen, sodass sie ihrem eigentlichen Auftrag – der Erarbeitung einer Verfassung – zunächst kaum nachkommen konnte. Die Aufstände im Land waren mit ihrem Zusammentritt nicht beendet. Die soziale Situation der Handwerksmeister, Gesellen, Arbeiter und Tagelöhner war durch die Konjunkturkrise noch schlechter geworden. Hinzu trat ein nationaler Konflikt. Als Preußen im Krieg um Schleswig-Holstein mit Dänemark einen Waffenstillstand schloss und die Nationalversammlung dies schließlich (widerwillig) billigte, empörte sich das radikale Lager. Neue Gewaltakte erschütterten das Land. Die Radikalen sahen Schleswig-Holstein als Teil des deutschen Nationalstaates, auf den nicht verzichtet werden durfte. Sie warfen dem Parlament Verrat an Nation und Revolution vor – die Risse innerhalb der revolutionären Bewegung wurden immer deutlicher.

**32** **»Einzug der Mitglieder des Vorparlaments in die Paulskirche«** Kolorierte Lithografie (53,5 x 36,5 cm) von Jean Nicolas Ventadour, 1848.

Beschreiben Sie den Eindruck, den der hier dargestellte historische Moment bei Ihnen erweckt.

Der Konflikt um Schleswig-Holstein legte die Sprengkraft der nationalen Idee und erste Züge eines aggressiven deutschen Nationalismus offen. Waren im Vormärz nationale Freiheitsbewegungen in anderen europäischen Ländern – wie etwa in Polen – von den liberalen Kräften unterstützt worden, stellte jetzt die Mehrheit der Parlamentarier das Selbstbestimmungsrecht der Völker infrage. Mit der Brüderlichkeit der europäischen Nationalbewegungen war es vorbei. Daraus ergaben sich Ansatzpunkte für die Gegenrevolution: Sie spielte die verschiedenen Nationalbewegungen gegeneinander aus, die in der Paulskirche mehr und mehr aneinander gerieten. Die Kräfte der Reaktion gewannen wieder an Auftrieb.
Die Nationalversammlung hatte bei der Verfassungsgebung ein ganzes Bündel von Fragen zu beantworten: Welche Grundrechte und wieviel Demokratie sollten garantiert werden? Welche Staatsform – Republik oder eine Form der Monarchie – sollte Deutschland erhalten? Welche Stellung sollte die Zentralgewalt einnehmen? Zur alles überlagernden Frage wurde aber, welche Gebiete zum deutschen

Nationalstaat dazugehören und welche Rolle Preußen und Österreich darin spielen würden. Zwei Auffassungen bildeten sich heraus:
Das großdeutsche Lager befand sich im Parlament zunächst in der Mehrheit. Es befürwortete eine Nationalstaatsbildung unter Einschluss der deutschen Gebiete Österreichs. Damit wäre faktisch das Ende der Habsburgermonarchie besiegelt worden – entsprechend leistete Wien erbitterten Widerstand gegen diese Lösung. Problematisch an diesem Vorschlag war aber auch, dass er sich nicht auf das deutschsprachige Österreich beschränkte: Auch Böhmen und Mähren sowie Welschtirol und Triest sollten dem deutschen Nationalstaat einverleibt werden. Die großdeutsche Neigung der Nationalversammlung trieb zudem die Tschechen, Slowaken, Kroaten und Slowenen in die Arme der Gegenrevolution. Sie wollten nicht als Minderheiten in einem deutschen und einem ungarischen Nationalstaat aufgehen – in dieser Lage lag ihnen der Erhalt des habsburgischen Vielvölkerstaates näher. Das kleindeutsche Lager hingegen favorisierte eine Lösung ohne das deutschsprachige Österreich unter der Führung eines preußischen Kaisers. Diese Variante lief auf eine Trennung von Österreich hinaus.

Referieren Sie arbeitsteilig
1. über die Gegenrevolution in Wien im Oktober 1848,
2. über die preußische Gegenrevolution zwischen Oktober und Dezember 1848.

### Verabschiedung der Verfassung

Im Oktober 1848 eroberte die Gegenrevolution Wien. Ende des Jahres 1848 hatte überall im revolutionären Europa – sogar in Frankreich – die Reaktion gesiegt. Mit der Niederlage der Revolution in Wien schied die großdeutsche Lösung aus. Dennoch waren nicht alle Abgeordneten der Paulskirche bereit, einer kleindeutschen Lösung unter einem preußischen Kaiser zuzustimmen und den Sieg der Reaktion in Österreich hinzunehmen. Die äußerste Linke forderte einen großen europäischen Krieg gegen die Mächte der Beharrung – den russischen und österreichischen »Militärdespotismus«. Doch dieser Vorschlag setzte sich nicht durch: Am 27. März 1849 verabschiedete die Paulskirche mit knapper Mehrheit die Reichsverfassung. Tags darauf wurde Friedrich Wilhelm IV. zum Kaiser gewählt.
Doch Friedrich Wilhelm IV. lehnte die Kaiserwürde ab: Er war nicht bereit, die Krone aus den Händen des Volkes entgegenzunehmen. Darüber hinaus wollte er keinen Krieg riskieren: Möglicherweise hätten Österreich und Russland gemeinsam versucht, die Ergebnisse der Revolution gewaltsam rückgängig zu machen, wie sie es im Sommer 1849 in Ungarn dann auch taten. Mit der Ablehnung Friedrich Wilhelms IV. scheiterte die Nationalversammlung: Zahlreiche Einzelstaaten zogen ihre Abgeordneten zurück, und auch die gemäßigten Liberalen legten ihr Mandat nieder. Sie hielten das Scheitern der Verfassung für das kleinere Übel, als einen Bürgerkrieg zu riskieren. Übrig blieb ein Rumpfparlament der Linken, das seinen Sitz nach Stuttgart verlegte. Letzte revolutionäre Kämpfe flackerten mit der »Reichsverfassungskampagne« und der »Mairevolution« in Baden noch einmal auf. Die radikalen Vertreter, die die Reichsverfassung mit Gewalt verteidigten, wurden brutal niedergeschlagen. Die Tätigkeit des Rumpfparlamentes wurde am 18. Juni gewaltsam beendet.

### Scheitern der Revolution?

Die Revolution war überall in Europa – mit Ausnahme der Schweiz – gescheitert. Freilich hinterließ die Revolution Spuren: In Preußen galt nach 1848 eine Verfassung, der Absolutismus war überwunden. Die liberalen Ideen konnten nicht mehr vollständig beseitigt werden. Trotzdem waren in den nachfolgenden Jahrzehnten alle parlamentarischen und freiheitlichen Initiativen mit dem Makel des Scheiterns behaftet. Preußen blieb obrigkeitsstaatlich dominiert, die Freiheitsfrage ungelöst – das war eine schwere Hypothek für zukünftige politische Entwicklungen in Deutschland.

**33 Die geplante Reichsverfassung von 1848/49**

Untersuchen Sie, wie die geplante Verfassung die Frage der Gewaltenteilung geregelt hätte und welche Stellung den Ländern in dem so verfassten Staatsgebilde zugekommen wäre.

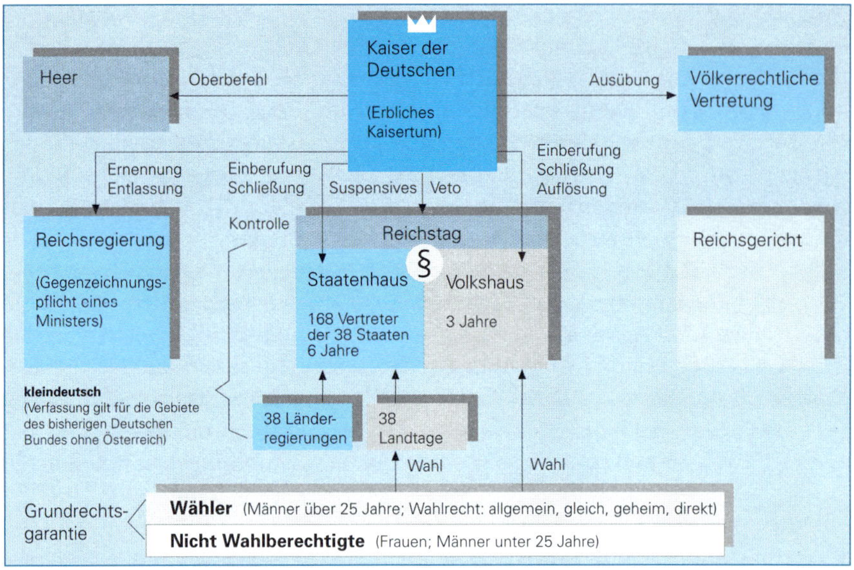


## 34 Verhaltene Revolution?

**Die Schriftstellerin Fanny Lewald (1811–1889) berichtet in ihren Erinnerungen über die Revolution in Berlin, Eintrag unter dem 11. April 1848:**

Wie stieg erst meine Verwunderung, als ich […] die Straßen Berlins ohne Militär sah; […] und als an allen Ecken unzensierte Zeitungsblätter und Plakate, ja selbst Zigarren verkauft wurden, während sonst das Rauchen auf der Straße bei 2 Taler Strafe verboten und sogar die Inschriften der Leichensteine zensurpflichtig waren.

Verwüstungen durch die Revolution bin ich in der Stadt nicht gewahr worden, soweit sie vom Volke ausgegangen sind. […] Nirgends hat sich das Volk gegen die Paläste des Königs oder der Prinzen gewendet, nirgends das Eigentum angetastet; und es ist mir eine Genugtuung, dass sich keine Spur von Rohheit im Volke gezeigt, dass selbst der König in allen Proklamationen den Edelmut und die Mäßigung der Kämpfenden lobpreisend anerkannt hat. Was mir aber, im Hinblick auf Paris, schmerzlich auffiel, das ist der Mangel an Freudigkeit über den Sieg, der fehlende Schwung des Enthusiasmus, die mich in Paris so sehr überraschten. Keine begeisternden Lieder, keine jener siegestrunkenen Zurufe, welche dort von Mund zu Mund gingen und so elektrisch wirkten. […] Wir haben keinen deutschen Volksgesang, und »Es lebe der überwundene Absolutismus« (denn weiter halten wir ja noch nicht) kann man eben nicht rufen. Das aber ist noch nicht das Schlimmste. Was mich beängstigt, ist das Gefühl der Unsicherheit, das ich hier an so vielen Menschen wahrnehme und von dem in Paris keine Spur vorhanden war. […]

Ein großer und edler Teil der Bevölkerung sieht mit opferfreudiger Begeisterung in die Zukunft – aber der Untertänigkeitsgeist eines absolutistisch regierten Volkes, die Angst vieler Besitzenden vor möglichen Verlusten und der weit verzweigte bürokratische Kastengeist sind damit noch lange nicht überwunden.

Fanny Lewald, Erinnerungen aus dem Jahr 1848, Frankfurt/Main 1969, S. 74ff.

Beschreiben Sie die Lage in Berlin, wie sie sich Fanny Lewald darbot. Gehen Sie dabei insbesondere auf die Unterschiede ein, die sie zwischen den Pariser und Berliner Ereignissen sah.

## 35 Königlicher Charakter?

**a) Aus der Proklamation Friedrich Wilhelms IV. »An mein Volk und die deutsche Nation« vom 21. März 1848:**

An mein Volk und die deutsche Nation! Mit Vertrauen sprach der König vor 35 Jahren in den Tagen hoher Gefahr zu seinem Volke, und sein Vertrauen ward nicht zuschanden; der König, mit seinem Volke vereint, rettete Preußen und Deutschland vor Schmach und Erniedrigung. Mit Vertrauen spreche ich heute, im Augenblicke, wo das Vaterland in höchster Gefahr schwebt, zu der deutschen Nation, unter deren edelste Stämme mein Volk sich mit Stolz rechnen darf. Deutschland ist von innerer Gärung ergriffen und kann durch äußere Gefahr von mehr als einer Seite bedroht werden. Rettung aus dieser doppelten dringenden Gefahr kann nur aus der innigsten Vereinigung der deutschen Fürsten und Völker unter einer Leitung hervorgehen. Ich übernehme heute diese Leitung für die Tage der Gefahr. Mein Volk, das die Gefahr nicht scheut, wird mich nicht verlassen, und Deutschland wird sich mir mit Vertrauen anschließen. Ich habe heute die alten deutschen Farben [Schwarz-Rot-Gold, Farben des Lützowschen Freikorps 1813) angenommen und mich und mein Volk unter das ehrwürdige Banner des deutschen Reiches gestellt. Preußen geht fortan in Deutschland auf.

Tim Klein, Der Vorkampf, Ebenhausen–München 1927, S. 209ff.

**b) »Es ginge wohl aber es geht nicht«.** Kolorierte Lithografie (29,2 cm x 39,4 cm), 1849. Der gesichtslose Friedrich Wilhelm IV. zwischen »germanischen« Volksvertretern und Fürstenhäusern (Zar Alexander, Kaiser Franz Joseph, Könige von Hannover, Bayern, Württemberg und Sachsen).

**c) Aus einem Brief Friedrich Wilhelms IV. vom 13. Dezember 1848 an den Gesandten Bunsen über die Kaiserkrone:**

Ich will Ihnen das Licht darüber so kurz und hell als möglich schärfen. Die Krone ist erstlich keine Krone. Die Krone, die ein Hohenzoller nehmen dürfte, wenn die Umstände es möglich machen könnten, ist keine, die eine, wenn auch mit fürstlicher Zustimmung eingesetzte, aber in die revolutionäre Saat geschossene Versammlung macht (in der Art der Straßenpflasterkrone Louis Philipps), sondern eine, die den Stempel Gottes trägt, die den, dem sie aufgesetzt wird, nach der heiligen Ölung »von Gottes Gnaden« macht, weil und wie sie mehr denn 34 Fürsten zu Königen der Deutschen von Gottes Gnaden gemacht und den Letzten immer der alten Reihe gesellt. Die Krone, die die Ottonen, die Hohenstaufen, die Habsburger getragen, kann natürlich ein Hohenzoller tragen; sie ehrt ihn überschwenglich mit tausendjährigem Glanze.

Die aber, die Sie leider meinen, verunehrt überschwenglich mit ihrem Ludergeruch der Revolution von 1848, der albernsten, dümmsten, schlechtesten, wenn auch, gottlob, nicht bösesten dieses Jahrhunderts. Einen solchen imaginären Reif, aus Dreck und Letten [Ton, Lehm] gebacken, soll ein legitimer König von Gottes Gnaden und nun gar der König von Preußen sich geben lassen, der den Segen hat, wenn auch nicht die älteste, doch die edelste Krone, die niemand gestohlen worden ist, zu tragen? [...]

Ich sage es Ihnen rund heraus: Soll die tausendjährige Krone deutscher Nation, die 42 Jahre geruht hat, wieder einmal vergeben werden, so bin ich es und meinesgleichen, die sie vergeben werden. Und wehe dem, der sich anmaßt, was ihm nicht zukommt!

Leopold von Ranke, Aus dem Briefwechsel Friedrich Wilhelms mit von Bunsen, Leipzig 1874, S. 147.

1. Stellen Sie dar, welchen Ausweg aus den revolutionären Unruhen Friedrich Wilhelm IV. vorschlägt. (35a)
2. Arbeiten Sie heraus, wie er zur Frage der deutschen Nation steht und welche Rolle er sich selbst in diesem Zusammenhang beimisst. (35a)
3. Zeigen Sie die Haltung des Königs zur deutschen Revolution auf. (35b)
4. Stellen Sie die Auffassung Friedrich Wilhelms IV. in 35 b seiner Haltung vom März 1848 gegenüber (35a) und bewerten Sie sein Verhalten im Verlauf der Revolution.

## 36 Wahlrechtsdebatte und »politische Unreife«

**a) Aus dem Entwurf des Reichswahlgesetzes vom 15. Februar 1849:**
Art. I. § 1. Wähler ist jeder selbstständige, unbescholtene Deutsche, welcher das 25. Lebensjahr zurückgelegt hat. § 2. Als nicht selbstständig, also von der Berechtigung zum Wählen ausgeschlossen, sollen angesehen werden: 1) Personen, welche unter Vormundschaft oder Kuratel stehen oder über deren Vermögen Konkurs- oder Fallitzustand [Bankrott] gerichtlich eröffnet worden ist [...]; 2) Personen, welche eine Armenunterstützung aus öffentlichen Mitteln beziehen oder im letzten der Wahl vorhergegangenen Jahre bezogen haben; 3) Dienstboten; 4) Handwerksgehilfen und Fabrikarbeiter; 5) Tagelöhner.

F. Wigard (Hrsg.), Stenographischer Bericht über die Verhandlungen der deutschen constituirenden Nationalversammlung zu Frankfurt a. M., Bd. 8, Frankfurt/M. 1848, S. 5218 f.

**b) Aus dem Debattenbeitrag des linksliberalen Abgeordneten Ziegert (Minden):**
Aber, wendet man ferner ein, die politische Unreife des Volkes, die Bestechlichkeit! Meine Herren, kommen Sie uns nicht mit der Behauptung der politischen Unreife, welche auf den früheren Satz des alten Polizeistaates vom beschränkten Untertanenverstande hinausläuft. Ich meine, die so genannten unteren Klassen, welche die Bewegung des vorigen Jahres mit durchgemacht haben, die zur Verbesserung der jetzigen Zustände mit Hand angelegt und auch in dieser Zeit ebenso den Lockungen der Demagogen als den Verführungen der Reaktion Widerstand geleistet haben, welche in dem Versammlungsrecht, in der freien Presse, im freien Gemeinwesen und in der Öffentlichkeit des Staatslebens die Mittel zur weiteren Ausbildung besitzen, sind nicht mehr politisch unreif zu nennen. [...] Sie können nicht leugnen, dass die Bewegung unserer Zeit nicht bloß eine politische, sondern auch eine soziale ist, und zwar

in doppelter Richtung, einmal, indem die Besitzlosen und Minderbegüterten mehr oder weniger gegen die Herrschaft des Besitzes und des Kapitals im Kampfe stehen, und sodann dadurch, dass die arbeitenden Klassen an der Verbesserung ihrer Lage sich organisch beteiligen wollen. Statten Sie jetzt, wo von uns zur Verbesserung der Lage der arbeitenden Klassen noch nichts geschehen ist, den Besitz und das Kapital mit einer bevorzugten politischen Berechtigung aus und schließen Sie auf der anderen Seite die arbeitende Klasse von der Möglichkeit aus, Männer ihres Vertrauens in die Reichsversammlung zu wählen, so wird der ohnehin gestörte Friede in der Gesellschaft dadurch nicht wiederhergestellt, es wird der Kampf dadurch nur noch vermehrt.

M. Freund (Hrsg.), Der Liberalismus, Stuttgart 1965, S. 146f.

**c)** **Aus dem Debattenbeitrag des liberalen Abgeordneten Wernher** (Nierstein):

Es existiert eine tiefe Begriffsverwirrung über den Begriff von Volk, es gibt ein physisches Volk, unter das gehören alle, Mann und Weib, Säuglinge und Greise, die Menschen im Zuchthaus wie derjenige, der die Zierde seines Volkes ist; aber das politische Volk ist zu allen Zeiten, wird zu allen Zeiten und muss zu allen Zeiten von dem physischen Volke unterschieden werden. [...] Der moderne Staat [...] bedarf zu seiner Erhaltung, um die hohen Zwecke der Kultur zu erfüllen, moderner Mittel, Geld, Geld, und darum sind im modernen Staate alle diejenigen, die zum Bedürfnis des Staates etwas und ein Wesentliches beitragen, das eigentliche, das politische Volk; ich halte es für eine große Verkennung der Dinge, wenn man darin eine Anmaßung der Bezahlenden findet. [...] Ich behaupte nach meiner getreuen Erfahrung, dass zur Beurteilung der Bedürfnisse eines großen Staates die untersten Klassen nicht geeignet sind. [...] Geben Sie diesen Klassen den innigsten Anteil an den Wahlen zur Besetzung der Gemeindeämter, das können sie erkennen und übersehen, und hier liegt die Basis ihrer unmittelbaren Beteiligung am Staate. Wenn Sie aber diesen unmittelbaren Anteil auf die Wahlen zur Vertretung eines so großen Staates wie Deutschland, welcher vom Belt bis zum Adriatischen Meer sich erstrecken soll, ausdehnen, dann laden Sie jenen eine Bürde auf, welche sie nicht zu tragen vermögen.

M. Freund (Hrsg.), Der Liberalismus, Stuttgart 1965, S. 148f.

1. Stellen Sie die Argumente zusammen, mit denen sich Ziegert gegen den Vorwurf der »politischen Unreife« des Volkes wendet. (36b)
2. Begründen Sie, warum Ziegert die Vorgänge nicht nur für eine politische, sondern auch eine soziale Revolution hält. (36b)
3. Erläutern Sie, was Wernher unter dem Begriff des »physischen Volkes« im Gegensatz zum »politischen Volk« versteht. (36c)
4. Überlegen Sie, welche Rolle Wernher den Unterschichten im zukünftigen Staat beimisst. (36c)
5. Stellen Sie die Aussagen Ziegerts und Wernhers gegeneinander. Diskutieren Sie, welche Konsequenzen sich aus den verschiedenen Konzepten für den Verlauf der Revolution ergaben.

## 37 Die nationale Frage

**a)** **Der linksliberale Abgeordnete Wilhelm Jordan über die Zukunft der Provinz Posen, 24. Juli 1848:**

Es steht als Tatsache fest, dass ein großer Teil von Posen gegenwärtig überwiegend deutsch ist, und von dieser Tatsache haben wir auszugehen. [...] Wer da sagt, wir sollten diese deutschen Bewohner von Posen den Polen hingeben und unter polnische Regierung stellen, den halte ich mindestens für einen unbewussten Volksverräter. [...] Polen bloß deswegen herstellen zu wollen, weil sein Untergang uns mit gerechter Trauer erfüllt, das nenne ich eine schwachsinnige Sentimentalität. (Bravo von der Rechten, Zischen von der Linken) [...] Ich sage, die Politik, die uns zuruft: Gebt Polen frei, es koste, was es wolle, ist eine kurzsichtige, eine selbstvergessene Politik, eine Politik der Schwäche, eine Politik der Furcht, eine Politik der Feigheit. Es ist hohe Zeit für uns, endlich einmal zu erwachen aus jener träumerischen Selbstvergessenheit, in der wir schwärmten für alle möglichen Nationalitäten, während wir selbst in schmachvoller Unfreiheit darniederlagen und vor aller Welt mit Füßen getreten wurden, zu erwachen zu einem gesunden Volksegoismus, um das Wort einmal gerade heraus zu sagen, welcher die Wohlfahrt und Ehre des Vaterlandes in allen Fragen obenan stellt.

F. Wigard (Hrsg.), Stenographischer Bericht über die Verhandlungen der deutschen constituirenden Nationalversammlung zu Frankfurt a. M., Band 2, Frankfurt/M. 1848, S. 1143ff.

**b) Der Abgeordnete der äußersten Linken, Arnold Ruge, 24. Juli 1848:**

Die Intervention der Gewalt und Tyrannei ist überall das schmachvolle Unrecht, die Propaganda der Freiheit und des Humanismus dagegen ist das welthistorische Recht der Völker des Geistes. [...] Darum ist es ein richtiges Gefühl, und das Gefühl der Völker irrt sich nicht, dass die Teilung Polens ein schmachvolles Unrecht war. [...] Die Polen sind das Element der Freiheit, das in das Slawentum geworfen wurde. [...] Im Namen der Humanität und Gerechtigkeit verlange ich, dass Polen wiederhergestellt werde und dass wir das Vorparlament nicht Lügen strafen, welches erklärt hat, die Teilung Polens sei ein schmachvolles Unrecht. [...] An der Ehre Deutschlands ist es, dass es die lang fortgesetzte Unterdrückung der slawischen Völker aufhebe; an der Ehre Deutschlands ist es, dass Deutschland die Freiheit nach Osten propagiere und nicht an der Grenze von Russland und Polen damit stehen bleibe. An unserer Ehre ist es, dass wir Freunde aller befreiten Völker werden, dass wir die Italiener befreien und ihre Freunde werden und dass wir die Polen befreien und ihre Freunde werden. [...] Die Frage, die uns hier beschäftigt, ist die Rekonstruierung eines neuen Völkerrechts, die Rekonstruierung der europäischen zivilisierten Nationen.

F. Wigard (Hrsg.), Stenographischer Bericht über die Verhandlungen der deutschen constituirenden Nationalversammlung zu Frankfurt a. M., Band 2, Frankfurt/M. 1848, S. 1184.

**c) Der linksliberale Abgeordnete Heinrich Reitter, Oktober 1848:**

Doch ich sage selbst, dass Österreich in der Geschichte der Völker den Beruf hatte, die Kultur und Aufklärung des Westens nach dem Osten zu bringen, und diesen Beruf hat es erfüllt. [...] Nun sind aber die Nationen im Osten aufgeklärt, die Kultur hat sich Bahn gebrochen; damit dürfte auch der Einfluss, welcher bis jetzt von Österreich geäußert wurde, seinen Zweck erreicht haben. Wenn man aber Österreich in seiner früheren Beschaffenheit fortbestehen lassen wollte, so würde man es zwingen, sich selbst zu überleben. Nachdem die Völker sich selbst aufgeklärt haben, brauchen sie unsere Hilfe nicht mehr. Man wirft uns vor, dass wir hier Österreich zerreißen wollten. Nun, meine Herren, ich finde das sehr naiv in einem Augenblicke, wo alles in Österreich selbst daran arbeitet, es zu zerreißen. Was tun denn die Ungarn, die Italiener? Arbeiten diese für die Erhaltung der Monarchie? [...] Man betrachte doch die geografische Gestaltung Österreichs, seine Abdachungen nach Süden, Norden und Westen, also in drei verschiedenen Richtungen; diese verschiedenen Richtungen beweisen, dass keine Einheit der Interessen da ist.

F. Wigard (Hrsg.), Stenographischer Bericht über die Verhandlungen der deutschen constituirenden Nationalversammlung zu Frankfurt a. M., Band 4, Frankfurt/M. 1848, S. 2784.

**d) Der rechtsliberale Präsident der Nationalversammlung, Heinrich von Gagern, Oktober 1848:**

Ich glaube also, meine Herren, dass wir ein Verhältnis suchen müssen, wobei Österreich nicht genötigt wird, seine deutschen von seinen nichtdeutschen Provinzen abzulösen, dennoch aber im innigsten Verband mit Deutschland erhalten wird. Die Frage steht also so: Ist es mehr im Interesse Deutschlands, dass das gesamte Deutschland sich nur so gestalte, eine so laxe Einheit eingehe, dass Österreich, ohne zur Trennung der Staatseinheit seiner deutschen mit den nichtdeutschen Provinzen genötigt zu werden, unter gleichen Verhältnissen wie die übrigen deutschen Staaten dem Reich angehören kann? Oder ist es nicht im Gesamtinteresse der Nation, sowohl Österreichs als des übrigen Deutschlands, dass wenigstens das übrige Deutschland sich fester aneinander anschließe; auch wenn Österreich wegen seiner außerdeutschen Provinzen unter gleichen Bedingungen in diesen engsten Bund nicht eintreten kann; dabei aber nichtsdestoweniger ein enges Bundesverhältnis zwischen Österreich und dem übrigen Deutschland aufrecht erhalten werde?

[…] Ich glaube, dass wir die Frage sofort zur Entscheidung bringen und anerkennen müssen, dass Österreich in den engeren Bundesstaat, den das übrige Deutschland will, vorerst nicht eintreten könne, einesteils, weil die Mehrheit der Österreicher die Bedingung dieses Eintritts in den engeren Bundesstaat, die staatliche Trennung der deutschen Provinzen von den nichtdeutschen nicht will; andernteils, weil diese Trennung und die Auflösung der österreichischen Monarchie und das Aufgeben ihres weltgeschichtlichen, nun im engsten Bunde mit Deutschland zu erfüllenden Berufes ebenso wenig im deutschen Nationalinteresse liegt.

Beschreiben und erklären Sie die einzelnen Bildelemente (38). Formulieren Sie anschließend, zu welcher Gesamtaussage sich die Elemente in der Darstellung verdichten.

F. Wigard (Hrsg.), Stenographischer Bericht über die Verhandlungen der deutschen constituirenden Nationalversammlung zu Frankfurt a. M., Band 4, Frankfurt/M. 1848, S. 2898 f.

**38** **»Die universelle demokratische und soziale Republik. Der Bund«.** Kolorierte Lithografie von Frédéric Sorrieu, um 1849. Ein unendlicher Zug der Völker hat den Weg in die Freiheit – symbolisiert durch die Statue der weiblichen Allegorie der Freiheit – angetreten. Die Statue hält in der linken Hand die Fackel der Aufklärung, mit der rechten Hand stützt sie sich auf die Erklärung der Menschenrechte.

1. Diskutieren Sie Jordans und Ruges Auffassung vom Verhältnis zwischen nationalen Interessen und Völkerrecht (37a und b).
   Worin liegt der grundsätzliche Unterschied zwischen beiden Standpunkten?
2. Grenzen Sie freiheitlich-demokratische und nationale Forderungen voneinander ab und zeigen Sie mögliche Konflikte, Probleme und Konsequenzen auf (37c und d).
3. Erläutern Sie Österreichs Rolle bei der Nationalstaatsbildung und die Bedeutung des preußisch-österreichischen Dualismus (37c und d).

## 39 Der Stellenwert der »nationalen Idee«

**a) Der Historiker Dieter Hein über den Stellenwert der »nationalen Idee« in der 1848er-Revolution, 2000:**

Die stärkste dynamisierende Kraft ging 1848/49 zweifellos von der nationalen Idee aus. Wie fast überall in Europa zählte auch und gerade im staatlich zersplitterten, nur lose durch einen Staatenbund zusammengefassten Mitteleuropa die Begründung eines Nationalstaates zu den zentralen politischen Zielen, die in nahezu allen politischen Lagern akzeptiert wurden. […]

Die Nation war geradezu die Projektion aller Veränderungswünsche, die sich in den langen Jahrzehnten politischer Stagnation und Unterdrückung angestaut hatten. Sie war das genaue Gegenbild zum Staat der bürokratischen Bevormundung, der jede kritische Meinungsäußerung, überhaupt jede Normverletzung unnachsichtig verfolgte, der jede spontane Menschenansammlung auflöste und jeden Organisationsansatz zu unterdrücken versuchte, der kaum wirtschaftliche Impulse zu geben vermochte, zugleich aber die wachsenden sozialen Lasten von oben herab verteilte. Das Freiheits- und Partizipationsversprechen, das mit der nationalen Idee unauflöslich verknüpft war, war daher auch für breite Bevölkerungskreise alles andere als abstrakt. Es wurde jeweils sehr konkret in die eigene Lebenswelt übersetzt, auch mit Hoffnungen auf eine greifbare Besserung der persönlichen wirtschaftlichen und sozialen Situation verbunden. Speziell in den städtischen Gewerben, bei kleinen und mittleren Handwerksmeistern, Gesellen, ja bis hinein in die noch nicht sehr zahlreiche Arbeiterschaft ging man davon aus, dass der neue Gesamtstaat einen Schutz der nationalen Arbeit gewährleisten werde, durch ein System von Schutzzöllen, das den nationalen Markt gegenüber ausländischer Konkurrenz abschirme, und durch eine nationale Gewerbeordnung, die einen nur allmählichen, schrittweisen Übergang zur Gewerbefreiheit unter Mitsprache der Betroffenen sichere. […]

Die führenden Repräsentanten der liberalen und demokratischen Bewegung verfügten nicht über ein schlüssiges Konzept dafür, wie sich der künftige deutsche Nationalstaat in das europäische Umfeld einfügen und wie er sich zu den nationalen Bestrebungen benachbarter Völker verhalten sollte. Dass auch die deutsche Nation auf das Wohlwollen ihrer Nachbarn und die Solidarität der anderen Nationalbewegungen angewiesen sei, dass ihre Anhänger also aus wohlverstandenem Eigeninteresse das Unabhängigkeitsstreben der Italiener, der Ungarn, der Tschechen oder auch der Polen unterstützen müssten, geriet im Frühjahr 1848 schnell aus dem Blick. Im Überschwang der nationalen Gefühle und aus einer vermeintlichen Position der Stärke heraus versagte die liberale und demokratische Mehrheit nicht nur den nationalen Minderheiten im bisherigen Deutschen Bund das Selbstbestimmungsrecht, sondern versuchte auch, die deutschsprachige Bevölkerung außerhalb der Bundesgrenzen in den neuen Staat einzubeziehen. Vergeblich warnte der demokratische Abgeordnete Carl Vogt die Paulskirchenmehrheit, dass ihre Politik »in eine allgemeine Länderfresserei ausgeartet« sei.

Dieter Hein, Die deutsche Revolution 1848/49. In: Peter Wende (Hrsg.), Große Revolutionen der Geschichte. Von der Frühzeit bis zur Gegenwart, München 2000, S. 158–175, hier S. 168f.

1. Arbeiten Sie die innenpolitischen und außenpolitischen Dimensionen der »nationalen Idee« heraus.
2. Diskutieren Sie, ob sich daraus zwangsläufig Interessenkollisionen ergeben haben und wie sich dies auf den Ausgang der Revolution ausgewirkt hat.

## 40 Europäische Dimensionen der Revolution von 1848/49

**a)** **»Rundgemälde von Europa im August MDCCCXLIX«.** Federlithographie von Friedrich Schröder aus den Düsseldorfer Monatsheften, 1849.

**b) Der deutsche Historiker Wolfram Siemann, 1997:**

Es sind insgesamt acht Aspekte, welche den Ereignissen von 1848 europäische Dimensionen zu verleihen imstande waren. […] Es werden die strukturellen Gemeinsamkeiten herausgestellt, welche mehrere europäische Staaten zugleich tangierten und dort revolutionäre Kräfte begünstigten oder freisetzten. […]

Als erste Gemeinsamkeit ist die sozialökonomische Krise vorindustrieller, handwerklicher Berufe zu nennen; sie beruhte auf der vormärzlichen Übervölkerung ganzer Regionen und begünstigte die beginnende Proletarisierung der Großstädte sowie weiter Teile des flachen Landes. Europäisch daran war der endgültige Zusammenbruch der alten Ständeordnung, die zugleich Rechts-, Lebens- und Sozialordnung war. Pauperismus [Massenarmut], Industrialisierung, Marktorientierung von Berufen und Klassen sowie die lang anhaltende Krise des Handwerks sind die neuen Begriffe, die den tief greifenden Wandel der beiden vorrevolutionären Jahrzehnte fassen. Wo diese Probleme in der Bewegung von 1848/49 gipfelten, äußerte sich diese der Art nach weniger als Akt politischer Befreiung, mehr hingegen als gesellschaftliche Krise, und man kann noch verstärken: Diese Krise orientierte sich vorwiegend nach rückwärts – als Abwehr gegenüber dem Neuen –, äußerte sich in Maschinenstürmen, Judenverfolgungen oder Forderungen nach Zunftschutz des Handwerks vor der Konkurrenz des Kapitals. Die Bewegung von 1848/49 war ihrem Wesen nach zwiespältig: Abwehrkrise und Emanzipationskampf. […]

Eine zweite europäische Dimension wird fassbar in den Missernten – eine Folge der sich über Europa ausbreitenden Kartoffelfäule – und in den nachfolgenden Hunger- und Teuerungskrisen der Jahre 1845 und 1846, gipfelnd 1847. Auch die Reaktionen im Vorfeld der Revolution nahmen europäische Dimensionen an. Sie äußerten sich einesteils in regional zerstreuten, stoßweise sich ausbreitenden Hungertumulten, andernteils in einer vehement ansteigenden Auswanderungswelle in der zweiten Hälfte der 1840er-Jahre, die ja den Namen der »hungry forties« erhalten haben. [...]

Eine dritte Dimension [...] [ist] [...] die beginnende internationale Verflechtung der Handels- und Geldströme. [...]

Eine vierte europäische Dimension liegt in der Systemverwandtheit konstitutioneller Forderungen. Dazu existierten mehrere Anhaltspunkte: in der französischen Charte constitutionnelle von 1814, die Vorbild für alle einzelstaatlichen Verfassungen im vormärzlichen Deutschland wurde, ja sogar in der Deutschen Bundesakte von 1815, die in ihrem berühmten Artikel 13 verhieß: »In allen Bundesstaaten wird eine landständische Verfassung stattfinden.« Sprengkraft erhielt dieses Prinzip durch die unerfüllten bürgerlichen Forderungen nach hinreichender politischer Beteiligung in den Staaten der monarchisch-legitimistischen Restauration seit 1815. Überall entwickelten sich innere politische Kämpfe zum Kampf um eine neue Ordnung auf der Basis einer geschriebenen Verfassungsurkunde. Der revolutionäre Kampf äußerte sich auf diese Weise europaweit als Kampf um Recht und Verfassung – um Bürgerrechte und Konstitution. [...]

Eine fünfte europäische Dimension liegt im Charakter der traditionellen internationalen Politik, gestützt auf völkerrechtliche Verträge und Beziehungen. Den zeitgenössischen Politikern, voran Metternich, war sogleich klar, dass im Frühjahr 1848 zugleich das auf dem Wiener Kongress begründete internationale System auf dem Spiel stand. Hier handelte es sich um die Politik zwischen europäischen Staaten, und als ein solcher zählte auch der Deutsche Bund, der 1815 als völkerrechtliches Subjekt aus der Taufe gehoben worden war. 1848 stand er zur Disposition. [...]

[Die] Politik der europäischen Verfolgung – und der Niederringung der europäischen Revolution – stiftete eine sechste Dimension, welche ihrem europäischen Charakter entsprach: das europäische Exil. Die Schweiz und das Elsass dienten vorübergehend dem Schutz, London entwickelte sich zum zentralen Durchgangsort, die USA zum eigentlichen Fluchtort. [...]

Eine siebte Dimension hängt mit dem europäischen Charakter des Nationalismus zusammen. Für viele Nationalitäten bildete sich in der ersten Hälfte des 19. Jahrhunderts der Mythos der »unerlösten« Nation; dazu waren in erster Linie die Griechen, Italiener, die Ungarn, die Polen, darüber hinaus auch die Tschechen und nach dem Wortlaut mancher oppositioneller Propaganda auch die Deutschen zu rechnen. Die Wurzeln dieses Nationalismus lagen in der Französischen Revolution von 1789, welche das Vorbild für nationale Symbole, Farben und Fahnen stiftete. [...]

Eine letzte – achte – europäische Dimension ist erst in jüngster Zeit richtig wahrgenommen worden. Es ist der »pazifistische Internationalismus« (Dieter Langewiesche). Im September 1848 fand in Brüssel ein erster internationaler Friedenskongress statt, im August 1849 tagte man in Paris und ein Jahr später in der Paulskirche. Die Kongresse forderten die Staaten auf, abzurüsten, die stehenden Heere abzuschaffen, auf Interventionen zu verzichten und keine Kriege dritter Mächte zu finanzieren.

Wolfram Siemann, Europäische Dimensionen der deutschen Revolution von 1848/49. In: Revolution 1848/49. Schriftenreihe »Deutschland und Europa«, hrsg. von der Landeszentrale für politische Bildung Baden-Württemberg, Heft 35 (2/1997), Stuttgart 1997

Fassen Sie in eigenen Worten zusammen, warum es sich laut Siemann um eine europäische Revolution handelte.

## 41 Die Revolution von 1848/49 in der politischen Tradition

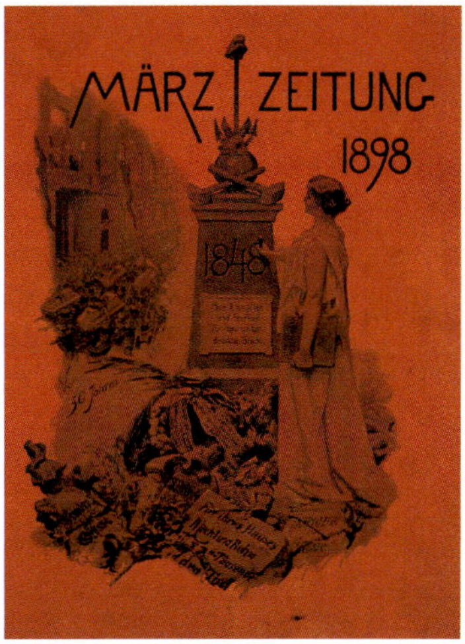


**a)** »Märzzeitung 1898«

**b)** »1848/1948«. Plakat zur Ausstellung im Alten Rathaus, (Ost-)Berlin

**c)** Titelblatt des »Spiegel« Nr. 7/1998

Analysieren Sie die Bilder vor dem politischen Hintergrund ihrer Entstehungszeit (41a–c):

1. Analysieren Sie die Darstellung der Personen auf dem Plakat von 1948 (41b). Was sollen sie jeweils verkörpern? Welche Vorstellung von Revolutionen lässt sich daraus ablesen?
2. Erläutern Sie die Reihe der gezeigten deutschen Politiker auf dem »Spiegel«-Titel (41c). Zeigen Sie die vorgenommene Bewertung der Revolution von 1848 auf.
   Suchen Sie nach dem historischen Zusammenhang, in den die drei Personen mit der Revolution gebracht werden.
3. »Warum erwägt keiner, einen Gedenktag zu Ehren der Märzerhebung von 1848 und der Märzverfassung von 1849, etwa am letzten Märzsonntag, einzuführen?«
   Stellen Sie Argumente für und gegen den Vorschlag des Historikers Hans-Ulrich Wehler (1998) zusammen. Beziehen Sie Stellung: Mit welcher Begründung würden Sie einen Revolutionsgedenktag befürworten oder ablehnen?

## 42 Die Revolution von 1848 im Urteil heutiger Historiker

**a)** Der Historiker Walter Grab, 1980:

Zweifellos wäre bei einem Sieg der bürgerlichen Revolution der Weg zum ersehnten deutschen Einheitsstaat nicht über Staatsstreiche, aufgelöste Parlamente, oktroyierte Verfassungen und schließlich über Schlachtfelder in drei Kriegen gegen andere Völker gegangen. Zweifellos hätte bei einem Triumph der Volksbewegung die Idee der Demokratie, der aktiven Teilnahme der Öffentlichkeit am politischen Entscheidungsprozess, tiefe Wurzeln in den Köpfen von Millionen geschlagen, anstatt im militärischen Obrigkeitsstaat zu verkümmern. Zweifellos hätte ein siegreiches 1848 die Ungeheuerlichkeiten, die den deutschen Namen in unserem Jahrhundert befleckt und geschändet haben, verhindert. Aber trotz ihres Scheiterns bildet das revolutionäre Sturmjahr einen epochalen Einschnitt in der deutschen Geschichte. Die bürgerlich-demokratische Revolution leitete einen nicht mehr rückgängig zu machenden Prozess der Erneuerung in allen Lebensbereichen ein. Erstmals eröffnete sich der Ausblick auf eine von politischer Freiheit und sozialer Gleichheit bestimmte Gesellschaftsordnung, in der der Einzelne nicht mehr Objekt fremder Befehlsgewalt, sondern Subjekt eigener Entscheidungen ist. Erstmals betrat die Arbeiterbewegung, die im Kampf ihre Organisationen zu schaffen begann, die politische Arena. Erstmals wurden 1848 laut und allen vernehmbar die Ideen des sozialen Wohlfahrtsstaats, der freiheitlich-parlamentarischen Demokratie, der Föderativrepublik, der Abschaffung aller sozialen Privilegien der Geburt und des Besitzes verkündet. Die geschichtliche Entwicklung hat gezeigt, dass die Ideen von 1848 mächtiger und zukunftsträchtiger waren als die Ideen von 1871, auf denen der Obrigkeitsstaat Bismarcks beruhte. [...] Das unter seiner Ägide in Blut und Eisen geschaffene Reich, dessen Verfassung keinen Grundrechtskatalog besaß [...], ging nach weniger als einem halben Jahrhundert blutig und eisern in einem Krieg zugrunde. [...] Die Grundsätze hingegen, von denen sich die 1848 unterlegenen republikanischen Volkstribunen leiten ließen, nämlich die universalen Ideen der unveräußerlichen Menschenrechte, der demokratischen Sozialordnung und der brüderlichen Gleichberechtigung aller Nationen, sind heute ebenso gültig wie vor vier Generationen. Ein Jahrhundert nach dem anscheinenden Triumph der Reaktion und dem Scheitern der Revolution sind sie zum großen Teil im Grundgesetz der Bundesrepublik verankert worden. An dieses stets neu zu erkämpfende Vermächtnis der geschlagenen, aber unbesiegbaren Revolutionäre von 1848 gilt es anzuknüpfen.

Walter Grab, Die Revolution 1848/49. Eine Dokumentation, München 1980, S. 25 f. [Neuaufl. Stuttgart 1998]

**b) Der Historiker Heinrich August Winkler zum Ausgang der Revolution von 1848:**
Gescheitert war die Revolution vor allem an einer politischen Überforderung des deutschen Liberalismus: Es erwies sich als unmöglich, Einheit und Freiheit zur gleichen Zeit zu verwirklichen. In den alten Nationalstaaten des europäischen Westens, in Frankreich und England zumal, war die nationale Vereinheitlichung über Jahrhunderte hinweg das Werk von Königen und Ständeversammlungen gewesen; wer mehr Freiheit wollte, fand den staatlichen Rahmen schon vor, in dem die Veränderungen erfolgen sollten. In Deutschland musste der staatliche Rahmen für das Vorhaben der Liberalen und Demokraten erst noch hergestellt werden. Die Liberalen im engeren Sinn waren sich durchaus bewusst, dass sie, während sie am staatlichen Rahmen des neuen Deutschland arbeiteten, die Machtmittel der größeren deutschen Staaten mit Preußen an der Spitze benötigten, um das Werk der nationalen Einigung auch außen, gegen andere Mächte, abzusichern. Schon deswegen (und nicht nur, weil sie die soziale Revolution fürchteten) verbot sich aus ihrer Sicht eine Politik der Konfrontation mit den alten Gewalten – eine Politik, wie die Linke sie befürwortete und betrieb. [...]

Dass die Liberalen und Demokraten Einheit und Freiheit nicht aus eigener Kraft verwirklichen konnten, hatte verhängnisvolle Folgen für das deutsche politische Bewusstsein: Es blieb obrigkeitlich verformt. Doch das ehrgeizige Doppelziel war 1848 objektiv unerreichbar. Und es war nicht nur ein Unglück, dass es nicht erreicht wurde. Denn wenn die konsequenten Revolutionäre Gelegenheit erhalten hätten, ihr Programm in die Tat umzusetzen, wäre das Ergebnis vermutlich eine europäische Katastrophe gewesen.

Heinrich August Winkler, Deutsche Geschichte vom Ende des Alten Reiches bis zum Untergang der Weimarer Republik (Sonderausgabe für die Bundeszentrale und die Landeszentralen für politische Bildung von »Der lange Weg nach Westen«, Bd. 1), Bonn 2000, S. 129 f.

1. Vergleichen Sie die unterschiedlichen Bewertungen der Revolution von 1848. Ist die Revolution von 1848 gescheitert? Stellen Sie aus den verschiedenen Beurteilungen die Gründe zusammen, die dafür und dagegen sprechen. Nehmen Sie selbst Stellung und begründen Sie ihre Ansicht.
2. Arbeiten Sie heraus, welche positiven und negativen Folgen die Revolution nach Ansicht der Autoren für die nachfolgende Geschichte Deutschlands hatte.

# 3. DER SOZIALISMUS IN DER SOWJETUNION – SCHEITERN EINES MODELLS FÜR EUROPA?

## 3.1 Die sozialistische Ideologie – ein Gegenentwurf zum Kapitalismus

**Soziale Folgen der industriellen Revolution**

Mit dem Beginn der Industrialisierung und der Entwicklung der kapitalistischen Wirtschaftsweise in Europa veränderte sich die Lebensweise der Menschen tief greifend. Durch die Umstellung von der vorindustriellen handwerklichen Arbeitsweise zur industriellen Produktion entstand eine neue besitzlose arbeitende Klasse, das Proletariat. Zur Steigerung der Produktion ließen die Unternehmer die Industriearbeiter unter menschenunwürdigen Bedingungen arbeiten: Ein Arbeitstag von 10 bis 16 Stunden, auch für Kinder, gehörte zum Alltag wie Hunger und Not. Die Löhne sanken unter das Existenzminimum, für die Proletarier bestand keinerlei Aussicht auf Versorgung bei Krankheit oder im Alter. In den Städten entstanden Elendsviertel; Krankheiten und Unfälle häuften sich. Deutsche Kritiker der verschlechterten Arbeits- und Lebensbedingungen sprachen von der »sozialen Frage«.

**43** **»Hört die Signale«.** Plakat der Maizeitung zum 1. Mai 1898.

Analysieren Sie die verschiedenen Bildelemente; beachten Sie die verwendeten Symbole. Diskutieren Sie die Aussage des Plakates im Hinblick auf das Erscheinungsdatum und seinen Publikationsort.

Als Reaktion auf die Auswüchse des Kapitalismus entstanden Anfang des 19. Jahrhunderts in England und Frankreich erste sozialistische Ideen. Mitte des Jahrhunderts entfalteten Karl Marx (1818–1883) und Friedrich Engels (1820–1895) in Deutschland die Lehre vom Klassenkampf und Sozialismus. Das von ihnen am Vorabend der Revolution von 1848 verfasste »Manifest der Kommunistischen Partei« sollte in den folgenden Jahren zur programmatischen Grundlage für die stark anwachsende Arbeiterbewegung werden. Allerdings in unterschiedlicher Ausprägung. Während in den folgenden Jahrzehnten radikale Theoretiker der Arbeiterbewegung wie Karl Kautsky (1854–1938) an der Überwindung der Klassenschranken durch eine Revolution festhielten, hielt eine gemäßigtere Gruppe die Zurücknahme (Revision) bestimmter Elemente in der marxistischen Lehre für notwendig. Die Revisionisten um Eduard Bernstein (1850–1932) bauten auf schrittweise Reformen zur Herstellung des Sozialismus – also auf Veränderungen innerhalb des bestehenden Systems.

Auch in Russland hatte sich Ende des 19. Jahrhunderts innerhalb des marxistischen Lagers ein vielstimmiger Chor verschiedener Konzepte und Denkschulen entwickelt, wie der »richtige« Weg hin zum Sozialismus zu beschreiten sei. Eine dieser Stimmen war der Jurist Wladimir Iljitsch Uljanow (1870–1924), der sich ab 1901 Lenin nannte – er sollte in den folgenden Jahrzehnten zur zentralen Figur der russischen Revolution werden. Lenin trieb die Frage um, wie der Sozialismus unter den russischen Bedingungen verwirklicht werden könnte: Im Vergleich zu Frankreich, England und Deutschland hinkte das agrarisch geprägte Russland der

industriellen Entwicklung hinterher. Das Proletariat – nach der marxistischen Vorstellung Träger der Revolution – bildete im Zarenreich nur eine außerordentlich kleine Gruppe; die Klassengegensätze wuchsen aufgrund der zögerlichen Industrialisierung nur langsam an. Lenin bezweifelte, dass die Arbeiterbewegung von sich aus den richtigen Weg gehe, und befand, die sozialistischen Ideen müssten von Berufsrevolutionären in die Massen des Proletariats getragen werden.
Der Ausbruch des Ersten Weltkrieges veränderte Lenins Revolutionskonzept: Seiner Ansicht nach musste am Ende dieses Konflikts der imperialistischen Staaten die weltweite Selbstzerstörung des Kapitalismus stehen. Als es im Jahr 1917 in Russland zu den erhofften Umsturzbewegungen kam, setzte Lenin alles daran, die Schwäche des Kapitalismus zu nutzen und – entgegen dem marxistischen »Fahrplan«, der zunächst eine bürgerliche Revolution vorsah – sofort die sozialistische Revolution zu forcieren. Lenin war sich bewusst, dass er mit dem Überspringen einer »Entwicklungsstufe« ein Risiko einging – zumal im rückständigen Russland. Doch er hoffte, als »Vorbild« eine weltgeschichtliche Entwicklung auszulösen und – zumindest in den kapitalistisch entwickelten europäischen Industrieländern – eine Reihe von sozialistischen Revolutionen.

**Sozialismus** *(von lat. socius: Genosse; socialis: gesellschaftlich) Der seit 1827 nachweisbare Begriff bezeichnet eine Vielzahl von gegen den Kapitalismus gerichteten Lehren, die übereinstimmend auf die Errichtung einer – die Grundsätze der Französischen Revolution (Gleichheit, Freiheit, Brüderlichkeit) umsetzenden – Gesellschaftsordnung abzielen. Die politische Bewegung des Sozialismus spaltete sich in der zweiten Hälfte des 19. Jahrhunderts in eine radikale und eine gemäßigte Fraktion. Der radikale Sozialismus forderte die Überführung von Kapital und Produktionsmitteln, also Grund und Boden, Maschinen Fabriken u. a., in Gemeineigentum sowie die staatliche Lenkung der Güterproduktion und -versorgung. Erreicht werden sollten diese Ziele, an deren Ende die klassenlose Gesellschaft steht, mithilfe einer Revolution. Die gemäßigten Sozialisten (Reformsozialisten und Sozialdemokraten) waren dagegen auf eine gerechtere Verteilung des Eigentums nicht durch Enteignung, sondern in Form von Gewinnbeteiligung und Mitbestimmung der Arbeiterschaft aus. Sie befürworteten neben der Errichtung gemeinwirtschaftlicher Formen von Produktionsstätten als Konkurrenz zum Privateigentum und einer sozialverträglichen Marktwirtschaft durch planerische Eingriffe des Staates eine Veränderung der bestehenden Gesellschaft in allen Bereichen durch Reformen.*
**Proletarier, Proletariat** *(lat. Nachkomme) Proletarier waren im alten Rom Bürger der armen Bevölkerungsklasse und hatten als einzigen Besitz nur ihre Kinder. Der Begriff wurde um 1800 zur Bezeichnung für die Menschen, deren einziges »Eigentum« ihre Arbeitskraft und die ihrer Kinder war. Karl Marx sah im Proletariat die Klasse, die dem Sozialismus zum Sieg verhelfen werde.*
**Diktatur des Proletariats** *Für Marx war die Diktatur des Proletariats eine notwendige Übergangsperiode, die nach der siegreichen Revolution genutzt werden müsse, um »der Bourgeoisie nach und nach alles Kapital zu entreißen«. Auch Lenin hielt daran fest, dass die diktatorische Klassenherrschaft des Proletariats für eine Übergangszeit erforderlich sei, um den Widerstand der Bourgeoisie niederzuhalten, die Werktätigen zu organisieren und die sozialistische Wirtschaft in Gang zu bringen.*

## 44 Klassenkampf und Revolution

**a) Karl Marx und Friedrich Engels: »Kommunistisches Manifest«, 1848:**
Von allen Klassen, welche heutzutage der Bourgeoisie gegenüberstehen, ist nur das Proletariat eine wirklich revolutionäre Klasse. Die übrigen Klassen verkommen und gehen unter mit der großen Industrie, das Proletariat ist ihr eigenstes Produkt. [...]

Die Lebensbedingungen der alten Gesellschaft sind schon vernichtet in den Lebensbedingungen des Proletariats. Der Proletarier ist eigentumslos; sein Verhältnis zu Weib und Kindern hat nichts mehr gemein mit dem bürgerlichen Familienverhältnis; die moderne industrielle Arbeit, die moderne Unterjochung unter das Kapital, dieselbe in England wie in Frankreich, in Amerika wie in Deutschland, hat ihm allen nationalen Charakter abgestreift. Die Gesetze, die Moral, die Religion sind für ihn ebenso viele bürgerliche Vorurteile, hinter denen sich ebenso viele bürgerliche Interessen verstecken. [...]

Der erste Schritt in der Arbeiterrevolution [ist] die Erhebung des Proletariats zur herrschenden Klasse, die Erkämpfung der Demokratie. [...] Das Proletariat wird seine politische Herrschaft dazu benutzen, der Bourgeoisie nach und nach alles Kapital zu entreißen, alle Produktionsinstrumente in den Händen des Staats, d.h. des als herrschende Klasse organisierten Proletariats, zu zentralisieren und die Masse der Produktivkräfte möglichst rasch zu vermehren.

Es kann dies natürlich zuerst nur geschehen vermittels despotischer Eingriffe in das Eigentumsrecht und in die bürgerlichen Produktionsverhältnisse, durch Maßregeln also, die ökonomisch unzureichend und unhaltbar erscheinen, die aber im Lauf der Bewegung über sich selbst hinaustreiben und als Mittel zur Umwälzung der ganzen Produktionsweise unvermeidlich sind. Diese Maßregeln werden natürlich je nach den verschiedenen Ländern verschieden sein. Für die fortgeschrittensten Länder werden jedoch die folgenden ziemlich allgemein in Anwendung kommen können:

1. Expropriation [Enteignung] des Grundeigentums und Verwendung der Grundrente zu Staatsausgaben.
2. Starke Progressivsteuer.
3. Abschaffung des Erbrechts.
4. Konfiskation des Eigentums aller Emigranten und Rebellen.
5. Zentralisation des Kredits in den Händen des Staats durch eine Nationalbank mit Staatskapital und ausschließlichem Monopol.
6. Zentralisation des Transportwesens in den Händen des Staats.
7. Vermehrung der Nationalfabriken, Produktionsinstrumente, Urbarmachung und Verbesserung der Ländereien nach einem gemeinschaftlichen Plan.
8. Gleicher Arbeitszwang für alle, Errichtung industrieller Armeen, besonders für den Ackerbau.
9. Vereinigung des Betriebs von Ackerbau und Industrie, Hinwirken auf die allmähliche Beseitigung des Unterschieds von Stadt und Land.
10. Öffentliche und unentgeltliche Erziehung aller Kinder. Beseitigung der Fabrikarbeit der Kinder in der heutigen Form. Vereinigung der Erziehung mit der materiellen Produktion.

Karl Marx/Friedrich Engels, Manifest der Kommunistischen Partei, Stuttgart 1970, S. 20 f.

**b)** **»Manifest der Kommunistischen Partei«.** Titelblatt der Erstausgabe von 1848.

**c) Lenin, »Was tun?«, 1902:**

Der politische Kampf der Sozialdemokratie* ist viel umfassender und komplizierter als der ökonomische Kampf der Arbeiter gegen die Unternehmer und die Regierung. Genauso (und infolgedessen) muss die Organisation der revolutionären sozialdemokratischen Partei unvermeidlich anderer Art sein als die Organisation der Arbeiter für

* Gemeint ist die Sozialdemokratische Partei Russlands, deren Mitglied Lenin ist. Aus ihr geht nach einer Spaltung die Partei der Bolschewiki hervor.

diesen Kampf. Die Organisation der Arbeiter muss erstens eine gewerkschaftliche sein; zweitens muss sie möglichst umfassend sein; drittens muss sie möglichst wenig konspirativ sein (ich spreche natürlich hier und weiter unten nur vom Russland der Selbstherrschaft). Die Organisation der Revolutionäre muss dagegen vor allem und hauptsächlich Leute erfassen, deren Beruf die revolutionäre Tätigkeit ist (darum spreche ich auch von der Organisation der Revolutionäre, wobei ich die revolutionären Sozialdemokraten im Auge habe). Vor diesem allgemeinen Merkmal der Mitglieder einer solchen Organisation muss jeder Unterschied zwischen Arbeitern und Intellektuellen, ganz zu schweigen von beruflichen Unterschieden der einen und der anderen, vollkommen verwischt werden. Diese Organisation muss notwendigerweise nicht sehr umfassend und möglichst konspirativ sein.[...]

Und nun behaupte ich, dass 1. keine einzige revolutionäre Bewegung ohne eine stabile und die Kontinuität wahrende Führerorganisation Bestand haben kann; 2. je breiter die Masse ist, die spontan in den Kampf hineingezogen wird, die die Grundlage der Bewegung bildet und an ihr teilnimmt, umso dringender ist die Notwendigkeit einer solchen Organisation und umso fester muss diese Organisation sein (denn umso leichter wird es für allerhand Demagogen sein, die rückständigen Schichten der Masse mitzureißen); 3. eine solche Organisation muss hauptsächlich aus Leuten bestehen, die sich berufsmäßig mit revolutionärer Tätigkeit befassen; 4. je mehr wir die Mitgliedschaft einer solchen Organisation einengen, und zwar so weit, dass sich an der Organisation nur diejenigen Mitglieder beteiligen, die sich berufsmäßig mit revolutionärer Tätigkeit befassen und in der Kunst des Kampfes gegen die politische Polizei berufsmäßig geschult sind, umso schwieriger wird es in einem absolutistischen Lande sein, eine solche Organisation »abzufangen«, und 5. umso breiter wird der Kreis der Personen aus der Arbeiterklasse wie aus den übrigen Gesellschaftsklassen sein, die die Möglichkeit haben werden, an der Bewegung teilzunehmen und sich in ihr aktiv zu betätigen.

Zit. nach: W. Lautemann/M. Schlenke (Hrsg), Geschichte in Quellen. Weltkriege und Revolutionen, München 1979 3. Aufl., S. 59.

1. Stellen Sie wesentliche kritische Einwände des »Kommunistischen Manifests« (44 a) gegen die bürgerliche Gesellschaft zusammen.
2. Erläutern Sie wesentliche Elemente des sozialistischen Gegenentwurfs (44 a).
3. Vergleichen Sie die den Auszug aus dem »Kommunistischen Manifest« mit der Erklärung der Menschen- und Bürgerrechte aus der Französischen Revolution (S. 18).
4. Untersuchen Sie den Text Lenins (44 c) unter besonderer Berücksichtigung der Rollen und Aufgaben, die der Autor der Bevölkerung und den organisierten Revolutionären in Gesellschaft und Politik gibt.
5. Setzen Sie sich kritisch mit dieser Rollenverteilung auseinander.

## 3.2 Die Revolution in einem kaum industrialisierten Land

Nach der Niederlage Napoleons hatte sich Russland in Europa als führende Großmacht etabliert. In der »Heiligen Allianz« (1815; s. S. 30) hatte Russland die christliche Religion und die Herrschaftsform der Monarchie als politische Leitlinien festgeschrieben. Zar Nikolaus I. (1825–1855) regierte als Alleinherrscher einen zentral verwalteten Obrigkeitsstaat, in dem er Armee, Polizei und Geheimdienst zu seinen wichtigsten Herrschaftsinstrumenten erhob. Liberale und parlamentarische Vorstellungen sah er als Gefahr an.

| | |
|---|---|
| 1853–1856 | Im Krimkrieg scheitert der Versuch des Zaren, die russische Machtposition in Richtung Balkan und Meerengen auszudehnen. |
| 1861 | Mit der Aufhebung der Leibeigenschaft (Bauernbefreiung) setzt Zar Alexander II. ein umfangreiches Reformprogramm in Gang. |
| 1898 | 1. Parteitag der Sozialdemokratischen Arbeiterpartei in Minsk |
| 1903 | Auf ihrem 2. Parteitag spaltet sich die Sozialdemokratische Arbeiterpartei in gemäßigte Menschewiki und radikalere Bolschewiki. |
| 1904/1905 | Russlands Expansion in Ostasien führt zum Konflikt mit Japan. Im Russisch-Japanischen Krieg unterliegt das Zarenreich. |
| 1905 | Petersburger »Blutsonntag«: Nikolaus II. lässt eine Arbeiterdemonstration niederschlagen (9. Januar). Streiks und Unruhen erfassen viele Städte des Landes. Der Zar gewährt bürgerliche Grundrechte und kündigt ein Parlament an (17. Oktober). |
| 1906 | Russland erhält seine erste Verfassung. |
| 1906–1911 | Agrarreform: Ministerpräsident Stolypin leitet die Umbildung von Gemeindebesitz in Privateigentum ein. |
| 1914–1918 | Erster Weltkrieg: Die vorübergehende Festigung der Zarenherrschaft schlägt in Kritik um, insbesondere an der Versorgungslage. |
| 1917 | Februarrevolution: Nach Demonstrationen, Streiks und Straßenkämpfen in Petersburg erstürmen Aufständische den Sitz des zaristischen Ministerkabinetts. Zar Nikolaus II. dankt ab. |

**Großmachtstellung**

Nach außen propagierte Nikolaus I. ein starkes, überlegenes Russland. Um seine Weltmachtstellung zu behaupten, baute er die verschiedenen außereuropäischen Besitzungen – etwa in Zentralasien – zu einem zusammenhängenden Kolonialreich aus. Eine weitere Ausdehnung des Einflussgebietes auf Kosten der Türkei schlug jedoch fehl: Die Niederlage im Krimkrieg (1853–1856) offenbarte, dass Russlands zur Schau getragene Stärke nur Fassade war. Weil England und Frankreich zudem für die islamische Türkei Partei ergriffen hatten, verstärkten sich Russlands Vorbehalte gegenüber dem westlichen Europa.

**Agrarfrage und Bauernbefreiung**

Schon seit den 1830er-Jahren kritisierte eine kleine intellektuelle Opposition die politische wie soziale Lage. Doch der Zar sah in einer öffentlichen Reformdiskussion eine Bedrohung seiner Herrschaft – viele Oppositionelle mussten emigrieren. Auf Dauer jedoch schienen Reformen unausweichlich zu sein. Im traditionellen Bauernstaat Russland stellte sich die Agrarfrage mit immer größerer Dringlichkeit. Rund 80 % der Bevölkerung lebten als Bauern in Leibeigenschaft unter adeligen Großgrundbesitzern, die Frondienst und Leibzins einforderten. Zar Alexander II. (1855–1881) wollte lieber die notwendigen Reformen von oben anordnen, als Aufstände aus dem Volk provozieren, und verkündete 1861 das Gesetz zur Aufhebung der Leibeigenschaft. Schlagartig erlangten 50 Millionen Bauern ihre persönliche Freiheit. Die Landfrage blieb aber weiterhin ungeklärt: Das Land ging vom Gutsherrn in den Kollektivbesitz der Dorfgemeinde über, die das Land an die Bauern verteilte. Allerdings mussten die Bauern für ihren Landanteil hohe Ablösesummen bezahlen, weshalb den meisten Bauern nur kleine Landflächen blieben, von denen sie ihren Lebensunterhalt nicht bestreiten konnten.
Eine Justiz- und Militärreform folgten. Ferner sollten fortan Selbstverwaltungsorgane (Dorf: semstwo, Stadt: duma) über das Bildungs-, Gesundheits- und Verkehrswesen mitbestimmen. Das Klassenwahlrecht sicherte allerdings weiterhin

**45 Russische Großgrundbesitzer beim Kartenspielen.** Zeichnung von Gustave Doré, 1840.

Beschreiben Sie die Elemente der Zeichnung und erläutern Sie ihre Aussage.

dem Adel die Mehrheit in den Selbstverwaltungsorganen. Die Reformen erwiesen sich als halbherzig – dem Wesen nach blieb Russland eine Autokratie mit feudaler Struktur.

## Opposition

Erst langsam entwickelte sich eine neue Schicht zwischen Adel, Handwerkern und Bauern – die Intelligenz. Die einzige Möglichkeit, ihre liberalen Vorstellungen von Freiheit und Gleichheit zu verwirklichen, sahen sie im Sturz der Zarenherrschaft. Seit den 1870er-Jahren zogen junge Intelligenzler als Lehrer oder Ärzte in die Dörfer, um die Bauern für eine umfassende politische Demokratie zu gewinnen (»Narodniki«-Bewegung: Volksfreunde). Doch das Vorhaben scheiterte. Teile der Intelligenz versuchten in den folgenden Jahren durch Terroranschläge die Autokratie zu stürzen. Zar Alexander II. fiel 1881 einem Attentat zum Opfer. Die Staatsmacht verfolgte alle vermeintlichen oder tatsächlichen politischen Gegner mit harten Strafen, Verbannungen und Todesurteilen.

## Industrialisierung

Hungersnöte, hohe Kindersterblichkeit und Analphabetismus – verschärft durch rapides Bevölkerungswachstum – kennzeichneten Russlands Lage am Ende des 19. Jahrhunderts. In den 1890er-Jahren forcierte Finanzminister Witte die wirtschaftliche Modernisierung des Landes – Schwerindustrie und Eisenbahnbau sollten den Aufschwung bringen. Weil sich neben dem Adel kein städtisches Bürgertum aus kapitalkräftigen Unternehmern und Kaufleuten herausgebildet hatte, sollten Getreideexporte und ausländische Investitionen das nötige Kapital einbringen. In kürzester Zeit entstanden Industriezentren, die Arbeiter vom Lande anzogen. Obwohl viele Arbeiter im Dorf verwurzelt blieben, weil – anders als in Westeuropa – mit der Industrialisierung keine Verstädterung einherging und die russische Arbeiterschaft nur einen minimalen Anteil an der Gesamtbevölkerung ausmachte, entwickelte sich diese neue gesellschaftliche Gruppe in den folgenden Jahren zu einer wichtigen politischen Kraft.

## Revolution von 1905

Um von der inneren Krise abzulenken, beharrte Russland nach außen auf seinem Großmachtstatus. 1905 provozierte es im Streit um Einflussgebiete in der Mandschurei und Korea einen Krieg mit Japan. Die Taktik von Zar Nikolaus II. (1894 bis

1917) scheiterte: Als sich die russische Niederlage abzeichnete, streikten und protestierten unzufriedene Arbeiter in Petersburg gegen die Belastungen durch den Krieg. Im Januar 1905 versuchten mehrere tausend Arbeiter dem Zaren eine Petition zu überreichen, mit der sie auf ihre katastrophale Lage aufmerksam machen wollten. Doch Regierungstruppen schossen in den Demonstrationszug – hunderte Menschen starben, der Tag ging als Petersburger »Blutsonntag« in die Geschichte ein.

Trotz dieser Machtdemonstration hatte die Regierung die Kontrolle über die Aufständischen verloren. Die revolutionäre Bewegung wurde schnell aufs Land getragen; Arbeiter und Bauern gründeten Räte zur Selbstverwaltung. Im »Oktobermanifest« versprach die Regierung 1905 zum ersten Mal ein frei gewähltes Parlament (Reichsduma) sowie Rede-, Versammlungs-, Vereins- und Religionsfreiheit. Freilich zeigte sich schnell, dass der Parlamentarismus unter Druck eingeführt worden war. Der Zar sicherte sich weit reichende Eingriffsrechte in die Gesetzgebungskompetenzen des Parlaments, löste es mehrmals auf und änderte das Wahlrecht, bis in der 3. Duma (1907–1912) die Anhänger der Autokratie wieder die Mehrheit besaßen. In dieser Konstellation unternahm Ministerpräsident Stolypin einen letzten Lösungsversuch der Agrarfrage: Die Bauern sollten aus der Dorfgemeinde ausscheiden, ihren Landanteil privat nutzen und zusätzliches Land ankaufen können. Doch der Erste Weltkrieg verhinderte die Vollendung der Reform.

**46 Russlands Gesellschaft.** Im Ausland veröffentlichtes Flugblatt der »Union russischer Sozialisten«, um 1900. Übersetzung der Legenden (von oben links nach unten): »Wir sind die Herrschaft über euch«, »Wir lenken euch«, »Wir schießen auf euch«, »Wir arbeiten für euch«; (von rechts unten nach oben) »Wir ernähren euch«, »Wir essen für euch«, »Wir streuen euch Sand in die Augen«. Die hier nicht lesbare Unterzeile des Flugblatts lautet: »Es wird eine Zeit kommen, wo das Volk sich erheben wird, und es wird seine Ausbeuter auseinander jagen.«

Kommentieren Sie *diese* Darstellung der russischen Gesellschaftspyramide aus Sicht einer der 1917 in Petrograd streikenden Fabrikarbeiterinnen.

## Parteien und politische Bewegungen

Seit der Jahrhundertwende artikulierten verschiedene Kräfte ihre Forderungen in zahlreichen politischen Bewegungen und Parteien: Die 1898 von russischen Marxisten gegründete Sozialdemokratische Arbeiterpartei stützte sich auf die kleine, aber politisch wirksame Arbeiterschaft. 1903 spaltete sich die Partei in die gemäßigten Menschewiki (Minderheit) und die radikaleren Bolschewiki (Mehrheit). Die Menschewiki hielten am marxistischen Konzept fest und forderten Reformen, die zunächst eine bürgerliche Revolution einleiten sollten. Die Bolschewiki forcierten hingegen die sozialistische Revolution. Eine revolutionär-sozialistische Umgestaltung des Landes forderten auch die Sozialrevolutionäre. Ihre Klientel fanden sie in der ländlichen Bevölkerung. Zwar konnten sie die Mehrheit der Bauern und damit der Gesamtbevölkerung hinter sich bringen, der langfristige Erfolg blieb jedoch aus, weil die Bauern in ihren Dörfern verwurzelt blieben und kein Interesse an gesamtgesellschaftlichen Forderungen entwickelten. Erst im Oktober 1905 hatten sich die Konstitutionellen Demokraten (KD, daher auch »Kadetten« genannt) gegründet. Sie setzten nicht auf einen Umsturz der gesellschaftlichen Ordnung, sondern auf die Einführung des parlamentarischen Systems, feste Bürgerrechte und örtliche Selbstverwaltungen. Das Fehlen einer machtvollen und politisch aktiven russischen Unternehmerschicht verhinderte jedoch die dauerhafte Durchsetzung liberaler bürgerlicher Ideen. Die Oktobristen orientierten sich am Oktobermanifest des Zaren. Als konservative Partei setzten sie sich für die Einheit und Unteilbarkeit des russischen Staates ein.

### Erster Weltkrieg und Februarrevolution

Im Ersten Weltkrieg sah der Zarismus eine Chance, das System zu stabilisieren. Doch schnelle militärische Niederlagen und schlechte Versorgung forderten Proteste heraus. Zu Beginn des Jahres 1917 spitzte sich die Lage zu: Teuerungen und schlechte Lebensmittelversorgung trieb vor allem Frauen in Petrograd auf die Straße und Fabrikarbeiterinnen in den Streik. Die Proteste weiteten sich innerhalb weniger Tage zu einem Generalstreik und Massendemonstrationen gegen Hunger, Krieg, die Regierung und die Zarenherrschaft überhaupt aus. Die von Zar Nikolaus II. zur Niederschlagung des Protestes angewiesenen Truppen verweigerten den Befehl und liefen in Scharen zu den Aufständischen über. Anfang März 1917 musste Nikolaus II. abdanken – die Autokratie war gestürzt.

**Autokratie** *(griech. Selbstherrschaft) bezeichnet die monarchische Regierungsform in Byzanz und Russland. Die russische Autokratie geht zurück auf die starke Stellung der Großfürsten. Da sich in Russland eigenständige Territorien auf Dauer nicht ausbildeten und ein selbstbewusstes Bürgertum sich nicht entwickelte, steigerte sich die Übermacht der Obrigkeit zur Autokratie. Nach dem Untergang von Byzanz (1453) erhoben die russischen Großfürsten den Anspruch auf Nachfolge des byzantinischen Kaisers. Im 16. Jahrhundert wurden unter Iwan dem Schrecklichen der Staatsapparat ausgebaut und die Rechtsordnung durchgesetzt, die wesentlich durch den autokratischen Herrscher bestimmt war.*

## 47 Russland um die Jahrhundertwende

**a) Zeitgenössischer Bericht des russischen Publizisten, Kommunalpolitikers und Landwirtschaftsfachmannes A. Nowikow (1861–1913):**

Man muss Russland sehen, um es beurteilen zu können.

Nichts erinnert dort an das westliche Europa. Das Klima und die ungeheuren Dimensionen des Landes verhindern es, jenen historischen Weg zu wandern, den der Westen zurückgelegt hat. Der Kampf mit der Natur ist dort verwickelter. Die Verkehrsmittel sind schwieriger, kostspieliger. Deshalb verzögert sich der Austausch von Waren und Ideen; langsamer schreitet die Kultur vorwärts; der Wohlstand des Volkes bleibt zurück. [...]

Dieselben Ursachen, das Klima und die Entfernungen, bewirken auch die erstaunliche Zurückgebliebenheit unseres Dorfes im Vergleich mit der Stadt. Überall bleibt das Dorf zurück, aber nicht in solchem Maße wie bei uns. Noch jetzt im zwanzigsten Jahrhundert benutzt man zu Beleuchtungszwecken an manchen Orten einen Kienspan, weil

Josef Melnik (Hrsg.), Russen über Russland, Frankfurt/M. 1906, S. 57f. Zit. nach: Politische Weltkunde II. Themen zur Geschichte, Geographie und Politik: Die Sowjetunion, Stuttgart 1985, S. 15f.

Petroleum zu kostspielig ist. Es gibt Dörfer, die durchweg analphabetisch sind. Es gibt Gegenden im Zentrum Russlands, wo ein Brief, der an einen Bauern adressiert ist, nur zufällig in dessen Hände gelangt – wenn er selbst oder ein Bekannter auf den Gedanken kommt, sich bei der Post nach ihm zu erkundigen. Überall werden die Kleider aus Flachs gewebt, der aus Pflanzen des eigenen Ackerfeldes gewonnen wird. Überall da nur isst man Fleisch, wo man selbst Vieh besitzt. Kurz, das russische Dorf lebt so, wie es vor hundert Jahren gelebt hat. Es gibt eine Wahrheit, die unsere Herrscher gut begriffen haben und die sie niemals vergessen, dass es nämlich leichter ist, eine Herde als Menschen zu regieren. Das ist das Wesen unserer Politik. Und bisher ist sie dank den Naturbedingungen geglückt.

Und jetzt, in den Zeiten der kommenden Semskije Sobori [Ständeversammlungen] und der Parlamente, rennen unsere vor Schrecken fast wahnsinnig gewordenen Staatslenker umher und meinen sich in der letzten Redoute [Festung] des Aberglaubens und der Unwissenheit verstecken zu können – im russischen Dorf! Aber auch hier harrt ihrer eine bittere Enttäuschung. Das Dorf ist erwacht! Die menschliche Würde, seit Jahrhunderten von oben unterdrückt, erhebt sich, und die Welt, glaube ich, wird erstaunt sein zu sehen, wozu der russische Bauer fähig ist! Ideen und Unzufriedenheit beginnen in das Volk zu dringen, wenn auch spät und in roher Weise – trotz der großen Entfernungen, trotz der Unwissenheit, trotz der Abwesenheit des Lichtes!

**b) Bauern eines nordrussichen Dorfes.** Foto, um 1895.

1. Stellen Sie dar, wie Nowikow den Entwicklungsstand des russischen Dorfes beurteilt und welche Gründe er für seine Beurteilung anführt.
2. Diskutieren Sie, welche Zukunftschancen der Verfasser für das Dorf sieht und was ihn zu seiner Einschätzung veranlasst.
3. Arbeiten Sie heraus, was sich nach der Abbildung (47 b) über Lebensstandard und -form der russischen Bauern am Ende des 19. Jahrhunderts sagen lässt.

## 48 Die Revolution von 1905

**a) Petition der St.-Petersburger Arbeiter vom 9. Januar 1905:**

Wir, die Arbeiter der Stadt Petersburg, unsere Frauen, Kinder und hilflosen greisen Eltern sind zu dir, Herrscher, gekommen, Wahrheit und Schutz zu suchen.

Wir sind verelendet, wir werden unterdrückt, mit schwerer Arbeit überlastet, man beschimpft uns, man sieht in uns keine Menschen, man verhält sich uns gegenüber wie zu Feinden. […]

Unsere erste Bitte war, dass die Unternehmer zusammen mit uns unsere Nöte besprechen, aber auch das – das Recht, über unsere Nöte zu sprechen – wurde abgelehnt, weil sie fanden, dass das Gesetz uns ein solches Recht nicht zuerkennt. […]

Herrscher, wir sind hier mehr als 300 000, und sie alle sind nur dem Aussehen nach, nur ihrem Äußeren nach Menschen, in Wirklichkeit erkennt man uns kein menschli-

**b)** **Ca. 140000 Menschen** zogen am 9. Januar 1905 in einem Protestmarsch zum Zarenpalast in St.-Petersburg.

ches Recht zu, wir dürfen nicht einmal sprechen, denken, uns versammeln, unsere Nöte besprechen, Maßnahmen zur Verbesserung unserer Lage ergreifen. [...]

Und das eben führte uns an die Mauern deines Palastes. Hier suchen wir die letzte Rettung. Verweigere deinem Volke die Hilfe nicht, führe es heraus aus dem Grab der Rechtlosigkeit, des Elends und der Unwissenheit, gib ihm die Möglichkeit, selbst sein Schicksal zu bestimmen, nimm von ihm das unerträgliche Joch der Beamten, reiße nieder die Scheidewand zwischen dir und deinem Volke, und mag es das Land zusammen mit dir regieren. Bist du doch zum Glück für das Volk bestellt, dieses Glück aber reißen uns die Beamten aus den Händen, es gelangt nicht zu uns, wir bekommen nur Leid und Demütigungen. [...]

Und zu diesem Zwecke sollst du befehlen, dass die Wahlen zur konstituierenden Versammlung unter der Bedingung der allgemeinen, geheimen und gleichen Stimmabgabe stattfinden. Das ist unsere Hauptbitte; in ihr und auf ihr beruht alles; das ist das wichtigste und einzige Heilpflaster für unsere Wunden, ohne das unsere Wunden ewig bluten und rasch unseren Tod herbeiführen werden.

W. I. Lenin, Sämtliche Werke, Bd. VII: Die Revolution von 1905, Wien 1929, S. 557ff.

**c) Oktobermanifest des Zaren Nikolaus II. vom 17. Oktober 1905:**

Wir, Nikolaus II. von Gottes Gnaden Kaiser und Selbstherrscher aller Russen, Zar von Polen, Großfürst von Finnland [...], erklären allen unseren treuen Untertanen, dass die Wirren und die Erregung in unseren Hauptstädten und an zahlreichen anderen Orten unseres Reiches unser Herz mit großer und schmerzlicher Trauer erfüllen. Das Glück des russischen Herrschers ist unlöslich verknüpft mit dem Glück des Volkes und der Schmerz des Volkes ist der Schmerz des Herrschers. Aus den gegenwärtigen Unruhen kann eine tiefe nationale Zerrüttung und eine Bedrohung für die Unverletzlichkeit und die Einheit unseres Reiches entstehen. Die hohe durch unseren Herrscherberuf auferlegte Pflicht befiehlt uns, uns mit allen Sinnen und mit unserer ganzen Kraft zu bemühen, um das Aufhören der für den Staat so gefährlichen Wirren zu beschleunigen. [...]

[Daraufhin versprach der Zar die Unverletzlichkeit der Person, Rede-, Versammlungs-, Vereins- und Religionsfreiheit sowie ein frei gewähltes Parlament, die Duma.]

Wassilij Schulgin, »Tage ...«. Memoiren aus der russischen Revolution 1905–1917, übersetzt von Marissa von Reutern, Berlin-Königsberg 1928, S. 269. Zit. nach: Historisch-Politische Weltkunde: Aufstieg und Zerfall der Sowjetunion, Stuttgart 1997, S. 24.

1. Stellen Sie die strukturellen Probleme der russischen Gesellschaft zusammen, wie sie sich den Arbeitern darstellen (47a).
2. Erörtern Sie die Erfolgsaussichten der Arbeiter-Petition (47a). Berücksichtigen Sie dabei, worauf die Kritik zielt und an wen die Petition gerichtet ist.
3. Untersuchen Sie, welche Meinung über den Zaren in der Bittschrift der Arbeiter (47a) zum Ausdruck kommt.
4. Erläutern Sie das Selbstverständnis des Zaren und seine Reaktion auf die Unruhen. Diskutieren Sie, welche Absichten der Zar mit der Ankündigung von Reformen verfolgte (47c).

## 3.3 Vom Scheitern der bürgerlichen Revolution zur Diktatur der Bolschewiki

Die Februarrevolution war das Werk hungernder, frierender und kriegsmüder Frauen und Arbeiter gewesen – der Zarismus war an seiner eigenen Schwäche zugrunde gegangen. Zwar hatten verschiedene politische Kräfte auf einen Sturz des Zaren hingearbeitet, doch den bürgerlichen Parteien fehlten konkrete Konzepte für die Zeit nach der Autokratie und die sozialistischen Parteien hielten den Kapitalismus noch nicht für weit genug entwickelt, um an eine revolutionäre Umgestaltung des Landes denken zu können. Die Macht schien gleichsam auf der Straße zu liegen und noch war völlig unklar, wer sie an sich reißen und eine neue Regierung aufbauen würde – für Russlands Zukunft standen verschiedene Möglichkeiten offen.

| | |
|---|---|
| **1917** | |
| 2. März | Ein Dumakomitee bildet die Provisorische Regierung. Arbeiter- und Soldatenräte entstehen. |
| 3. April | Lenin kehrt aus dem Exil zurück und fordert in den »Aprilthesen« den Bruch mit der Provisorischen Regierung. |
| 2.–4. Juli | Ein Putschversuch der Bolschewiki scheitert. Die Bolschewiki werden verboten, Lenin flieht nach Finnland. |
| 21. Juli | Kerenski wird Ministerpräsident der Provisorischen Regierung. |
| 24./25. Oktober | Oktoberrevolution der Bolschewiki in Petrograd, Verhaftung der Provisorischen Regierung |
| 26. Oktober | Der II. Gesamtrussische Sowjetkongress ruft den Sowjetstaat aus mit dem »Rat der Volkskommissare« als neuer Regierung. Die Dekrete über den Frieden sowie über Grund und Boden werden verabschiedet. |
| 12. November | Wahlen zur verfassunggebenden Versammlung |
| **1918** | |
| 6. Januar | Gewaltsame Auflösung der verfassunggebenden Versammlung |
| 10.–18. Januar | Der III. Gesamtrussische Sowjetkongress proklamiert die »Russische Sozialistische Föderative Sowjetrepublik«. |
| Ende Januar bis 1921 | Bürgerkrieg zwischen den Bolschewiki (»Rote«) und ihren Gegnern (»Weiße«). Die Westmächte unterstützen die »Weißen«. »Kriegskommunismus« |
| 24. Februar | Die Bolschewiki verlegen den Regierungssitz und damit die Hauptstadt von Petrograd nach Moskau. |
| 3. März | Friedensvertrag Sowjetrusslands mit den Mittelmächten Deutschland und Österreich-Ungarn in Brest-Litowsk |
| 10. Juli | Der V. Gesamtrussische Sowjetkongress verabschiedet die erste russische Verfassung. |
| 16./17. Juli | Zar Nikolaus II. und seine Familie werden erschossen. |
| 2.–6. März 1919 | Delegierte aus 30 Ländern gründen in Moskau die »Kommunistische Internationale« (Komintern). |
| 2.–18. März 1921 | Aufstand der Kronstädter Matrosen gegen die bolschewistische Parteidiktatur |
| 8.–16. März 1921 | X. Parteitag der Kommunistischen Partei, wirtschaftspolitischer Kurswechsel: »Neue Ökonomische Politik« |

**Hinweis:** Die Daten folgen dem in Russland bis zum Februar 1918 gültigen julianischen Kalender, der gegenüber dem heute üblichen gregorianischen Kalender um 13 Tage im Rückstand war.

**»Doppelherrschaft«: Provisorische Regierung und Sowjets**

Zunächst bildete die Duma eine provisorische Regierung, die die Wahl einer »verfassunggebenden Versammlung« in Aussicht stellte und vorläufig die Staatsgeschäfte übernahm. Gleichzeitig formierten sich in Petrograd und dann im ganzen Land Sowjets (Räte), die sich als Vertreter von Arbeitern, Soldaten und Bauern verstanden. Beide an der »Doppelherrschaft« beteiligten Organe scheuten die volle Verantwortung: die Provisorische Regierung, weil sie mangelnden Rückhalt durch die Bevölkerung fürchtete, und die Sowjets, weil sie ihre sozialistische Aufgabe erst im Anschluss an die bürgerliche Revolution sahen. Doch immer dringlicher stellte sich die Frage nach einer Fortsetzung des Krieges. Im März 1917 drängten die Sowjets auf einen baldigen »Frieden ohne Annexionen und Kontributionen«. Im Mai billigte der Sowjet den Eintritt sozialistischer Minister in die Regierung – bis dahin hatten sich Menschewiki und Sozialrevolutionäre geweigert, eigene Abgeordnete zu entsenden. Die bürgerliche Provisorische Regierung verlor von Tag zu Tag an Einfluss.

**Aufstieg der Bolschewiki**

Zwar setzte sich die Provisorische Regierung für liberale Freiheiten ein – etwa Religionsfreiheit und Abschaffung der Todesstrafe –, die Grundforderungen der Bauern und Arbeiter nach »Frieden, Brot und Land« hingegen blieben unerfüllt: Der Krieg dauerte an, eine soziale Umgestaltung ließ auf sich warten und ebenso die verfassunggebende Versammlung, die alle Fragen gesetzlich lösen sollte. In dieser Situation ergriffen die bis dahin bedeutungslosen Bolschewiki die Initiative. Lenin – am 3. (16.) April 1917 aus dem Schweizer Exil zurückgekehrt – traf mit seinen Forderungen die Stimmung im Volk: »Alle Macht den Sowjets«, »Alle Macht den Bauern« und »Frieden um jeden Preis«.

**Oktoberrevolution und Machtübernahme durch die Bolschewiki**

Ende August/Anfang September konnten die Bolschewiki die Mehrheit im Petrograder Sowjet hinter sich bringen. Das Zentralkomitee der Sozialdemokratischen Arbeiterpartei entschied sich daraufhin für Lenins Kurs, trotz der noch nicht vollendeten bürgerlichen Revolution sofort die sozialistische Revolution zu wagen. Vom 24. auf den 25 Oktober (6./7. November) 1917 stürzten bolschewistische Rote Garden die Provisorische Regierung. Der zeitgleich tagende II. Gesamtrussische Sowjetkongress verkündete den Übergang der Macht an die Sowjets und ermächtigte als neue Regierung den »Rat der Volkskommissare« unter Lenins Führung. Erste Umgestaltungen folgten schnell: Russland nahm Friedensverhandlungen mit Deutschland und Österreich auf, die Großgrundbesitzer wurden enteignet und das Land an die Bauern neu verteilt. Schließlich fanden am 12. November die Wahlen zur verfassunggebenden Versammlung statt. Als aber die Bolschewiki nur zweitstärkste Kraft hinter den Sozialrevolutionären wurden, ordnete der Rat der Volkskommissare kurzerhand die Auflösung der Konstituierenden Versammlung an – die Bolschewiki beanspruchten die Macht für sich allein.

**Parteidiktatur**

Im März 1918 schloss Lenin – entgegen großen Widerständen auch aus der eigenen Partei – Frieden mit dem Deutschen Reich. Er nahm erhebliche Gebietsverluste – u.a. Finnland und Polen – und damit den Verlust von fast einem Drittel der Bevölkerung samt Land, Eisenbahnnetz und Industriepotenzial in Kauf. Innenpolitisch forcierten die Bolschewiki die Ausschaltung aller nichtbolschewistischen Kräfte: Es wurden die Pressefreiheit eingeschränkt, andere Parteien aus dem Rat der Volkskommissare ausgeschlossen, eine Geheimpolizei (Tscheka) zur Verfolgung politischer Gegner gegründet sowie Schulen, Banken und Industrie

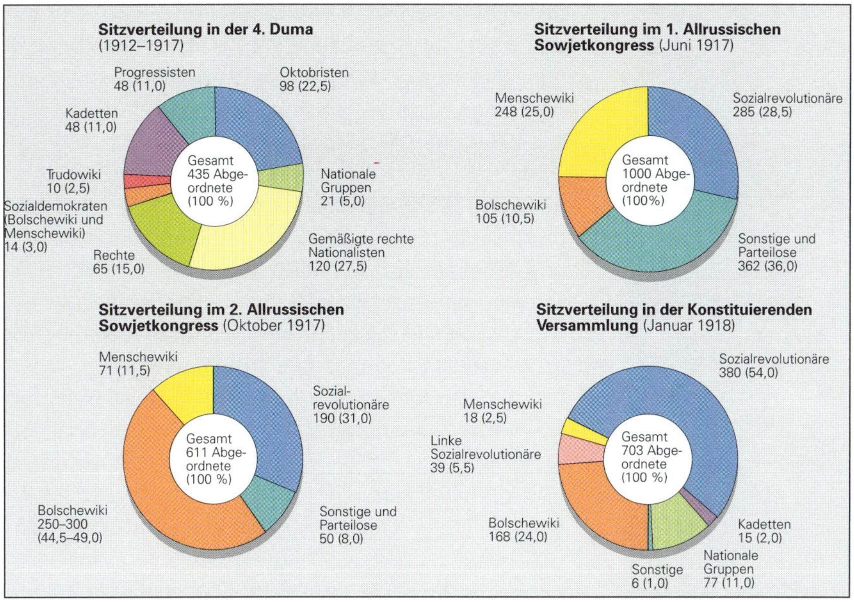


**49 Parteien und Sitzverteilung (1912–1918)**

verstaatlicht. Im Sommer wurde die erste Verfassung der »Russischen Sozialistischen Föderativen Sowjetrepublik« (RSFSR) verabschiedet, in der die »Diktatur des Proletariats« festgeschrieben war. Doch bereits hier wurde deutlich, dass die sich nun »Kommunistische Partei« nennenden Bolschewiki eine Einparteiendiktatur anstrebten. Ihre Macht sicherten sie durch ein eigenes Militär. Nach Einführung der allgemeinen Wehrpflicht wuchs die »Rote Armee« bis 1920 auf eine Stärke von fünf Millionen Soldaten.

### Bürgerkrieg

Zaristische Generäle organisierten den Widerstand und formierten Truppen (»die Weißen«), die gegen die bolschewistischen Machthaber (»die Roten«) ins Feld zogen. Weil die Bolschewiki alle ihre Gegner gleichermaßen als »Konterrevolutionäre« bezeichneten, sahen sich plötzlich Menschewiki, Sozialrevolutionäre, Liberale, Monarchisten und Nationalisten vereint im Kampf gegen das bolschewistische Regime. Unterstützt wurden »die Weißen« militärisch, finanziell und materiell von den Alliierten England, Frankreich, den USA und Japan. Sie engagierten sich gegen die Bolschewiki, weil diese die russischen Auslandsschulden gestrichen und aus dem Westen finanzierte Industriebetriebe enteignet hatten. Nach fast drei Jahren erbitterter Kämpfe, die mehrere Millionen Menschen das Leben kosteten, konnten die Bolschewiki Ende des Jahres 1920 den Bürgerkrieg für sich entscheiden.

### »Kriegskommunismus«

Die Belastungen des Bürgerkrieges hatten die Versorgungslage der Bevölkerung verschärft. Als Lösung propagierte Lenin sein rigoroses Konzept des »Kriegskommunismus«. Die Regierung beschlagnahmte Getreidevorräte von den Bauern und führte eine strenge Lebensmittelrationierung ein. Außerdem verstaatlichte die Parteiführung zahlreiche Industriebetriebe und den gesamten Warenverkehr. Als Zahlungsmittel sollten Naturalien das Geld ersetzen; Mieten sowie Gebühren für Wasser und Energie wurden abgeschafft. Weil mit dem Kriegskommunismus die Ernährung der Roten Armee und der städtischen Bevölkerung gewährleistet wer-

**50 Soldaten in Petrograd.** Foto, 1917. Auf dem Transparent: »Es lebe die Internationale!«, »Es lebe der internationale Frieden!«, »Es lebe der Achtstundentag!«.

den sollte, reagierten viele Bauern verärgert und beschränkten ihre Produktion auf die Sicherung der eigenen Versorgung. Die Produktion von Industrie- und Agrarbetrieben sank vielerorts um ein Vielfaches – zum Teil sogar unter den Stand von 1913.

Am Ende des Bürgerkrieges hatte der Kriegskommunismus die russische Wirtschaft ruiniert. Unter Bauern und Arbeitern wurde Protest gegen die miserable Versorgung laut. Im März 1921 wandten sich sogar die sonst loyalen Matrosen in der Petrograder Marinefestung Kronstadt gegen die bolschewistische Parteidiktatur. Sie forderten unter anderem eine freie und geheime Neuwahl der Räte, Rede-, Presse- und Versammlungsfreiheit für »Arbeiter, Bauern, Anarchisten und links-sozialistische Parteien« sowie die Verfügungsgewalt der Bauern über ihr Land und Vieh. Doch die Rote Armee schlug den Aufstand brutal nieder und ermordete die gefangenen Aufständischen. Lenin nahm den Vorfall zum Anlass, vom offiziellen Parteikurs abweichendes Verhalten fortan ausnahmslos zu unterdrücken.
Dass die Kronstädter Matrosen jedoch zu Recht auf das Scheitern des Kriegskommunismus und die katastrophale wirtschaftliche Lage aufmerksam gemacht hatten, zeigt der Kurswechsel der kommunistischen Parteiführung noch im März 1921. Das wirtschaftspolitische Konzept mit Anleihen aus dem Kapitalismus lautete nun: »Neue Ökonomische Politik«. Die willkürlichen Beschlagnahmungen von Agrarerzeugnissen wurden abgeschafft und durch eine festgelegte, niedrigere Naturalsteuer ersetzt. Überschüsse blieben den Bauern zur freien Verfügung. Damit sollten die Bauern zur Produktionssteigerung und zur Vergrößerung der Anbaufläche angeregt werden. Ähnliche Anreize schuf die Regierung für das Kleingewerbe und den Handel. Zum Beispiel sollte die Gründung von Privatbetrieben mit bis zu zwanzig Lohnarbeitern erlaubt werden. Der neue Kurs zeigte Wirkung – zwar konnte die verheerende Hungersnot von 1921, ausgelöst durch

**51 Von Russland zur Sowjetunion –**
Revolution und Bürgerkrieg. Grenzen der Union der Sozialistischen Sowjetrepubliken (UdSSR):

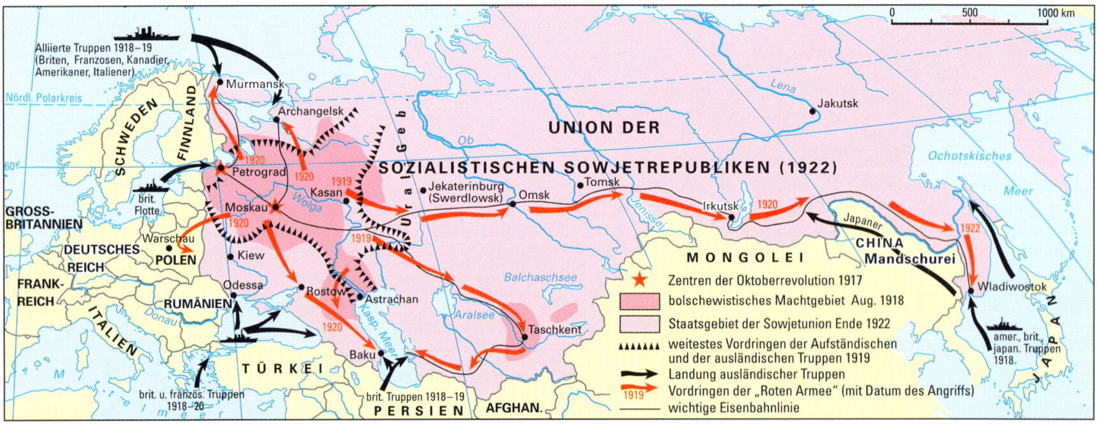

Missernten, weder gemildert noch verhindert werden, doch in den folgenden Jahren erholte sich die Landwirtschaft und auch die Industrie merklich.

**52 Zwei ehemals zaristische Offiziere** reinigen unter Aufsicht eines bolschewistischen Kommissars und einer Wache den Apraxin-Markt in Petrograd. Foto, 1918.

Analysieren Sie die gezeigte Situation und beachten Sie die Haltung der verschiedenen Personen/Gruppen zum Geschehen. Suchen Sie nach Gründen für die Aktion und diskutieren Sie, welches Verhältnis zwischen alten und neuen Machthabern in der Szene zum Ausdruck kommt.

Auch gesellschaftspolitisch hatten die Kommunisten schon seit 1918 Anstrengungen unternommen, den Sozialismus in der Bevölkerung zu verankern. Lehrerinnen und Lehrer erteilten zur Bekämpfung des Analphabetismus in den Dörfern Lese- und Schreibunterricht. Die Kulturpolitik wurde ebenfalls in den Dienst des Sozialismus gestellt und viele Intellektuelle und Künstler an die Partei gebunden. Erstmals verankerten die Kommunisten auch die Gleichstellung von Frauen und Männern im Gesetz; dazu gehörte freier Zugang zu allen Berufen und gleiche Bezahlung für Frauen, aber auch die Gleichberechtigung in der Ehe. Die Praxis scheiterte allerdings schon in der eigenen Partei: Viele männliche Parteimitglieder standen ihren weiblichen Parteigenossinnen misstrauisch gegenüber und behinderten deren Arbeit, bis 1930 die eigens geschaffenen Frauenabteilungen wieder aufgelöst wurden. Zum sozialistischen Umbau der Gesellschaft gehörte auch ein rigoroser Kirchenkampf. Die atheistischen Bolschewiki ordneten die strikte Trennung von Staat und Kirche an und gingen konsequent gegen die orthodoxe Kirche, das Judentum und den Islam vor.

1921 hatte die Revolution scheinbar den Sieg davongetragen. Doch das zur Herrschaft aufgerufene Proletariat existierte nicht mehr oder war deklassiert: Viele Arbeiter waren im Bürgerkrieg gefallen oder in Funktionen aufgestiegen, die sie vom Proletariat entfremdeten, andere waren arbeitslos oder wegen der besseren Versorgung aufs Land zurückgekehrt. Ihren Anspruch, die Arbeiterklasse zu repräsentieren, konnte die bolschewistische Partei nicht mehr einlösen – sie ersetzte die »Diktatur des Proletariats« durch eine Diktatur der Kommunistischen Partei.

**Sowjets** *(russ. Räte) Der Begriff bezeichnet Arbeiterausschüsse bzw. Arbeiterselbstverwaltungsorgane, die erstmals während der Revolution 1905 gebildet worden waren. Die von den Arbeitern verschiedener Fabriken direkt gewählten und jederzeit abrufbaren Delegierten verstanden sich als »Organe des revolutionären Kampfes«, in denen die Einheit von Beschlussfassung, Ausführung und Kontrolle verwirklicht werden sollte. Obwohl die Sowjets 1905 schon nach wenigen Wochen verboten wurden, erwies sich die Räteidee als so stark, dass sie durch die sozialistische Intelligenz während der Februarrevolution 1917 wiederbelebt werden konnte. Die Interessenvertretung der Arbeiter und jetzt auch der Soldaten verstand sich nach dem Sturz des Zarenregimes als »Kontrollorgan der revolutionären Demokratie«. Im Juli 1917 trafen sich die Vertreter von lokalen Arbeiter- und Soldatenräten zum 1. Allrussischen Rätekongress, der seinerseits ein zentrales »Exekutivkomitee« wählte. Nach der Oktoberrevolution betrachteten die Bolschewiki die Sowjets als Organe der Staatsmacht, um die »Diktatur des Proletariats« zu verwirklichen. Nach Gründung der Sowjetunion wurde der Begriff auf alle Herrschafts- und Verwaltungsorgane des Landes übertragen.*

## 53 Provisorische Regierung und Sowjets

**a) Grundsatzerklärung* der Provisorischen Regierung vom 3. März 1917:**

Der aus Mitgliedern der Staatsduma gebildete provisorische Ausschuss hat gegenwärtig durch die Sympathie und Beihilfe der Truppen und Bevölkerung der Hauptstadt solche Erfolge über die dunklen Gewalten des alten Regimes davongetragen, die ihm gestatten, zu einem festeren Aufbau der Exekutivgewalt zu schreiten. [...]

Das Kabinett wird sich in seiner Tätigkeit durch folgende Grundsätze leiten lassen:

1. sofortige Vollamnestie für alle politischen und religiösen Vergehen, darunter terroristische Attentate, Militäraufstände, Agrarrevolten usw.;

2. Redefreiheit, Pressefreiheit, Vereinigungs- und Versammlungs- sowie Streikfreiheit, mit Ausdehnung der politischen Freiheiten auf die Angehörigen des Heeres im Rahmen der militärisch-technischen Möglichkeit;

3. Aufhebung aller ständischen, konfessionellen und nationalen Beschränkungen;

4. sofortige Vorbereitung der Einberufung einer Konstituierenden Versammlung, die aufgrund des allgemeinen, gleichen, direkten, geheimen Wahlrechts gewählt werden und die zukünftige Staatsform und Verfassung bestimmen soll;

5. Ersetzung der Polizei durch eine Volksmiliz mit gewählten Chargen, die den Organen der örtlichen Selbstverwaltung unterstellt sind;

6. Wahlen zur örtlichen Selbstverwaltung aufgrund des allgemeinen, gleichen, direkten, geheimen Wahlrechts;

7. Belassung aller Truppenteile in Petrograd, die sich an der revolutionären Bewegung beteiligt haben, und ihre Nichtentwaffnung;

8. Aufhebung aller Einschränkungen der Bürgerrechte der Soldaten bei strengster Wahrung der militärischen Disziplin im Dienste.

Die Provisorische Regierung hält es für ihre Pflicht hinzuzufügen, dass sie keineswegs die Absicht hat, den Kriegszustand zu irgendeiner Verzögerung oben angegebener Reformen und Maßnahmen auszunützen.

* Am 3. März 1917 erschien diese Erklärung der neu gebildeten Provisorischen Regierung, der das Exekutivkomitee des Arbeiter- und Soldatenrates zugestimmt hatte.

Zit. nach: Illustrierte Geschichte der russischen Revolution 1917, Berlin 1928, S. 122.

**b) Befehl Nr. 1 des Petrograder Sowjets der Arbeiter- und Soldatendeputierten an die Garnison des Petrograder Militärbezirks vom 1. März 1917:**

An die Garnison des Petrograder Militärbezirks, allen Soldaten der Garde, des Heeres, der Artillerie und der Flotte zur unverzüglichen und genauen Ausführung und an die Arbeiter von Petrograd zur Kenntnisnahme.

Der Sowjet der Arbeiter- und Soldatendeputierten hat beschlossen:

1. In allen Kompanien, Bataillonen, Regimentern, Depots, Eskadronen und allen selbstständigen Dienststellen der verschiedenen militärischen Verwaltungen und auf den Schiffen der Kriegsflotte sind unverzüglich Komitees aus gewählten Vertretern der Mannschafts-Dienstgrade der oben genannten Truppenteile zu wählen.

2. In allen militärischen Einheiten, die ihre Vertreter in den Sowjet der Arbeiterdeputierten noch nicht gewählt haben, sind je ein Vertreter von jeder Kompanie zu wählen, die mit einer schriftlichen Bescheinigung in dem Gebäude der Staats-Duma am 2. März um 10 Uhr vormittags zu erscheinen haben.

3. In allen politischen Angelegenheiten untersteht jede militärische Einheit dem Sowjet der Arbeiter- und Soldatendeputierten und den eigenen Komitees.

4. Die Befehle der militärischen Kommission der Staats-Duma sind zu befolgen, mit Ausnahme solcher Fälle, wo sie den Befehlen und Beschlüssen des Sowjets der Arbeiter- und Soldatendeputierten widersprechen.

5. Die Waffen aller Art, als da sind: die Gewehre, die Maschinengewehre, die Panzerspähwagen und die übrigen sollen sich zur Verfügung und unter der Kontrolle der Komitees der Kompanien und Bataillone befinden und dürfen unter keinen Umständen an die Offiziere ausgehändigt werden, auch nicht auf deren Verlangen hin.

6. An der Front und bei der Ausübung der Dienstobliegenheiten sollen die Soldaten strengste militärische Disziplin wahren, doch außerhalb des Dienstes und der Formation dürfen die Soldaten in ihrem politischen, bürgerlichen und privaten Leben in keiner Weise in den Rechten geschmälert werden, über die alle Bürger verfügen. Insbesondere wird die Achtstellung und die unbedingte Ehrenbezeugung außerhalb des Dienstes abgeschafft.

7. Ebenso wird die Titulierung der Offiziere: Exzellenz, Euer Wohlgeboren und dergleichen mehr abgeschafft und durch die Anrede: Herr General, Herr Oberst usw. ersetzt.

Die grobe Behandlung der Soldaten durch alle militärischen Dienstgrade sowie vor allem das Duzen der Soldaten wird verboten, und jede Zuwiderhandlung muss genauso wie alle Missverständnisse zwischen Offizieren und Soldaten von den letzteren an die Kompanie-Komitees gemeldet werden.

Dieser Befehl ist in allen Kompanien, Bataillonen, Regimentern, Batterien, allen Schiffsbesatzungen und allen übrigen Kampf- und Einsatz-Einheiten vorzulesen.

Der Petrograder Sowjet der Arbeiter- und Soldatendeputierten

Zit. nach: Der Sowjetkommunismus – Dokumente, Bd. I: Die politisch-ideologischen Konzeptionen, hrsg. von Hans-Joachim Lieber und Karl Heinz Ruffmann, Köln 1963, S. 121 f.

**c) Idealtypen zweier Formen von Demokratie:**

| Merkmal | Parlamentarische Demokratie | Rätemodell |
|---|---|---|
| Wählerschaft und Willensbildung | Gesellschaftsmitglieder in der Rolle des einzelnen »Staatsbürgers«. Individuelle Meinungsbildung; oft durch Parteien unterstützt. Wahl der »freien« Repräsentanten | Basiseinheiten (Arbeiter eines Betriebes, Wohneinheiten; aber auch »Senioren«) in allen gesellschaftlichen Bereichen. Permanente öffentliche Diskussion (herrschaftsfreier Dialog); dabei einheitliche Willensbildung des Kollektivs |
| Repräsentation | Abgeordnete auf mehreren Ebenen von Parteien dominiert, unter Einfluss von (organisierten) Interessen; von Wahlberechtigten für bestimmte Perioden gewählt | Räte als System von Delegationskörperschaften (»Pyramide«) gewählt von den nachgeordneten Ebenen. Keine Parteien, keine Verbände; öffentliche Ämter durch Wahl besetzt |
| Mandat | freies Mandat (nur dem Gewissen unterworfen), mit faktischen Einengungen (Fraktions- und Parteidisziplin) | imperatives Mandat: jeder kann jederzeit abberufen werden; Beschlüsse der entsendenden Einheiten sind zu vertreten (Rückkoppelung); Ämterrotation |
| Gewaltenteilung | zentrales Prinzip, insbesondere Regierung/Opposition (mit Minderheitenschutz); unabhängige Gerichte | unnötig (nach Aufhebung der Klassenherrschaft); Räte übernehmen exekutive, legislative und judikative Funktionen gleichzeitig |
| Menschenbild | Mensch mit begrenzten Fähigkeiten und Möglichkeiten: Jeder kann nicht alles machen. Persönliches Machtstreben begrenzen. Geringes Maß an sozialer Gleichartigkeit. Vielfalt der Interessen und Ideen | »Neuer Mensch« mit umfassenden analytischen, theoretischen und praktischen Fähigkeiten; kann verschiedenste Funktionen wahrnehmen. Kein persönliches Machtstreben. Hohes Maß an sozialer Gleichartigkeit |

Zit. nach: C. Böhret u. a., Innenpolitik und politische Theorie, Opladen 1979, S. 431.

1. Untersuchen Sie die beiden Quellen (53a und b) im Vergleich. Diskutieren Sie die Ziele und Maßnahmen von Provisorischer Regierung und Petrograder Sowjet.
2. Überlegen Sie, welche gesellschaftlichen Leitbilder sich den Quellen zuordnen lassen.
3. Skizzieren Sie in eigenen Worten, worin sich eine parlamentarische Demokratie vom Rätesystem unterscheidet (53c).
4. Ordnen Sie die Grundpositionen von Provisorischer Regierung (53a) und Petrograder Sowjet (53b) den jeweiligen demokratischen Idealtypen zu.

## 54 Auf dem Weg zur Parteidiktatur

**a) »Lenin verkündet die Sowjetmacht«.** (Hinter Lenin ist Stalin platziert.) Aquarell von Wladimir Serow, 1947.

**b) Dekret über die Auflösung der Konstituierenden Versammlung vom 6. Januar 1918:** Die Konstituierende Versammlung, gewählt aufgrund von Kandidatenlisten, die vor der Oktoberrevolution aufgestellt worden waren, brachte das alte politische Kräfteverhältnis zum Ausdruck, aus einer Zeit, als die Kompromissler und die Kadetten an der Macht waren. Das Volk konnte damals, als es für die Kandidaten der Partei der Sozialrevolutionäre stimmte, nicht zwischen den rechten Sozialrevolutionären, den Anhängern der Bourgeoisie, und den linken Sozialrevolutionären, den Anhängern des Sozialismus, seine Wahl treffen. So kam es, dass diese Konstituierende Versammlung, die die Krönung der bürgerlichen parlamentarischen Republik sein sollte, sich der Oktoberrevolution und der Sowjetmacht unvermeidlich in den Weg stellen musste. […]

Die am 5. Januar zusammengetretene Konstituierende Versammlung brachte aus den oben erwähnten Gründen der Partei der rechten Sozialrevolutionäre, der Partei

Kerenskis, Awksentiews und Tschernows, die Mehrheit. Natürlich hat diese Partei es abgelehnt, den absolut genauen, klaren, jede Missbilligung ausschließenden Antrag des Zentralvollzugskomitees der Sowjets, des obersten Organs der Sowjetmacht, zu beraten, das Programm der Sowjetmacht, die »Deklaration der Rechte des werktätigen und ausgebeuteten Volkes« und die Oktoberrevolution und die Sowjetmacht anzuerkennen. Damit hat die Konstituierende Versammlung alle Bande zwischen sich und der Sowjetrepublik Russland zerrissen. Es war daher unvermeidlich, dass die Fraktion der Bolschewiki und die der linken Sozialrevolutionäre, die jetzt offenkundig die ungeheure Mehrheit in den Sowjets bilden und das Vertrauen der Arbeiter und der Mehrheit der Bauern genießen, diese Konstituierende Versammlung verließen.

In der Tat führen die Parteien der rechten Sozialrevolutionäre und der Menschewiki außerhalb der Konstituierenden Versammlung den erbittertsten Kampf gegen die Sowjetmacht, fordern in ihrer Presse offen zum Sturz der Sowjetmacht auf, bezeichnen die zur Befreiung von der Ausbeutung notwendige gewaltsame Unterdrückung des Widerstandes der Ausbeuter durch die werktätigen Klassen als Willkür und Ungesetzlichkeit, nehmen die im Dienste des Kapitals stehenden Saboteure in Schutz und gehen so weit, dass sie unverhüllt zum Terror aufrufen, mit dessen Anwendung »unbekannte Gruppen« bereits begonnen haben. Es ist klar, dass der übrig gebliebene Teil der Konstituierenden Versammlung infolgedessen nur die Rolle einer Kulisse spielen könnte, hinter der der Kampf der Konterrevolutionäre für den Sturz der Sowjetmacht vor sich gehen würde.

Deshalb beschließt das Zentralvollzugskomitee: Die Konstituierende Versammlung wird aufgelöst.

Iswestija vom 7. Januar 1918. Zit. nach M. Hellmann (Hrsg.), Die russische Revolution 1917, München 1964, S. 347 ff.

1. Untersuchen Sie das »Dekret« (54b) unter besonderer Berücksichtigung der Gründe, die für die Auflösung der Konstituierenden Versammlung genannt werden. Wie beurteilen Sie die Begründungen?
2. Serows Bild (54a) gehört zu den klassischen Darstellungen des Sowjetkommunismus. Der Künstler hat über Jahrzehnte verteilt verschiedene Versionen der festgehaltenen Szene geschaffen. Informieren Sie sich über die unterschiedlichen Versionen und deren historischen Hintergründe (Literaturhinweis: Bilder, die lügen; hrsg. vom Haus der Geschichte der Bundesrepublik Deutschland, Bonn 1998; Michael Sauer, Bilder im Geschichtsunterricht, Seelze 2000.).

## 55 Beurteilungen des Sowjetstaates

**a) Das politische Programm der Kronstädter Kommune vom 8. März 1921 (veröffentlicht in der Kronstädter Revolutionszeitung »Iswestija«):**

Unsere Kampfziele

Als die Arbeiterklasse die Oktoberrevolution machte, hoffte sie ihre Befreiung zu erlangen. Das Resultat war aber eine noch größere Versklavung der menschlichen Persönlichkeit.

Die Macht der Polizeimonarchie ging in die Hände der Usurpatoren über, der Kommunisten, die, statt dem werktätigen Volk die Freiheit zu lassen, ihm die Angst der Tscheka-Kerker brachten, deren Gräuel die Methoden der zaristischen Gendarmerie vielfach übertreffen. [...]

Es wurde immer klarer und wird jetzt offensichtlich, dass die Kommunistische Partei nicht, wie sie vorgab, die Werktätigen verteidigt. Die Interessen der Arbeiterklasse sind ihr fremd. Nachdem sie die Macht ergriffen hat, kennt sie nur eine Sorge: sie nicht

Zit. nach: Der Sowjetkommunismus – Dokumente, Bd. I: Die politisch-ideologischen Konzeptionen, hrsg. von Hans-Joachim Lieber und Karl Heinz Ruffmann, Köln 1963, S. 160 ff.

**56** **»Genosse Lenin säubert die Welt von Unrat«.** Plakat,1920.

Erläutern Sie, welche weltpolitische Bedeutung der bolschewistischen Revolution in dem Plakat zugeschrieben wird.

wieder zu verlieren. Sie verwendet dazu alle Mittel: Verleumdung, Betrug, Gewalt, Mord, Rache an den Familienangehörigen der Aufständischen. [...]

Hier in Kronstadt wurde der Grundstein zur dritten Revolution gelegt, die die letzten Ketten des Arbeiters zerbrechen und ihm den neuen und breiten Weg des sozialistischen Aufbaues eröffnen wird.

Diese neue Revolution wird die arbeitenden Massen in Ost und West aufrütteln. Sie wird das Beispiel eines neuen sozialistischen Aufbaues im Gegensatz zum mechanischen und regierungsmäßigen kommunistischen »Aufbau« geben. Die arbeitenden Massen auf der anderen Seite unserer Grenzen werden durch die Tatsachen überzeugt werden, dass alles, was bei uns bis jetzt im Namen der Arbeiter und Bauern geschaffen wurde, kein Sozialismus war. [...]

Die nunmehr vollzogene Änderung gibt den arbeitenden Massen endlich die Möglichkeit, frei gewählte Räte zu verwirklichen, die ohne gewaltsamen Druck einer Partei funktionieren. Diese Änderung wird ihnen auch die Möglichkeit geben, die verstaatlichten Gewerkschaften in freie Organisationen der Arbeiter, Bauern und Intellektuellen zu verwandeln.

Die Polizeimaschine der kommunistischen Autokratie ist endlich zerbrochen.

**b) Rosa Luxemburg, »Zur russischen Revolution«, 1918:**
Eine hervorragende Rolle in der Politik der Bolschewiki spielte die bekannte Auflösung der Konstituierenden Versammlung im November 1917. Diese Maßnahme war bestimmend für ihre weitere Position, sie war gewissermaßen der Wendepunkt ihrer Taktik. Es ist eine Tatsache, dass Lenin und Genossen bis zu ihrem Oktobersiege die Einberufung der Konstituierenden Versammlung stürmisch forderten, dass gerade die Verschleppungspolitik der Kerenski-Regierung in dieser Sache einen der Anklagepunkte der Bolschewiki gegen jene Regierung bildete und ihnen zu heftigsten Ausfällen Anlass gab. [...] Und nun war nach diesen Ankündigungen der erste Schritt Lenins nach der Oktoberrevolution – die Auseinandertreibung derselben Konstituierenden Versammlung, zu der sie den Eingang bilden sollte. [...]

Gewiss, jede demokratische Institution hat ihre Schranken und Mängel, was sie wohl mit sämtlichen menschlichen Institutionen teilt. Nur ist das Heilmittel, das Trotzki und Lenin gefunden: die Beseitigung der Demokratie überhaupt, noch schlimmer als das Übel, dem es steuern soll: Es verschüttet nämlich den lebendigen Quell selbst, aus dem heraus alle angeborenen Unzulänglichkeiten der sozialen Institutionen allein korrigiert werden können: das aktive, ungehemmte, energische politische Leben der breitesten Volksmassen. [...]

Fällt das alles hinweg, was bleibt in Wirklichkeit? Lenin und Trotzki haben anstelle der aus allgemeinen Volkswahlen hervorgegangenen Vertretungskörperschaften die Sowjets als die einzige wahre Vertretung der arbeitenden Massen hingestellt. Aber mit dem Erdrücken des politischen Lebens im ganzen Lande muss auch das Leben in den Sowjets immer mehr erlahmen. Ohne allgemeine Wahlen, ungehemmte Presse- und

Versammlungsfreiheit, freien Meinungskampf erstirbt das Leben in jeder öffentlichen Institution, wird zum Scheinleben, in der die Bürokratie allein das tätige Element bleibt. Das öffentliche Leben schläft allmählich ein, einige Dutzend Parteiführer von unerschöpflicher Energie und grenzenlosem Idealismus dirigieren und regieren, unter ihnen leitet in Wirklichkeit ein Dutzend hervorragender Köpfe, und eine Elite der Arbeiterschaft wird von Zeit zu Zeit zu Versammlungen aufgeboten, um den Reden der Führer Beifall zu klatschen, vorgelegten Resolutionen einstimmig zuzustimmen, im Grunde also eine Cliquenwirtschaft – eine Diktatur allerdings, aber nicht die Diktatur des Proletariats, sondern die Diktatur einer Handvoll Politiker, d. h. Diktatur im rein bürgerlichen Sinne, im Sinne der Jakobinerherrschaft. [...]

Alles, was in Russland vorgeht, ist begreiflich und eine unvermeidliche Kette von Ursachen und Wirkungen, deren Ausgangspunkte und Schlusssteine: das Versagen des deutschen Proletariats und die Okkupation Russlands durch den deutschen Imperialismus. Es hieße von Lenin und Genossen Übermenschliches verlangen, wollte man ihnen auch noch zumuten, unter solchen Umständen die schönste Demokratie, die vorbildlichste Diktatur des Proletariats und eine blühende sozialistische Wirtschaft hervorzuzaubern. Sie haben durch ihre entschlossene revolutionäre Haltung, ihre vorbildliche Tatkraft und ihre unverbrüchliche Treue dem internationalen Sozialismus wahrhaftig genug geleistet, was unter so verteufelt schwierigen Verhältnissen zu leisten war. Das Gefährliche beginnt dort, wo sie aus der Not die Tugend machen, ihre von diesen fatalen Bedingungen aufgezwungene Taktik nunmehr theoretisch in allen Stücken fixieren und dem internationalen [Proletariat] als das Muster der sozialistischen Taktik zur Nachahmung empfehlen wollen. Wie sie sich damit selbst völlig unnötig im Lichte stehen und ihr wirkliches, unbestreitbares historisches Verdienst unter den Scheffel notgedrungener Fehltritte stellen, so erweisen sie dem internationalen Sozialismus, dem zuliebe und um dessentwillen sie gestritten und gelitten, einen schlechten Dienst, wenn sie in seine Rüstkammer als neue Erkenntnisse all die von Not und Zwang in Russland eingegebenen Schiefheiten eintragen wollen, die letzten Endes nur Ausstrahlungen des Bankrotts des internationalen Sozialismus in diesem Weltkriege waren.

Zit. nach: Der Sowjetkommunismus – Dokumente, Bd. I: Die politisch-ideologischen Konzeptionen, hrsg. von Hans-Joachim Lieber und Karl Heinz Ruffmann, Köln 1963, S. 160 ff.

1. Untersuchen Sie die Quelle 55a unter besonderer Berücksichtigung der Kritik an der bolschewistischen Revolution und der propagierten Alternativen.
2. Analysieren Sie den Auszug 55b. Überprüfen Sie anhand des Verlaufs der russischen Revolution, inwieweit Rosa Luxemburgs Kritik gerechtfertigt ist.
3. Diskutieren Sie die abschließende Beurteilung der russischen Revolution und der Revolutionäre durch Rosa Luxemburg (55b).

## 3.4 Sozialismus in einem Land statt Weltrevolution

| | |
|---|---|
| 3. April 1922 | Stalin wird zum Generalsekretär des Zentralkomitees der Kommunistischen Partei gewählt. |
| 30. Dez. 1922 | Gründung der »Union der Sozialistischen Sowjetrepubliken« (UdSSR) |
| 21. Januar 1924 | Lenin stirbt. |
| 2.–19. Dez. 1927 | XV. Parteitag der KPdSU: Ausschluss aller Kritiker und Gegner Stalins aus der bolschewistischen Partei |
| 16. Januar 1928 | Trotzki wird an die sowjetisch-chinesische Grenze verbannt. |

## Von Lenin zu Stalin

Als Lenin 1924 starb, war abzusehen, dass die erwartete Weltrevolution in näherer Zeit ausbleiben und die Sowjetunion im revolutionären Kampf auf sich allein gestellt bleiben würde. Diese Tatsache bildete den Ausgangspunkt der Politik von Josef Wissarionowitsch Stalin (1879–1953). Der Generalsekretär des Zentralkomitees der Bolschewiki gelangte nach Lenins Tod an die Spitze der Partei. Stalin hielt im Gegensatz zu Marx, Engels und Lenin den Aufbau des Sozialismus in einem einzigen Land – sogar in der rückständigen Sowjetunion – für möglich und in der konkreten Situation für geboten. Marx und Engels hatten dies abgelehnt, weil in diesem Falle »nur der Mangel verallgemeinert« werde.

## Ausschaltung Trotzkis und das Regime des Stalinismus

Stalins innerparteilicher Gegenspieler Trotzki hielt an einer internationalen, »permanenten Revolution« fest. Zwar war nach Trotzkis Ansicht das Proletariat im rückständigen Russland stark genug, um eine Revolution zu führen; beim Aufbau der sozialistischen Gesellschaft müsse es jedoch am Widerstand der zahlenmäßig überlegenen Bauern scheitern. Daher sei das russische Proletariat auf die Hilfe der europäischen Arbeiterbewegung angewiesen, um die eigene politische und wirtschaftliche Rückständigkeit zu überwinden – nur so könne es sich gegen konterrevolutionäre Bewegungen verteidigen.

**57** **»Kommunismus – das ist Sowjetmacht plus Elektrifizierung** (des ganzen Landes. Sonst wird das Land ein kleinbäuerliches Land bleiben«.). Dieses Lenin-Zitat wurde von Stalin programmatisch und rücksichtslos umgesetzt.

Doch Trotzki konnte sich nicht durchsetzen. Stalin beseitigte seine Konkurrenten und baute seine Herrschaft zu einer brutalen Diktatur aus. Die Beschränkung des sozialistischen Aufbaus auf die Sowjetunion bedeutete für die Außenpolitik, dass statt der Weltrevolution jetzt eine Koexistenz (ein friedliches Nebeneinander) mit den kapitalistischen Ländern angestrebt wurde. Innenpolitisch musste Stalin zunächst einmal die wirtschaftlichen Grundlagen für den Sozialismus schaffen: Er forcierte eine rücksichtslose Industrialisierungspolitk, mit der die Sowjetunion in kürzester Zeit ökonomisch aufholen sollte. Mit einem Terrorapparat setzte er die Zwangskollektivierung der Landwirtschaft durch, baute die Schwerindustrie auf und hielt die Bevölkerung zu einschneidendem Konsumverzicht an. Schon in Westeuropa hatte die industrielle Revolution zur Massenverelendung geführt, in der Sowjetunion wurde sie durch das schnellere Tempo der Industrialisierung noch verstärkt. Die Bedürfnisse der Menschen wurden der Produktionssteigerung untergeordnet. So gelang es Stalin, die rückständige Sowjetunion auf nichtkapitalistische Weise binnen kurzer Zeit zu industrialisieren. Diese Leistung verursachte allerdings hohe Kosten: Sie konnte nur durch ein brutales Terrorregime mit millionenfachen Opfern erzwungen werden.

### 58 Zwei Revolutionskonzepte

**a)** Leo Trotzki, »Was ist nun die permanente Revolution?« (erstmals ca. 1906):

10. Der Abschluss einer sozialistischen Revolution im nationalen Rahmen ist undenkbar. Eine grundlegende Ursache für die Krisis der bürgerlichen Gesellschaft besteht darin, dass die von dieser Gesellschaft geschaffenen Produktivkräfte sich mit dem Rahmen des nationalen Staates nicht vertragen. Daraus ergeben sich einerseits die ka-

pitalistischen Kriege, andererseits die Utopie der bürgerlichen Vereinigten Staaten von Europa. Die sozialistische Revolution beginnt auf nationalem Boden, entwickelt sich international und wird vollendet in der Weltarena. Folglich wird die sozialistische Revolution in einem neuen, breiteren Sinne des Wortes zu einer permanenten Revolution: Sie findet ihren Abschluss nicht vor dem endgültigen Siege der neuen Gesellschaft auf unserem ganzen Planeten. [...]

12. Die Theorie des Sozialismus in einem Lande, die auf der Hefe der Reaktion gegen den Oktober hochgegangen ist, ist die einzige Theorie, die folgerichtig und restlos im Gegensatz steht zu der Theorie der permanenten Revolution. Der Versuch der Epigonen, unter den Schlägen der Kritik die Anwendbarkeit der Theorie des Sozialismus in einem Land ausschließlich auf Russland zu beschränken, [...] macht die Sache nicht besser, sondern schlechter. Der Bruch mit der internationalen Position führt stets und unvermeidlich zum nationalen Messianismus. [...] Die weltumfassende Arbeitsteilung, die Abhängigkeit der Sowjetindustrie von der ausländischen Technik, die Abhängigkeit der Produktivkräfte der fortgeschrittenen Länder Europas von den asiatischen Rohstoffen usw. usw. machen in keinem Lande der Welt den Aufbau einer selbstständigen nationalen sozialistischen Gesellschaft möglich.

13. Die Theorie von Stalin und Bucharin bringt nicht nur der ganzen Erfahrung der russischen Revolution zuwider die demokratische Revolution mechanisch in Gegensatz zu der sozialistischen Revolution, sondern sie trennt auch die nationale Revolution von der internationalen.

Leo Trotzki, Die permanente Revolution, Frankfurt/M. 1969, S. 148–153.

**c) Stalin, Brief an den Genossen D-ow*, 1925:**

Das Gefährlichste in unserer politischen Praxis ist, wenn man das siegreiche proletarische Land als etwas Passives zu betrachten sucht, das, solange nicht die siegreichen Proletarier anderer Länder zu Hilfe kommen, zu nichts weiter fähig ist, als auf der Stelle zu treten.

Nehmen wir an, dass es in den nächsten fünf bis zehn Jahren Sowjetordnung in Russland im Westen noch nicht zur Revolution kommt; nehmen wir an, dass unsere Republik während dieser Periode ihre Existenz trotzdem behauptet als Sowjetrepublik, die unter den Verhältnissen der NÖP [Neue Ökonomische Politik] die sozialistische Wirtschaft aufbaut [...] – glauben Sie, dass sich unser Land während dieser fünf bis zehn Jahre damit beschäftigen wird, Wasser ins Meer zu tragen, und nicht damit, die sozialistische Wirtschaft zu organisieren? Man braucht diese Frage nur zu stellen, um zu begreifen, wie gefährlich die Theorie der Leugnung des Sieges des Sozialismus in *einem* Lande ist.

Bedeutet das aber, dass dieser Sieg vollständig, dass er endgültig sein wird? Nein, das bedeutet es nicht [...], da, solange die kapitalistische Umkreisung besteht, die Gefahr einer militärischen Intervention ständig vorhanden sein wird. Dass dies aber trotzdem ein Sieg des Sozialismus, nicht aber eine Niederlage ist, sieht ein jeder. Und dass dieser Sieg zugleich die Voraussetzung für den Sieg in anderen Ländern ist – daran zu zweifeln gibt es wohl kaum einen Grund.

Brief an den Genossen D-ow. In: Stalins Werke, Bd. 7, o. O. und J., S. 14

* Stalin nahm häufiger angebliche Anfragen nicht näher genannter Genossen wie des »Gen. D-ow« zum Anlass, wichtige ideologische Definitionen und Grundsätze zu formulieren und zu verbreiten.

1. Vergleichen Sie Trotzkijs Theorie der permanenten Revolution (58a) und Stalins Theorie der Revolution in einem Land (58b).
2. Begründen Sie, welches Konzept Ihnen einleuchtender erscheint.

# 4. 1989 – AUF DEM WEG ZU EINER GESAMTEUROPÄISCHEN NORMALITÄT?

## 4.1 Das Ende der Sowjetunion und des Ostblocks – Zusammenbruch eines fehlerhaften Systems oder Revolution?

| | |
|---|---|
| 1964 | Nach der Entmachtung Chruschtschows wird Leonid Breschnew 1. Sekretär der KPdSU. |
| 1968 | Truppen des Warschauer Paktes marschieren in die Tschechoslowakei ein und schlagen den Reformkommunismus nieder. Breschnew begrenzt die Souveränität sozialistischer Staaten und sichert der UdSSR ein Eingriffsrecht (Breschnew-Doktrin). |
| 1975 | Die KSZE-Schlussakte von Helsinki verpflichtet die Unterzeichnerländer zur Beachtung der Menschenrechte und sieht eine Verbesserung der zwischenstaatlichen Beziehungen vor. |
| 1977 | Breschnew wird Vorsitzender des Obersten Sowjets. Eine neue Verfassung unterstreicht die Führungsrolle der Partei. |
| 1979 | Sowjetische Truppen marschieren in Afghanistan ein. |
| 1982 | Nach Breschnews Tod wird Juri Andropow neuer Generalsekretär (bis 1984). Nach dessen Tod folgt ihm bis 1985 Konstantin Tschernenko. |
| 1985 | Nach Tschernenkos Tod wählt ein außerordentliches ZK-Plenum Michail Gorbatschow zum neuen Parteichef. |
| 1986 | Der XXVII. Parteikongress billigt den von Gorbatschow vorgeschlagenen neuen Kurs (»Glasnost« und »Perestroika«). Nach einem verheerenden Reaktorunfall im Kernkraftwerk Tschernobyl (Ukraine) verseucht Radioaktivität weite Teile Europas. |
| 1988 | Rückzug sowjetischer Truppenverbände aus Afghanistan |
| 1990 | Die drei baltischen Staaten Litauen, Estland und Lettland erklären ihre Unabhängigkeit von der Sowjetunion. Die UdSSR erhält eine Präsidialverfassung; Gorbatschow wird zum ersten Staatspräsidenten gewählt. Bundeskanzler Kohl und Staatspräsident Gorbatschow erzielen Einverständnis in der Frage der Vereinigung der beiden deutschen Staaten. |
| 1991 | Auflösung des Warschauer Paktes. Boris Jelzin wird russischer Präsident. Nach einem gescheiterten Putschversuch tritt Gorbatschow als Generalsekretär der KPdSU zurück. Elf der ehemaligen 15 Unionsrepubliken schließen sich zur »Gemeinschaft Unabhängiger Staaten« (GUS) zusammen. Gorbatschow tritt als Staatspräsident zurück, der Oberste Sowjet der UdSSR stellt seine Tätigkeit ein. |

**Die Sowjetunion als Weltmacht**

Mit dem Ende des Zweiten Weltkrieges und dem Sieg der Roten Armee über die deutsche Wehrmacht war die Sowjetunion – trotz immenser Verluste – zur Weltmacht auf-gestiegen. Nach 1945 gelang es Moskau, seinen Einfluss auf die verbündeten Länder (Ungarn, Bulgarien, Rumänien) geltend zu machen, mit denen es zusammen gegen Deutschland gekämpft hatte. In Osteuropa wurden zahlreiche kommunistische Satellitenstaaten gegründet, die fortan unter sowjetischer

**59** **Die Ausdehnung des sowjetischen Machtbereichs seit dem Zweiten Weltkrieg.**

Kontrolle standen. Ihre Herrschaft über Osteuropa sicherte sich die Sowjetunion durch die Gründung des Warschauer Paktes, des militärischen Sicherheitsbündnisses der kommunistischen Staaten. Er bildete das Gegenstück zum westlichen Bündnis, der NATO. Auf der weltpolitischen Wetterkarte begannen sich die Wolken des Kalten Krieges abzuzeichnen – dieses Klima sollte die kommenden Jahrzehnte des Wettrüstens bestimmen.

**60** **»Iwan, ich glaub, der Wind hat umgeschlagen«.** Zeitgenössische Karikatur o. J. (Die Inschrift »Tschistka« auf dem Besen bedeutet »Säuberung«.)

Stalins Unterdrückungs- und Terrorsystem folgte Mitte der 1950er-Jahre eine Ära der relativen Entspannung – die so genannte »Tauwetter«-Periode. Die Sowjetunion wandelte sich von der totalitären Diktatur Stalins zu einer autoritären Diktatur. Nachfolger Nikita Chruschtschow stand für eine Liberalisierung in Politik, Kunst und Wissenschaft. Durch Erhöhung der Konsumgüterproduktion versuchte Chruschtschow die Lebensbedingungen der Menschen zu verbessern und sie nach der Terrorzeit ein Stück weit mit dem System zu versöhnen. Die KPdSU trat gegenüber anderen kommunistischen Parteien weniger dominant auf, sodass sich im gesamten Ostblock verschiedene kommunistische Strömungen bildeten. Allerdings ließ die Sowjetunion keinen Zweifel am Führungsanspruch im eigenen Machtbereich aufkommen: Den Arbeiteraufstand 1953 in Ostberlin und den ungarischen Volksaufstand 1956 schlug sie brutal nieder, 1961 unterstützte sie in Berlin den Mauerbau. Das Sowjetsystem ließ sich nur mit Gewalt aufrechterhalten – Stalins Methoden kehrten langsam zurück.

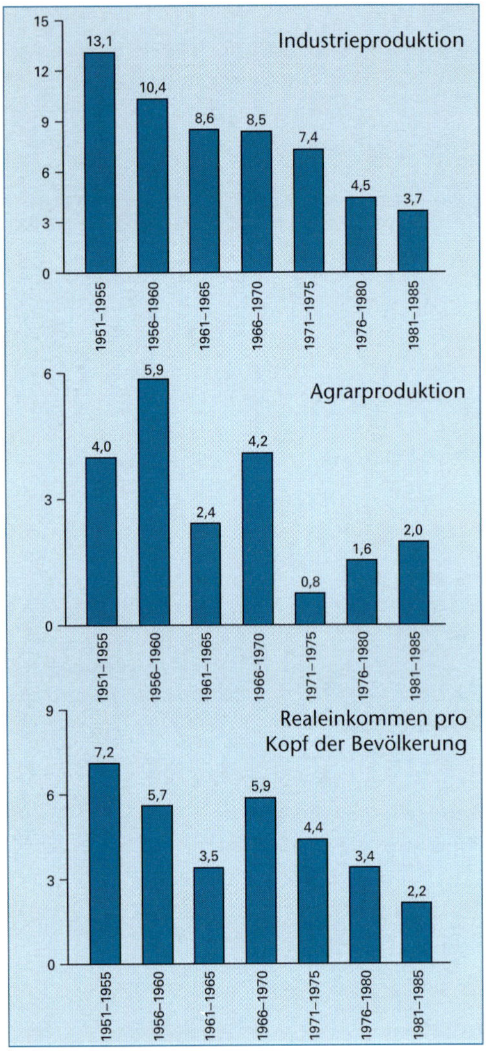


**61 Entwicklung der sowjetischen Wirtschaft (1951–1985).** Durchschnittliches jährliches Wachstum in %.

**61)** Hellmuth G. Bütow (Hrsg.), Länderbericht Sowjetunion, Schriftenreihe der Bundeszentrale für politische Bildung, Bd. 263, Bonn 1988, S. 276 ff.

Nach Chruschtschows Entmachtung trat die Sowjetunion unter der Führung von Leonid Breschnew (1964 bis 1982) in die stabilste Phase ihrer Geschichte ein. Breschnew baute die Stellung der Partei aus – den politischen Prozess bestimmte von nun an die allgegenwärtige Parteibürokratie. Reformen waren von ihr nicht zu erwarten. In der »Nomenklatura« – der Gruppe der Parteifunktionäre – etablierte sich ein System von Vetternwirtschaft und Korruption. Reformerische Bestrebungen wie Ende der 1960er-Jahre in der Tschechoslowakei, wo sich der neue Parteichef Alexander Dubček um einen demokratischen, rechtsstaatlichen Sozialismus mit weniger starren Wirtschaftsplänen bemühte, wurden von der Sowjetunion unterbunden. Mit der gewaltsamen Niederschlagung des »Prager Frühlings« 1968 machte die KPdSU deutlich, dass sie Reformen innerhalb des kommunistischen Systems nicht dulden würde. Die sowjetischen Kommunisten scheuten sich nicht, zur Verteidigung der »sozialistischen Errungenschaften« auch in anderen Ländern des Ostblocks zu intervenieren. Diesem Ziel ordneten sie die staatliche Souveränität der Bruderstaaten unter (»Breschnew-Doktrin«). Es folgte eine Phase der Stagnation. Die Menschen richteten sich ein: Die Breschnew-Ära garantierte der Bevölkerung ein bescheidenes, aber regelmäßiges Einkommen und ein auf Gleichheit ausgerichtetes Gesellschaftsmodell.

Ende der 1970er-Jahre wurde jedoch offenkundig, dass der Sowjetunion die Zementierung der Parteiherrschaft in den vergangenen Jahren nicht gut bekommen war. Die Wirtschaft war auf allen Feldern zurückgefallen: Bruttoinlandsprodukt, Produktion in Industrie und Landwirtschaft, Investitionen, Arbeitsproduktivität und Pro-Kopf-Einkommen waren seit 1970 gesunken. Zwar hatte die Sowjetunion während der Ölkrise durch Energieexporte gute Geschäfte gemacht, es allerdings versäumt, die Einnahmen in die nötigen Wirtschaftsreformen zu stecken. Als dann Anfang der 1980er-Jahre auch im Ostblock die Ressourcen knapper wurden, stürzte Osteuropa in eine Energiekrise. Darüber hinaus hatte sich die Sowjetunion hoch verschuldet, um Rüstungsprojekte zu finanzieren. Zur Energie- und Wirtschaftskrise trat jetzt noch eine Schuldenkrise hinzu – die Staaten des Ostblocks steuerten ökonomisch einer Katastrophe entgegen.

## Wettrüsten und Interventionen

Utopischen Vorstellungen von der Wirkung des Kommunismus und einer allzu illusorischen Verbesserung der Lebensbedingungen hatte Breschnew stets eine Absage erteilt. Doch damit war im Kern die Rechtfertigung für die Alleinherrschaft der KPdSU infrage gestellt. Breschnew begründete die eigene Macht fortan durch eine vermeintliche Bedrohung der Sowjetunion von außen. Trotz der Erfolge der Entspannungspolitik in den 70er-Jahren des vorigen Jahrhunderts ließ sich die Sowjetunion gegen Ende der Breschnew-Ära auf einen gigantischen Rüstungswettlauf mit dem Westen ein, dem sie wirtschaftlich immer weniger gewachsen war. Der Einmarsch in Afghanistan 1979 zur Unterstützung der kommunistischen Regierung in Kabul sollte einmal mehr den Status der Supermacht Sowjetunion bestätigen – er entwickelte sich jedoch zum Fiasko. Der Roten Armee gelang es nicht, die islamischen Glaubenskämpfer (Mudschaheddin) vollständig zu besiegen. Die Schwäche der Sowjetunion wurde international offenbar.

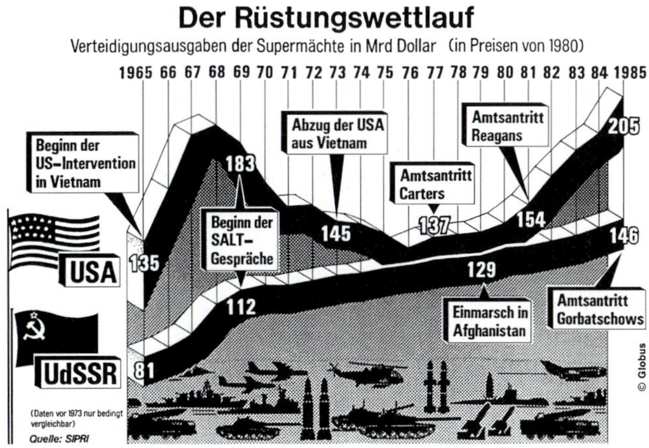


**62** **Rüstungswettlauf.** Verteidigungsausgaben der Supermächte in Mrd. Dollar (in Preisen von 1980).

Erklären Sie die Wechselwirkung zwischen politischen Ereignissen und der Höhe der Rüstungshaushalte der beiden Großmächte.

Nach Breschnews Ableben und dem raschen Tod seiner Nachfolger Juri Andropow und Konstantin Tschernenko wurde der Reformer Michael Gorbatschow mit der Führung der sowjetischen KP beauftragt. Seine Bestimmung zum Generalsekretär erfolgte nicht zufällig: Zum einen war den wirklich überzeugten Kommunisten nicht entgangen, dass die Korruption und das Verhalten der Nomenklatura mit kommunistischen Idealen nichts mehr zu tun hatten. Zum anderen wusste die Gruppe der gebildeten Mittelklassen (Akademiker, technische Intelligenz, Experten) längst, dass die Sowjetunion mit hausgemachten wirtschaftlichen Problemen zu kämpfen hatte, aber auch durch ihren Status als Supermacht wirtschaftlich überfordert war. Gorbatschow war gezwungen, die Verständigung mit dem Westen voranzutreiben und das teure Wettrüsten zu beenden. Es gelang ihm, die Rüstungsspirale zu durchbrechen. Im Westen wurde er dafür gefeiert, 1990 erhielt er den Friedensnobelpreis. Die eigene Bevölkerung indes reagierte verhalten.
Innenpolitisch verfolgte Gorbatschow das Ziel, den bürokratisch-diktatorischen Kommunismus mit Reformen von oben in einen demokratischen Sozialismus zu verwandeln. Zentrale Schlagworte seiner Reformpolitik bildeten die Begriffe »Glasnost« (Informationsfreiheit) und »Perestroika« (Umbau). Doch das Konzept ging nicht auf: Die Demokratisierung des politischen Systems schritt schneller voran als der Umbau der Wirtschaft. Im Zuge von »Glasnost« und Demokratisierung sollte die Kommandostruktur der KP reformiert werden – ohne die alten Hierarchien ließen sich jedoch keine Reformen mehr einfach von oben durchsetzen. Hinzu traten die ungelösten wirtschaftlichen Probleme: Zwar wollten alle reformerischen Ökonomen das alte System abschaffen – niemand verfügte jedoch über konkrete Vorstellungen, wie die Alternative einer »sozialistischen Marktwirtschaft« aufgebaut werden könne. Die alten Wirtschaftsstrukturen wurden zerstört, ohne dass für »Ersatz« gesorgt war. Der Lebensstandard der Bevölkerung sank. Mit dem Misslingen des wirtschaftlichen Umbaus war auch Gorbatschows Konzept des schrittweisen Übergangs zum Scheitern verurteilt.

**63** **»Jugendliche Raser«.** Karikatur von Horst Haitzinger, 1987.

Interpretieren Sie die Bildaussage. Bedenken Sie dabei auch das Verhältnis zwischen Titulierung und der dargestellten Szene.

## Veränderungen in den Satellitenstaaten

Der desaströse Zustand der sowjetischen Wirtschaft brachte noch andere Probleme mit sich: Am 26. April 1986 explodierte der Reaktor des Kernkraftwerkes Tschernobyl in der Nähe von Kiew und löste eine Umweltkatastrophe aus. Eine radioaktive Wolke verseuchte weite Gebiete der Ukraine, Weißrusslands und Russlands und erreichte mit ihren Ausläufern auch Skandinavien und Teile Mitteleuropas. Gorbatschows Regierung betrieb ein skandalöses Krisenmanagement: Sie spielte das Ausmaß der Katastrophe national und international zunächst herunter und organisierte die Evakuierung zehntausender Einwohner zu spät, sodass viele Menschen Strahlenschäden davontrugen. Die Katastrophe offenbarte den maroden Zustand der sowjetischen Kernkraftwerke. Darüber hinaus erschütterte die Verschleierungstaktik der Regierung die Glaubwürdigkeit der »Glasnost«-Politik.

## Zerfall der Sowjetunion

Mit Gorbatschows Reformpolitik verabschiedete sich die Sowjetunion auch schrittweise vom Führungsanspruch innerhalb des Ostblocks und nahm die Breschnew-Doktrin zurück. Die Sowjetunion war nicht mehr bereit, den eisernen Vorhang mit Gewalt aufrechtzuerhalten. Diese Situation ermunterte die Oppositionsbewegungen in den anderen osteuropäischen Staaten zum Protest: Von Oktober bis Dezember 1989 beugten sich die Regierungen in Warschau, Prag, Sofia, Bukarest und Ostberlin dem Druck der Demonstranten. Der fast widerstandslose Rückzug der Machthaber machte noch einmal die Schwäche der alten Kräfte deutlich. Keine Regierung wollte mehr Gewalt anwenden, um das abgewirtschaftete System zu erhalten. So verschwanden alle Regierungen – mit Ausnahme von Rumänien – durch friedliche Umstürze von der Bildfläche. Die Sowjetunion ließ die Menschen gewähren: Die Zeiten gewaltsamer Interventionen war vorbei.

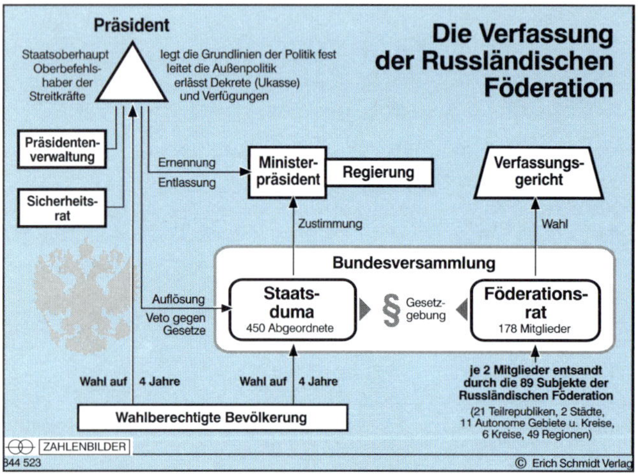


**64** **Die Verfassung der Russischen Föderation von 1993.** Nachdem Jelzin den 1990 gewählten Volksdeputierten-Kongress aufgelöst hatte, trat diese Verfassung in Kraft. Sie ermöglicht dem Präsidenten nur mit Dekreten und weitgehend ohne Zustimmung des Parlaments zu regieren. Er kann die Regierung und das Parlament auflösen.

Der Verfall der Zentralmacht in Moskau hatte Unabhängigkeitsbestrebungen in den einzelnen Republiken befördert, besonders im Baltikum und im Kaukasus. Während Gorbatschow bereit war, die Vorherrschaft in den Satellitenstaaten preiszugeben, wollte er die Sowjetunion auf jeden Fall zusammenhalten. Nachdem sich die Unabhängigkeitsbestrebungen auf dem Baltikum nicht eindämmen ließen, versuchte Gorbatschow den einzelnen Republiken entgegenzukommen und ihnen Souveränität zuzugestehen, sie allerdings weiterhin in einer gemeinsamen Union zusammenzuhalten. Im August 1991, kurz vor der Unterzeichnung des Unionsvertrages, setzten Putschisten aus den Reihen von KGB, Militär und Partei Gorbatschow in seinem Urlaubsort auf der Krim fest. In Moskau ließen sie Panzer auffahren. Sie wollten die Entmachtung der KPdSU und das Auseinanderbrechen der Sowjetunion verhindern. Der Putsch scheiterte: Boris Jelzin, Präsident der Russischen Föderation, rief die Bevölkerung zum zivilen Ungehorsam und Streik auf. Für Gorbatschow war aber trotz der Niederschlagung der Putschisten das politische Ende gekommen, denn der Radikalreformer Jelzin holte seinerseits zum Schlag gegen Gorbatschow aus. Er verbot die KPdSU und löste die kommunistischen Parteien in den baltischen Ländern auf. Gorbatschow trat am 25. Dezember 1991 als Staatspräsident zurück. Bereits am 8. Dezember 1991 war mit der Gründung der »Gemeinschaft Unabhängiger Staaten« (GUS) das Ende der Sowjetunion besiegelt worden.

## 65 Oppositionsbewegungen in den Satellitenstaaten

**a) Erklärung der tschechoslowakischen Bürgerrechtsbewegung »Charta 77« vom 1. Januar 1977:**

»Charta 77«: Bürgerrechtsgruppe in der Tschechoslowakei, die 1977 gegründet wurde und bis 1990 aktiv war. Aus Protest gegen Menschenrechtsverletzungen in der Tschechoslowakei setzten über 200 Personen, vor allem Intellektuelle, Universitätsangehörige und Kirchenvertreter, ihre Unterschriften unter das im Januar 1977 veröffentlichte »Charta 77«-Papier, u. a. Jan Patočka, Philosophieprofessor; Václav Havel, Schriftsteller, nach 1989 Staatspräsident; Jiří Hájek, Professor und ehemaliger Außenminister der Tschechoslowakei.

Die Freiheit der öffentlichen Meinungsäußerung wird von der Zentralverwaltung aller Kommunikationsmittel sowie der publizistischen und kulturellen Einrichtungen unterdrückt. Keine politische, philosophische oder wissenschaftliche Ansicht, auch keine künstlerische Äußerung, die nur ein wenig vom engen Rahmen der offiziellen Ideologie oder Ästhetik abweicht, kann veröffentlicht werden. [...] Viele wissenschaftlich und kulturell Tätige sowie andere Bürger werden nur deshalb diskriminiert, weil sie vor Jahren Ansichten veröffentlicht oder offen ausgesprochen haben, die von der gegenwärtigen politischen Macht verurteilt werden.

Die Bekenntnisfreiheit [...] wird von machthaberischer Willkür systematisch eingeschränkt: durch Beschneidung der Tätigkeit von Geistlichen, über denen dauernd die Drohung des Entzugs oder des Verlusts der staatlichen Billigung der Ausübung ihrer Funktion schwebt; durch existenzielle oder andere Repressalien gegenüber Personen, die ihr religiöses Bekenntnis durch Wort oder Tat bekunden; durch Unterdrückung des Religionsunterrichts und Ähnliches.

Das Instrument der Einschränkung und häufig auch der völligen Unterdrückung einer Reihe von bürgerlichen Rechten ist ein System faktischer Unterordnung sämtlicher Institutionen und Organisationen im Staat unter die politischen Direktiven des Apparats der regierenden Partei und unter die Beschlüsse machthaberisch einflussreicher Einzelpersonen. [...]

Weitere Bürgerrechte [...] werden auch dadurch bedenklich verletzt, dass das Innenministerium auf unterschiedlichste Weise das Leben der Bürger kontrolliert, zum Beispiel durch Abhören von Telefonen und Wohnungen, durch Kontrolle der Post, durch persönliche Überwachung, durch Hausdurchsuchungen, durch Aufbau eines Netzes von Informanten aus den Reihen der Bevölkerung (oft mittels unstatthafter Drohungen oder umgekehrt Versprechungen gewonnen) und so weiter. [...]

In Fällen politisch motivierter Strafverfolgung verletzen Ermittlungs- und Justizorgane die Rechte der Beschuldigten und ihrer Verteidigung. [...] In den Gefängnissen behandelt man solcherart verurteilte Menschen auf eine Weise, welche die Menschenwürde der Inhaftierten verletzt, ihre Gesundheit gefährdet und darauf abzielt, sie moralisch zu zerbrechen.

[Verletzt wird auch das Recht], sein Land frei zu verlassen; unter dem Vorwand des »Schutzes der nationalen Sicherheit« [...] wird dieses Recht an verschiedene unstatthafte Bedingungen geknüpft. Willkürlich verfahren wird auch bei der Erteilung von Einreisevisa an Angehörige fremder Staaten, von denen viele die Tschechoslowakei zum Beispiel nur deshalb nicht besuchen können, weil sie beruflich oder freundschaftlich mit bei uns diskriminierten Personen verkehrt haben. [...]

Als Signatare dieses Manifests betrauen wir Prof. Dr. Jiří Hájek, Dr. Václav Havel und Prof. Dr. Jan Patočka mit der Aufgabe, als Sprecher von Charta 77 zu fungieren.

Zit. nach: Europa-Archiv, 1977, S. 355 ff.

**»Solidarność«:**
Nach Arbeiterunruhen hatte sich 1980 in Danzig die Gewerkschaft »Solidarność« (Solidarität) gegründet. Sie wurde zum wichtigsten Motor der gesellschaftlichen und politischen Entwicklung Polens auch nach ihrem Verbot 1981. Auch in der Illegalität kämpfte sie mit Unterstützung der Kirche weiter für ihre Ziele. 1988 erzwang sie mit großen Streikaktionen Verhandlungen mit der Regierung; am 5. April 1989 wurde sie wieder zugelassen.

**b) Aktionsprogramm der polnischen unabhängigen und selbst verwaltenden Gewerkschaft »Solidarność«, veröffentlicht am 17. April 1981:**

I. Grundwerte

[...] Wir sind aus dem Protest gegen Unrecht, Erniedrigung und Ungerechtigkeit entstanden. Wir sind eine unabhängige, selbst verwaltende Gewerkschaft der Werktätigen aus allen Regionen und allen Berufen. Wir verteidigen die Rechte, die Würde und die Interessen der gesamten Arbeitswelt. Wir wollen das Leben in unserem Land in Übereinstimmung mit den Idealen des Patriotismus, der sozialen Gerechtigkeit und der Bürgerdemokratie formen. Als eine Gewerkschaft hegen wir nicht die Absicht, die Aufgaben der Staatsgewalt zu übernehmen, doch wollen wir die Interessen der Werktätigen vor dieser vertreten. Daher werden wir die Rechte des Menschen, des Bürgers und des Arbeiters verteidigen. Zugleich entziehen wir uns nicht der Verantwortung für das Schicksal unserer Nation und unseres Staates.

1. Die besten Traditionen der Nation, die ethischen Prinzipien des Christentums, der politische Auftrag der Demokratie und die sozialistische Gesellschaftsidee – dies sind die vier Hauptquellen unserer Inspiration. Wir fühlen uns dem Erbe der ganzen polnischen Kultur tief verbunden, die in die europäische Kultur eingebettet ist und starke Verbindungen mit dem Katholizismus hat, die aber verschiedene religiöse und weltanschauliche Traditionen in sich vereinigt. [...]

2. Die Idee der Vereinigung der Werktätigen verleiht den Werten einen hohen Rang, die aus der Tätigkeit in der Gemeinschaft erwachsen. Diese Werte sind die Solidarität – wir haben sie als Namen unserer Gewerkschaft gewählt –, die Kollegialität und die Fähigkeit, sich einzusetzen und Opfer zu bringen sowohl für die Gewerkschaftsgemeinschaft wie auch für das weitere Interesse der Gesellschaft. Auch die Idee der Brüderlichkeit der Werktätigen in ihrer gemeinsamen Front gegen Ausbeutung, mit welchen Schlagworten auch immer die Ausbeutung verschleiert werden soll, sollte solch ein Wert sein.

3. Unsere grundlegende Gewerkschaftsaufgabe – die Verteidigung der Werktätigen – beruht auf dem Prinzip der Wahrung sozialer Gerechtigkeit. [...] Aus dem Prinzip der sozialen Gerechtigkeit, aus der Würde des Individuums folgt, dass alle Menschen in ihrem tiefsten Wesen gleich sind. Daher werden wir soziale Gleichheit anstreben. Aus dem Prinzip der Gleichheit folgt, dass im öffentlichen Leben uneingeschränkte Demokratie eingehalten werden muss. [...]

4. Unsere Gewerkschaftstätigkeit erfordert es, die in der Verfassung der Volksrepublik Polen niedergelegten Bürgerrechte zu beachten, wie das Recht auf freie Meinungsäußerung, die Rede- und Pressefreiheit, das Recht auf ehrliche Information, die Versammlungs- und die Koalitionsfreiheit. [...]

II. Politische Ursachen der Krise [...]

1. Der vorherrschende Zug dieses Systems ist das Fehlen demokratischer Mechanismen zur Entscheidungsfindung, von Verantwortung für getroffene Entscheidungen und von Wechsel bei Leuten in führenden Positionen. Entscheidungen, die die ganze Gemeinschaft betreffen, werden von Partei- und Verwaltungsgremien getroffen, die keiner gesellschaftlichen Kontrolle unterliegen. [...]

2. Die bürokratischen Regierungsmethoden machen es unmöglich, Irrtümer zu berichtigen.

3. Im bürokratischen System der Regierung des Landes und der Leitung der Wirtschaft hat sich eine exklusive Schicht von Herrschenden etabliert, die keiner Kontrolle vonseiten der Beherrschten unterliegen. Die Leute im Machtapparat treffen Entscheidungen eher im Hinblick auf ihre persönlichen Interessen, ihre materiellen Privilegien und ihre Karriere als im Hinblick auf die Interessen der Gesellschaft. [...]

4. All dies führte dazu, dass Polen keine Chance hatte zu sozialökonomischen Reformen und zur Rettung vor der Krise. Das bestehende politische System war nicht fähig und hatte nicht die Kraft, sich selbst zu korrigieren. Erst eine ernste Wirtschaftskrise, der Ausbruch gesellschaftlichen Protests und die Gründung der »Solidarność« haben den Weg für Reform und Erneuerung geöffnet.

Zit. nach: Europa-Archiv, 1981, S. 460 ff.

**c) Aufruf der DDR-Bürgerbewegung »Demokratie Jetzt« vom 30. September 1989:**

Die Bürgerbewegung »Demokratie Jetzt« entstand im Jahr 1989 in der DDR. Führende Mitglieder wurden Wolfgang Ullmann und Konrad Weiß. 1990 schloss sich die Bewegung mit anderen, insbesondere dem »Neuen Forum«, zum »Bündnis 90« zusammen. Im September 1991 konstituierte sich »Bündnis 90« offiziell als Partei.

Was können wir tun? Unser Land lebt in innerem Unfrieden. Menschen werden krank an der Gesellschaft. Viele verlassen das Land. Andere, die bleiben, haben mit dem Sozialismus, wie sie ihn kennen, nichts mehr im Sinn. [...] Wir leiden, weil die Produktionsmittel nicht Eigentum des Volkes sind.

Der Staat hat sie sich angeeignet. Unsere Wirtschaft ist veraltet und uneffektiv. Betriebe arbeiten ohne Rücksicht auf die Natur. Nicht Fachleute, sondern Funktionäre haben vielfach das Sagen. Vielen Werktätigen ist ihre Arbeit gleichgültig geworden. Sie wehren sich gegen Bevormundung und Misswirtschaft durch nachlässiges Arbeiten. Überall im Land fehlt es an Waren und Arbeitskraft. Werktätige in Handel, Handwerk und Dienstleistung geben ihre Unzufriedenheit an ihre Kunden weiter. Wie oft erleben wir Grobheit und Unfreundlichkeit. [...]

Wir leiden, weil unser Staat ein Obrigkeitsstaat ist. Wer mitregieren will, wird abgeschoben. Die Rechte, die uns die Verfassung garantiert, werden durch Gesetze und Verordnungen beschnitten. Die Rechtsprechung ist nicht unabhängig. Durch das Eingabewesen werden wir zu Bittstellern gemacht. Bei den Wahlen haben wir keine Wahl. Die Volksvertretungen werden von der SED beherrscht. [...] Wir brauchen neue Hoffnung: Den DEMOKRATISCHEN STAAT.

Die Bürgerbewegung »Demokratie Jetzt« schlägt eine Wahlreform vor. Wir wollen die wirkliche Wahl zwischen Programmen und deren Vertretern. Wir wollen die Gleichberechtigung aller politischen Parteien und Gruppen, ausschließlich der Faschisten. Wir lehnen den Führungsanspruch der SED ab. [...]

Wir leiden, weil wir nicht als mündige Bürgerinnen und Bürger behandelt werden. Wir werden vom Staat und von der SED gegängelt. Zeitungen, Rundfunk und Fernsehen belügen uns. Eine Minderheit maßt sich das Recht auf Wahrheit an. Die machtstützenden Organe entziehen sich der öffentlichen Kontrolle. Schulen und Hochschulen, Wissenschaft und Kunst werden von Ideologen beherrscht. Von unseren Nachbarn sind wir durch eine menschenverachtende Mauer getrennt. Wir dürfen nicht reisen, wohin wir wollen. [...] War das unser Traum von der Freiheit des Menschen?

Wir brauchen neue Hoffnung: Die EINHALTUNG ALLER MENSCHENRECHTE.

Die Bürgerbewegung »Demokratie Jetzt« will für alle den gleichberechtigten Zugang zu den Medien. Wir wollen Versammlungs- und Demonstrationsfreiheit, den

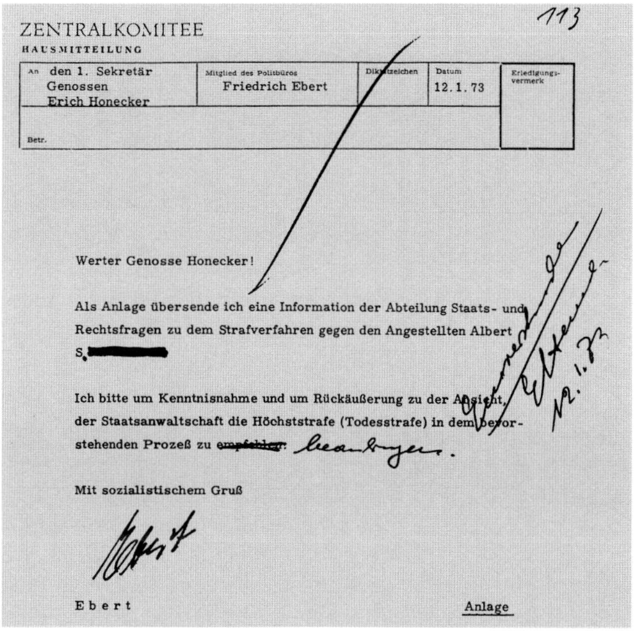

113

ZENTRALKOMITEE
HAUSMITTEILUNG

| An | Mitglied des Politbüros | Diktatzeichen | Datum | Erledigungsvermerk |
|---|---|---|---|---|
| den 1. Sekretär Genossen Erich Honecker | Friedrich Ebert | | 12.1.73 | |

Betr.

Werter Genosse Honecker!

Als Anlage übersende ich eine Information der Abteilung Staats- und Rechtsfragen zu dem Strafverfahren gegen den Angestellten Albert S.[redacted]

Ich bitte um Kenntnisnahme und um Rückäußerung zu der Ansicht, der Staatsanwaltschaft die Höchststrafe (Todesstrafe) in dem bevorstehenden Prozeß zu ~~empfehlen~~ beantragen.

Mit sozialistischem Gruß

Ebert

Anlage

**d)** Friedrich Ebert, Mitglied des Politbüros, bittet Erich Honecker am 12. Januar 1973 »um Rückäußerung« in Sachen Todesstrafe für den Angestellten Albert S. Stilsicher korrigiert Honecker das Schreiben und zeichnet sachlich »Einverstanden E. Honecker«.

Schutz persönlicher Daten und die Einhaltung der Persönlichkeitsrechte. Wir wollen Freiheit für Wissenschaft und Lehre. Wir möchten, dass Eltern über Lehrinhalte mitbestimmen können. Wir wollen Reisefreiheit und Auswanderungsrecht. Wir wollen, dass die Mauer abgetragen wird. Wir sind zur kritischen Arbeit in allen Gesellschaftsbereichen bereit.

Zit. nach: Wir sind das Volk. Aufbruch '89. Teil 1, Halle 1989, S. 36 ff.

1. Untersuchen Sie in Arbeitsgruppen die drei Dokumente (65a–c) im Vergleich unter besonderer Berücksichtigung
   - der Fehler und Mängel, die dem bestehenden Gesellschaftssystem vorgeworfen werden,
   - der Ursachen, die für die Mängel verantwortlich gemacht werden (wenn sie genannt werden),
   - der geforderten gesellschaftlichen, politischen, wirtschaftlichen und rechtlichen Veränderungen,
   - der Grundwerte und Ideale, die genannt werden bzw. sich aus den Forderungen erschließen lassen.
2. Diskutieren Sie am Beispiel der Korrespondenz zwischen Politbüro und Erich Honecker den rechtsstaatlichen Anspruch der DDR (65d).

## 66 Zusammenbruch, Revolution oder Konterrevolution?

**a) Der Historiker Charles Tilly zu den Ereignissen 1989/90 in Osteuropa:**
Sind nun die Ereignisse von 1989 in Osteuropa [...] Revolutionen gewesen? [...] Erstens, die Frage ist nicht so bedeutsam, wie es zunächst scheinen mag, denn in jedem betroffenen Land hatten die Ereignisse der Jahre 1989–1992 offenbar etwas Revolutionäres an sich. Zweitens müssen wir unbedingt zwischen revolutionären Situationen und revolutionären Ergebnissen unterscheiden. Wenn wir das nicht tun, werden uns die Veränderungen in Osteuropa nur verwirren. Drittens, fast überall in Osteuropa waren die Ergebnisse der Ereignisse von 1989 entschieden revolutionär, denn fast überall haben neue Regierungskoalitionen die Macht übernommen. Im Grunde geht es um das Ausmaß der revolutionären Situationen. Viertens, einige dieser Ereignisse waren Revolutionen, einige waren es nicht.

Charles Tilly, Die europäischen Revolutionen, München 1993, S. 335 f.

**b) Der Historiker Eric Hobsbawm zu den Ereignissen 1989/90 in Osteuropa:**
Vor allem im Hinblick auf das zweihundertjährige Jubiläum von 1789 schien es ganz selbstverständlich, die Umbrüche in den Jahren 1989 und 1990 als osteuropäische Revolutionen darzustellen. Zwar wirkt dieser Begriff durchaus angemessen, da Ereignisse, die zum endgültigen Sturz von Regimen führen, revolutionär sind, aber er ist irreführend. Denn keines der osteuropäischen Regime wurde gestürzt. Außer in Polen hatte es in keinem Land eine organisierte oder auch nur nichtorganisierte interne Kraft gegeben, die eine ernsthafte Bedrohung dargestellt hätte. [...] Die unmittelbarste Bedrohung der Regime im sowjetischen Orbit war Moskau selbst, nachdem von dort der klare Bescheid gekommen war, dass man nicht mehr wie 1956 und 1968 mit einer militärischen Rettungsaktion herbeieilen würde.

Eric Hobsbawm, Das Zeitalter der Extreme. Weltgeschichte des 20. Jahrhunderts, München/Wien 1995, S. 603.

**c) Der Historiker François Furet zu den Ereignissen 1989/90 in Osteuropa:**
Der Begriff »Revolution« als Umschreibung für die Ereignisse, die in der UdSSR und ihrem gesamten Einflussbereich das Ende der kommunistischen Regime herbeigeführt haben, [ist] meines Erachtens höchst unzutreffend. Dass er in diesem Zusammenhang

verwendet wurde, liegt daran, dass es in unserem politischen Vokabular allem Anschein nach kein anderes Wort gibt, das den Zusammenbruch eines Gesellschaftssystems besser zum Ausdruck bringen könnte; der Vorteil des Begriffs bestand darin, dass er den in der politischen Tradition des Abendlandes verankerten, plötzlichen Bruch mit einer früheren Regierungsform impliziert. Dabei war dieses »Ancien Régime« selbst aus der Revolution von 1917 hervorgegangen, auf die es sich selbst später noch berief, sodass man seine Auflösung auch für eine Konterrevolution halten konnte. Brachte sie nicht die von Lenin und Stalin verabscheuten Verhältnisse zurück? Vor allem aber der Ablauf der Ereignisse hatte mit einem Umsturz oder einer Neugründung wenig gemein. Revolution und Konterrevolution beinhalten ein Experiment des Willens; das Ende des Kommunismus hingegen wurde durch eine Verkettung von Umständen herbeigeführt. Auch was darauf folgt, lässt kaum entschieden mehr Raum für bewusstes Handeln. Der Zusammenbruch der Sowjetunion bringt weder handlungsfähige neue Machthaber hervor, noch entstehen wirkliche Parteien, eine neue Gesellschaft oder ein neues Wirtschaftssystem. [...]

Der Kommunismus endet also gewissermaßen im Nichts.

François Furet, Das Ende der Illusion. Der Kommunismus im 20. Jahrhundert, München 1996, S. 8f.

**d) »...dummerweise können wir ohne kapitalistischen Kredit den Strick nicht kaufen«.**
Karikatur von Horst Haitzinger, September 1989.

1. Vergleichen Sie die unterschiedlichen Einschätzungen zu den Ereignissen von 1989 bis 1992 und nehmen Sie selbst eine Bewertung vor (66 a–c).
2. Führen Sie aus, worin die Karikatur im Wesentlichen die Ursache für den Niedergang des Sowjetkommunismus sieht (66d).

## 4.2 Die Wende in der DDR – friedliche Revolution zwischen Neuanfang und Beitritt zur Bundesrepublik

**Ostberlins Reaktion auf Gorbatschow**

Die Veränderungen in der Sowjetunion konnten an der DDR nicht spurlos vorbeigehen. Das Ostberliner Regime hatte mit ähnlichen politischen und wirtschaftlichen Problemen zu kämpfen wie der große Moskauer Bruder. Was im Westen zu diesem Zeitpunkt noch niemand ahnte: Die DDR stand Mitte der 1980er-Jahre kurz vor dem Staatsbankrott. Doch statt die liberalen Moskauer Signale zu nutzen, verschloss sich die Regierung den notwendigen Reformen. Gorbatschows »Perestroika« und »Glasnost« weckten indes auch in der Bevölkerung der DDR Hoffnungen auf Liberalisierung – im Gegenzug wuchs die Empörung gegen das Regime. Bei den Kommunalwahlen im Mai 1989 stimmten immerhin so viele Menschen gegen die SED-Kandidaten, dass sich die Partei veranlasst sah, das Ergebnis zu manipulieren. Oppositionelle reagierten mit Anzeigen wegen Wahlfälschung.

**»Wir wollen raus!«**

Ebenfalls im Mai begann die ungarische Regierung ihre Grenzbefestigungen entlang der österreichischen Grenze abzubauen. In den kommenden Monaten versuchten immer mehr DDR-Bürger über die Ständigen Vertretungen der Bundesrepublik in Budapest und Prag ihre Ausreise in den Westen zu erzwingen. Schließlich mussten die Botschaften sogar wegen Überfüllung schließen. Im August konnten mit Duldung der ungarischen Regierung die ersten 108 DDR-Bürger ausreisen; Mitte September öffnete Ungarn die Grenze zu Österreich endgültig. In den folgenden Tagen wurden die geheimen Albträume der Ostberliner Führung Realität: Tausende von DDR-Bürgern verließen auf diesem Weg den ungeliebten Staat. Die friedliche Revolution hatte begonnen. Die Menschen äußerten ihren Protest mit den Füßen – durch Abwanderung. Die Westmedien übertrugen die dramatischen Bilder der Flüchtlinge; die »Wir-wollen-raus!«-Rufe der Ausreisewilligen offenbarten der gesamten Weltöffentlichkeit, dass die DDR jegliche Attraktivität verloren hatte. Dessen Führung reagierte mit Ohnmacht: Statt nach Ursachen für den Massenexodus zu suchen, versuchte Ostberlin die Ausreise in die ČSSR zu erschweren. Honecker wurde mit den Worten zitiert, man solle den Abwanderern »keine Träne nachweinen«. Der Unmut über das Verhalten der Regierung wuchs von Tag zu Tag. Während der Feierlichkeiten zum 40jährigen Bestehen der DDR im Oktober 1989 versuchte die sozialistische Führung noch einmal, die Fassade eines gefestigten Staates aufrechtzuerhalten. Doch die Warnung des Moskauer Staatsgastes Gorbatschow an Honeckers Adresse sollte sich bewahrheiten: »Wer zu spät kommt, den bestraft das Leben.«

**67** **»Das sozialistische Paradies«.** Karikatur von Horst Haitzinger, Oktober 1989.

**»Wir bleiben hier!«**

Freilich wollten nicht alle DDR-Bürger ihrem Staat den Rücken kehren, sondern setzten auf politische Reformen im eigenen Land. Schon lange waren DDR-Oppositionsgruppen aktiv gewesen, die aus der Umwelt- und Friedensbewegung hervorgegangen waren. Unter dem Dach der evangelischen Kirche hatten sie sich regelmäßig versammelt. Mit dem Höhepunkt der Ausreisewelle im September schwollen diese kleinen Bürgerrechtsgruppen zu einer Massenbewegung an: Vor allem in Leipzig, Dresden und Ostberlin gingen in den Montagsdemonstrationen zehntausende, später hunderttausende Menschen friedlich auf die Straße und forderten Demokratie (»Wir sind das Volk«) und Freiheiten (»Reisefreiheit statt Massenflucht«).

In diesen Tagen gründeten sich viele Gruppen der DDR-Bürgerbewegung – etwa das »Neue Forum«, »Demokratie Jetzt«, »Demokratischer Aufbruch« und die Sozialdemokratische Partei (SDP). Sie wurden zum Sprachrohr der Massenproteste. Die politische Vision vieler Bürgerrechtler war ein demokratischer Sozialismus – auch die Montagsdemonstranten strebten zu diesem Zeitpunkt keineswegs eine Wiedervereinigung der beiden deutschen Staaten an, sondern setzten auf politische Reformen in der DDR.

**Sturz des SED-Regimes**

Viele Beobachter hatten die Befürchtung, die DDR könnte – nach chinesischem Vorbild, wo im Mai Studentenproteste blutig niedergeschlagen worden waren – Panzer auffahren und die Demonstrationen gewaltsam unterdrücken. Allerdings fehlte ihr dazu die politische Rückendeckung Moskaus. Verunsichert durch die mangelnde Unterstützung durch Gorbatschow, versuchte die SED-Führung zunächst mit beschränkten Zugeständnissen an die Demonstranten die Lage zu beruhigen. Sie drängte den Mann an der Spitze zum Rücktritt, der sich dem Reformkurs bis zuletzt hartnäckig verweigert hatte: Am 18. Oktober legte Erich Honecker alle Staats- und Parteiämter nieder. Sein Nachfolger Egon Krenz versuchte den Fortbestand der DDR zu retten. Doch ohne sowjetische Hilfe, auf sich allein gestellt, musste Krenz schließlich dem Druck der Massen nachgeben: Das SED-Politbüro trat zurück und wurde am 8. November neu gewählt. Am 9. November verkündete Politbüro-Mitglied Günter Schabowski vor verblüfften Journalisten die volle Reisefreiheit für alle DDR-Bürger – am selben Abend strömten die Menschen über die Grenzübergänge nach Westberlin und feierten freudetrunken den Fall der Mauer.

**»Wir sind ein Volk«**

In den folgenden Wochen änderte sich die Stoßrichtung der Demonstrationen. Die Mehrzahl der Bürger stand dem alten System zunehmend unversöhnlich gegenüber. Diese Haltung verschärfte sich, weil beispielsweise das Ausmaß der Bespitzelung durch den Staatssicherheitsdienst erst jetzt bekannt wurde. Die Reformierung des Sozialismus reichte immer mehr Bürgern nicht mehr aus. Alle Zukunftshoffnungen richteten sich jetzt auf die Übernahme des kapitalistischen und demokratischen Systems der Bundesrepublik, das für die DDR-Bürger jahrzehntelang unerreichbar gewesen war. Aus der Parole »Wir sind das Volk« wurde jetzt »Wir sind ein Volk«. Die Bonner Politik wurde parteiübergreifend von dieser Dynamik überrascht. Bundeskanzler Helmut Kohl nahm die Stimmung der DDR-Bevölkerung auf: Am 28. November präsentierte er der Weltöffentlichkeit einen Zehn-Punkte-Plan, an dessen Ende die staatliche Einheit Deutschlands stand. Dass dieses Ziel so schnell erreicht werden würde, ahnte allerdings wohl auch Kohl noch nicht.

**68 Montagsdemonstration in Leipzig** am 4. Dezember 1989, Foto.

Beschreiben Sie anhand der auf dem Foto abgebildeten Parolen, welche Einstellungen es zu diesem Zeitpunkt innerhalb der Bevölkerung zur Wiedervereinigung gab.

### Wiedervereinigung

Doch schon Anfang Dezember wurden entscheidende Schritte in Richtung Wiedervereinigung unternommen, als das Thema auf dem Gipfeltreffen zwischen den USA und der Sowjetunion auf Malta verhandelt wurde. Im Februar 1990 fanden die ersten »Zwei-Plus-Vier«-Gespräche statt. In diesen Gesprächen, an denen Vertreter der vier alliierten Besatzungsmächte (USA, Großbritannien, Frankreich, Sowjetunion) und der beiden deutschen Staaten teilnahmen, wurde die deutsche Einheit außenpolitisch auf den Weg gebracht.

**69** **»Die Revolution hat gewählt: Demokratie. Keine Gewalt.«** Plakat von M. Butzmann zur Volkskammerwahl am 18. März 1990.

Der Plakattext steht im Widerspruch zu den abgebildeten Gewalttätigkeiten auf dem Alexanderplatz in Berlin am 18. März 1848. Erklären Sie die Absicht der widersprüchlichen historischen Analogie.

Die erste freie Volkskammerwahl im März 1990 brachte endgültige Klarheit: Die Parteien mit dem Ziel einer raschen Vereinigung erlangten die meisten Stimmen. Zu den Verlierern gehörte die ehemalige SED (jetzt PDS), die unter Krenz' Nachfolger Modrow einen vorsichtigen Reformkurs eingeschlagen hatte. Verloren hatten aber auch diejenigen Bürgerrechtler, die sich an den »Runden Tischen« nach der Wende für eine Reform der DDR und einen demokratischen Sozialismus eingesetzt hatten. Mit der Volkskammerwahl stand fest: Einen »dritten Weg« würde es nicht geben – die DDR war abgewählt worden. Am 3. Oktober 1990 hörte die DDR auf zu existieren und trat der Bundesrepublik bei – ein halbes Jahrhundert der deutschen Teilung ging zu Ende.

Wer hat die Einheit Deutschlands »gemacht«? Diese Frage sorgt für politischen Streit bis zum heutigen Tag. Die zentrale Voraussetzung für die Wende in der DDR hatte zunächst Gorbatschows Reformpolitik geschaffen – ohne sie wäre die Mauer 1989 nicht gefallen. Entscheidender Motor war die Bevölkerung der DDR selbst: Sie führte die Revolution friedlich herbei; mit ihrer Forderung nach einem schnellen Anschluss an die Bundesrepublik war sie es auch, die die Weichen in Richtung Wiedervereinigung stellte. Die Bundesregierung – namentlich Kohl und Außenminister Genscher – erkannten im richtigen Moment die außerordentlich günstige außenpolitische Konstellation, die eine Wiedervereinigung zuließ. In den Verhandlungen mit den Siegermächten erwiesen sich schließlich drei Faktoren als günstig: Erstens war mit der sozialdemokratischen Entspannungspolitik der 1970er-Jahre zwischen Ost und West eine Grundlage gelegt worden, auf der beide Seiten jetzt aufbauen konnten. Zweitens pflegte Kohl zu allen entscheidenden Machthabern persönlich enge Beziehungen, die dem Misstrauen der Partner gegenüber einer zu starken Aufwertung eines wiedervereinigten Deutschlands entgegenwirkten. Beruhigend für die Nachbarländer wirkte drittens, dass Deutschland glaubhaft machte, sein neues Gewicht in den europäischen Einigungsprozess einzubringen und so eingebunden werden zu können.

### Kam die Einheit zu schnell?

So glücklich der Prozess der staatlichen Einigung verlief – die Gestaltung der inneren Einheit bereitete in den Folgejahren bis zum heutigen Tag große Probleme. Es ist immer wieder gefragt worden, ob die Wiedervereinigung zu schnell kam und dadurch die wirtschaftlichen und soziokulturellen Schwierigkeiten verschärft hat. Zweifellos hat die schnelle Währungsunion am 1. Juli 1990 den gesamten Absatzmarkt für die ostdeutsche Industrie im ehemaligen Ostblock zerstört. Die Frage ist aber, ob andere Modelle besser funktioniert hätten. Ein langsamer Angleichungsprozess hätte vermutlich ebenfalls zu hoher Arbeitslosigkeit geführt und darüber hinaus die hohen Abwanderungszahlen nach dem Westen nicht stoppen können. Zum zeitlichen Fahrplan der staatlichen Einheit gab es kaum Alternativen: Innenpolitisch standen die Politiker unter dem Druck der ostdeutschen Bevölkerung, die die schnelle Einheit wollte. Außenpolitisch wäre die Wiedervereinigung aufgrund der Vorgänge in der Sowjetunion wahrscheinlich ab Ende 1990 nicht mehr möglich gewesen.

**70** **In Magdeburg demonstrieren im Juli 1992** die Beschäftigten eines Schwermaschinenkombinats gegen die Entlassungen durch die Treuhand.

## 71 Auf dem Weg zum Beitritt der DDR

**a) Der Zehn-Punkte-Plan von Bundeskanzler Helmut Kohl vom 28. November 1989:** Der Weg zur deutschen Einheit, das wissen wir alle, ist nicht vom »grünen Tisch« oder mit einem Terminkalender in der Hand zu planen. Abstrakte Modelle kann man vielleicht polemisch verwenden, aber sie helfen nicht weiter. Aber wir können, wenn wir nur wollen, schon heute jene Etappen vorbereiten, die zu diesem Ziel hinführen. Ich möchte diese Ziele anhand eines Zehn-Punkte-Programms erläutern:
Erstens: Zunächst sind Sofortmaßnahmen erforderlich, die sich aus den Ereignissen der letzten Wochen ergeben, insbesondere die Fluchtbewegung und die neue Dimension des Reiseverkehrs. […]

Zweitens: Die Bundesregierung wird wie bisher die Zusammenarbeit mit der DDR in allen Bereichen fortsetzen, die den Menschen auf beiden Seiten unmittelbar zugute kommt. […]

Drittens: Ich habe angeboten, unsere Hilfe und unsere Zusammenarbeit umfassend auszuweiten, wenn ein grundlegender Wandel des politischen und wirtschaftlichen Systems in der DDR verbindlich beschlossen und unumkehrbar in Gang gesetzt wird. »Unumkehrbar« heißt für uns vor allem, dass sich die DDR-Staatsführung mit den Oppositionsgruppen auf eine Verfassungsänderung und auf ein neues Wahlgesetz verständigt. […]

Viertens: Ministerpräsident Modrow hat in seiner Regierungserklärung von einer Vertragsgemeinschaft gesprochen. Wir sind bereit, diesen Gedanken aufzugreifen. Denn die Nähe und der besondere Charakter der Beziehungen zwischen den beiden Staaten in Deutschland erfordern ein immer dichteres Netz von Vereinbarungen in allen Bereichen und auf allen Ebenen. […]

Fünftens: Wir sind aber auch bereit, noch einen entscheidenden Schritt weiterzugehen, nämlich konföderative Strukturen zwischen beiden Staaten in Deutschland zu entwickeln mit dem Ziel, eine Föderation, das heißt eine bundesstaatliche Ordnung, in Deutschland zu schaffen. Das setzt aber eine demokratisch legitimierte Regierung in der DDR zwingend voraus. [...]

Stufenweise können neue Formen der institutionellen Zusammenarbeit entstehen und ausgeweitet werden. [...] Ein solches Zusammenwachsen liegt in der Kontinuität der deutschen Geschichte. Staatliche Organisation in Deutschland hieß in unserer Geschichte fast immer auch Konföderation und Föderation. Wir können doch auf diese historischen Erfahrungen zurückgreifen.

Wie ein wiedervereinigtes Deutschland schließlich aussehen wird, das weiß heute niemand. Dass aber die Einheit kommen wird, wenn die Menschen in Deutschland sie wollen, dessen bin ich sicher. [...]

Siebtens: Die Anziehungs- und Ausstrahlungskraft der Europäischen Gemeinschaft ist und bleibt eine entscheidende Konstante der gesamteuropäischen Entwicklung. Wir wollen und müssen sie weiter stärken. [...] Die Bundesregierung befürwortet deshalb den baldigen Abschluss eines Handels- und Kooperationsabkommens mit der DDR, das den Zugang der DDR zum gemeinsamen Markt erweitert, auch was die Perspektive 1992 betrifft. [...]

Zehntens: Mit dieser umfassenden Politik wirken wir auf einen Zustand des Friedens in Europa hin, in dem das deutsche Volk in freier Selbstbestimmung seine Einheit wiedererlangen kann. Die Wiedervereinigung, das heißt die Wiedergewinnung der staatlichen Einheit Deutschlands, bleibt das politische Ziel der Bundesregierung. [...]

Nur miteinander und in einem Klima des wechselseitigen Vertrauens können wir die Teilung Europas, die immer auch die Teilung Deutschlands ist, friedlich überwinden. D. h., wir brauchen auf allen Seiten Besonnenheit, Vernunft und Augenmaß, damit die jetzt begonnen – so hoffnungsvolle – Entwicklung stetig und friedlich weiterverläuft.

Zehn-Punkte-Programm zur Überwindung der Teilung Deutschlands und Europas. In: Gebhard Diemer und Eberhard Kurz, Kurze Chronik der Deutschen Frage, München 1991, S. 230–236.

**b) Regierungserklärung von Bundeskanzler Helmut Kohl vor dem Deutschen Bundestag am 15. Februar 1990:**

Am vergangenen Samstag [10. 2. 90] wurden in Moskau in den Gesprächen mit Generalsekretär Gorbatschow die Weichen gestellt. Das Ergebnis dieser entscheidenden Begegnung lautet: »Generalsekretär Gorbatschow stellte fest – und der Kanzler stimmte ihm zu –, dass es jetzt zwischen der UdSSR, der Bundesrepublik Deutschland und der DDR keine Meinungsverschiedenheiten darüber gibt, dass die Deutschen selbst die Frage der Einheit der deutschen Nation lösen und selbst ihre Wahl treffen müssen, in welchen staatlichen Formen, in welchen Fristen, mit welchem Tempo und unter welchen Bedingungen sie diese Einheit verwirklichen werden.« [...]

Ich habe meine Überzeugung ausgedrückt, dass auch bei vernünftiger Würdigung der Sicherheitsinteressen der Sowjetunion ein künftiges geeintes Deutschland:

– nicht neutralisiert oder demilitarisiert werden darf – dies ist, kurz gesagt, »altes Denken« –,

– sondern dass wir im westlichen Bündnis eingebunden bleiben sollen und wollen. [...]

Die Lage hat sich deutlich zugespitzt. Die politischen Parteien und Gruppierungen in der DDR am so genannten runden Tisch haben der Bundesregierung für das Gespräch zwischen dem Ministerpräsidenten und mir ein Positionspapier[1] übermittelt, in dem sie von einer »Lage« sprachen, »die durch rasche Destabilisierung gekennzeichnet ist.«

Für uns werden die zunehmenden Probleme insbesondere durch den anhaltend großen Zustrom von Übersiedlern deutlich. [...] Deswegen habe ich in den Gesprächen mit Ministerpräsident Modrow und seiner Delegation unsere wiederholt erklärte Bereitschaft hervorgehoben, kurzfristig dort zu helfen, wo dies insbesondere aus humanitären Gründen dringlich und notwendig ist. Entsprechende Unterstützungsmaßnahmen enthält der Nachtragshaushalt 1990. [...] Insgesamt geht es um einen Betrag von über 5 Milliarden DM. [...]

Aber wir gehen einen entscheidenden Schritt weiter: Ich habe Ministerpräsident Modrow das Angebot unterbreitet, sofortige Verhandlungen zur Schaffung einer Währungsunion und Wirtschaftsgemeinschaft aufzunehmen.

Zit. nach: Presse- und Informationsamt der Bundesregierung, Bulletin 16. Februar 1990.

[1] Die Passage aus dem Positionspapier, das der »Runde Tisch« am 12. Februar 1990 für die Verhandlungen in Bonn am 13./14. Februar verabschiedete, lautete:
»Die politisch Verantwortlichen beider deutscher Staaten [...] müssen in der gegenwärtig komplizierten Lage, die durch rasche Destabilisierung gekennzeichnet ist, ein Höchstmaß an politischer Vernunft an den Tag legen und dürfen sich nicht von Emotionen leiten lassen. [...] Der Runde Tisch erwartet, dass die BRD als ökonomisch und politisch stärkerer Partner des Einigungsprozesses jetzt alles unternimmt, um einer weiteren Destabilisierung der Lage in der DDR entgegenzuwirken und zu ihrer Beruhigung beiträgt. Es ist offensichtlich, dass manche Kräfte in der BRD gegenwärtig Kurs auf eine bewusste Verschärfung der Probleme in der DDR nehmen. Das liegt unseres Erachtens auch nicht im Interesse der BRD.«

Zit nach: Helmut Herles und Ewald Rose (Hrsg.), Vom Runden Tisch zum Parlament, Bonn 1990, S. 115.

1. Stellen Sie in Kurzform die Schritte zur deutschen Einheit vor, wie sie Kohl im »Zehn-Punkte-Plan« vorgesehen hatte (71a).
2. Erörtern Sie anhand der Regierungserklärung (71b) die Rolle der Bundesrepublik und der DDR im Vereinigungsprozess.

## 72 Die DDR – bewahrenswert?

**a) Aufruf »Für unser Land« vom 26. November 1989:** Unser Land steckt in einer tiefen Krise. Wie wir bisher gelebt haben, können und wollen wir nicht mehr leben. Die Führung einer Partei hatte sich die Herrschaft über das Volk und seine Vertretungen angemaßt, vom Stalinismus geprägte Strukturen hatten alle Lebensbereiche durchdrungen. Gewaltfrei, durch Massendemonstrationen hat das Volk den Prozess der revolutionären Erneuerung erzwungen, der sich in atemberaubender Geschwindigkeit vollzieht. Uns bleibt nur wenig Zeit, auf die verschiedenen Möglichkeiten Einfluss zu nehmen, die sich als Ausweg aus der Krise anbieten.

**Entweder** können wir auf der Eigenständigkeit der DDR bestehen und versuchen, mit allen unseren Kräften und in Zusammenarbeit mit denjenigen Staaten und Interessengruppen, die dazu bereit sind, in unserem Land eine solidarische Gesellschaft zu entwickeln, in der Frieden und soziale Gerechtigkeit, Freiheit des Einzelnen, Freizügigkeit aller und die Bewahrung der Umwelt gewährleistet sind.

**Oder** wir müssen dulden, dass veranlasst durch starke ökonomische Zwänge und durch unzumutbare Bedingungen, an die einflussreiche Kreise aus Wirtschaft und Politik in der Bundesrepublik ihre Hilfe für die DDR knüpfen, ein Ausverkauf unserer materiellen und moralischen Werte beginnt und über kurz oder lang die Deutsche Demokratische Republik durch die Bundesrepublik vereinnahmt wird.

**b) »Frauen – Opfer der Einheit«.** Karikatur von Marie Marcks, 1992.

Lasst uns den ersten Weg gehen. Noch haben wir die Chance, in gleichberechtigter Nachbarschaft zu allen Staaten Europas eine sozialistische Alternative zur Bundesrepublik zu entwickeln. Noch können wir uns besinnen auf die antifaschistischen und humanistischen Ideale, von denen wir einst ausgegangen sind. Alle Bürgerinnen und Bürger, die unsere Hoffnung und unsere Sorge teilen, rufen wir auf, sich diesem Appell durch ihre Unterschrift anzuschließen.

Aufruf »Für unser Land«, veröffentlicht in »Neues Deutschland«, 29. Nov. 1989. Zit. nach: Bernd Lindner, Die demokratische Revolution in der DDR 1989/90, Bonn 1998, S. 118.

**c) Zwei deutsche Historiker über den Zusammenbruch des Sozialismus, 1995:**
Das Ende des Sozialismus sollte auch jene optimistisch stimmen, die irgendwann einmal an die Befreiung der Menschheit durch den Kommunismus geglaubt haben. Die untergegangene realsozialistische Gesellschaft war reaktionär und fortschrittsfeindlich bis in die letzte Verästelung der sozialen Realität. Die zwischenmenschlichen Beziehungen waren von kleinbürgerlichem Mief erfüllt, das geistige Leben provinziell und kleinkariert, mit der Umwelt und dem kulturellen Erbe wurde Schindluder getrieben. Von den revolutionären Heilserwartungen wurde nicht die geringste eingelöst. Es ist widersinnig, dass ein Teil der westdeutschen Linken den Untergang des Sozialismus als Niederlage empfunden hat. Der Traum von einer gerechten und menchlichen Gesellschaft ist nicht tot. Er ist so alt wie die Menschheit und wird mit jeder Generation neu geboren. Der Zusammenbruch der pseudosozialistischen Despotie des Sowjetimperiums war die Grundvoraussetzung für einen Neubeginn des Kampfes um sozialen und humanen Fortschritt, nicht dessen Ende. Der Gedanke einer solidarischen Gesellschaft hat 1989 keine Niederlage erlitten, sondern einen Triumph erfahren.

Die »Lehre der Geschichte« aber, auf die sich die untergegangene kommunistische Bewegung oft und gerne berufen hat, besteht in der simplen Erkenntnis, dass Diktaturen innerlich schwach sind und keine Probleme lösen, dass die soziale Harmonie und die ewige Glückseligkeit, in die man die Menschen gegen ihren Willen zu führen verspricht, in der Realität des Terrors und der Unfreiheit enden, dass das kleine Glück, das gelegentlich im Schatten der Betonmauern blüht, verlogen und bedrückend ist, und schließlich, dass jede Diktatur zwangsläufig ihre eigenen Totengräber produziert. Dort wo sich Gewaltherrschaften fürsorglich und volkspädagogisch geben, produzieren sie das Gegenteil der proklamierten Ziele. Der »verordnete Antifaschismus« der DDR ist ein gutes Beispiel für diesen Mechanismus. Wenn es irgendetwas gibt, was an der untergegangenen DDR bewahrenswert wäre, so sind es diese schlichten, aber teuer erkauften Erfahrungen. [...]

Historisch ist jeder Epilog gleichzeitig ein Prolog. Wie es die Menschen verstehen, das Erbe der Diktatur in Erfahrungen umzusetzen, wird die Zukunft zeigen.

Armin Mitter/Stefan Wolle, Untergang auf Raten. Unbekannte Kapitel der DDR-Geschichte, München 1995, S. 552 f.

1. Untersuchen Sie die Materialien 71a und b sowie 72a im Hinblick auf die politischen Zukunftsvorstellungen. Beachten Sie auch, welche Probleme gesehen werden und wie sie gelöst werden sollen. Diskutieren Sie den Vorschlag einer reformierten DDR (72a).
2. Erörtern Sie anhand der vorliegenden Materialien in 71und 72, inwieweit die Wiedervereinigung unausweichlich war oder politische Alternativen eine Chance hatten.
3. Diskutieren Sie, inwiefern Sie der Bewertung von Armin Mitter und Stefan Wolle zustimmen (72c). Erarbeiten Sie gruppenweise, welche »Lehren der Geschichte« aus den deutschen und sowjetischen Erfahrungen mit dem Sozialismus gezogen werden können?
4. Zeigen Sie auf, wie Marie Marcks die kritische Intention ihrer Karikatur illustriert (72b). Informieren Sie sich – z. B. anhand des Ausstellungsmagazins: Ungleiche Schwestern? Frauen in Ost- und Westdeutschland, hrsg. vom Haus der Geschichte, Bonn 1997 – darüber, wie sich die Lage für die Frauen aus der ehemaligen DDR durch die Wiedervereinigung verändert hat.

## 73 Assoziationen zu »Sozialismus« und »Kapitalismus«

Frage: »Wenn Sie jetzt einmal an das Wort Sozialismus/Kapitalismus denken – es kann einem ja dazu alles mögliche einfallen. Darf ich Ihnen mal einiges vorlesen? Sie sagen mir dann bitte, ob man bei Sozialismus/Kapitalismus tatsächlich daran denken könnte.«

Bei **»Sozialismus«** könnte man denken an: Bei **»Kapitalismus«** könnte man denken an:

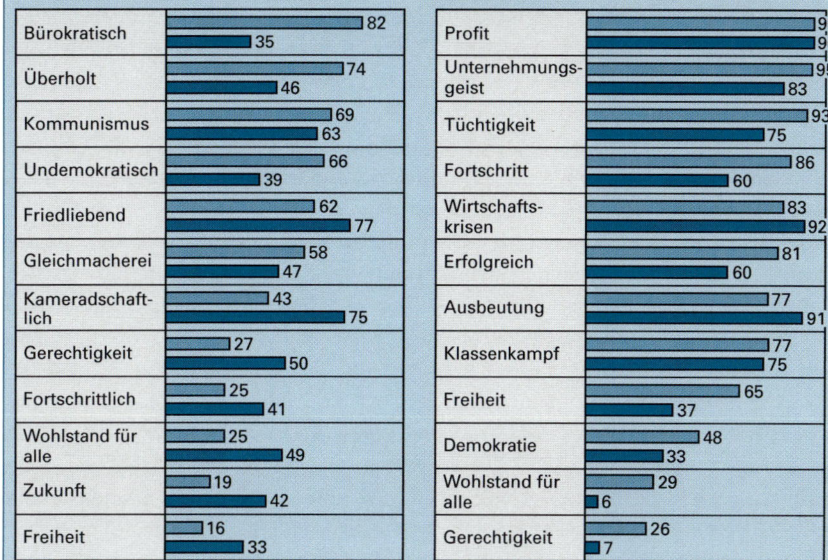


Quelle: Allensbacher Archiv, Ifd-Umfragen Juni 1990 und November/Dezember 1995 ▢ 1990 ■ 1995

Die Daten stammen aus Umfragen in den neuen Bundesländern von 1990 und 1995 (Angaben in Prozent). Untersuchen Sie die Ergebnisse der Umfrage. Achten Sie insbesondere auf den Wandel in der Einschätzung zwischen 1990 und 1995.

## 74 Aufarbeitung der DDR-Vergangenheit

**Aus der Bundestagsdebatte vom 12. März 1992:**

*Willy Brandt (SPD):* Mein besonderer Respekt ... galt und gilt jenen Personen und Gruppen, die den Mut zur friedlichen, gleichwohl gefahrvollen Opposition aufbrachten. Dies kann freilich nicht das Verständnis für die vielen mindern, die aus ihren Nischen das Bestmögliche für sich und ihre Familien zu machen versuchten. Wir sollten uns miteinander hüten, den Stab über Landsleute zu brechen, die in die Maschen des Unrechtsregimes verstrickt wurden und es nun nicht immer ganz leicht haben, Vergangenes auf anständige Weise hinter sich zu bringen.

*Gerd Poppe (Bündnis 90/Grüne):* Nun ist festzustellen, dass sich durchaus eine Mehrheit in diesem Gefüge von Anpassung und Disziplinierung einrichtete. Wer will heute darüber richten? Zweifellos gelten in einer Diktatur andere Verhaltensnormen als in einer Demokratie. Aber gerade weil das so ist, wundere ich mich in diesen Tagen darüber, in welcher Weise Menschen in den alten Bundesländern über eigenes Anpassungsverhalten in Extremsituationen spekulieren und wie sie daraus mitunter mehr Verständnis für die kleinen und mittleren Täter ableiten als für die Opfer. Ich finde, das ist ein fragwürdiges Gedankenexperiment. Nicht die Selbstzweifel an der eigenen Widerstandsfähigkeit werden die Westdeutschen dazu bringen, die Ostdeutschen besser zu verstehen, sondern ganz im Gegenteil. Das eigentliche Phänomen, das letztlich auch den Herbst 1989 ermöglichte, ist die Widerstandsfähigkeit der Ostdeutschen trotz insgesamt 58 Jahren Diktatur, auch wenn sie vorwiegend nur in Form des privaten Rückzugs oder einer mühsam verschleierten Verweigerung bestand.

*Heinz Eggert (CDU):* Es ist kaum noch zu ertragen, wenn die sozialistischen Betriebsleiter von gestern auf einmal die marktwirtschaftlichen Geschäftsführer von heute sind, die den gleichen Personenkreis, den sie früher politisch bedrückten, jetzt wirtschaftlich erpressen und auf die Straße setzen. Es ist unerträglich, dass hauptamtliche Staatssicherheitsoffiziere, die auch weiterhin ihre frühere Desinformationspolitik betreiben [...], als Kronzeugen gehört werden, ohne selbst strafrechtlich zur Verantwortung gezogen zu werden. [...] Unerträglich ist es auch, dass frühere SED-Funktionäre, die wir im Osten Deutschlands aus dem öffentlichen Dienst entfernen, im Westen Deutschlands in den öffentlichen Dienst eingestellt und zu 100% bezahlt werden. Ich sage es ganz deutlich: Die Experten der DDR in den Bereichen Verwaltung und Ökonomie waren Experten für die DDR und sie sind keine Experten für die Bundesrepublik. Sie könnten es nur neu lernen.

*Uwe Jens Heuer (PDS/Linke Liste):* Die große Lüge der SED-Machthaber, dass das politische System auf einem tiefen, unerschütterlichen Vertrauensverhältnis zwischen der Partei, der Arbeiterklasse und dem Volk beruhe, wird ersetzt durch die ebenso große Lüge von der DDR-Geschichte als Horrorgeschichte von Repressionsakten und -mechanismen. [...] Bewusst negiert wird, dass die DDR Vorbildliches auf den Gebieten der Sozialpolitik, der Kultur-, Wohnungs- und Bildungspolitik geleistet hat, dass es bei einer „halbierten deutschen Geschichte“ (Richard von Weizsäcker) bleibt, wenn wir dies unbeachtet lassen. Diese differenzierte und widersprüchliche Gesellschaft in der DDR wird reduziert auf eine Opfer-Täter-Struktur. Die wichtigste und gefährlichste Konsequenz dessen ist, dass, wer nicht Täter sein will, sich als Opfer darstellen muss und so Wendehälse, Heuchler und Karrieristen produziert werden. Zweitens wenden wir uns gegen das vor allem für die CDU/CSU charakteristische Bemühen, in das Zentrum der Aufarbeitung der DDR-Geschichte die Formel vom Unrechtsregime DDR zu platzieren, um von da aus den großen repressiven Rachefeldzug gegen alle, die sich mit der DDR verbunden fühlten, und mitunter sogar gegen alle, die in der DDR nicht aus politischen Gründen im Gefängnis saßen, zu rechtfertigen. [...] Die DDR war ein völkerrechtlich souveräner Staat mit einem eigenen Rechtssystem.

»Das Parlament« vom 20. März 1992

1. An welchen Fragen scheiden sich die Geister?
2. Erörtern Sie die Grundsätze, von denen die Auseinandersetzung mit der DDR-Vergangenheit ausgehen sollte.

## 75 Das Ende des Sozialismus – ein welthistorisches Ereignis

**Der Historiker Jürgen Kocka über die »Wende« 1989/90 und ihre historische Bedeutung, 1995:**

Eine tiefe Zäsur war es schon, was da 89/90 geschah, die einschneidendste seit dem Zweiten Weltkrieg: ein Umbruch, eine Wende, das Ende einer Epoche in der Geschichte Deutschlands, Europas, ja der nördlichen Hemisphäre. In dreifacher Hinsicht:

1. 1989/90 endete der große Systemkonflikt, der die Welt seit der unmittelbaren Nachkriegszeit geprägt und sich im Kalten Krieg zugespitzt hatte. 1989/90 löste sich die von den Supermächten USA und Sowjetunion bestimmte Weltordnung auf, der Niedergang des sowjetischen Imperiums beschleunigte sich und die Grundzüge einer neuen Ordnung zeichneten sich ab, die aber bis heute keine feste Gestalt gefunden hat

– mit der Folge, dass sich Befriedigung über den Zusammenbruch der alten Ordnung zunehmend mit Unsicherheit und Sorge über die Zukunft mischt.

2. In enger Verbindung damit stand der lange vorbereitete, aber nun plötzlich sichtbar werdende und sich in Form eines rasanten Zusammenbruchs überschlagende Niedergang des diktatorischen Staatssozialismus, wie er sich seit 1917 in der Sowjetunion etabliert hatte und wie er nach 1945 durch die sowjetische Hegemonialmacht im östlichen Europa verbreitet und weltweit propagiert worden war. Mit dem Kommunismus brach nicht nur ein diktatorisches Politikmodell zusammen, über dessen Ende man befriedigt aufatmen kann. Mit ihm scheiterte auch ein welthistorisches Experiment, das seine Wurzeln in den sozialistischen Bewegungen des 19. Jahrhunderts hatte und im Namen einer großen Utopie nicht nur schreckliche Opfer gefordert, sondern auch leidenschaftliche Hoffnungen geweckt und generationenlang Anstrengungen motiviert hatte, deren Vergeblichkeit nun evident wurde. Die marktwirtschaftlich organisierten, vergleichsweise offenen Gesellschaften des Westens mit ihren tendenziell liberaldemokratischen Institutionen und wohlfahrtstaatlichen Regelungen erwiesen sich als stärker. Unter dem Motto der »Zivilgesellschaft« wurden sie zum hoffnungsvoll erstrebten Gegenmodell zur niedergehenden »realsozialistischen« Diktatur. 1989/90 war ein großes Jahr in der Geschichte von Freiheit und Demokratie. Daran ist nicht zu rütteln, auch wenn man heute zunehmend weiß, dass es in der Geschichte nichts umsonst gibt und 1989/90 nicht nur alte Übel beseitigt, sondern auch neue möglich gemacht wurden. Der Sieg über die Diktatur raubte den westlichen Demokratien ihren großen Gegner, damit aber auch paradoxerweise eine Quelle eigener Kraft, Reformfähigkeit und Legitimation.

**76 Demonstration in Görlitz** am 2. Dezember 1989. Foto.

Analysieren Sie die Aussage des Transparentes. Wie haben diese DDR-Bürger den Sozialismus in ihrem Land empfunden? Suchen Sie in den anderen Materialien nach Gründen für diese Auffassung.

3. Die Wende in Deutschland war Teil dieses welthistorischen Umbruchs, von ihm sehr viel stärker bedingt als ihn ihrerseits bedingend. Sie bestand, das soll man gedanklich auseinanderhalten, aus zwei Teilen: dem Zusammenbruch der DDR und der »Wiedervereinigung«. Diese ging zwar als Beitritt der zerfallenden DDR zur dadurch bestätigten Bundesrepublik vor sich, deren Ordnung damit nach Osten hin ausgedehnt wurde; doch in diesem Prozess änderte sich auch die aufnehmende Mehrheitsgesellschaft, und das neue Deutschland ist keine bloße Festsetzung der alten Bundesrepublik, die in gewisser Hinsicht 1989/90 ebenfalls endete. […]

Es liegt nahe, drei Phasen der Wende in Deutschland zu unterscheiden. Die erste reichte vom Beginn der Demonstrationen im September 1989 bis zum Fall der Berliner Mauer am 9. November, die zweite vom 10. November bis zur ersten und letzten freien Volkskammerwahl am 18. März 1990; und die dritte vom 19. März bis zum 3. Oktober 1990, als die DDR auch formell zu bestehen aufhörte und die völkerrechtliche Vereinigung gemäß Artikel 23 des fortbestehenden Grundgesetzes der Bundesrepublik Deutschland vollzogen wurde. […]

Die Wende in der DDR war Teil des umfassenden Umbruchs in Ost- und Mitteleuropa, der letzlich auf die sich herausstellende Unterlegenheit des »realsozialistischen« Lagers im westöstlichen Systemkonflikt und auf den Niedergang der Macht der Sowjetunion zurückzuführen ist. Doch weil die DDR einen anderen, stärkeren Staat gleicher Nationalität neben sich hatte, einer von zwei deutschen Staaten war, verlief die Überwindung des Kommunismus in der DDR anders als bei ihren östlichen und südöstlichen Nachbarn. Anders als diese verlor sie im Umbruch ihre selbstständige Existenz. Die Überwindung des Kommunismus erfolgte hier in der Form der Vereinigung, die zum Hauptinhalt der zweiten und dritten Phase der DDR-Revolution wurde. Aus der Rückschau glaubt man zu erkennen, dass es dazu keine Alternative gab. Doch die Bedeutung dieser Wende in der Wende ist bis heute umstritten.

Der Umbruch der Verhältnisse in der ehemaligen DDR war mit dem 3. Oktober 1990 keineswegs zu Ende. Die ökonomische und soziale Revolutionierung fing seither erst richtig an, als Folge der forcierten Einpassung Ostdeutschlands in das nach Osten erweiterte Gefüge der Bundesrepublik. In der ehemaligen DDR sind der Umstellungszwang, die Entwurzelung, der Identitätsbruch viel gründlicher und verbreiteter als in den östlichen Nachbarstaaten, eben weil hier die Überwindung des alten Regimes als Wiedervereinigung vor sich geht.

Beide deutschen Staaten waren zutiefst durch die internationale Konstellation geprägt, aus der heraus sie entstanden. Diese hat sie radikal verändert. Schon deshalb kann das neue Gesamtdeutschland keine bloße Fortsetzung der alten Bundesrepublik sein, so sehr es auch in deren Tradition verankert wurde. Die Zukunft ist offen, jedenfalls unvoraussagbar. Die historischen Wendepunkte, die einem am nächsten sind, sind am schwierigsten zu deuten.

Jürgen Kocka, Das große Jahr in der Geschichte von Freiheit und Demokratie. In: Deutschland nach 1945. Ein Lesebuch zur deutschen Geschichte von 1945 bis zur Gegenwart, hrsg. v. E. Conze u. G. Metzler, München 1997, S. 296ff.

1. Stellen Sie in Stichworten zusammen, wie Jürgen Kocka die »Wende« charakterisiert und welche Bedeutung er den verschiedenen Phasen des Umbruchs zumisst.
2. Nehmen Sie anschließend Stellung zur Bedeutung der »Wende« für Deutschland, für Osteuropa, insbesondere die Sowjetunion, und für Westeuropa.
3. Diskutieren Sie auf der Grundlage des Textes von Jürgen Kocka die Fragestellung dieses Kapitels: »1989 – Auf dem Weg zu einer gesamteuropäischen Normalität?«

Erörtern Sie an den Beispielen Sowjetunion und DDR, ob der Sozialismus von vornherein zum Scheitern verurteilt war.

## Angebote für ein Fächer verbindendes Projekt: Revolutionen – Einheit oder Teilung Europas?

**Erdkunde:** Verstädterung im 19. Jahrhundert – Umweltprobleme in der ehemaligen Sowjetunion und der DDR – Standortfragen und Strukturwandel in den »neuen Bundesländern«

**Ethik/Religion:** Menschenrechte und christliche Grundwerte – Gewaltlosigkeit als Mittel eines Umsturzes am Beispiel der friedlichen Revolution in der DDR – Die Rolle der Kirchen in der DDR

**Sozialwissenschaften/Politik:** Soziale Bewegungen als Ausgangspunkt von Revolutionen (Frankreich, Deutschland 1848, Sowjetunion, DDR) – Von der Planwirtschaft zur Marktwirtschaft: Ein Vergleich zweier Wirtschaftssysteme

**Deutsch:** Schriften der Aufklärung – Das »Junge Deutschland« und die Revolution 1848 – oppositionelle Literatur in den sozialistischen Staaten (z.B. Christa Wolf, DDR)

**Musik:** Revolutionäre Lieder aus der Französischen Revolution und der Revolution von 1848 (Buch- und CD-Tipp: Michael Sauer, Historische Lieder, 1997) – Die Musik des Liedermachers Wolf Biermann

**Kunst:** Revolutionäre Malerei aus der Französischen Revolution und der Revolution von 1848 – Der Sozialismus in der Bildenden Kunst und der Architektur

# Internetrecherche

Das Internet kann als Informationsquelle eine Hilfe bei historischen Recherchen – etwa für Referate oder Facharbeiten – sein. Der Vorteil des Internets, für jeden zugänglich zu sein, ist gleichzeitig sein Nachteil. Jeder Benutzer muss die gewonnenen Informationen sorgfältig auf ihre Zuverlässigkeit und Verwendbarkeit für den gewünschten Zweck hin überprüfen. Ein Beispiel: Beim Thema »Nationalsozialismus« stehen wissenschaftliche Einträge neben rechtsradikaler Propaganda; die tatsächlich benötigten Informationen müssen herausgefiltert werden.

## Tipps zur Internetrecherche:

- **Thema eingrenzen:** Themen wie »Französische Revolution« oder »DDR« sollten durch weitere Suchbegriffe spezifiziert werden, um nicht eine Flut tausender Einträge zu erhalten, die nicht zu bewältigen ist und von der den Nutzer nur ein Bruchteil wirklich interessiert.
- **Qualität der Informationen überprüfen:** Wer ist als »Autor«/»Herausgeber« für die gefundenen Informationen verantwortlich? Welche Organisationen/Institute verbergen sich dahinter? Stimmen die im Netz gefundenen Informationen mit denen in Fach- und Schulbüchern überein? Informationen »öffentlicher« Einrichtungen (Universitäten, Bibliotheken, Museen, Bundesländer oder Bundesregierung) sind in der Regel zuverlässige Quellen.
- **Internetinformationen in der Schule verwenden:** Geben Sie neben der Internetadresse das Datum an, an dem Sie die Informationen aus dem Netz bezogen haben, sonst lässt sich nicht nachvollziehen, auf welchen Informationsstand Sie sich beziehen.

**Internetadressen zum Kursthema »Revolutionen«:**

*Links Französische Revolution* (www-geschichte.fb15.uni-dortmund.de/vl/fnz/revol. htm) Kommentierte Links zu Revolution, Zeitalter Napoleons, Kunst/Kultur, Wirkungen/Folgen der Revolution zum Zeitraum 1789–1806.

*Revolutionszeitung* (www.faust.fr.bw.schule.de/see/zeitg/hist/patriote.html) Faust-Gymnasium in Staufen/Br., Unterrichtsprojekt: Historische Zeitung zur Französischen Revolution, Probeseite des »Patriote français«, Rolle der Presse in der Revolution, didaktische/technische Aspekte des Projektes.

*Encyclopedia of 1848 Revolutions* (cscwww.cats.ohiou.edu/~Chastain/index.htm) Beiträge internationaler Autoren, Anspruch: multipers-pektivische Zusammenschau neuer Forschungsergebnisse, u. a. Rumänien, Polen, Slowakei u. a., englischsprachig.

**77 Zeitung zur Französischen Revolution.** Internetauftritt des Faust-Gymnasiums aus Staufen/Br., 2001.

*Europäische Dimensionen der Revolution von 1848* (www.lpb.bwue.de/aktuell/due/35_97/due35a.htm) LpB Baden-Württemberg, u. a. Polenbegeisterung in Deutschland, Georg und Emma Herweghs Eintreten für eine europäische Republik, Revolutionäre in der Emigration, Großbritannien und die deutsche Revolution.

*Die »Chronik der Wende«* (www.chronik-der-wende.de/) ORB, Text-, Bild- und Tondokumente zum Zeitraum Oktober 1989 bis März 1990.

*Texte aus der Transformationsphase* (www.glasnost.de/hist/verein/verein.html) Glasnost Informations- und Dokumentationssystem Berlin, Staatsrechtliche Grundlagentexte, Erklärungen und Programme aus der Transformationsperiode der DDR.

# VERGANGENHEIT, DIE NICHT VERGEHT – NATIONALSOZIALISMUS UND ZWEITER WELTKRIEG

## DEUTSCHLAND – EIN SCHWIERIGES VATERLAND

Kein anderer Staat hat den Verlauf der europäischen, ja der Weltgeschichte im 20. Jahrhundert so stark und zugleich so negativ bestimmt wie das nationalsozialistische Deutschland von 1933 bis 1945. Das »Dritte Reich«, dieses »menschenfeindlichste Regime der Geschichte« (Heinrich August Winkler), beging einen beispiellosen Zivilisationsbruch: Ausgerechnet das »Land der Dichter und Denker« trug die Verantwortung nicht nur für den Zweiten Weltkrieg, der große Teile Europas in Schutt und Asche legte und ca. 55 Mio. Menschenleben forderte, sondern auch für den planmäßigen Völkermord an über 5 Mio. europäischen Juden.

**1 Aufmarsch der SA.**
Foto, 1933.

Dem »totalen Krieg« (NS-Propagandaminister Goebbels) folgte die totale Niederlage – mit schwerwiegenden Auswirkungen auf die deutsche und europäische Nachkriegsentwicklung und die Weltpolitik: Der Verlust der deutschen Ostgebiete, die Teilung Deutschlands und Europas in zwei einander feindlich gegenüberstehende politisch-militärische Blöcke unter der Führung der USA und der Sowjetunion (SU), der »Kalte Krieg« zwischen diesen rivalisierenden atomaren Supermächten bis in die 1980er-Jahre waren direkte oder indirekte Folgen des Zweiten Weltkrieges. Erst mit dem Zusammenbruch des Sowjetkommunismus und der Auflösung der SU, der friedlichen Wiederherstellung der deutschen Einheit und der Überwindung der Blockspaltung Europas 1989–1991 endete gewissermaßen die Nachkriegszeit – und zugleich das »kurze 20. Jahrhundert« (1914–1991; Eric Hobsbawm).

Mehr als ein halbes Jahrhundert nach seinem Untergang ist die geschichtswissenschaftliche Erforschung des Nationalsozialismus noch nicht abgeschlossen. Nach wie vor stellt sich die Grundfrage, »wie es dazu kommen konnte, dass die Weimarer Republik nach zwölf Jahren zerfiel, die nationalsozialistische Diktatur aber zwölf Jahre bestehen konnte, dass Deutschland als bisher einziges Industrie- und Kulturland der westlichen Zivilisation einen Radikalfaschismus praktiziert hat, der die Welt in einen fünfjährigen totalen Krieg und bis nach Auschwitz führte.« (Hans-Ulrich Wehler) Aber auch geschichtliche Einzelfragen werden immer wieder diskutiert, z. B.: Worauf beruhte eigentlich und wie funktionierte Hitlers Herrschaft? Gab es einen schriftlichen oder mündlichen »Führerbefehl« zur Judenvernichtung (der nicht überliefert ist), und wann wurde er erteilt? Wie tief war die Wehrmacht in die Massenmorde der SS- und Polizeiverbände (v. a. in Polen, der

Sowjetunion, Jugoslawien und Griechenland) verstrickt? Und nicht selten werden neue Quellen mit z.T. überraschenden historischen Details zutage gefördert: So wurde erst im Juli 2000 bekannt, dass sogar die beiden christlichen Kirchen in Deutschland während des Zweiten Weltkrieges ausländische Zwangsarbeiter beschäftigten.

Noch weniger kann die aktuelle politische Auseinandersetzung mit der Erblast des Nationalsozialismus als beendet angesehen werden. Schülerinnen und Schüler haben manchmal das Gefühl, dass sie mit diesem Thema »genervt« werden: im Geschichts-, Politik-, Deutsch-, Religions- und Biologieunterricht, an Gedenktagen wie dem 27. Januar, dem 8. Mai oder dem 9. November, und auf allen Kanälen des Fernsehens, wo das Spektrum vom trivialen Spielfilm bis zur seriösen Dokumentation reicht. Oft sind sie der Ansicht, dass sie als Generation des 21. Jahrhunderts mit Hitlers »Drittem Reich« persönlich nicht mehr zu tun haben als etwa mit dem Reich Karls des Großen. Das ist jedoch ein Irrtum, wie schon wenige Beispiele zeigen:

**2 Aufmarsch der NPD.** Foto, 2000.

- Die strafrechtliche Verfolgung nationalsozialistischer Verbrechen ist auch nach mehr als einem halben Jahrhundert im In- und Ausland noch nicht vollständig abgeschlossen; vereinzelt werden noch immer Täter aufgespürt, ausgeliefert und vor Gericht gestellt, wenn sie auch wegen ihres hohen Alters und schlechten Gesundheitszustandes ihre Strafe nur noch selten verbüßen müssen.
- Erst seit dem Jahr 2000 gibt es eine Vereinbarung zur Entschädigung der NS-Zwangsarbeiter; die Auszahlung der Gelder am Ende eines langwierigen Verfahrens wird mancher der in deutschen Wirtschaftsbetrieben ausgebeuteten und oft gesundheitlich ruinierten Frauen und Männer nicht mehr erleben.
- Über die Formen der Erinnerung und des Gedenkens wird in Deutschland nach wie vor kontrovers diskutiert, z.B. 1999 über die Frage, ob in Berlin ein nationales Holocaust-Denkmal errichtet werden soll und ob die beschlossene Form einer monumentalen steinernen Gedenkstätte sinnvoll ist (s. S. 245–251).
- Der Nationalsozialismus ist keineswegs politisch tot. In Deutschland, aber auch in anderen europäischen Ländern gibt es Gruppen, Verbände und Parteien, die sich zur NS-Ideologie und -Politik bekennen. Sie verbreiten menschenverachtende, antidemokratische, ausländer- und judenfeindliche Parolen in eigenen Zeitungen, Propagandaschriften und im Internet, auf öffentlichen Kundgebungen und Demonstrationsmärschen. Wenn junge Deutsche jüdische Friedhöfe schänden und rassistisch motivierte Gewalttaten an Ausländern begehen, fügen sie Deutschlands Ansehen in der Welt schweren Schaden zu, denn ihre Aktionen werden von der internationalen Öffentlichkeit aufmerksam registriert.

Deshalb bleibt Deutschland ein »schwieriges Vaterland« (Gustav Heinemann, Bundespräsident 1969–1974) mit einer in die Gegenwart ragenden nationalsozialistischen Vergangenheit, die nicht vergeht – eine unbequeme Erbschaft, mit der sich jede junge Generation in ihrem eigenen Interesse stets aufs neue historisch und politisch auseinandersetzen muss.

# 1. UNVERMEIDBARES SCHICKSAL? – VORAUSSETZUNGEN, URSACHEN UND STRUKTUREN DES NATIONALSOZIALISMUS

Nach dem Ersten Weltkrieg suchten viele Deutsche, die die Kriegsniederlage und die Gründung einer Republik als nationale Katastrophe empfanden, politische Zuflucht in einer der zahlreichen, zu diesem Zeitpunkt neu gegründeten nationalistischen Gruppierungen und Splitterparteien. Zu diesen – sich als »völkisch« begreifenden und sich in ihrer Programmatik rassistisch, antisemitisch, antidemokratisch und antikommunistisch gebenden – Organisationen gehörte auch die 1919 gegründete »Deutsche Arbeiterpartei« (DAP), die 1920 in »Nationalsozialistische Deutsche Arbeiterpartei« (NSDAP) umbenannt wurde. Lange Zeit deutete nichts darauf hin, dass sie im politischen Leben der Weimarer Republik eine größere Bedeutung erlangen sollte. Noch bei den Reichstagswahlen 1928 erzielte die NSDAP lediglich 2,6 % der Wählerstimmen und 12 Mandate. Danach aber begann eine sensationelle Erfolgsserie: 1930 zweitstärkste, 1932 stärkste Partei im Reichstag, 1933 Regierungsbeteiligung und noch im selben Jahr einzige und Staatspartei.

**3 In deutscher Traditionslinie?**
Postkarte, 1933.

Untersuchen Sie die Zusammenstellung der Personen. Diskutieren Sie, in welche Tradition sich Hitler damit einreihen wollte und zu welchem Zweck er das Motiv mit diesen Untertitelungen als Postkarte drucken ließ.

Noch außergewöhnlicher war die Karriere ihres »Führers«, des gebürtigen Österreichers Adolf Hitler (1889–1945), die in den ersten dreiundvierzig Jahren seines Lebens eher aus Fehlschlägen bestand: abgebrochene Schulausbildung, Gelegenheitsarbeiter und Postkartenmaler, Bewohner eines Münchner Obdachlosenheims, 1914–1918 Kriegsteilnehmer mit Tapferkeitsauszeichnungen, 1919 Eintritt in die spätere NSDAP (als 55. Mitglied), 1921 Parteiführer, 1923 gescheiterter Putschversuch in München mit anschließendem Parteiverbot (s. auch S. 282 ff.), 1924 in Haft, 1925 Wiederaufbau der NSDAP. Trotz der 1930 einsetzenden Wahlerfolge seiner Partei schien es für Hitler noch Ende 1932 keine Aussicht auf die Macht zu geben und doch war er bereits wenige Wochen danach (am 30. Januar 1933) Reichskanzler und nur eineinhalb Jahre später (im August 1934) unumschränkter Diktator in Deutschland.

Wie lässt sich der erstaunliche Siegeszug der nationalsozialistischen Bewegung erklären? Handelte es sich um ein unvermeidbares Schicksal, das sich durch einen unwiderstehlichen charismatischen »Führer« vollzog? Zweifellos wird man Hitler bestimmte, für einen Diktator nützliche Eigenschaften nicht absprechen können: rednerische Begabung, Gespür für Massenpsychologie, Einsatzbereitschaft, Organisationstalent, langer Atem, Durchsetzungsfähigkeit, Skrupellosigkeit. Aber die Entstehungs- und Aufstiegsgeschichte des Nationalsozialismus ist nicht aus einer Person heraus zu verstehen; sie konnte nur im Rahmen bestimmter gesellschaftlicher und ökonomischer Voraussetzungen und Ursachen stattfinden.

## 1.1 Der moderne Antisemitismus

| | |
|---|---|
| 1812 | Preußisches Emanzipationsedikt |
| 1819 | Hep-Hep-Krawalle in Deutschland (Der Ausruf »Hep« bedeutet: »Hierosolyma est perdita« = Jerusalem ist verloren.) |
| 1853/55 | Joseph Arthur de Gobineau begründet mit dem »Essai sur l'inégalité des races humaines« den modernen Rassenantisemitismus. |
| 1871 | Die Verfassung des deutschen Kaiserreiches garantiert die rechtliche Gleichstellung der Juden. |
| 1873–1895 | »Gründerkrise« und »große Depression« gehen einher mit der Verbreitung antisemitischer Vorstellungen und der Gründung antisemitischer Parteien und Verbände. |
| 1880 | Wilhelm Marr prägt den Begriff »Antisemitismus«. |
| 1881 | Eugen Dühring veröffentlicht seine antisemitische Schrift »Die Judenfrage als Racen-, Sitten- und Culturfrage«. |
| 1893 | Bei der Reichstagswahl entfallen 2,3 % der Stimmen auf antisemitische Parteien. |
| 1899 | Houston Stewart Chamberlain veröffentlicht sein antisemitisches Werk »Die Grundlagen des 19. Jahrhunderts«, das in den folgenden Jahrzehnten zu einer Art Bibel der Antisemiten wird. |
| 1917/18 | Die extrem nationalistische und antisemitische »Deutsche Vaterlandspartei« sammelt vorübergehend bis zu 1,25 Mio. Mitglieder. |

Der Antisemitismus war – ideologisch wie politisch – ein besonders charakteristisches Merkmal des Nationalsozialismus. Zwar war er kein spezifisch deutsches, sondern ein internationales Phänomen. Aber im deutschen Herrschaftsbereich während des Zweiten Weltkrieges führte er zu mörderischen Konsequenzen, die alles übertrafen, was man bis dahin Juden jemals irgendwo angetan hatte.

**Rassenideologischer Antisemitismus**

Für Rassenideologen wie Eugen Dühring war das Entwicklungsprinzip der Geschichte der Kampf zwischen verschiedenwertigen menschlichen Rassen. Sie konstruierten eine Rangskala, auf der die Germanen (»Arier«) als höherwertige »kulturtragende Rasse« ganz oben, die Juden als minderwertige »Kultur zersetzende Rasse« ganz unten standen. Jude-Sein galt den Rassenideologen also nicht mehr als Religionszugehörigkeit (die man auch wechseln kann), sondern als negative »unabänderliche Eigenschaft des Blutes«. Schon 1887 bezeichnete der Professor für Orientalistik Paul de Lagarde die Juden als »Ungeziefer«, »Trichinen und Bazillen«, die es rasch und gründlich zu vernichten gelte.

**Politischer Antisemitismus**

Um einen politischen Antisemitismus handelte es sich dort, wo sich der rassistische Antisemitismus in eigenen Parteien organisierte und judenfeindliche Geisteshaltungen in politische Forderungen und Parteiprogramme umgesetzt wurden. Besonders bekannt wurde die von dem Berliner Hofprediger Adolf Stoecker schon 1878 gegründete »Christlich-soziale Arbeiterpartei«, die zwar nicht die Arbeiter, dafür aber Mittelschichtangehörige erreichte. Die antisemitischen Parteien richteten sich gegen »den Juden« als verhasste Symbolfigur der Modernisierung, der allmählich als Sündenbock für alle gesellschaftlichen Übel herhalten musste – so z. B. die »Bankjuden« und »Börsenjuden« für die Aktienverluste vieler Kleinanleger in der ersten Wirtschaftskrise des deutschen Kaiserreichs (»Grün-

**4** **»Automobil, Patent Schmul. Billigster Betrieb! Gänzlich gefahrlos!«.** Karikatur, 1900.

derkrise« 1873 bis 1878). Gefordert wurde, die Emanzipation der Juden (1869/71) aufzuheben und sie unter »Fremdengesetzgebung« zu stellen. Dahinter verbarg sich nicht zuletzt die Absicht, jüdische Konkurrenten im unternehmerischen Bereich, in den freien akademischen Berufen und im öffentlichen Dienst auszuschalten. Bescheidene Erfolge erreichten die Antisemitenparteien nur bei den Reichstagswahlen 1893 und 1907 (3,5% bzw. 3,9% der Wählerstimmen); allerdings gab es auch bei den konservativen Parteien antijüdische Tendenzen. Auftrieb erhielten die Antisemiten im Ersten Weltkrieg durch die Diffamierung der Juden als »Kriegsgewinnler« und »Drückeberger« – ungeachtet der Tatsache, dass an der Front auch 100000 patriotische jüdische Deutsche kämpften, von denen 30000 Tapferkeitsmedaillen erhielten und 12000 im Kampf fielen.

## Gesellschaftlicher Antisemitismus

Entnehmen Sie der Karikatur, wie a) die Juden, b) das Verhältnis zwischen Juden und Nichtjuden dargestellt werden.

Gesellschaftlicher Antisemitismus breitete sich – eher latent als offen rassistisch – im weit verzweigten deutschen Verbands- und Vereinswesen (mit Ausnahme der Arbeiterbewegung) aus. Judenfeindschaft war z.B. das einigende Band zwischen Großagrariern, Mittel- und Kleinbauern, die sich 1893 im »Bund der Landwirte« (BdL) organisierten und u.a. gegen jüdische Kreditgeber und Viehhändler wetterten. Im selben Jahr schlossen sich junge konservative angestellte Kaufleute zum »Deutschnationalen Handlungsgehilfenverband« (DNHV) zusammen, der insbesondere gegen die im Handel tätigen Juden zu Felde zog. BdL und DNHV zielten hauptsächlich auf eine Beschränkung der beruflichen Möglichkeiten der Juden. In den 1890er-Jahren wurde es in den meisten bürgerlichen Verbänden und Vereinen – vom imperialistischen »Alldeutschen Verband« und zahlreichen Kriegervereinen bis zu studentischen Korporationen – selbstverständlich, Juden die Mitgliedschaft zu verweigern. Hochburgen des Antisemitismus waren das Militär und die Universitäten.

**5** **Die jüdische Bevölkerung im Deutschen Reich 1871–1933**

Statistik des Deutschen Reichs, Bd. 451/5, zit. nach: Esra Bennathan, Die demographische und wirtschaftliche Struktur der Juden. In: Entscheidungsjahr 1932, Tübingen 1965, S. 94.

| Jahr | Gesamtbevölkerung | Juden | % |
|---|---|---|---|
| 1871 | 36323000 | 383000 | 1,05 |
| 1880 | 40218000 | 437000 | 1,09 |
| 1890 | 44230000 | 465000 | 1,05 |
| 1900 | 50626000 | 497000 | 0,98 |
| 1910 | 58451000 | 539000 | 0,92 |
| 1925 | 63181000 | 568000 | 0,90 |
| 1933 | 66029000 | 503000 | 0,76 |

## Europäisches Phänomen

Traditionellen christlichen Antijudaismus wie auch modernen Antisemitismus gab es überall in Europa, wo jüdische Minderheiten lebten. Radikale Antisemiten fanden sich nicht nur in Deutschland, sondern stärker noch in Polen, den baltischen Ländern, Russland, der Ukraine, Österreich und Frankreich. Sie blieben überall eine gesellschaftliche Minderheit – dasselbe gilt freilich für ihre erklärten Gegner. Die Bevölkerungsmehrheit in den einzelnen Ländern verhielt sich gleichgültig.

## 6 Der Antisemitismus

**a) Eugen Dühring in seinem Buch »Die Judenfrage als Racen-, Sitten- und Culturfrage«, 1881:**

Was den inzwischen erforderlichen Modus Vivendi [Form eines erträglichen Zusammenlebens] betrifft, so ist auf dem Fuße der Gleichheit kein andauerndes Zusammenleben mit den Juden möglich, weil der fragliche Stamm von Natur auf einer ungleichen und zwar erheblich tiefern Stufe der Begabung und Moralität steht. Hier kann auch kein geistiges Prinzip helfen; denn der Fehler ist physiologischer Art und liegt im Naturcharakter selbst. [...]

Die Juden sind nicht bloß schlecht ertragbar für andere, sondern auch für sich selbst und unter sich selbst. Der Einzelne ist sich seiner eigenen Natur mehr oder minder zur Last; die volle innere Ruhe bleibt dem Juden unbekannt. Er fühlt sich fortwährend nicht bloß im Widerspruch mit der bessern Menschheit, sondern auch mit sich selbst. [...] Das Judengemüt – wenn man überhaupt den edlen deutschen Ausdruck Gemüt für so etwas brauchen darf – befindet sich in rastloser Öde und kam beispielsweise nicht einmal bei Spinoza zu einer gehörigen Einigkeit mit sich selbst. Der ewige Jude, der nach dem Höheren und Edleren nicht aufzuschauen vermag und sich im Niedern durch die Weltgeschichte ruhelos treibt, ist das ganze Volk selbst, beladen mit dem Fluche der Natur, alle andern Völker heimzusuchen und selbst nicht sobald zur Ruhe einzugehen. Die Erlösung der Juden von sich selbst ist weltgeschichtlich durch ihren Reformator Christus vermittels eines geistigen Prinzips versucht worden, aber misslungen. [...] Was bleibt also übrig, als dass andere Völker an ihnen mit andern als geistigen Mitteln das vollziehen, was ihr eigener Reformator nicht vermocht hat, nämlich die Welt gründlich von allem Judenwesen zu erlösen. [...]

Die Mittel werden [...] politische, wirtschaftliche und gesellschaftliche sein müssen. Selbst ein mächtigeres Geistesprinzip als alle bisherigen Religionen würde als bloß geistige Macht den Judenstamm nicht erheblich zum Bessern verändern. Im Gegenteil würde die Aufnahme von Juden auch der besten Geistesgemeinschaft nur schädlich werden. [...]

Darum gibt es gegen sie auch nur eine einzige Politik, nämlich die der äußerlichen Einschränkung, Einpferchung und Abschließung.

Eugen Dühring, Die Judenfrage als Racen-, Sitten- und Culturfrage. Mit einer weltgeschichtlichen Antwort, 2. verb. Aufl., Karlsruhe 1881, S. 110 ff., Zit nach: Manfred Görtemaker, Deutschland im 19. Jahrhundert. Entwicklungslinien, Bonn 1996, S. 271 f.

**b) »Jeiteles Teutonicus«.** Titelblatt einer weit verbreiteten antisemitischen Broschüre, 1879.

Arbeiten Sie die Aussage der Zeichnung heraus.

**c) Aus den Beschlüssen der »Antisemitischen Partei« auf ihrem Parteitag in Hamburg, 10./11. September 1899:**

Es ist die Aufgabe der antisemitischen Partei, die Kenntnis vom wahren Wesen des Judenvolkes zu vertiefen und immer weiter zu verbreiten. Wir stehen erst am Anfang dieser Tätigkeit. [...]

Dank der Entwicklung unserer modernen Verkehrsmittel dürfte die Judenfrage im Laufe des 20. Jahrhunderts zur Weltfrage werden und als solche von den anderen Völkern gemeinsam und endgültig durch völlige Absonderung und (wenn die Notwehr es gebietet) schließliche Vernichtung des Judenvolkes gelöst werden. Der wahre Friedenskongress wird derjenige sein, der sich mit der Stellung der erdbewohnenden Menschheit zum Hebräer beschäftigt. – Bis dahin aber wird es Sache jeder einzelnen Nation sein, sich der Judenplage zu erwehren, so gut sie es den Umständen nach kann.

Aus: Europäischer Geschichtskalender, 1899, S. 142, Zit. nach: Manfred Görtemaker, Deutschland im 19. Jahrhundert. Entwicklungslinien, Bonn 1996, S. 273.

1. Arbeiten Sie heraus, welche rassischen Merkmale Dühring den Juden zuschreibt und mit welcher Begründung (6a).
2. Erklären Sie die Anspielung auf Spinoza (6a, Z. 13 ff.) mithilfe eines Lexikons, z. B. »Neues Lexikon des Judentums«.
3. Vergleichen Sie das antisemitische Programm von 1899 (6c) mit den Ansichten von Dühring (6a). Diskutieren Sie, worin die besondere Radikalität des Programms begründet liegt.
4. Untersuchen Sie die antisemitischen Texte (6a und c) und die Zeichnung 6b mithilfe des Instrumentariums der Ideologiekritik (s. Methodentraining: Ideologiekritik). Stützen Sie sich dabei auch auf die statistischen Daten in Material 5.

## 7 Der Antisemitismus im historischen Urteil

**a)** **Der Historiker Hans-Ulrich Wehler über die Entwicklung des modernen Antisemitismus in Deutschland, 1995:**

In den zwanzig Jahren zwischen 1893 und 1912 hat die antisemitische »Lunatic Fringe«[antisemitischer Extremismus] trotz der hoch schnellenden Anzahl der Stimmberechtigten und der steil ansteigenden Wahlbeteiligungen nicht mehr als 250 000 bis 300 000 Anhänger für die Stimmabgabe mobilisieren können. Auf diese Zahl war auch bereits die erste Antisemiten-Petition von 1881 (267 000 Unterschriften) gekommen. Im Vergleich mit der Zunahme der Anzahl stimmberechtigter Männer und der Wahlbeteiligung gelang ihnen nach dem Aufschwung zu Beginn der neunziger Jahre nicht einmal eine minimale Expansion. Vielmehr beweist der Ausgang der Wahlen ihren Niedergang. Daher war es damals kein illusionäres Wunschdenken, wenn August Bebel es für tröstlich hielt, dass der politische Antisemitismus keine Aussicht habe, einen entscheidenden Einfluss auf das politische und gesellschaftliche Leben in Deutschland ausüben zu können: »Bei uns hat er nicht nur den Höhepunkt überschritten, er ist fertig.« […]

Trotz des Scheiterns der Antisemitenparteien wäre es aber völlig verfehlt, ihre Niederlage mit einem Rückgang des modernen Antisemitismus überhaupt gleichzusetzen. Vielmehr hatte er sich inzwischen in manchen Sozialmilieus und Klassen der reichsdeutschen Gesellschaft verhängnisvoll tief eingenistet. […]

Der katholische Historiker Martin Spahn, der Sohn eines profilierten Zentrumspolitikers und selber aktiver Reichtagsabgeordneter, geiferte über den sozialdemokratischen Erfolg als Ergebnis der jüdischen Neigung zum Sozialismus und Radikalismus. In der Mittelstandsbewegung, im DNHV [Deutschnationaler Handlungsgehilfenverband], bei den Alldeutschen und überhaupt in den nationalen Verbänden blieb der Antisemitismus in der Mentalität der Anhänger ungebrochen und im Vokabular präsent – auch wenn sie sich zur Wahl der anrüchigen »Radikalinskis« nicht entscheiden mochten.

**b)** **»Die Zukunft«.** Karikatur aus der Reihe »Münchner Odinskarten«, um 1900.

Charakterisieren Sie die in der Karikatur deutlich werdende Auffassung von Deutschen und Juden.

Und im politisch-administrativen System grassierten die antisemitischen Vorurteile unentwegt weiter. [...] 1866 war in Preußen das Gesetz gegen die Einstellung jüdischer Richter endlich aufgehoben worden. Bis 1914 aber gab es gerade einmal zweihundert jüdische Amtsrichter, die ohne jede Chance beruflichen Aufstiegs blieben. Von fünfundzwanzigtausend Einjährig-Freiwilligen jüdischer Herkunft, die zwischen 1871 und 1914 als potenzielle Offiziersanwärter in die Armee eintraten, konnten einundzwanzig zum Leutnant der Reserve avancieren. Einen jüdischen Berufsoffizier gab es nicht. Offener oder latenter, jedenfalls wirksamer Antisemitismus blieb ein Kennzeichen auch des kaiserlichen Offizierskorps. Nein, der Misserfolg der Antisemitenparteien bedeutete keineswegs das Ende des gesellschaftlich breit diffundierten modernen Antisemitismus. Als der Erste Weltkrieg ihn gefährlich steigerte und die Niederlage die Jagd nach Sündenböcken auslöste, dehnte er sich weiter aus, und die neuen völkisch-antisemitischen Verbände und Parteien konnten bis 1932 ein bisher unvorstellbares Wählerpotential mobilisieren.

Hans-Ulrich Wehler, Deutsche Gesellschaftsgeschichte Bd. 3: 1849–1914, München 1995, S. 1064 ff.

**c) Der amerikanische Soziologe Daniel Jonah Goldhagen über »die Grundzüge des deutschen Antisemitismus im neunzehnten Jahrhundert«, 1996:**

1. Seit Beginn des neunzehnten Jahrhunderts war der Antisemitismus in Deutschland allgegenwärtig und gehörte zum allgemeinen Wertekanon.
2. Die Beschäftigung mit den Juden hatte Züge von Besessenheit.
3. Die Juden galten zunehmend als Verkörperung und Symbol für alles, was die deutsche Gesellschaft für schlecht hielt.
4. Juden wurden für böswillig, mächtig, ja sogar für die Hauptursache aller Übel gehalten, die Deutschland bedrohten, und daher sah man in ihnen eine Gefahr für das Wohlergehen der Deutschen. Moderne deutsche Antisemiten glaubten im Unterschied zu ihren mittelalterlichen Vorläufern, dass ohne die Vernichtung der Juden auf der Welt kein Frieden möglich sei.
5. Dieses kulturelle Modell der zweiten Hälfte des neunzehnten Jahrhunderts verband sich mit dem Konzept der »Rasse«.
6. Die rassistische Variante des Antisemitismus war nicht nur in ihrer Vorstellungswelt ungewöhnlich gewalttätig, sie tendierte auch zur Anwendung von Gewalt.
7. Es entsprach ihrer Logik, für die Ausschaltung der Juden mit allen notwendigen und im Rahmen der herrschenden sittlichen Schranken möglichen Mitteln einzutreten.

Daniel Jonah Goldhagen, Hitlers willige Vollstrecker. Ganz gewöhnliche Deutsche und der Holocaust, Berlin 1996, S. 103 f.

**d) Goldhagens Fazit, 1996:**

Bereits lange vor dem Machtantritt der Nationalsozialisten in Deutschland [hatte sich] eine bösartige und gewalttätige »eliminatorische«, also auf Ausgrenzung, Ausschaltung und Beseitigung gerichtete Variante des Antisemitismus durchgesetzt [...], die den Ausschluss des jüdischen Einflusses, ja der Juden selbst aus der deutschen Gesellschaft forderte. Als die Nationalsozialisten schließlich die Macht übernommen hatten, fanden sie sich an der Spitze einer Gesellschaft wieder, in der Auffassungen über die Juden vorherrschten, die sich leicht für die extremste Form der »Beseitigung« mobilisieren ließen.

Daniel Jonah Goldhagen, Hitlers willige Vollstrecker. Ganz gewöhnliche Deutsche und der Holocaust, Berlin 1996, S. 39.

1. Vergleichen Sie die Ausführungen Wehlers und Goldhagens über die Ausprägungen und die Verbreitung des Antisemitismus im deutschen Kaiserreich. Listen Sie die Gemeinsamkeiten und Unterschiede der beiden historiografischen Darstellungen auf.
2. Nehmen Sie auf der Basis dieses Kapitels (Text und Materialien) Stellung zu Goldhagens These (6d), die deutsche Gesellschaft sei schon im 19. Jahrhundert von einem tief verwurzelten »eliminatorischen« Antisemitismus geprägt gewesen.

## 1.2 Verlorener Weltkrieg, politische Revolution und misslungener Friedensschluss

| | |
|---|---|
| **1918** | |
| 29. September | Die Oberste Heeresleitung (OHL) fordert sofortigen Waffenstillstand und Parlamentarisierung der Reichsverfassung. |
| 3. Oktober | Prinz Max von Baden wird Reichskanzler. |
| 28. Oktober | Die Verfassungsreform tritt in Kraft.<br>Die Matrosen der Hochseeflotte in Wilhelmshaven meutern. |
| 7. November | Revolution in München |
| 9. November | Revolution in Berlin. Der Vorsitzende der MSPD, Friedrich Ebert, wird Reichskanzler.<br>Ausrufung der Republik |
| 11. November | In Compiègne wird der Waffenstillstand geschlossen. |
| **1919** | |
| Januar | Reguläre Truppen und »Freiwilligenverbände« schlagen den Spartakusaufstand nieder. |
| 18. Januar | Eröffnung der Friedenskonferenz in Versailles |
| 19. Januar | Wahlen zur Nationalversammlung |
| Frühjahr | Streiks aus sozialem Protest |
| 28. Juni | Deutschland unterschreibt den Versailler Friedensvertrag. |
| 11. August | Die Weimarer Verfassung tritt in Kraft. |

**Letzte Kriegszüge**

Um sich der Verantwortung für die Kriegsniederlage und die zu erwartenden harten Friedensbedingungen der Entente zu entziehen, einer Revolution in Deutschland vorzubeugen und die Monarchie zu retten, beschlossen Kaiser, Oberste Heeresleitung (OHL) und zivile »Reichsleitung« Ende September 1918, die Regierungsverantwortung den Oppositionsparteien zuzuschieben: der Mehrheitssozialdemokratischen Partei Deutschlands (MSPD), der liberalen Fortschrittspartei und der katholischen Zentrumspartei. Das neue Kabinett unter dem parteilosen Reichskanzler Prinz Max von Baden sorgte – auch, um eine Vorbedingung des US-Präsidenten Wilson für einen Waffenstillstand zu erfüllen – für eine demokratische Verfassungsänderung, durch die das autoritäre Kaiserreich weitgehend in eine parlamentarische Monarchie verwandelt wurde.

**Revolutionäre Bewegung – Ausrufung der Republik – Waffenstillstand**

Doch das Anfang Oktober 1918 von der OHL (unter den Generälen Hindenburg und Ludendorff) erzwungene überstürzte Waffenstillstandsgesuch schockierte die erschöpfte, in Unwissenheit gehaltene deutsche Bevölkerung – jäh verlor sie die Illusion vom »Siegfrieden«, der angeblich alle Opfer wert war. Innerhalb weniger Wochen verdichtete sich die allgemeine Kriegsmüdigkeit zu einer Volksbewegung gegen den kaiserlichen Obrigkeitsstaat, die Anfang November – beginnend mit Matrosenaufständen, die sich von Kiel aus fortpflanzten und Soldaten wie Zivilisten erfassten – in eine revolutionäre Bewegung umschlug. Der Staat des deutschen Kaiserreichs brach wie ein Kartenhaus zusammen, die Fürstenhäuser mussten abdanken. In Kasernen, Betrieben, Regierungen und Verwaltungen übernahmen spontan gewählte, meist von der MSPD dominierte Arbeiter- und Soldatenräte die Macht. In Berlin verkündete Prinz Max am 9. November eigenmächtig die Abdankung des Kaisers und des Kronprinzen (die sich tags darauf nach Holland ins Exil begaben); dann musste er das Reichskanzleramt an Friedrich Ebert (MSPD) übergeben. Nach der Ausrufung der Republik durch seinen Parteifreund Philipp Scheidemann trat Ebert an die Spitze einer neuen, von den Berliner Arbeiter- und Soldatenräten bestätigten Reichsregierung (»Rat der Volksbeauftragten«) aus je drei USPD- (Unabhängige Sozialdemokratische Partei Deutschlands) und MSPD-Mitgliedern. Um weiteres sinnloses Blutvergießen zu vermeiden, nahmen die Volksbeauftragten am 11. November die harten Waffenstillstandsbedingungen der alliierten Kriegsgegner an. Der Erste Weltkrieg, der ca. zehn Millionen Tote gefordert hatte, war beendet.

**Unvollendete Revolution**

Im November/Dezember 1918 hätte sich die Chance geboten, die zukünftige demokratische Republik durch Enteignung bzw. Entlassung ihrer schärfsten monarchistischen Gegner – der ostelbischen Großagrarier, der Schwerindustriellen an Rhein und Ruhr sowie der führenden Beamten und Offiziere – im Voraus abzusichern; die Volksbeauftragten nutzten sie nicht. Weil sie das Beispiel der Oktoberrevolution in Russland (s. auch S. 66 f.) abschreckte, legte besonders die MSPD-Führung großen Wert auf eine Zusammenarbeit mit den adligen und bürgerlichen Fachleuten in Wirtschaft, Verwaltung und Militär. So wollte sie ein organisatorisches Chaos verhindern. Diesen die Revolution abbremsenden Kurs konnte sie gegen linksradikale Aufstandsversuche nur durch den Einsatz von Truppen der weiter bestehenden OHL und von neu aufgestellten rechts stehenden Freiwilligenverbänden (»Freikorps«) durchsetzen.
Am 19. Januar 1919 wurde Eberts Politik durch das Ergebnis der Wahlen zur verfassunggebenden Nationalversammlung im Wesentlichen bestätigt. Denn es signalisierte, dass das Volk zwar einen staatlich-politischen Neuanfang, aber keinen wirtschaftlichen und gesellschaftlichen Umsturz wünschte. So kam es zu einem Basiskompromiss zwischen sozialdemokratischer Arbeiterbewegung, liberalem Bürgertum und politischem Katholizismus über die Gründung und Gestaltung einer parlamentarisch-demokratischen Republik: MSPD, Deutsche Demokratische Partei

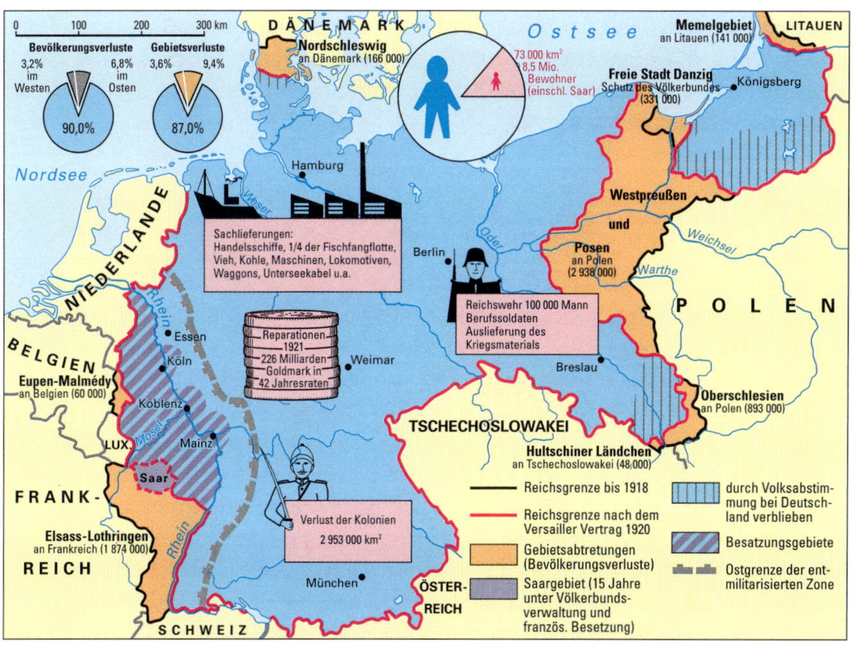


**8** **Die Bestimmungen des Versailler Vertrages für das Deutsche Reich**

**9 »Versailles. Auch Sie haben noch ein Selbstbestimmungsrecht: Wünschen Sie, dass Ihnen die Taschen vor oder nach dem Tod entleert werden?«**
Karikatur von Th. Th. Heine aus dem »Simplicissimus«, 3. Juni 1919. Dargestellt sind (von rechts) der englische Premierminister Lloyd George, das personifizierte Deutschland, der französische Ministerpräsident Clemenceau und der amerikanische Präsident Wilson.

(DDP) und die katholische Deutsche Zentrumspartei, die zusammen 74% der Stimmen erhielten, bildeten die Regierung (nach dem Tagungsort der Nationalversammlung »Weimarer Koalition« genannt) unter Reichskanzler Scheidemann, wählten Ebert zum ersten Reichspräsidenten und schufen die am 11. August 1919 in Kraft getretene neue Verfassung des Deutschen Reiches (»Weimarer Republik«). Für Sozialisierungen gab es keine Mehrheiten; die Arbeiter- und Soldatenräte wurden wieder abgeschafft. So blieb die Revolution auf den staatlich-politischen Bereich beschränkt.

Indessen ging der Plan der Machtträger des untergegangenen Kaiserreichs auf: Nicht sie, sondern die Repräsentanten des neuen demokratischen Deutschland wurden zur Annahme der von den Siegermächten des Ersten Weltkrieges diktierten Bedingungen des Versailler Friedensvertrags gezwungen, die im ganzen deutschen Volk einhellig als demütigend und unerfüllbar angesehen wurden. Auf besondere Empörung stieß im Vertragswerk der Art. 231, der Deutschland die Alleinschuld am Krieg zuwies – sie wurde zusätzlich geschürt durch eine staatliche Kampagne gegen die »Kriegsschuldlegende«.
Der Vertrag von Versailles leitete Wasser auf die Mühlen aller rechts stehenden Gegner der Demokratie. Bei den Monarchisten – an der Spitze die OHL-Generäle i. R. Hindenburg und Ludendorff – entstand 1919 die fortan unermüdlich propagierte Doppellegende von der deutschen Kriegsunschuld, die die Verantwortlichen des Kaiserreichs entlasten sollte, und vom »Dolchstoß« der Revolution in den Rücken der kämpfenden Truppe, ohne den der Krieg gewonnen worden wäre. Diese beiden Geschichtsfälschungen stießen auf breite Resonanz bei vielen Deutschen, die sich mit der Sinnlosigkeit ihrer Entbehrungen und Opfer im Krieg und mit den düsteren Zukunftsaussichten nicht abfinden mochten. Die »Revision« des Vertrages wurde von allen politischen Lagern angestrebt, allerdings auf sehr unterschiedlichen Wegen.

## 10 Versailler Vertrag und Reparationen

**a) Denkschrift des englischen Premierministers Lloyd George vom 26. März 1919:**
Sie mögen Deutschland seiner Kolonien berauben, seine Rüstungen zu einer bloßen Polizeimacht und seine Flotte zu einer Macht fünften Grades herabsetzen. Es ist schließlich alles gleich, wenn es sich im Frieden von 1919 ungerecht behandelt fühlt, wird es Mittel finden, um an seinen Besiegern Rache zu nehmen. […]

Unsere Bedingungen dürfen hart, sogar erbarmungslos sein, aber gleichzeitig können sie so gerecht sein, dass das Land, dem sie auferlegt werden, in seinem Herzen fühlen wird, dass es kein Recht zur Klage hat. Aber Ungerechtigkeit und Anmaßung, ausgespielt in der Stunde des Triumphes, werden nie vergessen und vergeben werden.

Aus diesem Grunde bin ich auf das Schärfste dagegen, mehr Deutsche, als unerlässlich nötig ist, der deutschen Herrschaft zu entziehen, um sie einer anderen Nation zu unterstellen. Ich kann kaum eine stärkere Ursache für einen künftigen Krieg erblicken, als dass das deutsche Volk, das sich zweifellos als eine der kraftvollsten und mächtigsten Rassen der Welt erwiesen hat, rings von einer Anzahl kleiner Staaten umgeben werden soll, von denen viele aus Völkern bestehen, die noch nie vorher eine selbstständige Regierung aufgestellt haben, aber jedes breite Massen von Deutschen umschließt, die die Vereinigung mit ihrem Heimatland fordern. Der Vorschlag der polnischen Kommission, 2,1 Mill. Deutsche der Aufsicht eines Volkes von anderer Religion zu unterstellen, das noch nie im Laufe seiner Geschichte die Fähigkeit zur Selbstregierung bewiesen hat, muss meiner Beurteilung nach früher oder später zu einem neuen Kriege in Osteuropa führen.

Zit. nach: Geschichte in Quellen, Bd. 5: Weltkriege und Revolutionen 1914 bis 1945, hrsg. v. W. Lautemann/M. Schlenke, München 1970, S. 119.

**b) Artikel 231 des Versailler Vertrages, 1919:**

Die alliierten und assoziierten Regierungen erklären und Deutschland erkennt an, dass Deutschland und seine Verbündeten als Urheber für alle Verluste und Schäden verantwortlich sind, die die alliierten und assoziierten Regierungen und ihre Staatsangehörigen infolge des Krieges, der ihnen durch den Angriff Deutschlands und seiner Verbündeten aufgezwungen wurde, erlitten hat.

Zit. nach: Geschichte in Quellen, Bd. 5: Weltkriege und Revolutionen 1914 bis 1945, hrsg. v. W. Lautemann/M. Schlenke, München 1970, S. 134.

**c) Bilanz der deutschen Reparationszahlungen (in Mrd. RM):**

| Zeitraum | Deutsche Bewertung | Alliierte Bewertung |
|---|---|---|
| bis 31. 8. 1924 | 42,0 | 9,6 |
| 1. 9. 24–31. 8. 1929 | 8,0 | 7,6 |
| 1. 9. 29–30. 6. 1931 | 3,1 | 2,8 |
| Besatzungskosten | 2,0 | 0,8 |
| Insgesamt | 55,1 | 20,8 |

Die unterschiedliche Bewertung bezog sich auf:
- Sachleistungen im Rahmen der Abwicklung von 1921 bis 1931
- beschlagnahmte Gegenstände, Eisenbahnen und andere Vermögensgegenstände in den ehemals deutschen Gebieten, in den besetzten Gebieten usw.

Zit. nach: Friedrich Wilhelm Henning, Das industrialisierte Deutschland 1914–1992, Paderborn 1993, S. 123 f.

1. Werten Sie die Karte zum Versailler Vertrag (8) unter den Aspekten Gebietsverluste, Reparationen und Souveränitätsbeschränkungen aus.
2. Beurteilen Sie Lloyd Georges Bedenken gegen den Versailler Vertrag (10a). Überlegen Sie, warum Frankreich eine weniger gemäßigte Haltung gegenüber Deutschland einnahm. Ziehen Sie dazu die Karikatur (9) heran.
3. Nehmen Sie zu der Position des Art. 231 Stellung. Berücksichtigen Sie in Ihrer Abwägung die Frage der Verantwortlichkeit für den Kriegsausbruch sowie die Tatsache, wo der Krieg überwiegend stattfand.
4. Erklären Sie, wieso die deutsche und die alliierte Seite die Reparationsleistungen unterschiedlich bewerteten.

## 1.3 Die Krisenanfälligkeit der Weimarer Republik

**Das Krisenjahr 1923**

Entgegen den Erwartungen mancher politischer Beobachter überstand die Weimarer Republik nach den schweren politischen Kämpfen ihrer Gründerzeit auch das dramatische Krisenjahr 1923: die Ruhrbesetzung durch französische Truppen und den »passiven Widerstand« der Bevölkerung, die dadurch bedingte Steigerung der Nachkriegsinflation zu einer Hyperinflation, die konservative Diktatur in Bayern (Kahr-Regime), Umsturzversuche von links (KPD in Sachsen und Thüringen) und rechts (Hitler-Ludendorff-Putsch in München), separatistische Unruhen im Rheinland, die Währungsreform (provisorische »Rentenmark«, 1924 goldgedeckte »Reichsmark«) und schließlich den Sturz der Regierung der »großen Koalition« (SPD – Zentrum – DDP – Deutsche Volkspartei) und ihres erfolgreichen Kanzlers, des DVP-Vorsitzenden Gustav Stresemann, der sich vom Monarchisten zum »Vernunftrepublikaner« gewandelt hatte.

**11** 1923 – das Krisenjahr der Weimarer Republik

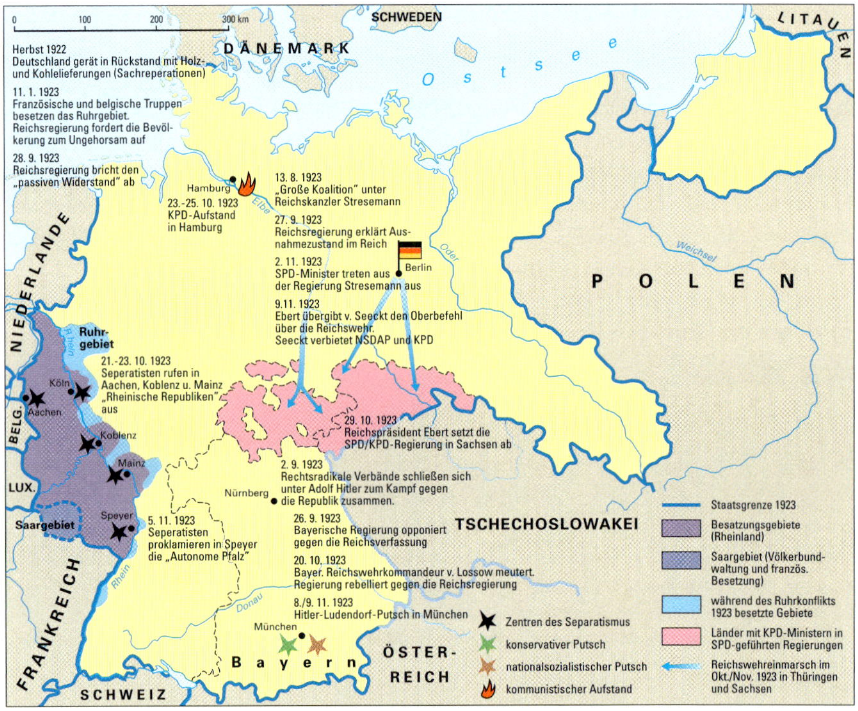


## Trügerischer Aufschwung

Danach trat zwischen 1924 und 1929 eine spürbare allgemeine Stabilisierung ein, bedingt durch die Währungsreform, den Dawes-Plan (1924), das Vertragswerk von Locarno (1925), die Aufnahme Deutschlands in den Völkerbund (1926), einen Wirtschaftsaufschwung mithilfe ausländischer Kredite und Fortschritte in der Sozialpolitik. Die politische Entwicklung beruhigte sich, was auch in der modernen Kunst seinen Niederschlag fand (»Neue Sachlichkeit«). Hinter den äußerlich sichtbaren Erfolgen der Stabilisierungsjahre verbarg sich jedoch weiterhin eine beträchtliche wirtschaftliche und politische Krisenanfälligkeit:

- Die Finanzierung des Wirtschaftsaufschwungs sowie der staatlichen Sozial- und Infrastrukturpolitik mittels ausländischer, insbesondere amerikanischer Kredite war äußerst problematisch. 1929 erreichte die deutsche Auslandsverschuldung einen Umfang von 25 Mrd. RM, darunter kurzfristige Anleihen in Höhe von 12 Mrd. RM, die von den deutschen Banken jedoch zu einem erheblichen Teil langfristig weitervergeben wurden. Ein Abzug der kurzfristigen Auslandskredite musste daher verheerende finanz- und wirtschaftspolitische Folgen haben. In der Industrie wurde kräftig rationalisiert, sodass die Arbeitslosigkeit im Durchschnitt der Jahre 1924–1929 bereits bei 1,4 Mio. ( = 6,5 %) lag. Die verschuldete, überwiegend unrentabel arbeitende Landwirtschaft litt seit 1927 unter einer weltweiten Überproduktionskrise. So ruhte also die wirtschaftliche Entwicklung in

Deutschland schon vor 1929 nicht auf einem soliden Fundament.

Im Reichstag gab es, wie schon in der Kaiserzeit, keine klare Trennung zwischen Regierungs- und Oppositionsfraktionen, und Koalitionskompromisse waren unbeliebt, was häufig zu Regierungskrisen führte. Die liberalen Parteien DDP und DVP (letztere besonders nach Stresemanns Tod 1929) rückten unter dem Eindruck anhaltender Wählerverluste politisch allmählich nach rechts; auch im Zentrum setzte sich der konservative Flügel durch. Wie stark der Versailler Vertrag, die Kriegsunschulds- und die Dolchstoßlegende, die Inflation und die Funktionsprobleme des Parlamentarismus das Ansehen der Demokratie im Volk beschädigt hatten, zeigte sich besonders 1925, als ausgerechnet der populäre ehemalige OHL-Chef, Monarchist und prominenteste Miturheber der Dolchstoßlegende, Generalfeldmarschall a. D. Paul von Hindenburg (1847–1934), vom Volk direkt auf sieben Jahre zum 2. Reichspräsidenten gewählt wurde – wenn auch mit knapper Mehrheit. Trotz bekundeter Verfassungstreue verstand sich der neue Präsident insgeheim als Statthalter der Monarchie und umgab sich nur mit konservativen, monarchistischen, antidemokratischen Mitarbeitern und Beratern (in der kritischen Presse »Kamarilla« genannt). Dazu zählten insbesondere Otto Meissner (Staatssekretär), Hindenburgs Sohn Oskar (Oberst und Adjutant seines Vaters), Kurt von Schleicher (General im Reichswehrministerium) und Elard von Oldenburg-Januschau (einflussreicher Vertreter der ostelbischen Gutsbesitzer und Freund Hindenburgs).

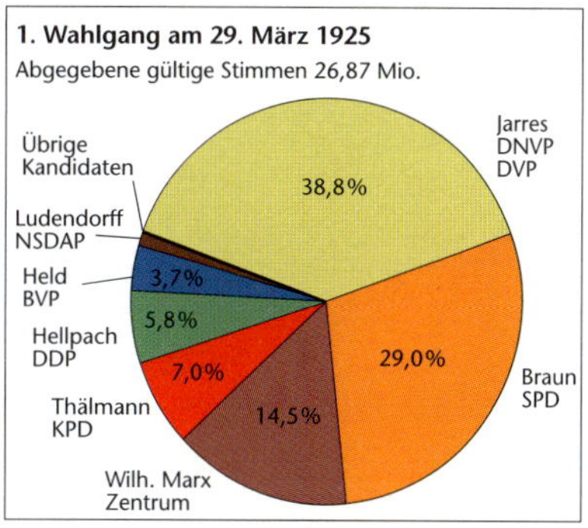


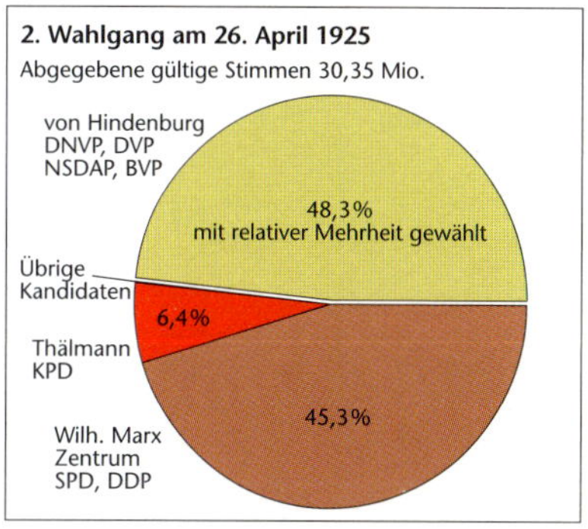


**12 Reichspräsidentenwahl 1925**

## 13 Das Parteienspektrum der Weimarer Republik

**a) Der Historiker Friedrich-Wilhelm Henning über die politische Ausrichtung der Parteien während der Weimarer Republik, 1993:**

*Politische Parteien und Gruppierungen* waren gerade wegen ihrer Vielfalt ein die Weimarer Zeit prägendes Moment. Sie spiegelten aber auch die sozialen und politischen Probleme wider. Wie schon in den letzten Jahrzehnten vor dem Ersten Weltkrieg blieben bis 1930 vier politische Richtungen entscheidend, die dann ab 1930 durch die NSDAP ergänzt wurden:

– *Linksparteien*, sich auf die Grundlinien des Marxismus berufend, diesen allerdings unterschiedlich auslegend: *Kommunisten und Sozialdemokraten*, einschließlich der »Unabhängigen« Sozialdemokraten. Die Spaltung der SPD in Kommunisten und Sozialdemokraten brachte unterschiedliche Varianten der marxistischen Ideologie zum Ausdruck, wie sie auch schon vor 1914 in innerparteilichen Auseinandersetzungen in der SPD vorhanden waren.

Der Stimmenanteil der Wähler dieser Parteien lag im Reichsdurchschnitt im Allgemeinen bei 33 bis 45 v. H., d. h. diese politische Richtung war – hemmend oder fördernd, je nach der Beurteilung der Aktivitäten – die stärkste Gruppierung für die Beeinflussung der Entwicklung der Weimarer Republik.

– Demokraten, Deutsche Volkspartei und einige Splitterparteien setzten die Tradition der nationalliberalen und der nicht auf nationale Ziele ausgerichteten *liberalen Par-*

*teien* der Zeit vor 1914 fort. Wenn auch der *Mittelstand*, das *Bürgertum*, parteimäßig sehr stark gegliedert war, so hätte es auch summiert mit einem Anteil von 15 bis 25 v. H. immer nur zusammen mit anderen Gruppierungen einen politischen Einfluss ausüben können.

– Das *Zentrum* und die Bayerische Volkspartei vereinigten den Kern der *katholischen Wählerschaft*. Der auf diese Parteien entfallende Stimmenanteil von 15 bis 20 v. H. erfasste Wähler aus fast allen Bevölkerungsschichten.

– Die Deutschnationale Volkspartei und einige andere rechte Splittergruppen setzten die politische Richtung der Konservativen aus der Vorkriegszeit fort. Ihr Anteil schwankte zwischen 10 und 25 v. H.

– Die *Nationalsozialisten* waren bis zur September-Wahl 1930 relativ unbedeutend (weniger als 10 v. H.) geblieben. In der Weltwirtschaftskrise (1929 bis 1933), vor allem als die Langfristigkeit der gedrückten wirtschaftlichen Situation deutlicher wurde, nahm die Wählerschaft der Nationalsozialisten fast sprunghaft zu.

Friedrich-Wilhelm Henning, Das industrialisierte Deutschland 1914 bis 1992, Paderborn 1993, S. 134.

**b) Ergebnisse der Reichstagswahlen 1919–1933 (Stimmenanteile):**

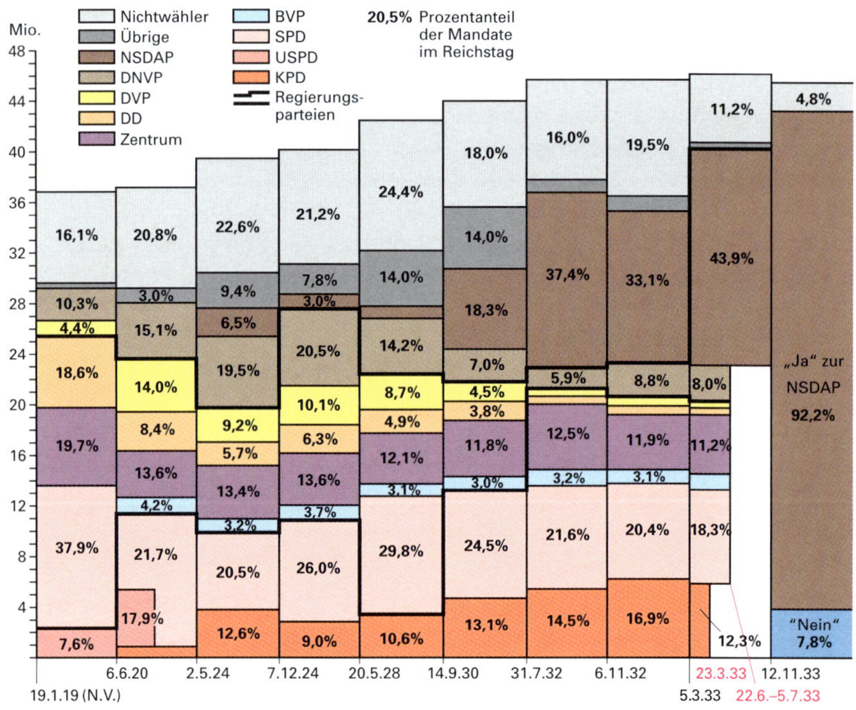


1. Werten Sie die Karte (11) aus.
2. Klassenpartei – Interessenpartei – Konfessionspartei – Volkspartei: Klären Sie die Bedeutung dieser Begriffe und untersuchen Sie ihre Anwendbarkeit auf die Weimarer Parteien (13a und b).
3. Untersuchen Sie die Entwicklung des Stimmenanteils der einzelnen Parteien. Beurteilen Sie das Wahlverhalten der deutschen Bevölkerung vor 1933 (13a und b).
4. Beschreiben Sie die Veränderung des Stimmenanteils der »Weimarer Koalition« (13a und b). Berücksichtigen Sie dabei die Tatsache, dass DDP und Zentrum ab 1930 autoritäre Präsidialregierungen (vgl. S. 119) unterstützten.

## 14 NS-Ideologie und -Taktik

**a) Aus einer programmatischen Rede Adolf Hitlers zur Wiedergründung der NSDAP, 27. Februar 1925:**
Im Jahre 1918 nach der Revolution schien zunächst fast jeder Versuch, Deutschland wieder emporzuheben, aussichtslos zu sein. […] Denn, deutsche Volksgenossen, der organisierten Macht der Internationale, die in Deutschland tatsächlich vom linken Flügel des Zentrums hinüberreicht bis zum linkesten Flügel des Marxismus, stand politisch organisiert nur eine ganz schwache Formation gegenüber, das deutsche Bürgertum.

[…] Die bürgerlichen Parteien sind die geborenen Pazifistenclubs. Damit aber fehlt ihnen […] jede Angriffsmöglichkeit. […] Sie hatten nie den Mut zu sagen: Dort liegt unser Ziel, da ist der Feind, und nun drauf und nieder mit ihm. […] Sie waren schon zufrieden, wenn bei der nächsten Reichstagswahl das Schicksal sie nicht gar zu herbe schlug. […] Der üble Geruch, der aus den Massenversammlungen emporsteigt, tat den Herren weh. […] So sind sie zu vornehm um anzugreifen. Endlich aber: Sie können nicht zum Angriff übergehen, weil sie von der gleichen Macht geleitet sind, die auch ihre Gegner führt. Glauben Sie, dass jemals eine dieser bürgerlichen Bewegungen, an deren Spitze indirekt doch fast immer Hebräer [Juden] stehen, die Kraft bekommen wird, gegen die Linke, also im Grunde genommen doch die Bruderpartei von der anderen Farbe, vorzugehen?! […]

Die bürgerlichen Bewegungen kämpfen um ihre Erhaltung, die linken für den Sieg ihres Programms, für die Durchführung ihrer Ziele […]: Zerbrechung des Vaterlandes, Vernichtung der Nation, Zertrümmerung der nationalen Wirtschaft und Aufrichtung der internationalen jüdischen Finanzhegemonie. Darin lag die Schwäche des politischen deutschen Bürgertums, dass es diesem brutalen Ziel der Vernichtung aller Werte, einschließlich der Rasse, nichts Umgekehrtes entgegenzusetzen hatte. […]

Das aber war es, was uns allen vorschwebte, als wir damals die Nationalsozialistische Deutsche Arbeiterpartei gründeten. Das Ziel war damals klar und einfach: Kampf der Teufelsmacht, die Deutschland in dieses Elend hineingestürzt, Kampf dem Marxismus sowie dem geistigen Träger dieser Weltpest und Seuche, dem Juden. […] Deshalb aber ist es praktisch notwendig, dass man *ein* Ziel aufstellt und auf dieses eine Ziel eine möglichst große Masse von Menschen vereinigt und geschlossen zum Angriff ansetzt.

[…] Dies soll schon im Namen symbolisch ausgedrückt sein. Und so wurde denn auch einst der Name Nationalsozialistische Deutsche Arbeiterpartei gewählt. »Nationalsozialistisch«, weil sich darin das oberste Ziel der Bewegung verkörpert, die Verbindung lebendigster nationaler Kraft mit reinstem sozialen Wollen […]. Und »deutsche Arbeiterpartei« hießen wir sie. Es soll in sie nur derjenige hinein, der sich nicht schämt zu sagen: Auch ich bin ein Arbeiter, ein schaffender Mensch. […]

Und deshalb wählten wir auch als Symbol das Hakenkreuz auf weißem Feld im roten Grunde […]: Das Hakenkreuz als Symbol der Arbeit, das Weiß als Zeichen unserer nationalen Gesinnung und das Rot als Zeichen unseres wahrhaft sozialen Gedankens. Im Kreuz aber soll sich noch ein weiterer Sinn zeigen, nämlich der Geist, der allein die Arbeit auf dieser Welt bedeutet, der Geist des Idealismus arischer Auffassung und nicht der Geist des Juden. […]

Zit. nach: Reden des Führers. Politik und Propaganda Adolf Hitlers 1922–1945, hrsg. v. Erhard Klöss, München 1967, S. 44–54.

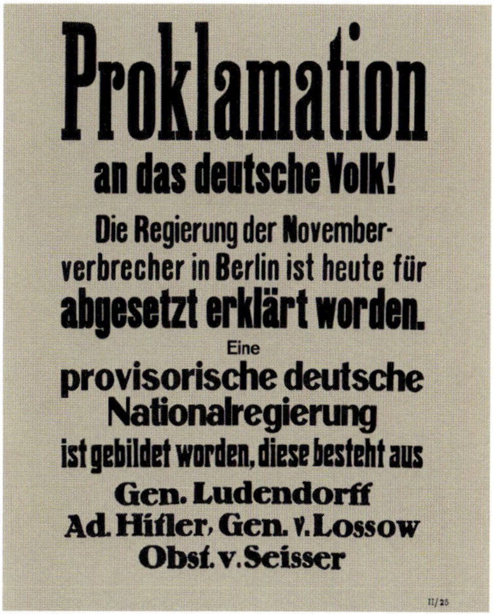


**b) Plakat zum Hitler-Ludendorff-Putsch am 8./9. November 1923**

Wir haben damals das Parlament abgelehnt, warum? Die junge Bewegung wollte nicht Parlamentarier bekommen, als vielmehr Kämpfer erziehen. Sie besaß damals die Überzeugung, dass es zu früh wäre, in diese Stätten hineinzugehen, und dass das, was uns heute Not tut, Redner, Agitatoren und Apostel sind, die in die Masse hinausgehen.

**c) Hakenkreuz-Karikatur aus »Der Wahre Jakob«, Anfang 1933**

Erläutern Sie, wie der Karikaturist die NSDAP wahrnahm.

**d) Wandel der politischen Taktik:**

Adolf Hitler — München, den 27. Juni 1928

Kanzlei: München 13, Schellingstr. 50

An die Schriftleitungen der nationalsozialistischen Presse!

In letzter Zeit erscheinen in der nationalsozialistischen Presse hie und da Aufsätze, Gedichte usw., deren Inhalt mit dem Weg der NSDAP, den Adolf Hitler festlegte, in Widerspruch steht. Adolf Hitler hat bei der Neugründung der NSDAP im Jahre 1925 ausdrücklich erklärt, dass er mit der Partei den legalen Weg zu gehen beabsichtige und daher jedem Angehörigen derselben aufs Strikteste verboten ist, unerlaubte Waffen irgendwelcher Art zu besitzen. Adolf Hitlers Erklärungen haben nach wie vor Geltung.

Es ist somit ebenso widersinnig wie unklug, durch Presse-Veröffentlichungen bei den Mitgliedern der Partei den Eindruck zu erwecken, als werde die NSDAP eines Tages ihre Ziele auf illegalem Wege, d. h. durch Gewalt, Barrikadenkämpfe und Blut zu erreichen suchen.

Es ist im Gegenteil von Zeit zu Zeit zu betonen, dass die Lage, die im Jahre 1923 zum Staatsstreichversuch führte und die vor allem eine Folge des französischen Ruhr-Einbruchs war, endgültig vorüber ist. Adolf Hitler ist überzeugt, dass die Verhältnisse in Deutschland zwangsläufig seine Bewegung zum endgültigen Erfolg führen werden, und zwar gerade dann, wenn er den legalen Weg nicht verlässt.

Der nationalsozialistischen Presse aber obliegt die Aufgabe, nicht etwa die Mitglieder der Bewegung zu illegalen Handlungen aufzuhetzen und auf solche vorzubereiten, sondern möglichst weite Kreise des deutschen Volkes zu erfassen und aufzuklären über den ungeheuren an ihm verübten Betrug. Damit leistet sie den besten Dienst an der Bewegung und trägt sie am besten bei, dem Nationalsozialismus den Weg zur Macht zu bereiten.

Mit deutschem Gruß

Zit. nach: Albrecht Tyrell, Führer befiehl ... Selbstzeugnisse aus der »Kampfzeit« der NSDAP, Bindlach 1991, S. 289.

**e) Das SA-Kampflied »Die Sturmkolonnen«, 1928:**

Wir sind die Sturmkolonnen,
Wir gehen drauf und dran,
Wir sind die ersten Reihen,
Wir greifen mutig an.
Im Arbeitsschweiß der Stirne,
Den Magen hungerleer:
Die Hand voll Ruß und Schwielen
Umspannet das Gewehr.

So stehn die Sturmkolonnen
Zum Rassenkampf bereit.
Erst wenn die Juden bluten,
Erst dann sind wir befreit.
Kein Wort mehr von Verhandeln,
Das doch nicht helfen kann:
Mit unserm Adolf Hitler
Wir greifen mutig an.

Es lebe Adolf Hitler! Und wir marschieren schon.
Wir stürmen in dem Zeichen der deutschen Revolution.
Sprung auf die Barrikaden! Der Tod besiegt uns nur:
Wir sind die Sturmkolonnen der Hitlerdiktatur.

Zit. nach: Albrecht Tyrell, Führer befiehl ... Selbstzeugnisse aus der »Kampfzeit« der NSDAP, Bindlach 1991, S. 288 f.

1. Arbeiten Sie anhand von 14a und b die Feindbilder der NSDAP heraus und erläutern Sie die nach Hitlers Ansicht zwischen ihnen bestehenden Zusammenhänge.
2. Informieren Sie sich über die Geschichte und den Bedeutungswandel des Hakenkreuz-Symbols. Vergleichen Sie Ihre Informationen mit Hitlers Deutung (14a).
3. Vergleichen Sie die Begriffsbestimmung »Sozialismus« (S. 56) mit Hitlers Bestimmung des Begriffs »nationalsozialistisch« (14a).
4. Nehmen Sie zu Hitlers Argumentation in 14a (Begriffe, Logik, historische Richtigkeit) mithilfe der Methodenschulung »Ideologiekritik« (S. 194) kritisch Stellung.
5. Geben Sie den Inhalt des Rundschreibens der Parteikanzlei (14d) wieder und erläutern Sie seine politische Bedeutung und Funktion.
6. Fassen Sie die politische Botschaft des »SA-Kampfliedes« (14e) zusammen. Achten Sie auf Schlüsselbegriffe.
7. Charakterisieren Sie das Bild, das die NSDAP nach Hitlers Willen in der Öffentlichkeit abgeben soll. Überlegen Sie, welche Wählerschichten damit angesprochen werden sollen. Erläutern Sie, inwiefern 14c, d und e die NSDAP in unterschiedlicher Weise beleuchten.

## 15 Außenpolitische Konzepte

**a) Der langjährige Außenminister und DVP-Vorsitzende Gustav Stresemann an den im holländischen Exil lebenden Kronprinzen Wilhelm, 7. September 1925:**

Die deutsche Außenpolitik hat nach meiner Auffassung für die nächste absehbare Zeit drei große Aufgaben: Einmal die Lösung der Reparationsfrage in einem für Deutschland erträglichen Sinne und die Sicherung des Friedens, die die Voraussetzung für eine Wiedererstarkung Deutschlands ist.

Zweitens rechne ich dazu den Schutz der Auslandsdeutschen, jener 10–12 Millionen Stammesgenossen, die jetzt unter fremdem Joch in fremden Ländern leben.

Die dritte große Aufgabe ist die Korrektur der Ostgrenzen: die Wiedergewinnung von Danzig, vom polnischen Korridor und eine Korrektur der Grenze in Oberschlesien.

Im Hintergrunde steht der Anschluss von Deutsch-Österreich. […]

Wollen wir diese Ziele erreichen, so müssen wir uns aber auch auf diese Aufgaben konzentrieren. Daher der Sicherheitspakt*, der uns einmal den Frieden garantieren und England sowie, wenn Mussolini mitmacht, Italien als Garanten der deutschen Westgrenze festlegen soll. Der Sicherheitspakt birgt andererseits in sich den Verzicht auf eine kriegerische Auseinandersetzung mit Frankreich wegen der Rückgewinnung Elsass-Lothringens, ein deutscher Verzicht, der aber insoweit nur theoretischen Charakter hat, als keine Möglichkeit eines Krieges gegen Frankreich besteht. […]

Das Wichtigste ist […] das Freiwerden deutschen Landes von fremder Besatzung. Wir müssen den Würger erst vom Halse haben. Deshalb wird die deutsche Politik […] zunächst darin bestehen müssen, zu finassieren [Ränke schmieden] und den großen Entscheidungen auszuweichen.

* Gemeint sind die Locarno-Verträge

Zit. nach: Wolfgang Michalka/Gottfried Niedhart (Hrsg.), Die ungeliebte Republik. Dokumente zur Innen- und Außenpolitik Weimars 1918–1933, München 1980, S. 162 ff.

**b) Hitler in seinem Buch »Mein Kampf« (Bd. 1: 1925, Bd. 2: 1927) über seine außenpolitischen Ziele:**

Die Außenpolitik des völkischen Staates hat die Existenz der durch den Staat zusammengefassten Rasse auf diesem Planeten sicherzustellen, indem sie zwischen der Zahl und dem Wachstum des Volkes einerseits und der Größe und Güte des Grund und Bodens andererseits ein gesundes, lebensfähiges, natürliches Verhältnis schafft.

Als gesundes Verhältnis darf dabei immer nur jener Zustand angesehen werden, der die Ernährung eines Volkes auf eigenem Grund und Boden sichert. […]

**c)** **»Er schaut nach rechts, er schaut nach links – er wird mich retten.«** – Stresemann geleitet den »Deutschen Michel«. Karikatur aus dem »Simplicissimus«, 14.5.1925. Stresemann erhielt 1926 den Friedensnobelpreis.

Die nationalsozialistische Bewegung [...] muss dann, ohne Rücksicht auf »Traditionen« und Vorurteile, den Mut finden, unser Volk und seine Kraft zu sammeln zum Vormarsch auf jener Straße, die aus der heutigen Beengtheit des Lebensraumes dieses Volk hinausführt zu neuem Grund und Boden und damit auch für immer von der Gefahr befreit, auf dieser Erde zu vergehen oder als Sklavenvolk die Dienste anderer besorgen zu müssen. [...] Die Forderung nach Wiederherstellung der Grenzen des Jahres 1914 ist ein politischer Unsinn von Ausmaßen und Folgen, die ihn als Verbrechen erscheinen lassen. [...]

Die Grenzen des Jahres 1914 bedeuten für die Zukunft der deutschen Nation gar nichts. In ihnen lag weder ein Schutz der Vergangenheit, noch läge in ihnen eine Stärke für die Zukunft. [...] Demgegenüber müssen wir Nationalsozialisten unverrückbar an unserem außenpolitischen Ziele festhalten, nämlich dem deutschen Volk den ihm gebührenden Grund und Boden auf dieser Erde zu sichern. [...]

Staatsgrenzen werden durch Menschen geschaffen und durch Menschen geändert. [...] Deutschland wird entweder Weltmacht oder überhaupt nicht sein. [...]

Damit ziehen wir Nationalsozialisten bewusst einen Strich unter die außenpolitische Richtung unserer Vorkriegszeit. Wir setzen dort an, wo man vor sechs Jahrhunderten endete. Wir stoppen den ewigen Germanenzug nach dem Süden und Westen Europas und weisen den Blick nach dem Land im Osten. Wir schließen endlich ab die Kolonial- und Handelspolitik der Vorkriegszeit und gehen über zur Bodenpolitik der Zukunft.

[...] Das Riesenreich im Osten ist reif zum Zusammenbruch. Und das Ende der Judenherrschaft in Russland wird auch das Ende Russlands als Staat sein. Wir sind vom Schicksal ausersehen, Zeugen einer Katastrophe zu werden, die die gewaltigste Bestätigung für die Richtigkeit der völkischen Rassentheorie sein wird.

Zit. nach: Werner Conze, Der Nationalsozialismus. Teil I: 1919–1934, Stuttgart 1959, S. 30f.

1. Vergleichen Sie Stresemanns und Hitlers außenpolitische Konzepte unter den Gesichtspunkten Ziele, Begründungen, Methoden (15a und b). Ziehen Sie dabei eine Geschichtskarte (Europa in den 1920er-Jahren) heran.
2. Setzen Sie sich mit Hitlers »Lebensraum«-Ideologie (15b) aus Sicht der liberalen Ökonomie (Marktwirtschaft, Freihandelsprinzip) kritisch auseinander.
3. Beurteilen Sie beide Konzepte unter ethisch-moralischen Gesichtspunkten.
4. Beschreiben Sie die Karikatur (15c) und ordnen Sie den Karikaturisten politisch ein.

## 1.4 Die Staats- und Wirtschaftskrise 1930/32 und der Aufstieg der NSDAP zur Macht

Seit den Reichstagswahlen von 1928 regierte eine »große Koalition« aus SPD, Zentrum, BVP (der katholischen Bayerischen Volkspartei), DDP und DVP unter Reichskanzler Hermann Müller (SPD). Ab Ende Oktober 1929 sorgte die größte Weltwirtschaftskrise im 20. Jahrhundert dafür, dass auch in Deutschland binnen kurzem Produktion und Beschäftigung stark zurückgingen. Im Winter 1929/30 gab es bereits über 3 Mio. Arbeitslose, für die die Mittel der erst 1927 eingerichteten Arbeitslosenversicherung nicht ausreichten. Der Koalitionsstreit über die Lösung dieses Problems – entweder durch Beitragserhöhungen (so die arbeitnehmerorientierte SPD) oder durch Leistungskürzungen (so die großindustriell dominierte DVP) – endete am 27. März 1930 mit dem Rücktritt der Regierung.

**16 »Der Reichstag wird eingesargt«.** Collage von John Heartfield, 1932.

Zu diesem Zeitpunkt suchten Hindenburgs Berater bereits nach einer Möglichkeit zur Beseitigung der Demokratie mithilfe des Art. 48 der Weimarer Verfassung. Unter dem Vorwand einer kraftvollen Krisenbekämpfung sollte die neue Regierung daher nicht mehr vom Parlament, sondern nur noch vom Reichspräsidenten abhängig sein. Sie installierten ein bürgerliches Minderheitskabinett von der DDP bis zum gemäßigten Flügel der DNVP; für das Amt des »Präsidialkanzlers« hatte man den namhaften Zentrumspolitiker Heinrich Brüning (1885–1970) gewonnen. Der Basiskompromiss von 1919 zwischen sozialdemokratischer Arbeiterbewegung, liberalem Bürgertum und politischem Katholizismus war zerbrochen. Als Brünings vor allem die Arbeitnehmer und die Arbeitslosen belastende Gesetzvorlagen (Steuererhöhungen, Ausgabenkürzungen) im Reichstag scheiterten, ließ er sie in Form einer präsidialen Notverordnung nach Art. 48 in Kraft treten. Die Aufhebung dieser Notverordnung durch den Reichstag am 18. Juli 1930 beantwortete Hindenburg noch am selben Tag mit der Parlamentsauflösung; anschließend setzte er die Notverordnung wieder in Kraft. Die parlamentarische Demokratie war ausgehebelt.

## Dauerkrise

Vor diesem Hintergrund geriet die Weimarer Republik in eine Dauerkrise, in der sich ökonomische, soziale und politische Entwicklungen überlagerten und gegenseitig aufschaukelten:

- Die durch den Abzug ausländischer Kredite zusätzlich verschärfte Wirtschaftskrise zeitigte immer verheerendere soziale Folgen. Bis zum Frühjahr 1932 stieg die Zahl der registrierten Arbeitslosen auf über 6 Mio., zu denen man noch etwa 1 Mio. »versteckte« (d. h. statistisch noch nicht oder nicht mehr erfasste) Arbeitslose hinzurechnen muss. Das Einkommen von Millionen Familien lag beim Existenzminimum oder sogar darunter.
- Die Politik des Präsidialkanzlers Brüning (bis Mai 1932) zielte in erster Linie auf außenpolitische Erfolge. Um eine endgültige Streichung der Reparationen zu erreichen, wollte er Deutschlands Zahlungsunfähigkeit demonstrieren. Daher verfolgte er in wirtschafts- und finanzpolitischer Hinsicht eine eiserne Deflationspolitik, wohingegen er Vorschläge für eine aktive Konjunkturpolitik ablehnte. Dadurch wurden die Auswirkungen der Weltwirtschaftskrise noch verschlimmert.
- Die Ergebnisse der Reichstagswahl vom September 1930, der Reichspräsidentenwahl vom April 1932 und der Reichstagswahl vom Juli 1932 markierten eine rapide politische Radikalisierung und Polarisierung: Neben einem kometenhaften Aufstieg der NSDAP zur stärksten politischen Partei war auch ein stetiges Anwachsen der kommunistischen Wählerstimmen zu beobachten.

**17** **»Das Firmenschild. Vor den Proleten und vor den zahlungskräftigen Kreisen«**, Karikatur von Jacobus Belsen aus »Der Wahre Jakob«, 1931.

Brünings Nachfolger Franz von Papen (Juni–November 1932) trieb die Demontage der Demokratie weiter voran. Er löste den Reichstag vorzeitig auf und setzte am 20. Juli 1932 unter Missbrauch des Art. 48 die sozialdemokratisch geführte preußische Landesregierung ab. SPD und Gewerkschaften verzichteten auf Widerstand, weil sie einen Generalstreik bei über 6 Mio. Arbeitslosen für wirkungslos hielten, dem Bündnisangebot der KPD misstrauten und einen Bürgerkrieg fürchteten. Hitler zog daraus die Lehre, dass er zu gegebener Zeit die Diktatur ohne Widerstand einführen konnte, wenn er dabei zumindest dem Anschein nach legal vorging.

Die uniformierten Wehrverbände der KPD (»Roter Frontkämpferbund«) und der NSDAP (»SA«) lieferten sich immer häufiger (meist von den Nationalsozialisten provozierte) Saalschlachten, Straßenkrawalle, Überfälle und Schießereien. Die Polizei bekam diese bürgerkriegsähnlichen Zustände nicht in den Griff.

Nach den Wahlerfolgen seit 1928 verlor die NSDAP bei der Reichstagswahl vom November 1932 erstmals wieder an Stimmen. Sie schien ihren Höhepunkt überschritten zu haben, sodass die Demokraten wieder Hoffnung schöpften. Da weitere Reichstagsauflösungen vermieden werden sollten, musste Papen gehen, blieb aber Hindenburgs Vertrauter. Hitler forderte erneut vergeblich die Präsidialkanzlerschaft für sich. Neuer Reichskanzler wurde Schleicher, der strategische Kopf der Präsidentenberater. Er bemühte sich notgedrungen um eine Verständigung mit dem Parlament, versprach eine sozialere Politik als seine Vorgänger und versuchte so die gewerkschaftlich orientierten Abgeordneten von SPD, DDP, Zentrum und NSDAP (an Hitler vorbei!) hinter sich zu bringen. Diese (von Schwerindustriellen und Großagrariern heftig kritisierten) »Querfront«-Pläne scheiterten sowohl am Widerstand Hitlers als auch am Misstrauen der SPD-Führung gegenüber Schleicher.

Schließlich konnten alte Machteliten in Wirtschaft, Politik, Militär und Bürokratie v. Papen für die Vermittlung einer NSDAP-DNVP-Regierung gewinnen. Sie lehnten die Demokratie ab und sehnten sich nach einem starken monarchistischen Staat, der ihnen ihre frühere gesellschaftliche Stellung zurückgeben, die Linke und die Gewerkschaften ausschalten, die deutsche Wirtschaft mithilfe von Staatsaufträgen (besonders im Rüstungssektor) aus der Krise führen und Deutschland als Großmacht wiederherstellen sollte. Sie glaubten die NSDAP »einrahmen« und für ihre Zwecke benutzen zu können, obwohl bekannt war, dass Hitler keine Monarchie, sondern einen völkischen »Führerstaat« anstrebte. Hitler und Papen einigten sich weitgehend am 4. Januar 1933; danach umwarben sie er-

**18** **Plakatierung des NSDAP-Wahlplakats** zur Reichspräsidentenwahl 1932. Am 10. April wurde Hindenburg mit 53 % der Stimmen wiedergewählt. Hitler brachte es auf 36,8 %.

folgreich den DNVP-Vorsitzenden Hugenberg. Der greise Hindenburg gab dem Druck seiner Berater schließlich nach – am 28. Januar entließ er Schleicher, zwei Tage später ernannte er widerwillig die neue Regierung. Ihr gehörten nur drei Nationalsozialisten an – in machtpolitisch wichtigen Ämtern allerdings: Reichskanzler Hitler bestimmte die Richtlinien der Politik, Innenminister Frick war z B. für die Vorbereitung und Durchführung von Parteienverboten zuständig, und der Minister ohne Geschäftsbereich Göring wurde gleichzeitig kommissarischer preußischer Innenminister, also Chef der größten deutschen Polizei.

## 19 Die Krise des Parlamentarismus

**a) Die Artikel 25, 48 und 54 der Weimarer Verfassung:**

*Art. 25:* Der Reichspräsident kann den Reichstag auflösen, jedoch nur einmal aus dem gleichen Anlass.

*Art. 48:* Wenn [eines der 18 Reichsländer] die ihm nach der Reichsverfassung oder den Reichsgesetzen obliegenden Pflichten nicht erfüllt, kann der Reichspräsident es dazu mithilfe der bewaffneten Macht anhalten.

Der Reichspräsident kann, wenn im Deutschen Reiche die öffentliche Sicherheit und Ordnung erheblich gestört oder gefährdet wird, die zur Wiederherstellung der öffentlichen Sicherheit und Ordnung nötigen Maßnahmen treffen, erforderlichenfalls mithilfe der bewaffneten Macht einschreiten. Zu diesem Zwecke darf er vorübergehend die [...] Grundrechte ganz oder zum Teil außer Kraft setzen.

*Art 54:* Der Reichskanzler und die Reichsminister bedürfen zu ihrer Amtsführung des Vertrauens des Reichstags. Jeder von ihnen muss zurücktreten, wenn ihm der Reichstag durch ausdrücklichen Beschluss sein Vertrauen entzieht.

| | Gesetze | Notverordnungen | Reichstagssitzungen |
|---|---|---|---|
| 1930 | 98 | 5 | 94 |
| 1931 | 34 | 44 | 41 |
| 1932 | 5 | 60 | 13 |

**b) Reguläre Gesetzgebung und Notverordnungspraxis 1930–1932**

1. Der Reichspräsident der Weimarer Verfassung ist auch als »Ersatzkaiser« bezeichnet worden. Kommentieren Sie diesen Begriff anhand der Darstellung des VT, der entsprechenden Verfassungsartikel (19a) und der Statistik 19b.
2. Erörtern Sie, inwiefern es sich bei dem Art. 54 der Weimarer Verfassung um den »Kernsatz des parlamentarischen Regimes« handelt (19a).
   Klären Sie in diesem Zusammenhang, was die »Präsidialkabinette« für das von der Verfassung angestrebte »Gleichgewicht« zwischen Parlament und Reichspräsident bedeuteten.

## 20 Die Wirtschaftskrise und ihre Auswirkungen

**Die Krise in wirtschafts- und sozialstatistischen Daten (1928–1934):**

| Jahr | Index der Industrieproduktion | Exporte (in Mrd. Mark) | Importe (in Mrd. Mark) | Index d. gesamten Sozialproduktes | Wohnungsbau (neugebaute Wohnungen in 100 000) | Bruttoverdienst d. Arbeiter (Reallöhne pro Woche) | Preisindex für Lebenshaltung | Streiks (verlorene Arbeitstage in 1 000) | Arbeitslosigkeit (in Mio. und %) | Delikte pro 100 000 Pers. (Diebstahl, Unterschlagung) |
|---|---|---|---|---|---|---|---|---|---|---|
| 1928 | 100 | 12,0 | 13,9 | 100 | 3,30 | 100 | 100 | 8,5 | 1,3 (6,3) | 247 |
| 1929 | 100 | 13,5 | 13,6 | 95 | 3,38 | 102 | 102 | 1,8 | 1,8 (8,5) | 260 |
| 1930 | 87 | 12,0 | 10,3 | 91 | 3,30 | 97 | 95 | 3,6 | 3,0 (14,0) | 274 |
| 1931 | 70 | 9,6 | 6,7 | 80 | 2,51 | 94 | 86 | 1,5 | 4,5 (21,9) | 276 |
| 1932 | 58 | 5,7 | 4,6 | 76 | 1,59 | 86 | 76 | 1,1 | 5,6 (29,9) | 300 |
| 1933 | 66 | 4,8 | 4,1 | 86 | 2,02 | 91 | 74 | 0,07 | 4,8 (25,9) | 251 |
| 1934 | 83 | 4,1 | 4,4 | 93 | 3,19 | 95 | 77 | – | 2,7 (13,5) | 187 |

D. Petzina/W. Abelshauser/A. Faust, Sozialgeschichtliches Arbeitsbuch III: Materialien zur Statistik des Deutschen Reiches 1914–1945, München 1978.

1. Beschreiben Sie die wirtschaftlichen und sozialen Folgen der Krise und die zwischen ihnen bestehenden Zusammenhänge.
2. Zwischen 1928 und 1932 stieg die Zahl der Selbstmorde pro 100 000 Einwohner bei Männern von 36,4 auf 41,6 und bei Frauen von 14,6 auf 17,4. Setzen Sie diese Zahlen in Beziehung zu der Tabelle (20).

## 21 Wähler und Mitglieder der NSDAP

**a)** Das Sozialprofil der NSDAP-Mitglieder 1930–1933:

| Erwerbstätige | Im Reichsgebiet (Volkszählung von 1925) | | In der NSDAP vor dem 14.9.1930 | | Unter den neuen NSDAP-Mitgl. (zw. 14.9.1930 und 30.1.1933) | |
|---|---|---|---|---|---|---|
| | | v. H. | | v. H. | | v. H. |
| Arbeiter | 14 443 000 | 45,1 | 34 000 | 28,1 | 233 000 | 33,5 |
| Selbstständige | | | | | | |
| a) Land u. Forstwirtschaft (Landwirte) | 2 203 000 | 6,7 | 17 100 | 14,1 | 90 000 | 13,4 |
| b) Industrie u. Handwerk (Handwerker und Gewerbetreibende) | 1 785 000 | 5,5 | 11 000 | 9,1 | 56 000 | 8,4 |
| c) Handel u. Verkehr (Kaufleute) | 1 193 000 | 3,7 | 9 900 | 8,2 | 49 000 | 7,5 |
| d) Freie Berufe | 477 000 | 1,5 | 3 600 | 3,0 | 20 000 | 3,0 |
| Beamte | | | | | | |
| a) Lehrer | 334 000 | 1,0 | 2 000 | 1,7 | 11 000 | 1,7 |
| b) andere | 1 050 000 | 3,3 | 8 000 | 6,6 | 36 000 | 5,5 |
| Angestellte | 5 087 000 | 15,9 | 31 000 | 25,6 | 148 000 | 22,1 |
| Mithelfende Fam.-Angehörige (meist weibl.) | 5 437 000 | 17,3 | 4 400 | 3,6 | 27 000 | 4,9 |
| Insgesamt | 32 009 000 | 100 | 121 000 | 100 | 670 000 | 100 |

Aus: Martin Broszat, Der Staat Hitlers, München 1969, S. 51.

**b)** Wählerwanderung zur NSDAP:

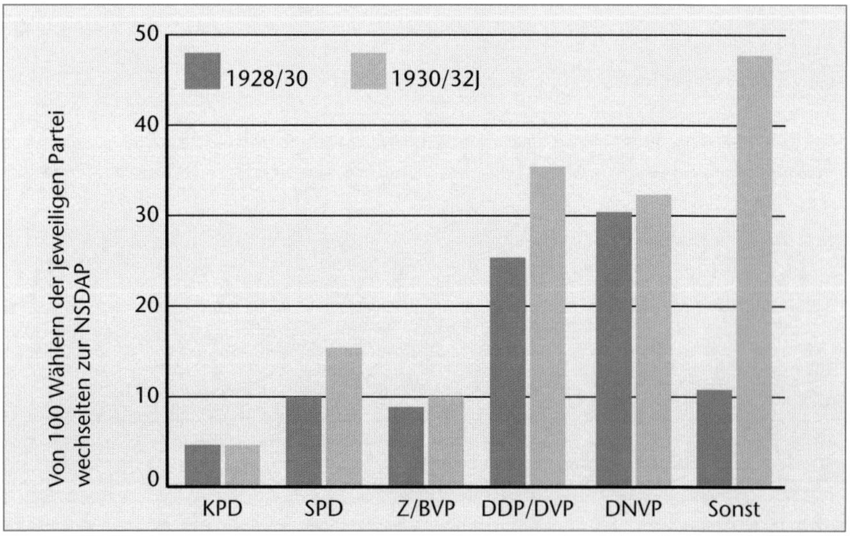


Aus: Jürgen W. Falter, Hitlers Wähler, München 1991, S. 113.

1. Stellen Sie fest, welche Berufsgruppen in der NSDAP vor dem 14.9.1930 über-, welche unterrepräsentiert waren (21a).
2. Errechnen Sie die Anteile der Mittelschichten insgesamt, d.h. der Selbstständigen einschließlich der mithelfenden Familienangehörigen (»alter« Mittelstand) und der Beamten und Angestellten (»neuer« Mittelstand; 21a).
3. Untersuchen Sie die Veränderungen im Sozialprofil der NSDAP zwischen dem 14.9.1930 und dem 30.1.1933 und versuchen Sie diese zu erklären (21a).
4. »Arbeiterpartei« (NSDAP-Selbstbezeichnung) – »Volkspartei mit Mittelstandsbauch« (der Historiker Jürgen W. Falter) – »Schichtenspezifische Protestbewegung mit Mittelschichtenschwerpunkt« (die Historikerin Helga Grebing): Diskutieren Sie die Brauchbarkeit dieser Begriffe zur Charakterisierung der NSDAP.
5. Untersuchen Sie die Herkunft der NSDAP-Wählerstimmen (21b). Formulieren Sie eine vorsichtige, begründete Gesamtaussage.

## 22 Politisches Taktieren

**a) Theodor Duesterberg, Zweiter Bundesführer des »Stahlhelm«, über eine Besprechung am 26.1.1933:**

Am 26. Januar fand eine Besprechung Papens mit Hugenberg, Seldte [Erster Bundesführer des Stahlhelm] und mir statt. Diese eröffnete Papen mit einer kurzen Ansprache, in der er auf die zwingende Notwendigkeit einer neuen Regierung unter Hitler als Reichskanzler hinwies. Er schloss mit der Forderung, dass wir uns alle Hitler zu unterstellen hätten, auch der Stahlhelm. Seldte [...] erklärte seine grundsätzliche Bereitschaft. Ich widersprach und warnte vergeblich vor der Dynamik der Hitler'schen Natur und seiner fanatischen Massenbewegung. Hugenberg suchte meine Gedanken mit dem Hinweis zu entkräften, dass ja nichts passieren könne. Hindenburg bliebe Reichspräsident und Oberbefehlshaber der Wehrmacht, Papen würde Vizekanzler, er übernähme die ganze Wirtschaft, einschließlich der Landwirtschaft, Seldte das Arbeitsministerium, »Wir rahmen also Hitler ein«. Mit einem drastischen Witz sagte ich prophetisch Hugenbergs persönliches Schicksal voraus. Er würde eines Nachts in Unterhosen durch die Ministergärten vor der Festnahme flüchten müssen. Alles war vergeblich! Der altrömische politische Erfahrungssatz »Principiis obsta« (»Du sollst den Anfängen widerstehen«) war durch die neuzeitliche Asphaltweisheit von dem »Chance-Geben« verdrängt. Der unmögliche Hitler würde sich ja bald selbst unmöglich machen, war die Beruhigungspille für die im Innersten selbst gehegten Bedenken.

**b) »Nationalistische Lüge und Wahrheit«.** Zeichnung von Oskar Theuer aus »Ulk«, 1921.

Zit. nach: Theodor Duesterberg, Der Stahlhelm und Hitler, Wolfenbüttel/Hannover 1949, S. 38f.

1. Beurteilen Sie die Karikatur 17 im Lichte der programmatischen Texte und des Parteinamens der NSDAP.
2. Erläutern Sie das »Einrahmungskonzept der Konservativen (22a).
3. Zeigen Sie auf, inwiefern man die Zeichnung von 1921 (22b) als »prophetisch« bezeichnen kann.

## 23 Der Aufstieg des Nationalsozialismus im Urteil der Historiker

**a) Heinrich August Winkler, 1993:**

Seit Hindenburg 1925 erstmals in das höchste Staatsamt gewählt worden war, gab es keine Gewähr mehr dafür, dass der Reichspräsident sich im Ernstfall als Hüter des Geistes der Verfassung erweisen würde. Die parlamentarische Demokratie zerbrach fünf Jahre später daran, dass sie das Gros der Machteliten gegen sich und die demokratischen Parteien nicht mehr entschieden hinter sich hatte. Die anschließende Radikalisierung war eine zwangsläufige Reaktion auf die wirtschaftliche Depression und die Verselbstständigung der Exekutivgewalt. Nicht zwangsläufig war die Machtübertragung an Hitler. Aber um die Katastrophe abzuwenden, die am 30. Januar 1933 begann, hätte es eines tragfähigen antitotalitären Konsenses zwischen der Präsidialmacht und der demokratischen Minderheit des Parlaments bedurft. Dass es dieses Mindestmaß an Übereinstimmung nicht gab, hat den Weg für Hitler frei gemacht. [...]

Als Weimar in seine Endkrise eintrat, hatte die Sozialdemokratie einen ihrer Partner aus der parlamentarischen Gründungskoalition, den liberalen, [...] bereits verloren. Der andere Partner, das Zentrum, rückte immer mehr nach rechts und gab sich schließlich der Illusion hin, es sei seine Mission, die Nationalsozialisten in einer Koalition zu zähmen. Damit war die Isolierung der Sozialdemokraten komplett. Wenn es eine Hauptursache für das Scheitern Weimars gibt, liegt sie hier: Die Republik hatte ihren Rückhalt im Bürgertum weitgehend eingebüßt, und ohne hinreichend starke bürgerliche Partner konnte der gemäßigte Flügel der Arbeiterbewegung die Demokratie nicht retten.

Heinrich August Winkler, Weimar 1918–1933. Die Geschichte der ersten deutschen Demokratie, München 1993, S. 609 f.

**b) Hagen Schulze, 1994:**

Woran ist also Weimar gescheitert? Die Antwort ist nicht mit letzter wissenschaftlicher Präzision zu geben, aber einiges lässt sich doch ausmachen: Die wichtigsten Gründe liegen auf dem Feld der Mentalitäten, der Einstellungen und des Denkens. In der Mitte des Ursachenbündels finden sich eine Bevölkerungsmehrheit, die das politische System von Weimar auf die Dauer nicht zu akzeptieren bereit war, sowie Parteien und Verbände, die sich den Anforderungen des Parlamentarismus nicht gewachsen zeigten. Die Ursachen für diese Defekte dürften überwiegend in langfristigen, aus den besonderen Bedingungen der preußisch-deutschen Geschichte zu erklärenden Zusammenhängen zu suchen sein, verstärkt durch die Entstehungsbedingungen des Weimarer Staatswesens und seiner außenpolitischen Belastungen. [...] Die antirepublikanischen Tendenzen in Armee, Bürokratie und Justiz waren grundsätzlich beherrschbar, eine Frage des Machtbewusstseins von Parteien und Regierung. Die gesellschaftlichen und wirtschaftlichen Rahmenbedingungen waren hauptsächlich langfristig wirksam, indem sie auf die Mentalitäten von Bevölkerung und einzelnen Gruppen einwirkten; aktuelle ökonomische Krisen verstärkten die destabilisierenden Momente, verursachten sie aber nicht.

Lapidar lässt sich also schließen: Bevölkerung, Gruppen, Parteien und einzelne Verantwortliche haben das Experiment Weimar scheitern lassen, weil sie falsch dachten und deshalb falsch handelten. Auch auf dem Umweg über die Strukturanalyse gelangt man so zu dem Schluss, dass Weimar nicht schicksalhaft oder bedingt durch anonyme Sachzwänge scheitern musste – die Chance der Gruppen wie der Einzelnen, sich für Weimar zu entscheiden und dem Gesetz der parlamentarischen Demokratie zu gehorchen, nach dem man angetreten war, hat immer bestanden.

Hagen Schulze, Weimar. Deutschland 1917–1933, Neuausgabe Berlin 1994, S. 425.

Arbeiten Sie die Faktoren heraus, die Winkler und Schulze zur Erklärung des Aufstiegs des Nationalsozialismus anführen. Diskutieren Sie die Gemeinsamkeiten und Unterschiede.

# 2. HERRSCHAFTSSTRUKTUREN DES NATIONALSOZIALISMUS, DER ZWEITE WELTKRIEG UND DIE VERNICHTUNG DER EUROPÄISCHEN JUDEN

| | |
|---|---|
| 1933 | Im Juli befinden sich 27000 politische Häftlinge aufgrund eines vorbeugenden polizeilichen »Schutzhaft«-Befehls in Konzentrationslagern (KZs). Bis Ende Oktober fordert der NS-Terror 500 bis 600 Todesopfer.<br>Gründung der »Deutschen Arbeitsfront« (DAF) für Arbeiter und Angestellte und der Freizeitorganisation »Kraft durch Freude« (KdF) |
| 1934 | »Reichsführer SS« Heinrich Himmler erhält die Zuständigkeit für die KZs. Die SS wird von der SA getrennt und Hitler persönlich unterstellt.<br>Das »Gesetz zur Ordnung der nationalen Arbeit« ( kurz »Arbeitsordnungsgesetz« (AOG)) überträgt das Führerprinzip auf die Betriebe. |
| 1935 | Die allgemeine Wehrpflicht wird wieder, die Dienstpflicht im »Reichsarbeitsdienst« (RAD) neu eingeführt. Die erste Urlaubsfahrt von KdF-Dampfern nach Madeira erregt großes Aufsehen. |
| 1936 | Die »Hitlerjugend« (HJ) wird Staatsjugend. Handlungen der »Geheimen Staatspolizei« (Gestapo) werden der richterlichen Nachprüfung entzogen. Himmler wird »Reichsführer SS und Chef der deutschen Polizei«. |
| 1938 | Die bewaffnete SS (Verfügungstruppen, »Totenkopf-Verbände«) erhält Verfassungsrang neben Wehrmacht und Polizei. Der Sicherheitsdienst der SS soll die Sicherheitspolizei (Gestapo und Kripo) unterstützen. |

## 2.1 Ein Unrechtssystem zwischen Terror und Zustimmung

**»Legalstrategie«**

Nach dem 30. Januar 1933 gelang es der Führungsspitze der NSDAP in nur 18 Monaten sowohl ihre Koalitionspartner als auch ihre Gegner durch Ausschaltung, Neutralisierung oder Integration ungefährlich zu machen. Dabei bediente sie sich einer geschickten »Legalstrategie«. Die (unbefristete!) »Reichstagsbrandverordnung« vom 28. Februar 1933 setzte die Grundrechte außer Kraft. Das »Ermächtigungsgesetz« vom 23. März 1933 machte die Regierung zum Gesetzgeber, sodass künftig alle Maßnahmen der Diktaturerrichtung bzw. -sicherung den Anschein von Recht und Gesetz trugen. Die Kombination dieser »Legalstrategie« mit lokalem SA-Terror erzeugte einen so hohen Anpassungsdruck, dass die Politik der gesetzlichen »Gleichschaltung« aller gesellschaftlichen Gruppen und Organisationen oft durch eine »Selbstgleichschaltung« (Karl Dietrich Bracher) der Betroffenen beschleunigt wurde. »Nichtarische« (d. h. jüdische) und oppositionelle Beamte wurden entlassen, die übrigen durch die Androhung der Entlassung wirkungsvoll unter Druck gesetzt. Der Föderalismus wurde zerschlagen, Länder und Gemeinden wurden unter die Kontrolle der Reichsregierung gestellt.
Bereits seit dem Reichstagsbrand am 27./28. Februar 1933 wurde die KPD verfolgt. Nach vergeblichen Anbiederungsversuchen an die neue Regierung wurden

**24** **»Verordnung des Reichspräsidenten zum Schutz von Volk und Staat« vom 28. Februar 1933**

Erklären Sie die Funktion der so genannten »Reichstagsbrandverordnung« für die Etablierung der NS-Diktatur.

# Reichsgesetzblatt

**Teil I**

| 1933 | Ausgegeben zu Berlin, den 28. Februar 1933 | Nr. 17 |
|---|---|---|

**Inhalt:** Verordnung des Reichspräsidenten zum Schutz von Volk und Staat. Vom 28. Februar 1933....... S. 83

**Verordnung des Reichspräsidenten zum Schutz von Volk und Staat. Vom 28. Februar 1933.**

Auf Grund des Artikels 48 Abs. 2 der Reichsverfassung wird zur Abwehr kommunistischer staatsgefährdender Gewaltakte folgendes verordnet:

§ 1

Die Artikel 114, 115, 117, 118, 123, 124 und 153 der Verfassung des Deutschen Reichs werden bis auf weiteres außer Kraft gesetzt. Es sind daher X Beschränkungen der persönlichen Freiheit, des Rechts der freien Meinungsäußerung, einschließlich der Pressefreiheit, des Vereins- und Versammlungsrechts, Eingriffe in das Brief-, Post-, Telegraphen- und Fernsprechgeheimnis, Anordnungen von Haussuchungen und von Beschlagnahmen sowie Beschränkungen des Eigentums auch außerhalb der sonst hierfür bestimmten gesetzlichen Grenzen zulässig.

§ 2

Werden in einem Lande die zur Wiederherstellung der öffentlichen Sicherheit und Ordnung nötigen Maßnahmen nicht getroffen, so kann die Reichsregierung insoweit die Befugnisse der obersten Landesbehörde vorübergehend wahrnehmen.

§ 3

Die Behörden der Länder und Gemeinden (Gemeindeverbände) haben den auf Grund des § 2 erlassenen Anordnungen der Reichsregierung im Rahmen ihrer Zuständigkeit Folge zu leisten.

§ 4

Wer den von den obersten Landesbehörden oder den ihnen nachgeordneten Behörden zur Durchführung dieser Verordnung erlassenen Anordnungen oder den von der Reichsregierung gemäß § 2 erlassenen Anordnungen zuwiderhandelt oder wer zu solcher Zuwiderhandlung auffordert oder anreizt, wird, soweit nicht die Tat nach anderen Vorschriften mit einer schwereren Strafe bedroht ist, mit Gefängnis nicht unter einem Monat oder mit Geldstrafe von 150 bis zu 15 000 Reichsmark bestraft.

Wer durch Zuwiderhandlung nach Abs. 1 eine gemeine Gefahr für Menschenleben herbeiführt, wird mit Zuchthaus, bei mildernden Umständen mit Gefängnis nicht unter sechs Monaten und, wenn die Zuwiderhandlung den Tod eines Menschen verursacht, mit dem Tode, bei mildernden Umständen mit Zuchthaus nicht unter zwei Jahren bestraft. Daneben kann auf Vermögenseinziehung erkannt werden.

Wer zu einer gemeingefährlichen Zuwiderhandlung (Abs. 2) auffordert oder anreizt, wird mit Zuchthaus, bei mildernden Umständen mit Gefängnis nicht unter drei Monaten bestraft.

§ 5

Mit dem Tode sind die Verbrechen zu bestrafen, die das Strafgesetzbuch in den §§ 81 (Hochverrat), 229 (Giftbeibringung), 307 (Brandstiftung), 311 (Explosion), 312 (Überschwemmung), 315 Abs. 2 (Beschädigung von Eisenbahnanlagen), 324 (gemeingefährliche Vergiftung) mit lebenslangem Zuchthaus bedroht.

Mit dem Tode oder, soweit nicht bisher eine schwerere Strafe angedroht ist, mit lebenslangem Zuchthaus oder mit Zuchthaus bis zu 15 Jahren wird bestraft:

1. Wer es unternimmt, den Reichspräsidenten oder ein Mitglied oder einen Kommissar der Reichsregierung oder einer Landesregierung zu töten oder wer zu einer solchen Tötung auffordert, sich erbietet, ein solches Erbieten annimmt oder eine solche Tötung mit einem anderen verabredet;
2. wer in den Fällen des § 115 Abs. 2 des Strafgesetzbuchs (schwerer Aufruhr) oder des § 125 Abs. 2 des Strafgesetzbuchs (schwerer Landfriedensbruch) die Tat mit Waffen oder in bewußtem und gewolltem Zusammenwirken mit einem Bewaffneten begeht;
3. wer eine Freiheitsberaubung (§ 239) des Strafgesetzbuchs in der Absicht begeht, sich des der Freiheit Beraubten als Geisel im politischen Kampfe zu bedienen.

§ 6

Diese Verordnung tritt mit dem Tage der Verkündung in Kraft.

Berlin, den 28. Februar 1933.

Der Reichspräsident
von Hindenburg

Der Reichskanzler
Adolf Hitler

Der Reichsminister des Innern
Frick

Der Reichsminister der Justiz
Dr. Gürtner

am 2. Mai die Gewerkschaften zerschlagen, am 22. Juni die SPD verboten – die deutsche Arbeiterbewegung existierte nur noch im Untergrund.
Danach lösten sich die übrigen Parteien bis Anfang Juli 1933 selbst auf; die Abgeordneten der DNVP schlossen sich der NSDAP-Fraktion an.
Die evangelischen Landeskirchen wurden durch die Ernennung eines umstrittenen NSDAP-nahen »Reichsbischofs« sowie durch ihre Spaltung in nationalsozialistische »Deutsche Christen« und die glaubenstreue »Bekennende Kirche« handlungsunfähig. Die katholische Kirche sah sich durch das Konkordat zwischen der Reichsregierung und dem Vatikan vom 20. Juli 1933, das ihre bisherigen Rechte zu sichern versprach, zufrieden gestellt.

Die Opposition in der NSDAP, allen voran SA-Chef Ernst Röhm, der eine »zweite«, soziale Revolution sowie die Verschmelzung von Wehrmacht und SA forderte, fiel Ende Juni/Anfang Juli 1934 einer Mordaktion zum Opfer.
Die Reichswehrführung brachte Hitler bereits vier Tage nach seinem Amtsantritt auf seine Seite, indem er Unabhängigkeit des Militärs von der SA, Aufrüstung und Wiedereinführung der allgemeinen Wehrpflicht zusicherte. Nach Hindenburgs Tod übernahm Hitler am 2. August 1934 auch das Amt des Reichspräsidenten, ließ die Wehrmacht auf sich persönlich vereidigen und nannte sich von da an »Führer und Reichskanzler«.

**»Doppelstaat«**

Der nationalsozialistische »Führerstaat« war kein perfekt von oben nach unten durchorganisierter totalitärer bzw. faschistischer Staat, sondern Kompetenzgerangel beherrschte die Politik. Das »Dritte Reich« war ein »Doppelstaat« (Ernst Fraenkel), in dem der traditionelle gesetzliche »Normenstaat« nur in unpolitischen Bereichen (z. B. Zivilrecht, Wirtschaft, Steuern) weitgehend erhalten blieb, während er im politischen Bereich (Herrschaftssicherung, Gegnerbekämpfung, Rassenpolitik) von einem außergesetzlichen »Maßnahmenstaat« jederzeit außer Kraft gesetzt werden konnte.

**Aufschwung durch Staatsverschuldung**

Schon 1933 wurde die Regierungsübernahme der Nationalsozialisten von vielen Deutschen als Chance zur Überwindung der Staats- und Wirtschaftskrise und des Vertrages von Versailles aufgefasst. Tatsächlich reduzierte das NS-Regime die Arbeitslosenzahl in nur vier Jahren von über sechs auf eine Million. Hinzu kam eine propagandistisch wirkungsvolle Sozialpolitik. Dass die NS-Wirtschafts- und Sozialpolitk eine nie dagewesene Staatsverschuldung bewirkte, dass der Wirtschaftsaufschwung und das Ziel der »Autarkie« (Selbstversorgung mit Lebensmitteln und Rohstoffen) lediglich der Kriegsvorbereitung dienten, erkannten nur wenige. Im selben Maße, wie die Erfolge der Regierungspolitik spürbar wurden, stieß die Propaganda von der gegen innere und äußere Feinde hinter ihrem »Führer« zusammenstehenden deutschen »Volksgemeinschaft« auf positive Resonanz. Am Vorabend des Zweiten Weltkrieges hatte Hitler aller Wahrscheinlichkeit nach mehr als drei Viertel des Volkes hinter sich – darunter auch die Mehrheit der Arbeiter.

**Faschismus** *In der wirtschaftlichen und politischen Krise Italiens nach dem Ersten Weltkrieg entwickelten sich Benito Mussolinis »fasci di combattimento« (Kampfbünde) rasch zu einer breiten antidemokratischen, antisozialistischen und antikommunistischen (»antibolschewistischen«), z. T. kapitalismuskritischen, rassistischen und antisemitischen Bewegung. Ihre Mitglieder und Wähler entstammten schwerpunktmäßig den unzufriedenen Mittelschichten. Sie übernahm Propagandamethoden ihrer linken Gegner, die sie auf dem Lande und in den Städten gewaltsam bekämpfte. Als die »fasci« auch im Militär und bei Teilen der Großindustrie Anklang fanden, wurde Mussolini im Oktober 1922 (»Marsch auf Rom«) vom König zum Ministerpräsidenten ernannt. Im Zuge der Ausschaltung seiner Koalitionspartner, der bürgerlichen Opposition und insbesondere der politischen Linken errichtete er als »Duce« (Führer) bis 1925 eine militaristische Diktatur mit ständestaatlichen Elementen und imperialistischen Zielen. Bereits in den 1920er-Jahren wurde der Faschismusbegriff auf politische Bewegungen in anderen Ländern (auch auf den Nationalsozialismus) übertragen, die trotz mancher nationaler Unterschiede dem italienischen Phänomen sehr ähnelten. Faschismus entwickelte sich so zu einem historischen Gattungsbegriff wie z. B. Feudalismus oder Absolutismus. Seine wissenschaftliche und politische Umstrittenheit spiegelt sich in sehr unterschiedlichen Faschismustheorien.*

**Totalitarismus** *Gegner des italienischen Faschismus kritisierten diesen schon in den Jahren nach 1922 als »stato totalitario«; Mussolini übernahm diesen Begriff für eine positive Definition des Faschismus. Der moderne Totalitarismusbegriff wurde in der Zeit des Kalten Krieges von C. J. Friedrich und Z. K. Brzezinski entwickelt (1956, 1965 überarbeitet). Er meint neuartige autoritäre Herrschaftssysteme im 20. Jahrhundert mit folgenden sechs Kennzeichen: 1. eine weltanschauliche, auf einen anzustrebenden Idealzustand der Menschheit ausgerichtete Ideologie; 2. eine einzige, dem Staat übergeordnete, mit ihm verflochtene Massenpartei; 3. eine terroristische Geheimpolizei mit schrankenlosen Befugnissen; 4. ein Partei- und Staatsmonopol für die Massenkommunikationsmittel; 5. ein staatliches Waffenmonopol; 6. eine staatliche Lenkung der Wirtschaft. Die Verfechter der Totalitarismustheorie wenden den Begriff sowohl auf kommunistische als auch auf faschistische Herrschaftssysteme an, insbesondere auf die Sowjetunion unter Stalin und auf das nationalsozialistische Deutschland. Dabei bleiben jedoch die Unterschiede in den gesellschaftlichen Ursprüngen und politischen Zielsetzungen unberücksichtigt.*

## 25 Das Ende der SPD

**Bekanntmachung des Reichsministers des Innern vom 22. Juni 1933:**
Die Vorgänge der letzten Zeit haben den unumstößlichen Beweis dafür geliefert, dass die deutsche Sozialdemokratie vor hoch- und landesverräterischen Unternehmungen gegen Deutschland und seine rechtmäßige Regierung nicht zurückschreckt. Führende Persönlichkeiten der SPD […] befinden sich seit Wochen in Prag, um von dort aus den Kampf gegen die nationale Regierung in Deutschland zu führen. […]

Dies alles zwingt zu dem Schluss, die Sozialdemokratische Partei Deutschlands als eine staats- und volksfeindliche Partei anzusehen, die keine andere Behandlung mehr beanspruchen kann, wie sie der Kommunistischen Partei gegenüber angewandt worden ist. Der Reichsminister des Innern hat daher die Landesregierungen ersucht, aufgrund der Verordnung des Reichspräsidenten zum Schutz von Volk und Staat vom 28. Februar 1933 die notwendigen Maßnahmen gegen die SPD zu treffen. Insbesondere sollen sämtliche Mitglieder der SPD, die heute noch den Volksvertretungen und Gemeindevertretungen angehören, von der weiteren Ausübung ihrer Mandate sofort ausgeschlossen werden. Den Ausgeschlossenen werden selbstverständlich die Diäten gesperrt. Der Sozialdemokratie kann auch nicht mehr die Möglichkeit gewährt werden, sich in irgendeiner Form propagandistisch zu betätigen. Versammlungen der Sozialdemokratischen Partei sowie ihrer Hilfs- und Ersatzorganisationen werden nicht mehr erlaubt werden. Ebenso dürfen sozialdemokratische Zeitungen und Zeitschriften nicht mehr herausgegeben werden. Das Vermögen der Sozialdemokratischen Partei und ihrer Hilfs- und Ersatzorganisationen wird, soweit es nicht bereits in Verbindung mit der Auflösung der freien Gewerkschaften sichergestellt worden ist, beschlagnahmt. Mit dem landesverräterischen Charakter der Sozialdemokratischen

**26** **»Die Armee der Arbeit und des Friedens antwortet dem Führer mit: Ja!«.** NS-Plakat zur Volksabstimmung am 12. November 1933.

Partei ist die weitere Zugehörigkeit von Beamten, Angestellten und Arbeitern, die aus öffentlichen Mitteln Gehalt, Lohn oder Ruhegeld beziehen, zu dieser Partei selbstverständlich unvereinbar.

Wolfgang Michalka (Hrsg.), Das Dritte Reich, Bd. 1, München 1985, S. 39.

1. Fassen Sie den Inhalt der Bekanntmachung zusammen.
2. Nehmen Sie zu der im Text gegebenen Begründung für das Verbot der SPD kritisch Stellung.
3. Beschreiben Sie Aussage und Wirkung des Plakates (26). Überlegen Sie vor dem Hintergrund der Ereignisse des Jahres 1933, welche Fakten fehlen.

## 27 »Führerstaat« und Funktionsweise des »Führerprinzips«

**a)** Das nationalsozialistische Herrschaftssystem:

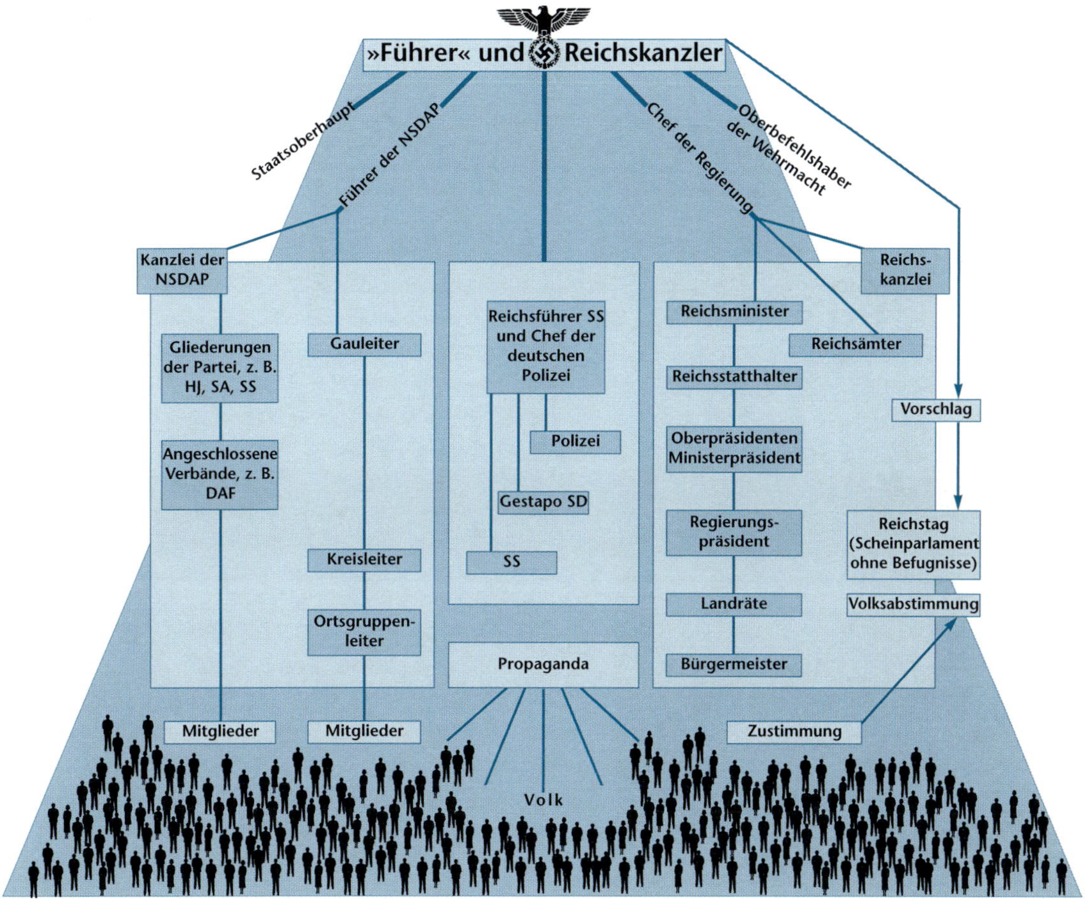


**b) Werner Willikens, Staatssekretär im preußischen Landwirtschaftsministerium, vor Vertretern der Landwirtschaftsministerien in Berlin am 21. Februar 1934:**
Jeder, der Gelegenheit hat, das zu beobachten, weiß, dass der Führer sehr schwer von oben her alles das befehlen kann, was er für bald oder für später zu verwirklichen be-

absichtigt. Im Gegenteil, bis jetzt hat jeder an seinem Platz im neuen Deutschland dann am besten gearbeitet, wenn er sozusagen dem Führer entgegen arbeitet. [...]

Sehr oft und an vielen Stellen ist es so gewesen, dass schon in den vergangenen Jahren Einzelne immer nur auf Befehle und Anordnungen gewartet haben. Leider wird das in Zukunft wohl auch so sein; demgegenüber ist es die Pflicht eines jeden, zu versuchen, im Sinne des Führers ihm entgegen zu arbeiten. Wer dabei Fehler macht, wird es schon früh genug zu spüren bekommen. Wer aber dem Führer in seiner Linie und zu seinem Ziel richtig entgegen arbeitet, der wird bestimmt wie bisher so auch in Zukunft den schönsten Lohn darin haben, dass er eines Tages plötzlich die legale Bestätigung seiner Arbeit bekommt.

Zit. nach: Ian Kershaw, Hitler 1889–1936, Stuttgart 1998, S. 665.

1. Erklären Sie anhand der Grafik (27a) die hierarchische Struktur und die Verschränkung von Staat und NSDAP im NS-»Führerstaat«.
2. Erläutern Sie, inwiefern Willikens Äußerung (27b) einen wichtigen Einblick in die Funktionsweise des NS-Staates gewährt.

## 28 Die Geheime Staatspolizei (Gestapo) und die Bevölkerung

**b) Justiz am Galgen.** Viele deutsche Juristen fügten sich willig der nationalsozialistischen Verachtung fundamentaler Rechtsgrundsätze. Das Foto zeigt den preußischen Justizminister bei einem Besuch im Justizreferendar-Schulungslager Jüterbog unter einem Galgen, an dem ein Paragraph stellvertretend für das formale Recht hängt.

**a) Handlangerdienste:**

Würzburg liegt im Regierungsbezirk Unterfranken mit einer Bevölkerung von rund einer Million Menschen. Für dieses Gebiet waren genau 28 Gestapo-Beamte zuständig, 22 in Würzburg und fast die Hälfte davon ausschließlich mit Aufgaben der Verwaltung betraut. Die Vorstellung, die Gestapo habe die Bevölkerung ständig ausspioniert, ist nachweislich ein Mythos. Doch wie war es dann möglich, dass so wenige Menschen eine solche Macht ausüben konnten? Aus dem einfachen Grund, weil die Gestapo in großem Umfang auf die Hilfe der deutschen Bevölkerung bauen konnte. Die Gestapo war wie alle modernen Polizeiapparate nur so gut oder schlecht wie die Kooperation mit der Bevölkerung – und die Akten zeigen, dass die Kooperation sehr gut war und die Gestapo deshalb eine wirklich sehr gute Geheimpolizei. Nur rund 10 Prozent der zwischen 1933 und 1935 begangenen politischen Verbrechen wurden tatsächlich von der Gestapo aufgedeckt; weitere 10 Prozent wurden von der regulären Polizei oder der Partei an die Gestapo überwiesen. In anderen Worten: Rund 80 Prozent aller politischen Verbrechen nach damaliger Definition wurden von ganz gewöhnlichen Bürgern aufgedeckt, die ihre Information an die Polizei oder die Gestapo weiterleiteten.

**c) Die 20jährige Würzburgerin Maria Theresia Kraus erstattete am 29. Juli 1940 bei der Gestapo Anzeige gegen ihre Nachbarin Ilse Sonja Totzke*:**

Neben uns wohnt in einem Gartenhaus eine Ilse Sonja Totzke. Die Genannte ist mir aufgefallen, weil sie einen jüdischen Einschlag hat [...] und den deutschen Gruß niemals erwidert. Aus ihren Gesprächen war zu entnehmen, dass sie deutschfeindlich eingestellt ist. Dagegen hat sie immer für Frankreich und auch für Juden sympathisiert. So hat sie unter anderem erzählt, dass die deutsche Wehrmacht nicht so gut gerüstet sei wie die französische.

Ab und zu kommt eine Dame im Alter von etwa 36 Jahren, die das Aussehen einer Jüdin hat. [...]

Das Verhalten der Totzke ist mir auffällig. Und ich habe angenommen, dass sie sich vielleicht irgendwie zum Nachteile des Deutschen Reiches betätigen könnte.

* Ilse Sonja Totzke wurde 1941 ins KZ Ravensbrück eingeliefert, wo sie vermutlich ums Leben kam.

**a), c)**: Laurence Rees, Die Nazis. Eine Warnung der Geschichte, München/Zürich 1997, S. 74 und 77.

1. Stellen Sie anhand des Beispiels Würzburg und des Falles der Ilse Sonja Totzke Mythos und Wirklichkeit der Gestapo gegenüber (28 a und c).
2. Äußern Sie sich zu den Gründen, weshalb Kraus (28 c) ihre Nachbarin denunziert.

## 29 »Volksgemeinschaft« statt Klassengesellschaft?

**Aus Hitlers Rede zum 1. Mai 1933:**

Unseres Volkes Erwachen ist da. Das Symbol des Klassenkampfes [= 1. Mai], des ewigen Streites und Haders, wandelt sich nun wieder zum Symbol der großen Einigung und Erhebung der Nation. Und deshalb haben wir diesen Tag der erwachenden Natur für alle kommenden Zeiten gewählt als Tag der Wiedergewinnung unserer eigenen Kraft und Stärke und damit zugleich jener schaffenden Arbeit, die keine Grenzen kennt, nicht gebunden ist an die Gewerkschaften, an Fabriken und Kontore, einer Arbeit, die wir überall dort anerkennen und fördern wollen, wo sie in gutem Sinne für Sein und Leben unseres Volkes geleistet wird.

Die Millionen Menschen, die in Berufe aufgeteilt, in künstlichen Klassen auseinander gehalten worden sind, die, vom Standesdünkel und Klassenwahnsinn befallen, einander nicht mehr verstehen können, sie müssen wieder den Weg zueinander finden! Wenn 70 Jahre lang [1863 wurde die SPD gegründet] der Wahnsinn als politische Idee vertreten und gepredigt wurde, wenn 70 Jahre lang die Zerstörung der Volksgemeinschaft politisches Gebot war, dann ist es schwer, mit einem Schlag den Sinn der Menschen wenden zu wollen. [...]

Es bleibt unser unverrückbarer Entschluss, jeden einzelnen Deutschen, sei er, wer er sei, ob arm, Sohn von Gelehrten oder Sohn von Fabrikarbeitern, einmal in seinem Leben zur Handarbeit zu führen, damit er sie kennen lernt. Wir wollen in einer Zeit, da Millionen unter uns leben, ohne Verständnis für die Bedeutung des Handarbeitertums, das deutsche Volk durch die Arbeitsdienstpflicht zu der Erkenntnis erziehen, dass Handarbeit nicht schändet, sondern vielmehr wie jede andere Tätigkeit dem zur Ehre gereicht, der sie getreu und redlichen Sinnes erfüllt.

Wir werden in diesem Jahre zum ersten Male als weitere große Aufgabe die Befreiung der schöpferischen Initiative von den verhängnisvollen Einwirkungen majoritativer Beschlüsse [(demokratische) Mehrheitsbeschlüsse] durchführen. Nicht nur im Parlament, nein, auch in der Wirtschaft. Wir wissen, dass unsere Wirtschaft nicht emporkommen kann, wenn nicht eine Synthese gefunden wird zwischen der Freiheit des schöpferischen Geistes und der Verpflichtung dem Volksganzen gegenüber.

Wir wissen, dass wir noch gewaltige Schwierigkeiten zu überwinden haben. Wir wissen auch, dass alle menschliche Arbeit am Ende vergeblich sein muss, wenn über ihr nicht der Segen der Vorsehung leuchtet. Wenn die Welt gegen uns steht, müssen wir umso mehr zu einer Einheit werden, müssen wir ihr umso mehr unentwegt versichern: Ihr könnt tun, was ihr wollt! Aber niemals werdet ihr uns beugen, niemals uns zwingen, ein Joch anzuerkennen. Das deutsche Volk ist zu sich gekommen. Es wird Menschen, die nicht für Deutschland sind, nicht mehr unter sich dulden. Wir wollen tätig sein, arbeiten, uns brüderlich vertragen, gemeinsam ringen, auf dass einmal die Stunde kommt, da wir vor den Herrn hintreten können und ihn bitten dürfen: »Herr, du siehst, wir haben uns geändert. Das deutsche Volk ist nicht mehr das Volk der Ehrlosigkeit, der Schande, der Selbstzerfleischung, der Kleinmütigkeit und Kleingläubigkeit. Nein, Herr, das deutsche Volk ist wieder stark in seinem Willen, stark in seiner Beharrlichkeit, stark im Ertragen aller Opfer. Herr, wir lassen nicht von dir! Nun segne unseren Kampf, unseren Kampf um unsere Freiheit und damit unser deutsches Volk und Vaterland!«

Max Domarus, Hitler. Reden 1932 bis 1945, Bd. I: Der Triumph, München 1965, S. 259 ff. Zit. nach: Werner Ripper (Hrsg.), Der europäische Faschismus und das Dritte Reich (Weltgeschichte im Aufriss, Ausgabe in Themenheften), Frankfurt/M. u. a. 1977, S. 97 f.

1. Fassen Sie den Ausschnitt aus Hitlers Rede zum 1. Mai 1933 zusammen (29). Zeigen Sie auf, inwiefern es sich um eine äußerst geschickte Propagandarede handelt.
2. Erläutern Sie, was Hitler in Z. 23–28 und in Z. 34–35 konkret meint und wie das dort Gesagte in Politik und Wirtschaft verwirklicht wurde bzw. schon verwirklicht worden war.
3. Nehmen Sie – ausgehend vom Text (29) – zur nationalsozialistischen Idee der »Volksgemeinschaft« kritisch Stellung.

## 30 Die Wirtschaft im Nationalsozialismus

**a)** Daten zur wirtschaftlichen Entwicklung 1928/29–1937:

| | 1928 | 1929 | 1932 | 1933 | 1934 | 1935 | 1936 | 1937 |
|---|---|---|---|---|---|---|---|---|
| 1. Bruttosozialprodukt (Mrd. RM) | – | 89,0 | 58,0 | 59,0 | 67,0 | 74,0 | 83,0 | 93,0 |
| 2. davon Rüstungsausgaben (%) | – | 1,0 | 1,0 | 3,0 | 6,0 | 8,0 | 13,0 | 13,0 |
| 3. davon Konsum (%) | – | 72,0 | 81,0 | 78,0 | 75,0 | 72,0 | 65,0 | 64,0 |
| 4. Beschäftigung (Mio.; Jahresdurchschnitt) | – | 18,4 | 12,9 | 13,4 | 15,5 | 16,4 | 17,6 | 18,9 |
| 5. Durchschnittliche Arbeitszeit in der Industrie (wöchentlich) | – | 46,04 | 41,47 | 42,94 | 44,56 | 44,44 | 45,56 | 46,06 |
| 6. Löhne und Gehälter insgesamt (Mrd. RM) | 44,9 | – | 27,4 | 27,7 | 31,2 | 35,4 | 37,7 | 41,5 |
| 7. Vermögens- und Unternehmereinkommen + unverteilte Gewinne insgesamt (Mrd. RM) | 25,6 | – | 15,6 | 16,7 | 19,4 | 22,1 | 25,5 | 28,6 |
| 8. Durchschnittliche Stundenverdienste in der Industrie (Arb.) (Index 1932 = 100) | – | 132,7 | 100,0 | 96,9 | 99,3 | 100,8 | 102,5 | 104,6 |
| 9. Wochenverdienste (Arb.) (Index 1932 = 100) | – | 149,4 | 100,0 | 102,2 | 109,7 | 112,3 | 116,6 | 120,6 |
| 10. Lebenshaltungsindex (amtlich) (Index 1932 = 100) | – | 127,7 | 100,0 | 97,8 | 100,4 | 102,0 | 103,2 | 103,7 |
| 11. Gewerbliche Gütererzeugung insgesamt (Index 1928 = 100) | – | 100,9 | 58,7 | 65,5 | 83,3 | 95,8 | 106,7 | 116,7 |
| 12. Produktionsgüter (Index 1928 = 100) | – | 103,2 | 45,7 | 53,7 | – | 99,4 | 112,9 | 126,0 |
| 13. Verbrauchsgüter (Index 1928 = 100) | – | 98,5 | 78,1 | 82,9 | – | 91,0 | 97,5 | 102,8 |

Timothy W. Mason, Sozialpolitik im Dritten Reich. Arbeiterklasse und Volksgemeinschaft, Opladen 1977, S. 149.

**b)** Arbeitslosigkeit in ausgewählten Ländern (in Prozent), 1924–1938:

| | Deutschland | Großbritannien | USA | Frankreich |
|---|---|---|---|---|
| 1924 | 4,9 | 10,3 | 8,0 | 3,0 |
| 1926 | 10,0 | 12,5 | 2,8 | 3,0 |
| 1929 | 8,5 | 10,4 | 4,7 | 1,0 |
| 1932 | 29,9 | 22,1 | 34,0 | 15,4 |
| 1933 | 25,9 | 19,9 | 35,3 | 14,1 |
| 1934 | 13,5 | 16,7 | 30,6 | 13,8 |
| 1935 | 10,3 | 15,5 | 28,4 | 14,5 |
| 1936 | 7,4 | 13,1 | 23,9 | 10,4 |
| 1937 | 4,1 | 10,8 | 20,0 | 7,4 |
| 1938 | 1,9 | 12,9 | 26,4 | 7,8 |

Hans-Ulrich Thamer, Verführung und Gewalt. Deutschland 1933–1945, Berlin 1994, S. 470.

1. Untersuchen Sie die Wirtschaftsdaten bezüglich ihrer Entwicklung und Zusammenhänge. Erörtern Sie, inwieweit man die NS-Wirtschaftspolitik als erfolgreich bezeichnen kann.
2. Beurteilen Sie das Ziel der »Autarkie«: a) aus der Sicht des Wirtschaftsliberalismus, b) im Hinblick auf die Kriegsplanung.

## 31 Die Haltung der meisten Deutschen zu Hitler um 1938

**Der Publizist Sebastian Haffner (1907–1999) schrieb 1981:**

Schon […] 1938 war es Hitler gelungen, die große Mehrheit der Mehrheit, die 1933 noch gegen ihn gestimmt hatte, für sich zu gewinnen, und das war vielleicht die größte Leistung von allen. Es ist eine Leistung, die heute für die überlebenden Älteren beschämend, für die nachgeborenen Jüngeren unverständlich ist. Heute liegt den Älteren das »Wie konnten wir?«, den Jüngeren das »Wie konntet ihr?« leicht auf der Zunge. Damals erforderte es aber ganz außerordentlichen Scharfblick und Tiefblick, in Hitlers Leistungen und Erfolgen schon die verborgenen Wurzeln der künftigen Katastrophe zu erkennen, und ganz außerordentliche Charakterstärke, sich der Wirkung dieser Leistungen und Erfolge zu entziehen. Hitlers bellende und geifernde Reden, die heute, wieder angehört, Ekel und Lachreiz erzeugen, hatten damals oft einen Tatsachenhintergrund, der dem Hörer innerlich die Widerrede verschlug. Es war dieser Tatsachenhintergrund, der wirkte, nicht das Bellen und Geifern. Hier ist ein Auszug aus Hitlers Rede vom 28. April 1939: »Ich habe das Chaos in Deutschland überwunden, die Ordnung wiederhergestellt, die Produktion auf allen Gebieten unserer nationalen Wirtschaft ungeheuer gehoben. […] Es ist mir gelungen, die uns allen so zu Herzen gehenden sieben Millionen Erwerbslosen restlos wieder in nützliche Produktionen einzubauen. […] Ich habe das deutsche Volk nicht nur politisch geeint, sondern auch militärisch aufgerüstet, und ich habe weiter versucht, jenen Vertrag Blatt um Blatt zu beseitigen, der in seinen 448 Artikeln die gemeinste Vergewaltigung enthält, die jemals Völkern und Menschen zugemutet worden ist. Ich habe die uns 1919 geraubten Provinzen dem Reich wieder zurückgegeben, ich habe Millionen von uns weggerissenen, tief unglücklichen Deutschen wieder in die Heimat geführt, ich habe die tausendjährige historische Einheit des deutschen Lebensraumes wiederhergestellt, und ich habe […] mich bemüht, dieses alles zu tun, ohne Blut zu vergießen und ohne meinem Volk oder anderen daher das Leid des Krieges zuzufügen. Ich habe dies […] als ein noch vor 21 Jahren unbekannter Arbeiter und Soldat meines Volkes, aus meiner eigenen Kraft geschaffen. […]«

Referieren Sie über den deutschen Widerstand gegen den Nationalsozialismus in den 1930er-Jahren.
Literaturhinweis: Informationen zur politischen Bildung Nr. 243: Deutscher Widerstand 1933 bis 1945.

Ekelhafte Selbstbeweihräucherung. Lachhafter Stil (»die uns allen so zu Herzen gehenden sieben Millionen Erwerbslosen«). Aber, zum Teufel, es stimmte ja alles – oder fast alles. [...] Konnte man also Hitler noch ablehnen, ohne alles, was er geleistet hatte, abzulehnen, und waren gegen diese Leistungen seine unangenehmen Züge und seine Übeltaten nicht nur Schönheitsfehler?

Sebastian Haffner, Anmerkungen zu Hitler, Frankfurt/M. 1981, S. 35–37.

1. Legen Sie dar, worin Haffner die Zustimmung der Mehrheit der Deutschen zu Hitler (um 1938) begründet sieht.
2. Zu seinem Hitler-Zitat bemerkt Haffner: »Es stimmte ja alles – oder fast alles.« Was stimmte nicht? Was muss man auch bei Hitlers Erfolgen kritisch mit bedenken? Ziehen Sie dazu auch Kap. 2.2 heran.

1. Diskutieren Sie folgende These: »Die nationalsozialistische Volksgemeinschaft war eine gute Idee, die nur nicht gut verwirklicht wurde.«
2. Erörtern Sie, ob die Stabilität des NS-Regimes mehr auf dem Terror oder mehr auf der Zustimmung aus der Bevölkerung beruhte.
3. Versuchen Sie offene Fragen mithilfe folgender Internetadresse zu lösen: www.shoah.de

## 2.2 Vorbereitung und Durchführung von Krieg und Völkermord

Offiziell ging es der NS-Außenpolitik stets um internationale Gleichberechtigung und die friedliche Revision des Versailler Vertrages; inoffiziell wurde aufgerüstet und ein Krieg um »Lebensraum im Osten und dessen rücksichtslose Germanisierung« vorbereitet, wie Hitler schon am 3. Februar 1933 vor führenden Generälen (unwidersprochen) äußerte.

Deutschlands Austritt aus dem Völkerbund im Oktober 1933 beunruhigte die Siegermächte des Ersten Weltkrieges; bereits Hitlers erster Verstoß gegen den Versailler Vertrag – die Wiedereinführung der allgemeinen Wehrpflicht im März 1935 – hätte eine militärische Intervention der Westmächte England und Frankreich provozieren können. Doch die britische und französische Politik war auf Friedenserhaltung und die Beschwichtigung Hitlers (»Appeasement«) ausgerichtet.

- Die Wiedereingliederung des Saarlandes (Januar 1935)
- der Einmarsch in das entmilitarisierte Rheinland (März 1936)
- das militärische Eingreifen in den Spanischen Bürgerkrieg
- die Besetzung und der »Anschluss« Österreichs im März 1938
- und schließlich die Annexion des Sudetenlandes im September 1938 (mit Billigung der »Münchener Konferenz«)

ließen auch die hitlerkritischen Offiziere um den Generalstabschef Ludwig Beck verstummen. Beck sah sich zunehmend isoliert und trat im August in den Ruhestand. Erst die Besetzung der »Rest-Tschechei« im März 1939 und die Errichtung eines NS-hörigen Regimes in der Slowakei veranlassten England und Frankreich zu einer härteren Haltung und zu einer Garantieerklärung für Polen. Der überraschende Deutsch-Sowjetische Nichtangriffspakt vom August 1939 ließ jedoch für Hitler das Risiko eines Krieges mit den Westmächten erträglich erscheinen.

**32** **»L'homme au double visage«** (»Der Mann mit den zwei Gesichtern«). Karikatur aus der französischen Zeitung »Le Rempart«, 1933.

**33** **»Stepping stones to glory«.** Karikatur von David Low zur »Appeasement«-Politik, 1936. Die Aufschriften der jeweiligen Treppenstufen lauten: »REARMAMENT« – »RHINELAND FORTIFICATION« – »DANZIG« – »BOSS OF THE UNIVERSE».

Beschreiben Sie das Bild, das von Hitlers Politik gezeichnet wird (33 und 34). Überlegen Sie, an wen diese Karikaturen gerichtet sein sollten.

**Überfall auf Polen**

Der Überfall auf Polen am 1. September 1939 weitete sich zu einem sechsjährigen Weltkrieg aus. Dank ihrer überlegenen Panzerverbände und Luftstreitkräfte überrannte die deutsche Wehrmacht von September 1939 bis Juni 1941 in »Blitzkriegen« nacheinander Polen, Dänemark, Norwegen, die Benelux-Länder, Nordfrankreich, den Balkan und Griechenland (zusammen mit Italien). Nach der Kapitulation Frankreichs am 22. Juni 1940 erreichte Hitlers Popularität einen neuen Gipfelpunkt. Im Herbst scheiterte jedoch der Versuch, die Lufthoheit über England zu gewinnen und die Insel invasionsreif zu bomben.

**34** **»Hurrah, die Butter ist alle«.** Fotomontage von John Heartfield, 1938.

Daraufhin ließ Hitler trotz der Gefahr eines Zwei-Fronten-Krieges am 22. Juni 1941 die Sowjetunion überfallen. In wenigen Monaten gelang es der Wehrmacht, weite Gebiete Russlands zu erobern. Der Angriff hatte jedoch mit einem Monat Verzögerung begonnen – noch dazu mit Sommerausrüstung. Im Winter blieb der Vormarsch vor Leningrad im Norden, Moskau in der Mitte und Rostow im Süden stecken. Die Front wurde mit Mühe gehalten, aber das Blitzkriegskonzept war gescheitert. Ungeachtet der kritischen Lage an der Ostfront erklärten Deutschland und Italien nach dem japanischen Angriff auf die US-Flotte in Pearl Harbor (Hawaii) vom 7. Dezember 1941 den USA den Krieg. Dadurch wurde das mächtigste Land der Welt zum militärischen Alliierten Englands und der Sowjetunion (»Anti-Hitler-Koalition«). Den folgenden Rüstungswettlauf – und damit auch den Krieg – konnte Deutschland auf die Dauer nicht gewinnen.

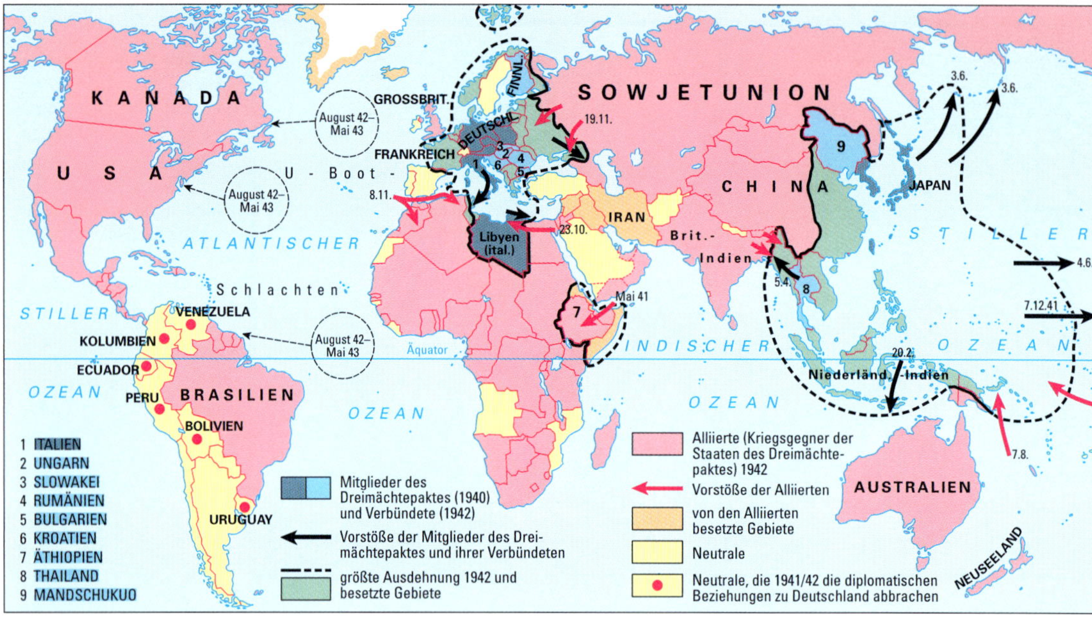


**35 Der Zweite Weltkrieg, 1942** – ein Krieg in Europa und Afrika, Ostasien und auf den Weltmeeren. Die Karte zeigt die größte Ausdehnung der Mächte Deutschland, Italien und Japan, die miteinander verbündet waren, aber unterschiedliche Kriegsziele verfolgten und nur lose zusammenarbeiteten.

## Unterschiedliche Kriegsführung

Werten Sie die Karte aus.

Die deutschen Kriegsziele und -methoden im Norden und Westen unterschieden sich beträchtlich von denen im Osten. Die nord- und westeuropäischen Länder mit ihren aus nationalsozialistischer Sicht »rassisch verwandten« Völkern wurden aus militärstrategischen und hegemonialpolitischen Gründen besetzt, aber nicht als künftige Siedlungsgebiete für Deutsche. Dagegen ließ Hitler in Osteuropa von Anfang an einen unbarmherzigen Rassen-, Weltanschauungs- und »Lebensraum«-Krieg führen. Die besetzten Gebiete wurden wirtschaftlich rücksichtslos ausgeplündert, um die Versorgung sowohl der Wehrmacht als auch der »Heimat« sicherzustellen. Außerdem waren weite Teile Russlands für eine Besiedlung durch Deutsche (»Germanisierung«) vorgesehen. Demzufolge sollten sämtliche Juden ausgerottet, die »rassisch minderwertige« slawische Bevölkerung durch Lebensmittelentzug, Zwangsarbeit und Vertreibung hinter den Ural (»Generalplan Ost«) dezimiert werden. Die Rote Armee, von Partisanenverbänden wirksam unterstützt, leistete erbitterten Widerstand; daher entwickelte sich ein vierjähriges mörderisches Ringen.

## »Saubere« Wehrmacht?

Im Gegensatz zu einer verbreiteten Nachkriegslegende blieb die Wehrmacht in diesem Krieg nicht »sauber«, am wenigsten die Generalität. Schon vor Kriegsbeginn ausgearbeitete Truppenbefehle sahen vor, »politische Kommissare« der Roten Armee sofort zu erschießen. Partisanen sollten »erledigt« werden, partisanenverdächtige Dörfer konnten vernichtet, die Einwohner getötet werden. Übergriffe einzelner Wehrmachtssoldaten auf Zivilisten sollten im Regelfall straffrei bleiben. Tatsächlich wurden Partisanenanschläge mit willkürlichen Massenerschießungen von Zivilisten beantwortet. In Kriegsgefangenenlagern der Wehrmacht sind mehr als drei Millionen Rotarmisten verhungert, verdurstet, erfroren oder an Seuchen gestorben – sie galten ja nicht als »Kameraden«, sondern als

**36** **Wehrmachtsangehörige erschießen sowjetische Zivilisten.** Foto, 1942.

»Untermenschen«. Ohne die militärischen Eroberungen wäre auch die Ermordung der europäischen Juden (Kap. 2.3) durch mobile Einsatzgruppen – für die Wehrmachtseinheiten Hilfsdienste leisteten – und in Vernichtungslagern nicht möglich gewesen. Beim Rückzug schließlich hinterließ man »verbrannte Erde«.

**Alliierte Gegenzüge**

Seit März 1942 führten die britische und die amerikanische Luftwaffe von England aus einen Bombenkrieg gegen deutsche Städte, Industrieanlagen und Verkehrsverbindungen. Mit der Niederlage des Afrikakorps bei El-Alamein im November 1942 und der Kapitulation der 6. Armee in Stalingrad Ende Januar/Anfang Februar 1943 ging die Initiative endgültig auf die Alliierten über. Die Wehrmacht geriet an allen Fronten in die Defensive und wurde zum Rückzug gezwungen. Mit ihrer Landung auf Sizilien im Juli 1943 lösten die Alliierten Mussolinis Sturz aus – Italien schloss einen Waffenstillstand, woraufhin Oberitalien als »besetzter Verbündeter« unter deutsche Gewaltherrschaft geriet. Auch das verbündete, verhandlungswillige Ungarn wurde im März 1944 von deutschen Truppen besetzt. Im Juni 1944 landeten die Alliierten in der Normandie und befreiten Frankreich; im September erreichten sie die deutsche Westgrenze. Parallel dazu vertrieb die Rote Armee die Wehrmacht aus Russland und Osteuropa; im Januar 1945 begann sie ihre Offensive gegen das Reichsgebiet.
Nach Stalingrad glaubten, trotz Goebbels' fanatischem Aufruf zum »totalen Krieg«, nur noch wenige Deutsche an den versprochenen »Endsieg«. Trotzdem galt das Attentat der militärischen Widerstandsgruppe um Oberst Stauffenberg und General a. D. Beck vom 20. Juli 1944 auf Hitler den meisten nicht als gescheiterter Versuch, das Schlimmste zu verhindern, sondern als Verrat in kritischer Lage. Schließlich endete der Krieg mit der totalen militärischen Niederlage und der alliierten Besetzung des Reichsgebietes. Hitler beging am 30. April 1945 Selbstmord; sein Nachfolger Admiral Dönitz ließ die Wehrmacht am 7./8. Mai 1945 bedingungslos kapitulieren. Japan kapitulierte erst am 2. September nach den amerikanischen Atombomben auf Hiroshima und Nagasaki.

Referieren Sie über die »Frauen des 20. Juli«. Literaturhinweis: Dorothee von Meding, Mit dem Mut des Herzens. Die Frauen des 20. Juli, München 1996.

## 37 Krieg um den »Lebensraum im Osten«

**a)** Gesprächsnotizen von Generaloberst Halder aus Hitlers Ansprache vor 250 Generälen und hohen Offizieren am 30. März 1941:

Unsere Aufgaben gegenüber Russland: Wehrmacht zerschlagen, Staat auflösen [...] Kampf zweier Weltanschauungen gegeneinander. Vernichtendes Urteil über Bolschewismus, ist gleich asoziales Verbrechertum. Kommunismus ungeheure Gefahr für die Zukunft. Wir müssen von dem Standpunkt des soldatischen Kameradentums abrücken. Der Kommunist ist vorher kein Kamerad und nachher kein Kamerad. Es handelt sich um einen Vernichtungskampf. […] Vernichtung der bolschewistischen Kommissare und der kommunistischen Intelligenz. […]

Der Kampf wird sich sehr unterscheiden vom Kampf im Westen. Im Osten ist Härte mild für die Zukunft. Die Führer müssen von sich das Opfer verlangen, ihre Bedenken zu überwinden.

Generaloberst Franz Halder, Kriegstagebuch. Tägliche Aufzeichnungen des Chefs des Generalstabes des Heeres 1939–1942. 3 Bde., Stuttgart 1962–64, hier Bd. 2, S. 335 ff.

**b) Aus dem Erlass über die Ausübung der Kriegsgerichtsbarkeit im Gebiet »Barbarossa« vom 13. Mai 1941:**

Behandlung von Straftaten feindlicher Zivilpersonen:

1. Straftaten feindlicher Zivilpersonen sind der Zuständigkeit der Kriegsgerichte und der Standgerichte bis auf weiteres entzogen.
2. Freischärler sind durch die Truppe im Kampf oder auf der Flucht schonungslos zu erledigen.
3. Auch alle anderen Angriffe feindlicher Zivilpersonen gegen die Wehrmacht, ihre Angehörigen und das Gefolge sind von der Truppe auf der Stelle mit den äußersten Mitteln bis zur Vernichtung des Angreifers niederzukämpfen. […]

Behandlung der Straftaten von Angehörigen der Wehrmacht und des Gefolges gegen Landeseinwohner:

1. Für Handlungen, die Angehörige der Wehrmacht und des Gefolges gegen feindliche Zivilpersonen begehen, besteht kein Verfolgungszwang, auch dann nicht, wenn die Tat zugleich ein militärisches Verbrechen oder Vergehen ist.

Gerd R. Ueberschär/Wolfram Wette (Hrsg.), »Unternehmen Barbarossa«, Der deutsche Überfall auf die Sowjetunion 1941. Berichte, Analysen, Dokumente, Paderborn 1984, S. 306 f.

**c) Aktennotiz über eine Besprechung der Staatssekretäre vom 2. Mai 1941:**

1. Der Krieg ist nur weiterzuführen, wenn die gesamte Wehrmacht im 3. Kriegsjahr aus Russland ernährt wird.
2. Hierbei werden zweifellos zig Millionen Menschen verhungern, wenn von uns das für uns Notwendige aus dem Lande herausgeholt wird.
3. Am wichtigsten ist die Bergung und Abtransport von Ölsaaten, Ölkuchen, dann erst Getreide. Das vorhandene Fett und Fleisch wird voraussichtlich die Truppe verbrauchen.
4. Die Beschäftigung der Industrie darf nur auf Mangelgebieten wieder aufgenommen werden, z. B. die Werke für Verkehrsmittel, die Werke für allgemeine Versorgungsanlagen (Eisen), die Werke für Textilien, von Rüstungsbetrieben nur solche, bei denen in Deutschland Engpässe bestehen.

Gerd R. Ueberschär/Wolfram Wette (Hrsg.), »Unternehmen Barbarossa«. Der deutsche Überfall auf die Sowjetunion 1941. Berichte, Analysen, Dokumente, Paderborn 1984, S. 377.

1. Stellen Sie anhand von 37 a–c dar, inwiefern im Osten ein Krieg geplant wurde, der sich vom Westkrieg (1939–1941) und ebenso vom Ersten Weltkrieg hinsichtlich der Ziele und Mittel grundlegend unterschied.
2. Stellen Sie Zusammenhänge her zwischen den Quellen zum Ostkrieg (37a–c) und dazu passenden Materialien in den bisherigen Kapiteln.
3. Beurteilen Sie die Rolle der Wehrmacht bei der Planung dieses Krieges (37 a–c).
4. Informieren Sie sich – z. B. anhand von Wolfgang Benz (Hrsg.), Legenden, Lügen, Vorurteile, München 1998 – über die These eines Präventivkrieges gegen die Sowjetunion.
5. Der Historiker Ernst Nolte hat den Krieg im Osten als »ungeheuerlichsten Eroberungs-, Versklavungs- und Vernichtungskrieg« der neuzeitlichen Geschichte bezeichnet. Andere sprachen vom »Russlandfeldzug«. Äußern Sie sich zur Angemessenheit dieser Begriffe.

## 38 Der »Arbeitseinsatz« in der deutschen Kriegswirtschaft

**a)** Arbeitskräfte in Deutschland 1939–1944 (Deutsches Reich in den Grenzen von 1937, einschließlich Österreich, Sudetenland und Memelgebiet), in Mio. Personen:

| Zeitpunkt | Zivile deutsche Arbeitskräfte | | | Ausländer und Kriegsgefangene | Wehrmacht | | |
|---|---|---|---|---|---|---|---|
| | Männer | Frauen | insg. | | insg. einberufen | kumulierte Verluste | Aktivbestand |
| 1939 Ende Mai | 24,5 | 14,6 | 39,1 | 0,3 | 1,4 | – | 1,4 |
| 1940 Ende Mai | 20,4 | 14,4 | 34,8 | 1,2 | 5,7 | 0,1 | 5,6 |
| 1941 Ende Mai | 19,0 | 14,1 | 33,1 | 3,0 | 7,4 | 0,2 | 7,2 |
| 1942 Ende Mai | 16,9 | 14,4 | 31,3 | 4,2 | 9,4 | 0,8 | 8,6 |
| 1943 Ende Mai | 15,5 | 14,8 | 30,3 | 6,3 | 11,2 | 1,7 | 9,5 |
| 1944 Ende Mai | 14,2 | 14,8 | 29,0 | 7,1 | 12,4 | 3,3 | 9,1 |
| 1944 Ende Sept. | 13,5 | 14,9 | 28,4 | 7,5 | 13,0 | 3,9 | 9,1 |

Fritz Blaich, Wirtschaft und Rüstung im »Dritten Reich«. Düsseldorf 1987, S. 105.

**b)** Am 30. September 1944 in der deutschen Kriegswirtschaft eingesetzte ausländische Kräfte:

| Staatsangehörigkeit | Männer | Frauen | zusammen | %-Anteil der Frauen | zus. in % aller ausländischen Zivilarbeiter |
|---|---|---|---|---|---|
| Belgien | 170058 | 29379 | 199437 | 14,7 | 3,4 |
| Frankreich | 603767 | 42654 | 646421 | 6,6 | 10,8 |
| Italien | 265030 | 22317 | 287347 | 7,7 | 4,8 |
| Jugoslawien* | 294222 | 30768 | 324954 | 9,5 | 1,6 |
| Niederlande | 233591 | 20953 | 254544 | 8,2 | 4,3 |
| Slowakei | 20857 | 16693 | 37550 | 44,4 | 0,6 |
| Ungarn | 17206 | 7057 | 24263 | 3,0 | 0,4 |
| Sowjetunion | 1062507 | 1112137 | 2174644 | 51,1 | 36,4 |
| Polen | 1115321 | 586091 | 1701412 | 34,4 | 18,5 |
| Insgesamt | 3986306 | 1990367 | 5976673 | 33,3 | 100,0 |

* (einschließlich Kroatien)

Fritz Blaich, Wirtschaft und Rüstung im »Dritten Reich«. Düsseldorf 1987, S. 109.

1. Beschreiben und erklären Sie die Veränderungen in der Struktur der in Deutschland eingesetzten Arbeitskräfte zwischen 1939 und 1944 (38a und b).
2. Kommentieren Sie die Entwicklung des Anteils deutscher Frauen an den Arbeitskräften (38a).
3. Erläutern Sie, inwiefern die Struktur der ausländischen Arbeitskräfte in Deutschland (1944) die Unterschiede zwischen der Kriegsführung im Osten und im Westen widerspiegelt (38b, siehe dazu auch 37a–c).

## 39 Die Niederlage von Stalingrad als Kriegswende

**a)** Aus einem letzten Brief aus Stalingrad:

Januar 1943

Liebster Vater! Die Division ist ausgeschlackt für den Großkampf, aber der Großkampf wird nicht stattfinden. Du wirst dich wundern, dass ich an dich schreibe und an deine Adresse im Amt, aber was ich in diesem Brief zu sagen habe, ist nur unter Männern zu sagen. Du wirst es in der dir eigenen Form an Mutter weitergeben. Wir dürfen heute schreiben, heißt es bei uns. Das bedeutet für einen, der die Lage kennt, wir können es nur noch einmal. Du bist Oberst, lieber Vater, und Generalstäbler. Du weißt, was das bedeutet, und mir ersparst du damit Erklärungen, die sentimental klingen könnten. Es ist Schluss. Ich denke, es wird noch ungefähr acht Tage lang gehen, dann ist der Kragen zu. Ich will nicht nach Gründen suchen, die man für oder gegen unsere Situation ins Feld führen könnte. Diese Gründe sind jetzt gänzlich unwichtig und außerdem ohne Nutzen, aber wenn ich dazu etwas zu sagen habe, dann das eine: Sucht nicht nach Erklärungen für die Situation bei uns, sondern bei euch und bei dem, der dieses zu verantworten hat. Haltet den Nacken steif. Du, Vater, und die mit dir der gleichen Ansicht sind. Seid auf der Hut, damit nicht größeres Unheil über unser Vaterland kommt. Die Hölle an der Wolga soll euch Warnung sein. Ich bitte euch, schlagt diese Erkenntnis nicht in den Wind.

Das Dritte Reich. Ein Lesebuch zur deutschen Geschichte 1933–1945, hrsg. von Christoph Studt, München 1995, S. 261 f.

**b) Meldungen des Sicherheitsdienstes der SS über die Auswirkungen der Niederlage von Stalingrad auf die Bevölkerung, 28. Januar 1943:**

Unter dem Eindruck, dass das Schicksal der 6. Armee in Stalingrad bereits besiegelt sei, und in der Sorge um die weitere Entwicklung der Kriegslage ist das ganze Volk z. Z. bis ins Tiefste aufgewühlt. Unter den vielen Fragen, die sich aus der veränderten Situation ergeben, bewegt die Bevölkerung vor allem, warum Stalingrad nicht rechtzeitig geräumt oder entsetzt wurde und wie es möglich war, dass die militärische Situation vor einigen Monaten noch als gesichert und bis in die letzten Tage als nicht ungünstig hingestellt werden konnte. Besonders erörtert, und zwar vielfach mit ausgesprochen kritischem Unterton, wird die Unterschätzung der russischen Kampfkraft, durch welche jetzt schon zum zweiten Male eine schwere Krise ausgelöst worden sei. Darüber hinaus befassen sich die Volksgenossen wieder vermehrt mit manchen Entwicklungen im Innern, welche mit dafür ursächlich seien, dass uns der jetzige Schlag so überaus hart treffe. Bei aller Bereitschaft, sich der Totalisierung des Krieges bedingungslos zu unterwerfen, äußern viele Volksgenossen, auch gerade solche, die politisch durchaus gefestigt sind, dass dieser Schritt reichlich spät erfolge. […]

In der Befürchtung, dass ein ungünstiger Ausgang des Krieges in den Bereich des Möglichen gerückt sei, befassen sich die Volksgenossen ernsthaft mit den Folgen einer Niederlage. Während vereinzelt geäußert wird, dass es »vielleicht nur halb so schlimm« sein würde, ist die überwiegende Mehrheit von der Überzeugung durchdrungen, dass ein Verlust des Krieges dem Untergang gleichkomme.

Wolfgang Michalka (Hrsg.), Das Dritte Reich, Bd. 2: Weltmachtanspruch und nationaler Zusammenbruch 1939 bis 1945, München 1985, S. 352f.

1. Erörtern Sie den Feldpostbrief (39 a). Berücksichtigen Sie besonders Z. 7–17.
2. Schildern Sie die Auswirkungen der Niederlage von Stalingrad auf die Bevölkerung gemäß dem SD-Bericht (39 b).

## 40 Verheerende Kriege

Die Menschenverluste in den Weltkriegen:

| Staat | Menschenverluste insgesamt | % der Vorkriegsbevölkerung[a] | davon militärische Verluste | Verluste der Zivilbevölkerung[b] |
|---|---|---|---|---|
| | *Erster Weltkrieg* | | | |
| Deutschland | 2 700 000 | 4,0 | 2 400 000 | 300 000 |
| Österreich-Ungarn | 1 400 000 | 2,7 | 1 000 000 | 400 000 |
| Großbritannien | 1 587 000 | 3,5 | 1 184 000 | 403 000 |
| Frankreich | 1 710 000 | 4,3 | 1 140 000 | 570 000 |
| Italien | 1 309 000 | 3,8 | 615 000 | 694 000 |
| Russland | 900 000 | 1,7 | 900 000 | – |
| USA | 125 000 | 0,1 | 125 000 | – |
| Belgien | 128 000 | 1,7 | 63 000 | 65 000 |

Wolfgang Michalka (Hrsg.), Das Dritte Reich, Bd. 2: Weltmachtanspruch und nationaler Zusammenbruch 1939 bis 1945, München 1985, S. 404.

| Staat | Menschenverluste insgesamt | % der Vorkriegsbevölkerung[a] | davon militärische Verluste | Verluste der Zivilbevölkerung[b] |
|---|---|---|---|---|
| | *Zweiter Weltkrieg* | | | |
| Deutschland Österreich | 7 234 000 | 9,5 | 4 030 000 | 3 204 000 |
| Großbritannien | 388 000 | 0,8 | 326 000 | 62 000 |
| Frankreich | 810 000 | 1,9 | 340 000 | 470 000 |
| Italien | 410 000 | 0,9 | 330 000 | 80 000 |
| Sowjetunion | 20 600 000 | 12,1 | 13 600 000 | 7 000 000 |
| USA | 259 000 | 0,2 | 259 000 | – |
| Belgien | 88 000 | 1,1 | 76 000 | 12 000 |
| Niederlande | 210 000 | 2,4 | 198 000 | 12 000 |
| Polen | ca. 6 000 000 | ca. 17,0 | 123 000 | 6 000 000 |

Die Gesamtbilanz aller am Zweiten Weltkrieg beteiligten Länder beläuft sich auf ca. 55 Mio. Tote.

[a] Aufgrund der letzten Vorkriegszählung oder amtlicher Schätzung.

[b] Nicht in allen Fällen handelt es sich um Verluste als direkte Folge von Kriegshandlungen (Bombardierungen, Bodengefechte etc.) oder nationalsozialistischer Ausrottungspolitik, sondern auch um Auswirkungen mangelhafter Ernährung und medizinischer Versorgung. Die hohen Einbußen Großbritanniens während des Ersten Weltkrieges wurden zu einem großen Teil durch eine Grippeepidemie verursacht.

Stellen Sie die Opferbilanz der einzelnen Länder in den beiden Weltkriegen gegenüber.
Beim Zweiten Weltkrieg:

a) Vergleichen Sie west- und osteuropäische Staaten. Erklären Sie die Unterschiede.
b) Vergleichen Sie das Verhältnis zwischen militärischen und zivilen Verlusten. Ermitteln Sie so die Länder, in denen der Krieg besonders grausam geführt wurde.

## 2.3 Auschwitz als Zivilisationsbruch

**1933**

| | |
|---|---|
| 1. April | Boykott-Aktion gegen jüdische Geschäfte |
| 7. April | Juden dürfen nicht mehr Beamte sein (»Arierparagraph«). |
| **1935** | |
| 15. September | Die »Nürnberger Gesetze« erklären Juden zu Staatsbürgern minderen Rechts. |
| **1938** | |
| 9. November | Reichspogromnacht<br>Juden werden durch weitere Entrechtungen aus dem öffentlichen Leben ausgeschlossen. »Arisierung« der Wirtschaft |
| **1939** | |
| September | Erste Erschießungen polnischer Juden durch Einsatzgruppen |
| Oktober | Erste Deportation von Juden im Generalgouvernement |
| **1941** | |
| 22. Juni | Erste Erschießungen sowjetischer Juden |
| 1. September | Juden müssen an ihrer Kleidung den gelben Judenstern tragen. |
| Okt./Nov. | Deutsche Juden werden nach Polen deportiert und erschossen. |
| Januar **1942** | In Auschwitz beginnt die Vergasung von Juden. |
| Nov. **1944** | Himmler befiehlt die Einstellung der Tötungen und die Beseitigung aller Spuren (Massengräber, Gaskammern, Krematorien). |

### Antisemitische Maßnahmen vor 1938

Bis Ende der 1930er-Jahre gehörte die Vernichtung der europäischen Juden aus rassistischen Motiven nicht zum politischen Programm der Nationalsozialisten. Die auf staatsbürgerliche Entrechtung, wirtschaftliche Ruinierung und soziale Isolierung gerichteten antisemitischen Maßnahmen der Jahre 1933–1938 sollten die Auswanderung der deutschen (und österreichischen) Juden erzwingen. Doch die von der NSDAP forcierte Ausschaltung aus dem Erwerbsleben und die von der Ministerialbürokratie betriebene Abdrängung ins Ausland widersprachen sich: Viele verarmte Juden konnten die Auswanderungskosten nicht mehr aufbringen.

### Planung der »Lösung der Judenfrage« …

Seit Kriegsbeginn stellte sich für das NS-Regime zunehmend das Problem, dass durch die Besetzung großer Teile Europas Millionen europäischer Juden in ihren Herrschaftsbereich gerieten. Dies veranlasste vor allem den Leiter des Reichssicherheitshauptamtes (RSHA), Reinhard Heydrich, und den Leiter des dortigen »Judenreferates«, Adolf Eichmann, zu immer neuen Planungen für eine »Lösung der Judenfrage«. Drei Entwicklungsstufen lassen sich unterscheiden:

- Ab September 1939 begingen die der Wehrmacht folgenden Einsatzgruppen der Sicherheitspolizei und des Sicherheitsdienstes (SD), z. T. auch der Ordnungspolizei in Polen Massenmorde an Juden und Intellektuellen. Gleichzeitig wurden ca. 90 000 Juden in das Generalgouvernement deportiert und vorläufig in Lagern und Ghettos untergebracht.
- Ab Sommer 1940 drängten die größer werdenden Unterbringungs-, Bewachungs- und Versorgungsprobleme in den polnischen Ghettos und Lagern auf eine wie auch immer geartete Lösung. Bürokraten in der Kanzlei des »Führers« und im RSHA sowie SS-Führer in Polen suchten nach Mordmöglichkeiten, die effektiver waren und das Tötungspersonal psychisch weniger belasteten als die blutigen Massenerschießungen. Dabei knüpften sie an Erfahrungen mit stationären Gaskammern und Gaswagen an, in denen ab April bei der so genannten »Aktion T 4« 120 000 Geisteskranke und Behinderte mit Motorabgasen umgebracht wurden.
- Im Frühjahr 1941 traten die Vorbereitungen für den Vernichtungskrieg gegen die Sowjetunion in ihr entscheidendes Stadium. Sofort nach Kriegsbeginn begann die Erschießung der sowjetischen Juden, der innerhalb von drei Jahren ca. eine Million Menschen zum Opfer fiel. Ende Juli erhielt Heydrich die Vollmacht zur Erarbeitung einer »Gesamtlösung der Judenfrage im deutschen Einflussgebiet in Europa«. Ab November durften deutsche Juden nicht mehr ausreisen und mussten den Judenstern tragen, um leichter deportiert werden zu können; im Generalgouvernement begann der Bau der Vernichtungslager Bełżec, Sobibór und Treblinka. Am 12. Dezember 1941 – nach dem Kriegseintritt der USA – wiederholte Hitler in einer Rede erneut seine »Prophezeiung« vom Sommer 1939, eine Ausweitung des Krieges zum Weltkrieg sei die Schuld der Juden und werde zu ihrer Vernichtung führen. Spätestens jetzt muss die Ermordung aller Juden im deutschen Herrschaftsbereich – sprachlich als »Endlösung« getarnt – in der NS-Führung beschlossene Sache gewesen sein, auch wenn ein schriftlicher »Führerbefehl« nicht existiert.

**41** Schuhe der vergasten Juden.

### … und ihre Umsetzung

Im Januar 1942 stellte Heydrich auf der »Wannseekonferenz« die organisatorischen Weichen für die beschlossene »Endlösung«; ab März rollten die Deportationszüge. An der Organisation waren zahlreiche Behörden und Betriebe beteiligt: neben dem SS-Apparat als zentraler Planungs- und Durchführungsinstitution die Oberkommandos der Wehrmacht und des Heeres sowie einzelne Wehrmachtseinheiten (Hilfsdienste für die Einsatzgruppen), das Verkehrsministerium (Sonderzüge für die Deportationen), das Auswärtige Amt (Verhandlungen über die Ermordung der Juden aus verbündeten und Satellitenstaaten), das Justizministerium (antijüdische Gesetze, Überstellung jüdischer Gefängnisinsassen an die SS), das Propagandaministerium (antijüdische Berichterstattung, Verschleierung der »Endlösung«), die Kanzlei des »Führers« (technische Konstruktion von Gaswagen) und Industriebetriebe (Lieferung des Giftgases Zyklon B, der Gaskammern, Krematorien und von Barackenteilen).

**42** **NS-Vernichtungslager und Konzentrationslager in Polen 1940–1944**

Als Inbegriff des bürokratisch geplanten und quasi industriell durchgeführten Judenmordes, als Symbol für einen Rückfall hinter die Idee der universalen Menschenrechte und als Chiffre für einen in der Geschichte beispiellosen Zivilisationsbruch gilt Auschwitz (poln.: Oświęcim). Ab Juni 1940 errichtet, entwickelte es sich bis Ende 1943 zu drei Lagern: Neben Auschwitz I, das Stammlager mit 20 000 Zwangsarbeitern für nahe gelegene SS-eigene Betriebe, traten die eigentliche Todesfabrik Auschwitz II (Birkenau) und das Arbeitslager Auschwitz III (Monowitz). Birkenau wurde Ende 1941/Anfang 1942 errichtet, um für die Judendeportationen aus ganz Europa die Tötungskapazitäten zu schaffen; bis November 1944 wurden dort 1–1,5 Millionen Menschen ermordet. Die Neuankömmlinge wurden aus dem ins Lager eingelaufenen Zug getrieben und noch an der Rampe »selektiert«: Arbeitsunfähige Männer und Frauen sowie Kinder kamen sofort ins Gas, die übrigen wurden zur Zwangsarbeit eingesetzt, manche von SS-Ärzten wie Josef Mengele zu medizinischen Experimenten missbraucht. Jüdische Sonderkommandos, bewacht von SS-Leuten, mussten die Toten herausholen, ihnen die Goldzähne herausbrechen, den Frauen das Haar abschneiden (daraus entstanden u. a. Socken für U-Boot-Fahrer), die Leichen verbrennen und die Gaskammern reinigen. Dafür erhielten sie kleine Vergünstigungen, bis auch sie nach einigen Monaten ausgetauscht und vergast wurden. Kleidung und Habseligkeiten der Toten wurden gesammelt und u.a. an Volksdeutsche in der Ukraine verteilt; Geld, Wertsachen und Zahngold erhielt die Reichsbank, bei der die SS wiederum Anleihen aufnehmen konnte.

Die wirtschaftliche Nutzung der »Endlösung« stellte jedoch nur einen sekundären Aspekt dar. Primär lag der Ermordung von mehr als fünf Millionen europäischen Juden und 500 000 Sinti und Roma ein fanatischer Rassismus zugrunde. Die ganze Irrationalität des Judenmords zeigt sich auch daran, dass er die Kriegsführung beträchtlich behinderte, indem er Personal und Transportkapazitäten band. Insofern bleibt der so genannte Holocaust ein nur begrenzt erklärbares historisches Phänomen.

Von einem »nationalen Projekt« (Daniel J. Goldhagen) kann nicht die Rede sein. Schon der Pogrom vom 9. November 1938 stieß bei den meisten Deutschen auf

**43 Anzeige im Katholischen Bistumsblatt Hildesheim** vom 29. März 1936.

Erklären Sie, welcher Vorgang sich hinter dieser Annonce verbirgt. Setzen Sie sich mit dem Werbetext des neuen Geschäftsinhabers kritisch auseinander. Erörtern Sie die Tatsache, dass die Annonce in einem katholischen Bistumsblatt erschien.

Unverständnis und Ablehnung. Allerdings nahm man die schrittweise Entrechtung und schließlich die Deportation der Juden überwiegend gleichgültig hin. Auch profitierten manche Deutsche von den »Arisierungen« jüdischer Geschäfte und Wohnungen. Seit 1941 wurden z. B. im Hamburger Hafen insgesamt 60 000 Tonnen Textilien und Mobiliar von Juden aus ganz Westeuropa wöchentlich billig verkauft oder versteigert – die mindestens 100 000 Käufer wussten, dass es sich um »Judengut« handelte, fragten aber nicht nach dem Schicksal der ursprünglichen Besitzer. Dasselbe gilt für die Pelze, die den Juden im Osten vor ihrer Erschießung oder Deportation abgenommen und an Ausgebombte in deutschen Städten abgegeben wurden. Obwohl die Vernichtungslager bewusst im Osten eingerichtet wurden, um die »Endlösung« möglichst geheim zu halten, erhielten viele Deutsche Teilinformationen darüber, was mit den Juden geschah – z. B. von Wehrmachtssoldaten, die etwas gesehen oder gehört hatten und zu Hause einen Urlaub verbrachten.

Die Erforschung der Täter der »Endlösung« steckt noch in den Anfängen. Ihre Gesamtzahl wird auf bis zu 500 000 geschätzt. Der Kern des Tötungspersonals bestand aus den etwa 3 000 Mann der mobilen Einsatzgruppen der Sicherheitspolizei (Gestapo und Kripo) und des SD (Geheimdienst der SS) sowie den – freiwilligen – SS-Wachmannschaften in den Vernichtungslagern (bis zu 45 000 Mann, davon bis zu 7 000 in Auschwitz). Das Führerkorps bildeten mehrere hundert SS-Leute (Bürokraten im RSHA, Chefs der Einsatzgruppen und -kommandos, Befehlshaber der Sicherheitspolizei, regionale Gestapochefs). Sie waren zwischen 30 und 40 Jahren alt und gebildet: Drei Viertel besaßen das Abitur; unter den 78 Führern der Einsatzgruppen und -kommandos gab es 28 promovierte Akademiker (überwiegend Juristen). Die Masse der »Einsatzgruppen«-Angehörigen bildeten karrierebewusste Gestapo- und Kripobeamte bzw. Beamtenanwärter und SD-Leute. Es gibt keinen Beweis dafür, dass ein Polizist, Soldat oder SS-Mann wegen der Weigerung, an Tötungen mitzuwirken, hart bestraft oder selbst erschossen worden wäre – er erhielt eine andere Aufgabe oder wurde an die Front versetzt. Aber solche Fälle waren selten. Als das Hamburger Reserve-Polizeibataillon 101 (knapp 500 eingezogene Arbeiter und Angestellte) in Polen im Juli 1942 zur Judenerschießung eingesetzt werden sollte und der Kommandeur die aktive Teilnahme ausdrücklich freistellte, machten bis auf zwölf alle mit – nicht weil sie Antisemiten waren, sondern weil sie nach neun Jahren nationalsozialistischer Diktatur Befehle fraglos ausführten oder sich dem Gruppendruck der Kameraden nicht entziehen konnten. »Ganz gewöhnliche Männer« (Christopher Browning) gewöhnten sich rasch ans Töten: Bis November 1943 erschoss das Bataillon 38 000 jüdische Männer, Frauen und Kinder und deportierte 45 000 nach Treblinka. Dieser Vorgang ist erschreckender als der fanatische, irrationale Vernichtungswille Hitlers gegenüber den Juden, denn er wirft die Frage auf, ob es sich hier nicht um ein

»Ordinary Men« (Browning) oder »Ordinary Germans« (Goldhagen)? – Fertigen Sie ein Kurzreferat zur Goldhagen-Browning-Kontroverse über die Täter und ihre Motive an. Literaturhinweis: Informationen zur politischen Bildung Nr. 266: Nationalsozialismus II, S. 49.

universales, d. h. unter autoritären Bedingungen überall und jederzeit wiederholbares Phänomen handelt.

## 44 Außenpolitik, Krieg und das Schicksal der Juden

**a) Reichstagsrede Hitlers vom 30. Januar 1939:**

Die Völker werden in kurzer Zeit erkennen, dass das nationalsozialistische Deutschland keine Feindschaft mit anderen Völkern will, dass alle die Behauptungen über Angriffsabsichten unseres Volkes auf fremde Völker entweder aus krankhafter Hysterie geborene oder aus der persönlichen Selbsterhaltungssucht einzelner Politiker entstandene Lügen sind. […]

Ich will heute wieder ein Prophet sein: Wenn es dem internationalen Finanzjudentum inner- und außerhalb Europas gelingen sollte, die Völker noch einmal in einen Weltkrieg zu stürzen, dann würde das Ergebnis nicht die Bolschewierung der Erde und damit der Sieg des Judentums sein, sondern die Vernichtung der jüdischen Rasse in Europa.

Wolfgang Michalka (Hrsg.), Das Dritte Reich, Bd. 1: »Volksgemeinschaft« und Großmachtpolitik 1933–1939. München 1985, S. 266 f.

**b) Hitler-Monolog im Führerhauptquartier vor SS-Führer Heinrich Himmler und dem Leiter des RSHA, Reinhard Heydrich, am 25. Oktober 1941:**

Vor dem Reichstag habe ich dem Judentum prophezeit, der Jude werde aus Europa verschwinden, wenn der Krieg nicht vermieden bleibt. Diese Verbrecherrasse hat die zwei Millionen Toten des Weltkrieges auf dem Gewissen, jetzt wieder Hunderttausende. Sage mir keiner: Wir können sie doch nicht in den Morast schicken! Wer kümmert sich denn um unsere Menschen? Es ist gut, wenn uns der Schrecken vorangeht, dass wir das Judentum ausrotten. Der Versuch, einen Judenstaat zu gründen, wird ein Fehlschlag sein.

Adolf Hitler. Monologe im Führerhauptquartier 1941–1944, hrsg. von Werner Jochmann, München 1982, S. 106

**c) Aus dem Tagebucheintrag von Joseph Goebbels vom 27. März 1942:**

Aus dem Generalgouvernement werden jetzt bei Lublin beginnend, die Juden nach dem Osten abgeschoben. Es wird hier ein ziemlich barbarisches und nicht näher zu beschreibendes Verfahren angewandt, und von den Juden selbst bleibt nicht mehr viel übrig. Im Großen kann man wohl feststellen, dass 60 % davon liquidiert werden müssen, während nur noch 40 % in der Arbeit eingesetzt werden können. Der ehemalige Gauleiter von Wien,* der diese Aktion durchführt, tut das mit ziemlicher Umsicht und auch mit einem Verfahren, das nicht allzu auffällig wirkt. An den Juden wird ein Strafgericht vollzogen, das zwar barbarisch ist, das sie aber vollauf verdient haben. Die Prophezeiung, die der Führer ihnen für die Herbeiführung eines neuen Weltkriegs mit auf den Weg gegeben hat,** beginnt sich in der furchtbarsten Weise zu verwirklichen. Man darf in diesen Dingen keine Sentimentalität obwalten lassen.

* Odilo Globocnik; ** Siehe a und b.

Verfolgung, Vertreibung, Vernichtung. Dokumente des faschistischen Antisemitismus, hrsg. von Kurt Pätzold, Leipzig 1991, S. 347 f.

1. Untersuchen Sie die Quellen 44a–c unter folgenden Gesichtspunkten:
   a) Aussagen über den Zusammenhang zwischen Krieg und Judentum.
   b) Formulierungen, mit denen das Schicksal des europäischen Judentums im Kriegsfall beschrieben wird.
   Berücksichtigen Sie den jeweiligen Adressaten und das Datum.
2. Beschreiben Sie das Vorgehen gegen die Juden im Generalgouvernement. Ziehen Sie auch Kapitel 3 heran.
3. Der britische Publizist David Irving vertritt die These, Hitler habe von der Vernichtung der Juden nichts gewusst. Informieren Sie sich unter www.shoah.de über die Person Irvings und nehmen Sie zu seiner These Stellung.

## 45 Das Massaker von Babi Jar

**a) Nach dem Massaker.** Ein Uniformierter wühlt in den Habseligkeiten der Ermordeten.

**b) Ereignismeldung UdSSR des Chefs der Sicherheitspolizei und des SD Nr. 106 vom 7. Oktober 1941:**

Exekutionen und sonstige Maßnahmen

In Vereinbarung mit dem [Wehrmachts-] Stadtkommandanten [wurden] sämtliche Juden Kiews aufgefordert, sich am Montag, dem 29. 9. bis 6.00 Uhr an einem bestimmten Platz einzufinden. Diese Aufrufe wurden durch die Angehörigen der aufgestellten ukrainischen Miliz in der ganzen Stadt angeschlagen. Gleichzeitig wurde mündlich bekannt gegeben, dass sämtliche Juden umgesiedelt würden. In Zusammenarbeit mit dem Gruppenstabe und 2 Kommandos des Polizei-Regiments Süd hat das Sonderkommando 4a am 29. und 30. 9. 33 771 Juden exekutiert. Geld, Wertsachen, Wäsche und Kleidungsstücke wurden sichergestellt und zum Teil der NSV [Nationalsozialistische Volkswohlfahrt] zur Ausrüstung der Volksdeutschen, zum Teil der kommissarischen Stadtverwaltung zur Überlassung an bedürftige Bevölkerung übergeben. Die Aktion selbst ist reibungslos verlaufen. Irgendwelche Zwischenfälle haben sich nicht ergeben.

Zit. nach: Die Ermordung der europäischen Juden. Eine umfassende Dokumentation des Holocaust 1941–1945, hrsg. von Peter Longerich, München/Zürich 1989, S. 121.

**c) Vernehmung der Überlebenden Dina M. Proniceva am 9. Februar 1967:**

Als wir uns dem Sammelplatz näherten, erblickten wir die Umzingelung aus deutschen Soldaten und Offizieren. Mit diesen befanden sich auch Polizisten dort. Auf dem Friedhofsgelände nahmen die Deutschen uns und den anderen Bürgern das Gepäck und die Wertsachen ab und leiteten uns in Gruppen zu je 40–50 Menschen in einen so genannten »Korridor« von etwa drei Metern Breite, der von Deutschen gebildet wurde, die zu beiden Seiten mit Stöcken, Gummiknüppeln und Hunden dicht beieinander standen.

[...] Man führte uns zu einem Vorsprung über der Schlucht und begann, uns mit Maschinenpistolen zu erschießen. Die vorn Stehenden fielen in die Schlucht, und als die Reihe an mich kam, stürzte ich mich lebendig in die Schlucht. Es kam mir so vor, als ob ich in die Ewigkeit fliegen würde. Ich fiel auf menschliche Leichen, die sich dort in blutiger Masse befanden. Von diesen Opfern erklang Stöhnen, viele Menschen bewegten sich noch, sie waren nur verwundet. Hier gingen auch Deutsche und Polizisten umher, die die noch Lebenden erschossen oder totschlugen. Dieses Schicksal erwartete auch mich. Irgendeiner von den Polizisten oder Deutschen drehte mich mit dem Fuß um, so dass ich mit dem Gesicht nach oben lag, er trat mir auf die Hand und auf die Brust, danach gingen sie weiter und schossen irgendwo weiter hinten.

Zit. nach: Die Ermordung der europäischen Juden. Eine umfassende Dokumentation des Holocaust 1941–1945, hrsg. von Peter Longerich, München/Zürich 1989, S. 124ff.

Danach begannen sie, die Leichen von oben mit Erde und Sand zuzuschütten. Ich bekam keine Luft mehr, befreite mich mit einer Hand von der Erde und kroch zum Rand der Schlucht. In der Nacht kroch ich aus der Schlucht heraus.

1. Schildern Sie den Ablauf des Massakers von Babi Jar. Nennen Sie dabei die Tätergruppen und ihren Beteiligungsgrad.
2. Nehmen Sie Stellung zum Verbleib der Habseligkeiten der Opfer.

## 46 Die Ermordung der europäischen Juden

**a) Am 20. Januar 1942 trafen sich 15 Spitzenvertreter aus SS und Reichsregierung zur »Wannseekonferenz« (nach dem Tagungsort »Am Großen Wannsee 50/58«). SS-Obersturmbannführer Adolf Eichmann fertigte das Protokoll an:**

II. Chef der Sicherheitspolizei und des SD, SS-Obergruppenführer Heydrich, teilte eingangs seine Bestallung zum Beauftragten für die Vorbereitung der Endlösung der europäischen Judenfrage durch den Reichsmarschall [Hermann Göring] mit und wies darauf hin, dass zu dieser Besprechung geladen wurde, um Klarheit in grundsätzlichen Fragen zu schaffen. Der Wunsch des Reichsmarschalls, ihm einen Entwurf über die organisatorischen, sachlichen und materiellen Belange im Hinblick auf die Endlösung der europäischen Judenfrage zu übersenden, erfordert die vorherige gemeinsame Behandlung aller an diesen Fragen unmittelbar beteiligten Zentralinstanzen im Hinblick auf die Parallelisierung der Linienführung.

**b) Die auf der »Wannsee-Konferenz« festgelegten Zahlen der zur Deportation vorgesehenen Juden**

Die Federführung bei der Bearbeitung der Endlösung der Judenfrage liege ohne Rücksicht auf geografische Grenzen zentral beim Reichsführer SS und Chef der Deutschen Polizei (Chef der Sicherheitspolizei und des SD) [Heinrich Himmler]. [...]

III. An Stelle der Auswanderung ist nunmehr als weitere Lösungsmöglichkeit nach entsprechender vorheriger Genehmigung durch den Führer die Evakuierung der Juden nach dem Osten getreten.

Diese Aktionen sind jedoch lediglich als Ausweichmöglichkeit anzusprechen, doch werden hier bereits jene praktischen Erfahrungen gesammelt, die im Hinblick auf die kommende Endlösung der Judenfrage von wichtiger Bedeutung sind. [...]

Unter entsprechender Leitung sollen im Zuge der Endlösung die Juden in geeigneter Weise im Osten zum Arbeitseinsatz kommen. In großen Arbeitskolonnen, unter Trennung der Geschlechter, werden die arbeitsfähigen Juden Straßen bauend in diese Gebiete geführt, wobei zweifellos ein Großteil durch natürliche Verminderung ausfallen wird. Der allfällig endlich verbleibende Restbestand wird, da es sich bei diesen zweifellos um den widerstandsfähigsten Teil handelt, entsprechend behandelt werden müssen, da dieser, eine natürliche Auslese darstellend, bei Freilassung als Keimzelle eines neuen jüdischen Aufbaues anzusprechen ist. (Siehe die Erfahrung der Geschichte.)

L. Poliakow u. J. Wulf, Das Dritte Reich und die Juden. Dokumente und Aufsätze, Berlin 1955, S. 119ff.

| | |
|---|---|
| **Polen** | bis zu 3 000 000 |
| **UdSSR** | 700 000 |
| **Rumänien** | 270 000 |
| **Tschechoslowakei** | 260 000 |
| **Ungarn** | über 180 000 |
| **Litauen** | bis zu 130 000 |
| **Deutschland** | über 120 000 |
| **Niederlande** | über 100 000 |
| **Frankreich** | 75 000 |
| **Lettland** | 70 000 |
| **Jugoslawien** | 60 000 |
| **Griechenland** | 60 000 |
| **Österreich** | über 50 000 |
| **Belgien** | 24 000 |
| **Italien** (einschl. Rhodos) | 9 000 |
| **Estland** | über 1 000 |
| **Norwegen** | unter 1 000 |
| **Luxemburg** | unter 1 000 |
| **Danzig** | unter 1000 |
| **Gesamt** | 5 1000 000 |

Anmerkung: Die Grenzen beziehen sich auf 1937. Zum Christentum Konvertierte sind enthalten, und die Flüchtlinge werden in den Ländern aufgeführt, von denen sie deportiert wurden.

**d) Die Vernichtung der europäischen Juden** (Todesfälle nach Ländern)

Raul Hilberg, Die Vernichtung der europäischen Juden, Bd. 3, Frankfurt/M. 1993, S. 1300.

### c) Aufzeichnungen des Kommandanten von Auschwitz, Rudolf Höß, 1947:

Es kamen nun im Frühjahr 1942 die ersten Judentransporte aus Oberschlesien, die alle zu vernichten waren. Sie wurden nach dem Bauerngehöft – Bunker I – von der Rampe über die Wiesen des späteren Bauabschnitts II geführt. Aumeier, Palitzsch und noch einige Blockführer führten sie und unterhielten sich mit ihnen möglichst harmlos, frugen nach Berufen und Kenntnissen, um so zu täuschen. Am Gehöft angekommen, mussten sie sich ausziehen. Sie gingen auch zuerst ganz ruhig in die Räume, wo sie desinfiziert werden sollten. Bis dann einige doch stutzig wurden und von Ersticken, von Vernichten sprachen. Es entstand dann sofort eine Art Panik. Doch schnell wurden die noch draußen Stehenden in die Kammern hineingetrieben und [die Türen] zugeschraubt. Bei den nächsten Transporten wurde von vornherein nach den unruhigen Geistern gefahndet und diese nicht aus den Augen gelassen. Machte sich Unruhe bemerkbar, so wurden die Unruheverbreiter unauffällig hinter das Haus geführt und dort mit dem Kleinkalibergewehr getötet, das war von den anderen nicht zu vernehmen. Auch das Vorhandensein des Sonderkommandos und dessen beruhigendes Verhalten besänftigte die Unruhigen, die Ahnenden. Weiterhin wirkte beruhigend, dass einige vom Sonderkommando mit in die Räume hineingingen und bis zum letzten Moment darin blieben, ebenso blieb bis zuletzt ein SS-Mann unter der Türe stehen. Wichtig war vor allen Dingen, dass bei dem ganzen Vorgang des Ankommens und Entkleidens möglichst größte Ruhe herrschte. Nur kein Geschrei, kein Gehetze. Wenn sich einige nicht ausziehen wollten, mussten schon Ausgezogene helfen oder die vom Sonderkommando. Mit gutem Zureden wurden auch Widerspenstige besänftigt und ausgezogen. Die Häftlinge des Sonderkommandos sorgten auch dafür, dass der Vorgang des Entkleidens schnell vor sich ging, damit den Opfern nicht lange Zeit zu Überlegungen blieb. Überhaupt war die eifrige Mithilfe der Sonderkommandos bei dem Entkleiden und dem Hineinführen in die

Gaskammern doch eigenartig. Nie habe ich erlebt, habe auch nie davon gehört, dass sie den zu Vergasenden auch nur das Geringste von dem ihnen Bevorstehenden sagten. Im Gegenteil, sie versuchten alles, um sie zu täuschen, vor allem die Ahnenden zu beruhigen.

Zit. nach: Die Ermordung der europäischen Juden. Eine umfassende Dokumentation des Holocaust 1941–1945, hrsg. von Peter Longerich, München/Zürich 1989, S. 379 ff.

1. Erläutern Sie anhand der Teilnehmer und des Besprechungsgegenstandes, inwiefern es sich um eine besonders wichtige Konferenz handelte (46a).
2. Eichmann entkam 1946 aus US-Gefangenschaft nach Argentinien. Nach seiner Enttarnung und Entführung durch den israelischen Geheimdienst wurde er 1961 in Jerusalem vor Gericht gestellt, zum Tode verurteilt und hingerichtet. Während des Prozesses sagte Eichmann aus, auf der Wannseekonferenz sei offen »von Töten und Eliminieren und Vernichten gesprochen« worden.
   a) Finden Sie heraus, welche Formulierungen im Text durch die von Eichmann genannten ersetzt werden müssten (46a).
   b) Erklären Sie, warum im Protokoll andere als die von den Konferenzteilnehmern gebrauchten Formulierungen stehen (46a).
3. Entscheiden Sie selbst, in welcher Form Sie sich mit der Schilderung von Höß auseinandersetzen wollen (46c).

## 47 Was wusste ein Durchschnittsdeutscher von NS-Verbrechen?

**Der Techniker Karl Dürkefälden (1902–1976) aus Hämelerwald (bei Peine) informierte sich aus Zeitung, Rundfunk und Gesprächen mit Verwandten und Kollegen. Zwischen 1933 und 1945 notierte er seine Beobachtungen:**

Für den 30. August 1942 hatte sich die [hannoversche] Gartengemeinschaft, der meine Schwiegereltern angehören, verpflichtet, Verwundete einzuladen und Kuchen und dergleichen zu verabreichen. Bei dieser Gelegenheit sagte der Verwundete, der bei meiner Schwiegermutter war: »Wir haben in Russland zehntausende Juden umgelegt.« [...] An allen Stellen, wo Deutsche hinkamen, ist mit den Juden grausam umgesprungen [worden]. So hörte ich, dass bei dem Einrücken der deutschen Soldaten in Weißrussland Tausende von Juden zusammengeschossen wurden. Auch bei dem Vormarsch 1942 in Südrussland wurde weiter gewütet. [Schwager] Walter [Kaßler] schickte uns Ende Oktober ein Paket mit acht Eiern aus der Ukraine. In dem Paket lagen auch einige Zeitungen in hebräischer Schrift. »Können Sie Hebräisch?«, fragte ich spaßeshalber einen Maurerpolier, eine solche Zeitung im Büro in der Hand haltend. »Die armen Juden«, antwortete dieser, »mein Schwager war aus dem Kaukasus im Urlaub. Sämtliche Juden wurden dort niedergemacht, ganz gleich, ob schwangere Frauen oder Kinder oder Säuglinge.« [...]

Als ich am 26. Juli 1942 in Bornhausen [bei Seesen am Harz] war, konnte die alte Tante Rollwage nicht darüber zur Ruhe kommen, dass man in einem Nachbarorte eine 81- oder 83jährige Jüdin fortgeholt hatte. Die Jüdin war arisch verheiratet. Sie flehte den Landjäger an, sie könne doch wirklich niemandem mehr etwas zuleide tun. Der Gendarm gehorchte jedoch dem Befehl.

»Schreiben, wie es wirklich war!« Die Aufzeichnungen Karl Dürkefäldens aus den Jahren 1933–1945, hrsg. von Herbert und Sibylle Obenaus, Hannover 1985, S. 114.

1. Arbeiten Sie heraus, von welchen Verbrechen Dürkefelden erfuhr und aus welchen Quellen er die Informationen erhielt.
2. Nehmen Sie Stellung zu der von der Generation des Zweiten Weltkrieges immer wieder geäußerten Behauptung: »Was mit den Juden geschah, davon haben wir ja gar nichts gewusst.« Ziehen Sie dazu auch die Anzeige (43) heran.

# 3. POLENPOLITIK: DER VERSUCH EINE NATION ZU VERNICHTEN

**48 Soldaten der deutschen Wehrmacht** reißen am 1. September 1939 die polnischen Schlagbäume nieder. Foto, 1939.

| | |
|---|---|
| 26.1.1934 | Unterzeichnung des auf zehn Jahre befristeten Deutsch-Polnischen Nichtangriffspaktes |
| 28.4.1939 | Hitler kündigt den Deutsch-Polnischen Nichtangriffspakt. |
| 23.8.1939 | Die Außenminister Ribbentrop und Molotow unterzeichnen den Deutsch-Sowjetischen Nichtangriffspakt mit dem geheimen Zusatzprotokoll über die beabsichtigte Aufteilung Polens. |
| 1.9.1939 | Beginn des deutschen Überfalls auf Polen |
| 17.9.1939 | Sowjetische Truppen fallen von Osten her in Polen ein. |
| 27.9.1939 | Kapitulation Warschaus |
| 30.9.1939 | Bildung einer polnischen Exilregierung in Paris, später in London |
| Oktober 1939 | Eingliederung polnischer Gebiete in das Deutsche Reich (»Reichsgaue«), Bildung des Generalgouvernements |
| 22.6 1941 | Angriff der deutschen Wehrmacht auf die Sowjetunion |
| 19.4.–16.5.1943 | Aufstand im Warschauer Ghetto |
| 1.8.–2.10.1944 | Warschauer Aufstand der polnischen Untergrundarmee (»AK«) |
| 17.1.1945 | Besetzung des zerstörten Warschau durch die Rote Armee |
| 4.2.–11.2.1945 | Auf der Konferenz der »Großen Drei« in Jalta wird u.a. die Westverschiebung des künftigen polnischen Staates beschlossen. |

## 3.1 Der Hitler-Stalin-Pakt und die fünfte Teilung Polens

**Nichtangriffspakt mit der Sowjetunion**

Ende August 1939 berichtete die Weltpresse eine politische Sensation. Für die Öffentlichkeit völlig überraschend, hatte am 23. August der deutsche Außenminister Ribbentrop in Moskau einen auf zehn Jahre befristeten Nichtangriffspakt mit der Sowjetunion unterzeichnet. Die beiden in Ideologie und Propaganda verfeindeten Mächte hatten sich auf dem Höhepunkt der von Hitler herbeigeführten politischen Krise des Jahres 1939 »arrangiert«. Hitler glaubte Polen politisch isoliert zu haben und den geplanten Eroberungskrieg gegen das Land beginnen zu können. Großbritanniens und Frankreichs Garantien für Polen nahm er offen-

bar nicht ernst, weil er den Wandel der englischen Appeasement-Politik seit dem Frühjahr 1939 falsch einschätzte.
Von der Existenz eines »geheimen Zusatzprotokolls« erfuhr die Weltöffentlichkeit nichts. Erst in den späten 1980er-Jahren war die Sowjetunion bereit und in der Lage, die bis dahin geleugnete Verabredung zur Aufteilung Polens zuzugeben.

Fertigen Sie ein Kurzreferat zu den vorangegangenen 4 Teilungen Polens an.

### Annäherung und Rückkehr zum alten Feindbild

Hitler hatte nach seinem Machtantritt zunächst eine andere Politik verfolgt. Hinter dem Deutsch-Polnischen Nichtangriffspakt von 1934 – in den Folgejahren von recht polenfreundlichen Äußerungen begleitet – stand wohl auch die Absicht, zusammen mit Polen einen Expansionskrieg zur Gewinnung neuen »Lebensraums im Osten« gegen die Sowjetunion zu führen. Aufgrund der polnischen Weigerung über deutsche Revisionsansprüche hinsichtlich Danzigs und des »polnischen Korridors« zu verhandeln, kündige Hitler im April 1939 den Nichtangriffspakt und schwenkte ideologisch und propagandistisch wieder auf eine Linie ein, die er bereits in den 20er-Jahren entwickelt hatte. Am 22. August 1939 stimmte er in einer geheim gebliebenen Ansprache die Wehrmachtsführung auf das den militärischen Sieg weit übersteigende Ziel der Zerschlagung Polens ein.

**49** **»Wiedergewonnenes Deutsches Land«**. Titelblatt, 1943.

Kurz nach Beginn des deutschen Überfalls setzten im Besatzungsgebiet Terror und Gewalt ein. Gezielte Gewalttaten gegen Intellektuelle, Geistliche, des Widerstands verdächtigte Personen und Juden verübten vor allem Einsatztruppen der SS, die der Wehrmacht im rückwärtigen Heeresgebiet folgten. Der frühzeitige Terror wurde als Vergeltung für polnische Gewalttätigkeiten (so genannte »Polengräuel«) gegen Angehörige der deutschen Minderheit in den ersten Kriegstagen ausgegeben. Besondere Bedeutung erhielten die Ereignisse vom 3. und 4. September in Bromberg, bei denen hunderte volksdeutscher Bromberger getötet worden waren. Nach einer Dokumentation des Auswärtigen Amtes vom November 1939 fielen in den ersten Kriegswochen insgesamt 5437 Volksdeutsche polnischen Gewaltakten zum Opfer. Auf Anordnung des Reichsinnenministeriums wurde die Zahl der Opfer auf 58 000 verzehnfacht. Diese Propagandalüge diente wie das reißerische Schlagwort vom »Bromberger Blutsonntag« zur Verstärkung antipolnischer Affekte und später zur Legitimation der brutalen Maßnahmen gegen die Bevölkerung der besetzten Gebiete.

Beurteilen Sie anhand der Karten 8 und 50 die nationalsozialistische Behauptung, bei den 1939 okkupierten polnischen Gebieten handele es sich um die »Wiedergewinnung« der durch den Versailler Vertrag 1919 »verlorenen« Gebiete. Benutzen Sie dafür auch einen historischen Atlas.

Nach Einrichtung der Zivilverwaltung in den Reichsgauen und im Generalgouvernement wurde die mit der SS organisatorisch verflochtene Polizei (SiPo: Sicherheitspolizei und Gestapo: Geheime Staatspolizei) zum eigentlichen Instrument des Terrors gegen die polnische Bevölkerung. Es waren Sondereinheiten der SS und Polizei, die in der Folgezeit die Mordaktionen gegen die jüdische Bevölkerungsgruppe in polnischen Dörfern und Städten verübten. Andere Spezialeinheiten der SS stellten später die Wachmannschaften der Konzentrations- und Vernichtungslager.

**50 Verwaltungskarte von Polen 1939/41** nach Aufteilung des ehemaligen polnischen Staatsgebietes.

Militärisch war der am 1. September 1939 begonnene und von der deutschen Propaganda im Nachhinein zum »Blitzkrieg« stilisierte Überfall auf Polen mit der Kapitulation der letzten polnischen Truppen am 5. Oktober beendet. Noch im gleichen Monat wurde der von der deutschen Wehrmacht besetzte Teil Polens aufgeteilt

- in die als »germanisierbar« angesehenen so genannten »eingegliederten Gebiete« (»Reichsgaue« mit Gauleitern an der Spitze), die durch eine Polizei- und Passgrenze vom Altreich abgeriegelt wurden,
- und in das »abzukapselnde« Generalgouvernement mit einer eigenen Zivilverwaltung und einer zusätzlichen Abgrenzung durch eine Zollgrenze.

Polen wurde in der Folgezeit zum ersten und am längsten ausgenutzten Exerzierfeld für den extrem rassistischen Imperialismus der NS-Ideologie.

## 51 Vorbereitungen

**a) Mitschrift von Hitlers Ausführungen vor den Heeresgruppen- und Armeeführern der drei Wehrmachtsbereiche am 22. August 1939:**

Ziel ist Beseitigung der lebendigen Kräfte, nicht die Erreichung einer bestimmten Linie. Auch wenn im Westen Krieg ausbricht, bleibt Vernichtung Polens im Vordergrund. Mit Rücksicht auf Jahreszeit schnelle Entscheidung.

Ich werde propagandistischen Anlass zur Auslösung des Krieges geben, gleichgültig, ob glaubhaft. Der Sieger wird später nicht danach gefragt, ob er die Wahrheit gesagt hat oder nicht. Bei Beginn und Führung des Krieges kommt es nicht auf das Recht an, sondern auf den Sieg.

Herz verschließen gegen Mitleid. Brutales Vorgehen. 80 Mill. Menschen müssen ihr Recht bekommen. Ihre Existenz muss gesichert werden. Der Stärkere hat das Recht. Größte Härte.

Schnelligkeit der Entscheidung notwendig. Festen Glauben an den deutschen Soldaten. Krisen sind nur auf Versagen der Nerven zurückzuführen.

Erste Forderung: Vordringen bis zur Weichsel und bis zum Narew. Unsere technische Überlegenheit wird die Nerven der Polen zerbrechen. Jede sich neu bildende lebendige polnische Kraft ist sofort wieder zu vernichten. Fortgesetzte Zermürbung.

Neue deutsche Grenzführung nach gesunden Gesichtspunkten, evtl. Protektorat als Vorgelände.

Mil[itärische] Operationen nehmen auf diese Überlegungen keine Rücksicht. Restlose Zertrümmerung Polens ist das militärische Ziel. Schnelligkeit ist die Hauptsache. Verfolgung bis zur völligen Vernichtung.

Zit. nach: Akten zur deutschen auswärtigen Politik 1918–1945. Serie D/VII, Baden-Baden 1956, S. 171 f.

**b) Aus Hitlers Rede vor dem Reichstag über »die Ziele und Aufgaben, die sich aus dem Zerfall des polnischen Staates ergeben« vom 6. Oktober 1939:**

**1.** Die Herstellung einer Reichsgrenze, die den historischen, ethnografischen und wirtschaftlichen Gegebenheiten gerecht wird. [...]

**4.** Die Neuordnung, der Neuaufbau des wirtschaftlichen Lebens, des Verkehrs und damit aber auch der kulturellen und zivilisatorischen Entwicklung. [...]

**5.** Als wichtigste Aufgabe aber: eine Neuordnung der ethnografischen Verhältnisse, das heißt, eine Umsiedlung der Nationalitäten so, dass sich am Abschluss der Entwicklung bessere Trennungslinien ergeben, als es heute der Fall ist. [...]

Der ganze Osten und Südosten Europas ist zum Teil mit nicht haltbaren Splittern des deutschen Volkes gefüllt. Gerade in ihnen liegt ein Grund und eine Ursache fortgesetzter zwischenstaatlicher Störungen. Im Zeitalter des Nationalitätenprinzips und des Rassegedankens ist es utopisch zu glauben, dass man diese Angehörigen eines hochwertigen Volkes ohne weiteres assimilieren könnte. Es gehört daher zu den Aufgaben einer weit schauenden Ordnung des europäischen Lebens, hier Umsiedlungen vorzunehmen, um auf diese Weise wenigstens einen Teil der europäischen Konfliktstoffe zu beseitigen. Deutschland und die Union der Sowjetrepubliken sind übereingekommen, sich hierbei gegenseitig zu unterstützen. Die Deutsche Reichsregierung wird es dabei niemals zugeben, dass der dann entstehende Reststaat irgendein störendes Element für das Reich selbst oder gar eine Quelle der Störungen zwischen dem Deutschen Reich und Sowjetrussland werden könnte.

Zit. nach: Ursachen und Folgen, Bd. 14, Berlin o. J., S. 69 f.

1. Stellen Sie eine Liste der Begriffe zusammen, mit denen Hitler das Vorgehen gegen Polen charakterisiert. Auf was für eine Kriegsführung deutet das Vokabular hin? (51a)
2. Stellen Sie den hier (51a) genannten Zielsetzungen die öffentlichen Forderungen an Polen im April 1939 (Danzig, exterritoriale Straße und Eisenbahnlinie durch den Korridor) gegenüber. Wie ist der Unterschied/die Entwicklung zu erklären?
3. »Reststaat« (51b) – »Protektorat« (51a)? Welche Vorstellung von der Zukunft Polens ist aus diesen Begriffen abzulesen?

## 3.2 Germanisierungspolitik in den »Reichsgauen«

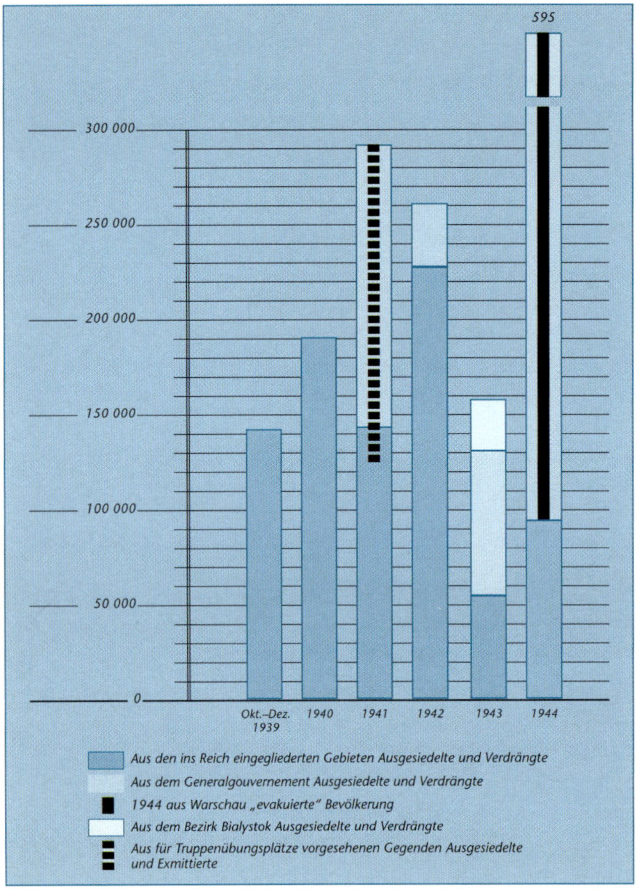


nach: Czesław Madajczyk, Die Okkupationspolitik Nazideutschlands in Polen 1939–1945, Köln 1988, S. 431.

**52 Aussiedlung und Verdrängung von Polen** in den von Deutschland okkupierten polnischen Gebieten

In den Gebieten, die nach dem Sieg über Polen dem Deutschen Reich angegliedert wurden, lebten 1939 rund zehn Millionen Menschen, davon ca. 80 % Polen. Nach der ersten Phase des militärischen Terrors setzte seit der Übernahme durch die deutsche Zivilverwaltung in den »Reichsgauen« eine Germanisierungswelle ein: Die polnische Bevölkerung wurde entrechtet und enteignet, Juden wurden drangsaliert, die katholische Kirche wurde unterdrückt. Zwangsdeportationen in das Generalgouvernement sollten Platz für die geplante Neubesiedlung schaffen. Damit die agrarisch-ökonomische Leistungsfähigkeit des Gebietes erhalten blieb, waren dem Ausmaß der Deportationen allerdings Grenzen gesetzt. Außerdem erwies sich die Anziehungskraft des neuen Siedlungsraumes für Reichsdeutsche als gering. Aus diesem Grunde, aber auch wegen der unübersichtlichen ethnisch-kulturellen Verhältnisse, wurde die rassenpolitische Zielsetzung weiterverfolgt mit der Einführung der »Deutschen Volksliste«, einer Kategorisierung der Bevölkerung nach vermeintlichen Rassemerkmalen. Doch entsprachen die Kategorien vor allem für die Gruppen III–IV eher der sprachlich-kulturellen oder politischen Identität. Zudem handhabten die ausführenden Organe wie die Gauleiter und ihre Behörden die Kategorien je nach Interesse und Nutzen beliebig. Die Mehrheit der Bevölke-

Erörtern Sie anhand des statistischen Materials (52 und 53), was Hitlers »Neuordnung der ethnografischen Verhältnisse« durch Umsiedlung für das polnische Gebiet zur Folge gehabt hätte.

**53 Nationale Bevölkerungsanteile der eingegliederten Gebiete**, Januar 1944 (in Tsd.):

| | Polen | Die III. und IV. Gruppe der Deutschen Volksliste | Deutsche | Insgesamt |
|---|---|---|---|---|
| Warthegau | 3 450<br>78,4 % | 90<br>2,0 % | 860<br>19,6 % | 4 400<br>100 % |
| Gau Danzig-Westpreußen (ohne den ehemaligen Freistaat Danzig) | 605<br>36,6 % | 727<br>44,3 % | 318<br>19,1 % | 1 650<br>100 % |
| Regierungbezirk Kattowitz (einschl. der im Reg.-Bez. Oppeln eingegliederten Gebiete) | 1 040<br>42,5 % | 930<br>38,0 % | 480<br>19,5 % | 2 450<br>100 % |
| Regierungsbezirk Ziechenau und andere in die Provinz Ostpreußen eingegliederte Gebiete | 920<br>92,0 % | 14<br>1,4 % | 66<br>6,6 % | 1 000<br>100 % |

nach: Martin Broszat, Nationalsozialistische Polenpolitik 1939–1945, Stuttgart 1961, S. 134.

rung (ca. $\frac{2}{3}$ im Gau Danzig-Westpreußen, $\frac{3}{4}$ im Warthegau) wurde zu »polnischen Schutzangehörigen« erklärt und nahezu völlig entrechtet. Zusätzliche Schikanen waren die Grußpflicht gegenüber deutschen Uniformträgern, Sperrzeiten für Einkäufe oder Besuchsverbote deutscher Gaststätten.
Ergebnis dieser ethnischen Prüfverfahren war, dass die in den Reichsgauen ansässige Bevölkerung im Interesse der Verwaltung, Polizei und Justiz in »höherwertige« und »minderwertige«, d. h. eben auch entrechtete und unterdrückbare Menschen sortiert war und mit ihnen entsprechend verfahren werden konnte.
Das Ziel, die eingegliederten Gebiete nicht nur »judenfrei«, sondern auch »polenfrei« zu machen, wurde nicht erreicht, stattdessen bei allen Betroffenen Hass und Bedürfnis nach Vergeltung gesät.

## 54 Verbrechen in den eingegliederten Gebieten

**a) Franz Röder, Leiter eines Einsatzkommandos der SiPo (Sicherheitspolizei) und des SD (Sicherheitsdienst) in Bromberg, an das SD-Hauptamt in Berlin, 20. Oktober 1939:**
In den westpreußischen Städten wurden von der geheimen Staatspolizei und vom Selbstschutz Aktionen durchgeführt, um die polnischen Lehrer zu verhaften und in das Zuchthaus Krone abzutransportieren. Es ist geplant, die radikalen polnischen Elemente zu liquidieren. Außerdem wurden in letzter Zeit planmäßig Aktionen durchgeführt, bei denen vor allem Angehörige der polnischen Intelligenzschicht festgenommen wurden. Es ist anzunehmen, dass mit diesen in letzter Zeit durchgeführten Aktionen der größte Teil der polnischen Intelligenz in Haft gesetzt ist. [...] Ein Großteil der katholischen Geistlichen ist infolge der bekannten radikal-polnischen Haltung beseitigt.

[...] Nach dem Willen des Führers soll in kürzester Zeit aus dem polnisch bestimmten Pommerellen ein deutsches Westpreußen entstehen. Zur Durchführung dieser Aufgaben machen sich nach übereinstimmender Ansicht aller zuständigen Stellen folgende Maßnahmen notwendig:

1. Physische Liquidierung aller derjenigen polnischen Elemente, die a) in der Vergangenheit auf polnischer Seite irgendwie führend hervorgetreten sind oder b) in Zukunft Träger eines polnischen Widerstandes sein können.
2. Aussiedlung bzw. Umsiedlung aller »ansässigen« Polen und »Kongresser« aus Westpreußen.
3. Verpflanzung rassisch und sonstig wertvoller Polen nach der Mitte des Altreiches, soweit es sich um untergegangenes deutsches Bluterbe handelt und anzunehmen ist, dass die Aufnahme in den deutschen Volkskörper reibungslos vonstatten geht. Die angeführten Maßnahmen sind von Anfang an in Angriff genommen worden. Es erscheinen jedoch folgende Bemerkungen nötig, um die Notwendigkeiten weiterer Vorschläge zu erörtern:

Zu 1: Die Liquidierung wird nur noch kurze Zeit durchgeführt werden können. Dann werden die deutsche Verwaltung sowie andere außerhalb der NSDAP liegende Faktoren direkte Aktionen unmöglich machen. Auf jeden Fall wird am Ende trotz aller Härte nur ein Bruchteil der Polen in Westpreußen vernichtet sein.

Zit. nach: Martin Broszat, Nationalsozialistische Polenpolitik 1939-1945, Stuttgart 1961, S. 45. – Werner Röhr (Hg.), Die faschistische Okkupationspolitik in Polen 1939–1945, Köln 1989, S. 134.

**b) Richtlinien des RSHA zur »Evakuierung« im Reichsgau Wartheland (Ansiedlung Wolhyniendeutscher) und im Reichsgau Danzig-Westpreußen:**
Pro Pole ein Koffer mit Ausrüstungsstücken (kein sperrendes Gut), vollständige Bekleidung, pro Pole eine Decke (keine Betten), Verpflegung für 14 Tage (Hülsenfrüchte, Brot, Fett, Marmelade, Kannen, Trinkgefäße usw.).

Es können pro Person 20 Zloty aufgrund der Devisenbestimmungen mit in das Generalgouvernement genommen werden. Nicht mitgenommen werden dürfen: Wertpapiere, Devisen, Sparkassenbücher usw., Wertsachen jeder Art (Gold, Silber, Platin – mit Ausnahme des Eheringes).

Zit. nach: Martin Broszat, Nationalsozialistische Polenpolitik 1939–1945, Stuttgart 1961, S. 96.

**c) Ankündigung** öffentlicher Strafexekution in Graudenz, 29. Oktober 1939

Bei dem »Selbstschutz« handelte es sich um die in polnischen Gebieten mit starker deutscher Minderheit entstandene volksdeutsche Miliz.

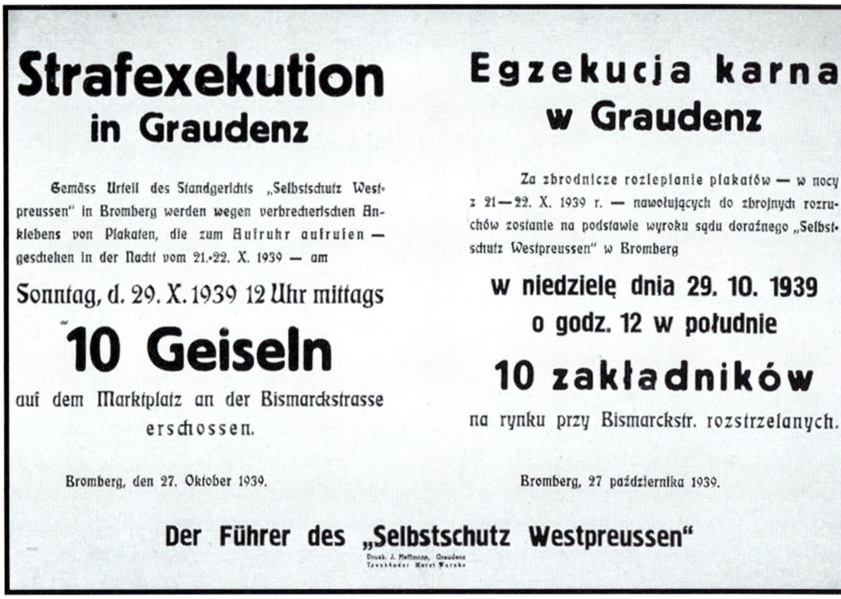


**d) Rundschreiben des Landrates des Kreises Turek vom 15. August 1941:**

Durch Maueranschlag vom 16. August ordne ich an, dass die Polen beiderlei Geschlechts sämtliche Uniformierte und alle bewimpelten Fahrzeuge zu grüßen haben. Diese Anordnung wurde notwendig aus zweierlei Gründen:

1. weil die Polen frech und anmaßend geworden sind,
2. weil das Ansehen und die Würde des Reiches, dessen Repräsentanten wir sind, verlangen, dass der Pole durch seinen Gruß die deutsche Herrschaftsform in diesem Lande tagtäglich aufs Neue anerkennt.

[…] Wenn der Pole den Eindruck gewinnen sollte, dass wir gegebene Anordnungen, die eine Demonstration unserer Macht sein sollen, nicht durchführen können, erreichen wir das Gegenteil, nämlich dass die Polen mit dem Instinkt des Unterlegenen eine deutsche Schwäche empfinden. […]

In meiner Anordnung habe ich bekannt gegeben, dass Verweigerung des Grußes als Aufsässigkeit gilt und als solche an Ort und Stelle geahndet wird, d.h.: Sie haben in diesem Falle bei Polen und Polinnen den Gruß mit Gewalt zu erzwingen. Die Polen sollen endlich einmal die Faust des Herren zu spüren bekommen.

Zit. nach: Werner Röhr (Hg.), Die faschistische Okkupationspolitik in Polen 1939–1945, Köln 1989, S. 203.

1. Stellen Sie fest, gegen welche Personen bzw. Personengruppen sich die in dem Bericht (54a) angeführten Aktionen richten.
   Arbeiten Sie die sich im Bericht dokumentierende menschliche Einstellung heraus und bewerten Sie diese nach ethisch-moralischen Maßstäben.
2. Die Verordnung über die Grußpflicht für Polen (54d) lässt sich auch »gegen den Strich« lesen. Analysieren Sie das sich in ihr manifestierende Selbstverständnis und dessen Schwäche.

## 55 Polenstrafrecht

**Martin Bormann, »Stabsleiter des Stellvertreters des Führers«, fordert in einem Schreiben an den Chef der Reichskanzlei vom 20. November 1940 ein besonderes Strafrecht für Polen (Ein solches Strafrecht trat am 4. Dezember 1941 tatsächlich in Kraft):**

Dieses Strafrecht könnte sich auf einige wenige Bestimmungen beschränken, die so formuliert werden müssten, dass möglichst jedes ordnungswidrige Verhalten der Polen erfasst wird. Zu diesem besonderen Strafrecht muss noch eine entsprechende Strafverfahrensordnung treten, die ein schnelles und schlagkräftiges Arbeiten ermöglicht.

[…] Die in diesem Verfahren zur Verfügung gestellten Strafmittel müssen […] ganz eindeutig unter dem Gesichtspunkt der Abschreckung und der für die Ostgebiete geltenden politischen Zielsetzung zur Anwendung gebracht werden. – Dabei muss die Unempfindlichkeit der Polen gegenüber Gefängnisstrafen in der gegenwärtigen Form beachtet werden. Neben der Möglichkeit der Todesstrafe wird auch an die Einführung der Prügelstrafe und die Schaffung anderer Maßnahmen mit vielleicht mehr polizeilichem Charakter zu denken sein. Falls (!) die Anwendung dieses besonderen Strafrechts für Polen durch die Justizbehörden erfolgen soll, so muss darauf Bedacht genommen werden, dass die Gerichte in diesen Fällen den polizeilichen Standgerichten, die sich nach den mir vorliegenden Berichten sehr gut bewährt hatten und infolge der Einführung des Strafrechts in den eingegliederten Ostgebieten leider weggefallen sind, in Arbeitsweise und Zielsetzung möglichst angenähert werden.

Martin Broszat, Nationalsozialistische Polenpolitik 1939–1945, Stuttgart 1961, S. 147.

1. Informieren Sie sich bei einem Juristen, gegen welche allgemeingültigen Rechtsprinzipien ein besonderes »Polenstrafrecht« verstößt.
2. Formulieren Sie in Thesenform Einwände gegen Inhalt und Verfahrensordnung eines solchen Sonderstrafrechtes.

## 3.3 Das Generalgouvernement – »Abkapselung«, Ausbeutung, »Entfernung«, Vernichtung

**Einrichtung des Generalgouvernements**

Die zu Kriegsbeginn auf deutscher Seite noch angestellten Überlegungen, den Polen in einem Kerngebiet eine eingeschränkte Eigenstaatlichkeit einzuräumen, wurden mit der Einrichtung des Generalgouvernements hinfällig. An der von den deutschen Besatzern seit dem 26. Oktober 1939 installierten Verwaltung unter dem Generalgouverneur Hans Frank waren Polen nur in nachgeordneter Funktion beteiligt.

Den wenigen Menschen deutscher Abstammung im Gebiet des Generalgouvernements wurde zwar das Staatsbürgerrecht vorenthalten; dennoch billigte man ihnen aber doch Vorrechte zu. Die polnische Bevölkerungsmehrheit dagegen erklärte man zu staatenlosen »Schutzangehörigen«.

In Hitlers Vorstellungen dominierte zunächst seine alte Idee der »Abkapselung«. Diese verband er mit der Ausbeutung polnischer Arbeitskraft für die »Herren«, mit der Liquidation der politischen Eliten und der Drückung des Bildungsniveaus auf einen so niedrigen Stand, wie er gerade noch zur Nutzbarmachung der »Ressourcen« nötig war.

**56 Nationale Zusammensetzung der Bevölkerung des Generalgouvernements 1940 und 1942,** ohne Distrikt Galizien (in Tausend):

[a] Mit Distrikt Galizien;
[b] Im Dezember.

| Jahr | Polen | Deutsche | Juden | Ukrainer und Weißruthenen | Andere | Insgesamt |
|---|---|---|---|---|---|---|
| 1940[b] | 10084<br>83,3 % | 111<br>0,9 % | 1347<br>11,2 % | 530<br>4,4 % | 30<br>0,2 % | 12102<br>100 % |
| 1942[b] | 9464<br>88,9 % | 264<br>2,5% | 115<br>1,1 % | 716<br>6,7 % | 87<br>0,8 % | 10646<br>100 % |
| | – | – | – | – | – | 15423[a]<br>100 % |

nach: Wacław Dlugoborski, Die deutsche Besatzungspolitik und die Veränderung der sozialen Struktur Polens 1939–1945, Göttingen 1981, S. 354.

Während der gesamten deutschen Besatzungszeit verblieb das Gebiet des Generalgouvernements in einem rechtlich unklaren Status. Es wurde zum eigentlichen Schauplatz nationalsozialistischer Ausbeutungs- und Liquidationspolitik, vor allem zur Stätte des Mordes an den polnischen und europäischen Juden – wenn auch das zum Symbol für den so genannten »Holocaust« gewordene Konzentrations- und Vernichtungslager Auschwitz-Birkenau nicht im Generalgouvernement, sondern wenige Kilometer westlich der Grenze im eingegliederten oberschlesischen Gebiet lag.

### »Sonderaktion Krakau«

Am 6. November 1939 wurden im Hauptgebäude der ältesten polnischen Universität in Krakau von einem Sonderkommando der Sicherheitspolizei unter Leitung des SS-Sturmbannführers Müller 183 Angehörige der Universität und Bergakademie verhaftet, in den nächsten Tagen nach Breslau ins Gefängnis und von dort in das Konzentrationslager Sachsenhausen eingeliefert. Wenn auch der größere Teil von ihnen bis Oktober 1941 wieder entlassen wurde, so zeigt diese Maßnahme, die »Sonderaktion Krakau«, beispielhaft Ziele und Methoden des Terrors, der die Universität zu Beginn des neuen Semesters lahm legen, die verbliebenen Professoren einschüchtern und die als Kristallisationspunkte für künftigen Widerstand verdächtigten Intellektuellen ausschalten sollte. Ähnliche »Sonderaktionen« gab es etwa auch in Tschenstochau, Warschau und Łodz.

### »Aktion Zamość«

Im Bereich Zamość versuchte die SS im November 1942 einen ersten Vorgriff auf die für später geplante »völkische Säuberung«, indem sie ca. 100 000 Bewohner aus der im Osten des Generalgouvernements liegenden Region zur Umsiedlung zwang. Als Reaktion auf diese wie auf andere ständig zunehmende Terroraktionen wuchs der polnische Widerstand in allen seinen Erscheinungsformen von Verweigerung, Sabotage, Flugblatt oder der Einrichtung von Untergrundschulen bis zur direkten Gegengewalt in Form von Attentat und Aufstand. Weil sie dem polnischen Widerstand erheblichen Zulauf verschaffte und auf den Protest des Generalgouverneurs bei Hitler stieß, musste die »Aktion Zamość« denn auch nach kurzer Zeit abgebrochen werden.

### Wirtschaftliche Ausbeutung

Generalgouverneur Frank hatte früh erkannt und auch gewarnt, dass die zunehmende Härte polnischer Widerstands- und Sabotageaktionen von der Härte der Besatzungsmaßnahmen hervorgerufen wurde. Ihm, d. h. der Zivilverwaltung und auch den im Generalgouvernement agierenden Vertretern des Amtes für den Vierjahresplan, ging es vor allem um die möglichst effektive und störungsfreie Ausbeutung des Generalgouvernements im Interesse der Kriegswirtschaft und die immer umfangreichere »Belieferung« mit Arbeitskräften für Landwirtschaft und Industrie.

Ähnliches gilt auch für die dem Oberkommando der Wehrmacht unterstehenden Rüstungsbetriebe im Generalgouvernement.
Durch das von Hitler absichtlich in der Schwebe gelassene Mit- und Gegeneinander von Zuständigkeiten, Zielsetzungen und Praktiken der Umsetzung kam es innerhalb der deutschen Besatzungsmacht immer wieder zu Konflikten. Schließlich setzte sich aber die in Ideologie und Brutalität der Methoden stärkste Kraft, die SS, mit ihrer Zuständigkeit für Rassepolitik und Polizei durch. SS- und Polizeiführer wurden nicht zuletzt über den direkten Sonderbefehlsweg aus dem Reichssicherheitshauptamt in Berlin zu zentralen Figuren für Terror und Gewalt im Generalgouvernement. Dagegen fand der Generalgouverneur mit seinen Eingaben und Denkschriften bei Hitler kaum noch Gehör. Zugleich unterstützte die Zivilverwaltung auf allen Ebenen die Zwangs- und Mordaktionen der SS und Polizei gegen Juden.

**57 Zwangsumsiedlung der polnischen Bevölkerung.** Foto, 1943.

Als sich der Generalgouverneur Hans Frank im Januar 1945 nach Westen absetzte, um dem Zugriff der sowjetischen Armee zu entkommen, hinterließ er ein Land, in dem zwei Drittel der Industriebetriebe ganz oder teilweise zerstört und 38 % des polnischen Volksvermögens vernichtet waren. Die Hauptstadt Warschau bestand nur noch aus einem Ruinenfeld. Nahezu jeder dritte Pole war der Okkupationspolitik zum Opfer gefallen oder von ihr zumindest in Mitleidenschaft gezogen worden.

## 58 Planungen

**a) Martin Bormann zur »Unterhaltung über den Charakter des Generalgouvernements, über die Behandlung der Polen« bei Hitler am 2. Oktober 1940:**
Die Menschen des Generalgouvernements, die Polen also, seien nun nicht qualifizierte Arbeiter wie unsere Volksgenossen und sollten es auch gar nicht sein; sie müssten, um leben zu können, ihre eigene Arbeitskraft, d.h. sozusagen sich selbst exportieren. Die Polen müssten also nach dem Reich kommen und dort Arbeit in der Landwirtschaft, an Straßen und sonstigen niedrigen Arbeiten leisten, um sich dadurch ihren Lebensunterhalt zu verdienen. […]

Man könnte, betonte der Führer, in den Slawen nichts anderes hineinlegen, als was er von Natur aus sei. Während unser deutscher Arbeiter von Natur aus im Allgemeinen strebsam und fleißig sei, sei der Pole von Natur aus faul und müsse zur Arbeit angetrieben werden. […] Unbedingt zu beachten sei, dass es keine »polnischen Herren« geben dürfte; wo polnische Herren vorhanden seien, sollten sie, so hart das klingen möge, umgebracht werden.

Blutlich dürften wir uns natürlich mit den Polen nicht vermischen; auch daher sei es richtig, wenn neben den polnischen Schnittern auch polnische Schnitterinnen in das Reich kämen. Was diese Polen dann untereinander in ihren Lagern trieben, könne uns ganz gleichgültig sein. [...] Noch einmal müsse der Führer betonen, dass es für Polen nur einen Herren geben dürfe und das sei der Deutsche; zwei Herren nebeneinander könne es nicht geben und dürfe es nicht geben, daher seien alle Vertreter der polnischen Intelligenz umzubringen. Dies klinge hart, aber es sei nun einmal das Lebensgesetz.

Das Generalgouvernement sei eine polnische Reservation, ein großes polnisches Arbeitslager.

Zit. nach: Ernst Klee / Willi Dreeßen, »Gott mit uns«. Der deutsche Vernichtungskrieg im Osten 1939–1945, Frankfurt 1989, S. 18f.

**b) Heinrich Himmler, u. a. »Reichskommissar für die Festigung des deutschen Volkstums«, im Mai 1940 »über die Behandlung Fremdvölkischer im Osten«:**
Eine grundsätzliche Frage bei der Lösung aller dieser Probleme ist die Schulfrage und damit die Frage der Sicherung und Siebung der Jugend. Für die nichtdeutsche Bevölkerung des Ostens darf es keine höhere Schule geben als die vierklassige Volksschule. Das Ziel dieser Volksschule hat lediglich zu sein:

Einfaches Rechnen bis höchstens 500, Schreiben des Namens, eine Lehre, dass es ein göttliches Gebot ist, den Deutschen gehorsam zu sein und ehrlich, fleißig und brav zu sein. Lesen halte ich nicht für erforderlich.

Außer dieser Schule darf es im Osten überhaupt keine Schule geben. Eltern, die ihren Kindern von Vornherein eine bessere Schulbildung sowohl in der Volksschule als später auch an einer höheren Schule vermitteln wollen, müssen dazu einen Antrag bei den Höheren SS- und Polizeiführern stellen. Der Antrag wird in erster Linie danach entschieden, ob das Kind rassisch tadellos und unseren Bedingungen entsprechend ist. Erkennen wir ein solches Kind als unser Blut an, so wird den Eltern eröffnet, dass das Kind auf eine Schule nach Deutschland kommt und für die Dauer in Deutschland bleibt.

[...] Diese Bevölkerung wird als führerloses Arbeitsvolk zur Verfügung stehen und Deutschland jährlich Wanderarbeiter und Arbeiter für besondere Arbeitsvorkommen (Straßen, Steinbrüche, Bauten) stellen; sie wird selbst dabei mehr zu essen und zu leben haben als unter der polnischen Herrschaft und bei eigener Kulturlosigkeit unter der strengen, konsequenten und gerechten Leitung des deutschen Volkes berufen sein, an dessen ewigen Kulturtaten und Bauwerken mitzuarbeiten und diese, was die Menge der groben Arbeit angeht, erst ermöglichen.

Zit. nach: Vierteljahrshefte für Zeitgeschichte 5, 1957, S. 195ff.

1. »Herrenmenschenideologie« – Erarbeiten Sie aus den Gedanken Hitlers und Himmlers (58a und b) wesentliche Elemente dieser Ideologie.
2. Erörtern Sie Gründe, die Himmler dazu veranlasst haben, die »Schulfrage« zu einem zentralen Problem rassistischer Politik zu erklären (58b).
3. Polnische »Faulheit« und »Kulturlosigkeit« : Bewerten Sie diese negativen Stereotypen im Hinblick auf ihre Funktion im nazistischen Weltbild und ihre historische Begründbarkeit.

## 59 Verbrechen im Generalgouvernement (GG)

**a) Ein Sondergerichtsmitglied in Petrikau (GG) an seinen ehemaligen Studienkollegen, den Chef der Reichskanzlei Dr. Lammers am 22. Dezember 1939:**
Unsere Tätigkeit ist recht umfangreich und auch interessant. Nur ist die seelische Belastung durch das Elend, das einem allenthalben vor Augen steht, recht groß. Aus

Lodsch [Łódź] ausgewiesene Juden werden fast sämtlich nach Petrikau geleitet. Als wir am Silbernen Sonntag nach Lodsch fuhren, mussten wir 50 km an diesem ununterbrochenen Tag und Nacht währenden Zuge der Hoffnungslosigkeit und des Grauens vorbei, der bei 12 Grad Kälte und auf offenen Bauernwagen einherzog. [...] Dazu hat ganz Petrikau kein Stückchen Kohle, da der Großhandel wegen Devisenschwierigkeiten keine aus Dombrowa bekommt. [...] Die Gefangenen [im Gerichtsgefängnis] haben etwa 3 Wochen jammervoll frieren müssen, bei einer Verpflegung, die wegen Zuständigkeitsstreit hinsichtlich der Kosten mehr wie absolut unzureichend war. [...]

Auf einem Gerichtstag erzählte uns ein Gendarmeriemeister, dass in Koniecpol, einem kleinen Städtchen, ausgesiedelte Polen aus Bromberg und dieser Gegend – Ärzte, Rechtsanwälte, höhere Beamte, bessere Kaufleute – vollständig mittellos zu 15–20 Köpfen in einem kleinen Raum hausen müssten und nicht wüssten, wovon leben. Dazu sind für alle strafbaren Handlungen strenge Strafen angedroht, z. B. nach einer Anordnung des Distriktchefs von Radom auf das Fällen eines Waldbaumes der Tod, u.s.fort. – Es steht uns nicht zu, über die Folgen nachzudenken, wenn diese Folgen im Ausland bekannt würden, ich kann mir aber als kleiner und unbedeutender Mann nicht denken, dass der Führer diese Art und Weise gutheißt.

»Das Heimweh des Walerjan Wrobel« – Beschaffen Sie sich diesen Spielfilm (Video, Bildstelle) und bereiten Sie eine kommentierte Vorführung von Filmausschnitten vor. Nehmen Sie das gleichnamige Buch von Christoph U. Schminck-Gustavus zuhilfe (Berlin/Bonn 1986).

Martin Broszat, Nationalsozialistische Polenpolitik 1939–1945, Stuttgart 1961, S. 42.

**b) Richtlinien von Hermann Göring und Hans Frank zur kriegswirtschaftlichen Ausnutzung des Generalgouvernements (GG) vom 25. Januar 1940:**

Es werden von der Gesamtwirtschaft des GG insbesondere folgende Leistungen erwartet: a) Intensivierung der landwirtschaftlichen Produktion vor allem bei größeren Betrieben (über 100 ha) und planmäßige Verteilung der zu erfassenden Nahrungsmittel zur Sicherstellung des durch die derzeitige Produktion noch nicht voll gedeckten notwendigen Bedarfs der Truppen, Verbände und Dienststellen sowie der einheimischen Bevölkerung. [...] c) Steigerung der Rohstofferzeugung auf dem industriellen Sektor. [...] d) Ausnutzung, erforderlichenfalls auch teilweise Ausweitung der im GG vorhandenen Industriekapazität zu schnellster Ausführung der vom Reich ins Generalgouvernement zu legenden Wehrmachtsaufträge unter Aufrechterhaltung der Produktion solcher Erzeugnisse, die für die Inganghaltung des Wirtschaftsapparates im GG auch bei Anlegung strengster Maßstäbe unbedingt lebensnotwendig sind. [...] g) Bereitstellung und Transport von mindestens 1 Million Land- und Industriearbeitern und -arbeiterinnen ins Reich – davon etwa 750 000 landwirtschaftliche Arbeitskräfte, von denen mindestens 50 % Frauen sein müssen – zur Sicherstellung der landwirtschaftlichen Erzeugung im Reich und als Ersatz für im Reich fehlende Industriearbeiter.

Werner Röhr (Hg.) Die faschistische Okkupationspolitik in Polen 1939–1945, Köln 1989, S. 153 f.

**c) Die kriegswirtschaftliche Bedeutung des GG: Ansprache Hans Franks vor den politischen Leitern der NSDAP im Distrikt Krakau am 14. Januar 1944:**

Wenn wir den Krieg einmal gewonnen haben, dann kann meinetwegen aus den Polen und aus den Ukrainern und dem, was sich sonst hier herumtreibt, Hackfleisch gemacht werden, es kann gemacht werden, was will. Aber in diesem Augenblick kommt es nur darauf an, ob es gelingt, fast 15 Millionen eines gegen uns sich organisierenden feindlichen Volkstums in Ruhe, Ordnung, Arbeit und Disziplin zu halten. Wenn es nicht gelingt, dann kann ich vielleicht triumphierend sagen: Ich habe 2 Millionen Polacken umgebracht. Ob dann aber die Züge an die Ostfront fahren, ob die Monopolbetriebe arbeiten, die jeden Monat 500 000 Liter Wodka und so und so viele Millionen Zigaretten liefern, ob die Ernährung und Landwirtschaft gesichert wird, von der wir allein 450 000 t Getreide ans Reich geliefert haben, das steht auf einem anderen Blatt.

Werner Röhr (Hg.) Die faschistische Okkupationspolitik in Polen 1939–1945, Köln 1989, S. 292.

## d) Zwangsarbeiterdeportation aus dem okkupierten Polen von 1939 bis 1944:

| | Zahl der Deportierten aus dem GG[1] (ab 1941 mit Bezirk Białystok) | aus den annektierten Gebieten | Gesamtzahl |
|---|---|---|---|
| Ende 1939 | – | 41 000 | 41 000 |
| Juli 1940 | 319 000 | 126 000 | 445 000 |
| Ende 1940 | 342 000 | – | 468 000[2] |
| Januar 1941 | – | – | 798 000[2] |
| September 1941 | 500 000 | 508 000[3] | 1 008 000[2] |
| Mai 1942 | 775 000[2] | 420 000 | 1 295 000 |
| August 1942 | 854 000[2] | 482 000 | 1 336 000 |
| November 1942 | 950 000 | 501 000 | 1 451 000 |
| März 1943 | 1 000 000[4] | 526 000 | 1 526 000 |
| August 1943 | 1 124 000 | 556 000 | 1 680 000 |
| Dezember 1943 | 1 155 000[5] | 559 000 | 1 714 000 |
| März 1944 | 1 177 000 | 589 000 | 1 766 000 |
| Juni 1944 | 1 214 000 | 628 000 | 1 843 000 |
| September 1944 | 1 281 000[6] | 648 000 | 1 929 000 |
| Dezember 1944 | 1 333 000[7] | 693 000[8] | 2 026 000 |
| 1939 bis Ende 1944 zu Zivilarbeitern erklärte polnische Kriegsgefangene | | | ca. 4 000 000 |
| Ende 1944 erreichte Gesamtzahl kriegsgefangener und aus Polen deportierter Zivilarbeiter | | | 2 426 000 |

Europa unterm Hakenkreuz: die Okkupationspolitik des deutschen Faschismus (1938–1945), Bd. 2: Die faschistische Okkupationspolitik in Polen 1939–1945, hrsg. von Werner Röhr u. a., Berlin 1989, S. 360.

[1] Angaben der Regierung des GG nach: Doc. Occ., VI, S. 282.

[2] Der Arbeitseinsatz im Deutschen Reich, DZA-Bücherei Nr. 8620 sowie DB Leipzig, ZB 11 372. Die Angaben des RAM (Reichsarbeitsministerium) sind Mindestwerte, die nur die zum Stichtag eingesetzten, nicht aber die insgesamt deportierten Arbeitskräfte beziffern.

[3] Differenz aus der vom RAM gegebenen Gesamtzahl der Deportierten im September 1941 und der Angabe für das GG.

[4] Die »Deutsche Bergwerks-Zeitung«, Düsseldorf, belegt in ihrer Nr. 31 vom 6. Februar 1943 die Zahl der ins »Reich vermittelten« Arbeitskräfte aus dem GG bereits für Januar 1943 mit 1 170 000.

[5] Berechnet nach Luczak, Polityka, S. 163; danach wurden im 2. Halbjahr 1943 45 823 Arbeitskräfte deportiert.

[6] Einschließlich der nach dem Warschauer Aufstand deportierten 65 000.

[7] Vgl. Luczak, Polityka, S. 161; hierin enthalten sind 16 000 Zwangsarbeiter aus den Monaten November und Dezember 1944 sowie 36 000 Bürger anderer Nationen.

[8] Ebenda; davon waren 670 000 in Deutschland und 23 000 in Frankreich eingesetzt.

1. Erarbeiten Sie aus dem Privatbrief des Juristen (59a) eine Art »Psychogramm« (mögliche Fragen: Was ist ihm interessant? Was belastet ihn seelisch? Wie reagiert er darauf? Was will er ausblenden? Welche Rolle spielt der Topos »Wenn das der Führer wüsste«?)
2. Wie ist die Entstehung einer solchen weit verbreiteten Denkweise zu erklären? (59a)
3. Fassen Sie die in der Tabelle »Zwangsarbeiterdeportationen«(59d) dargestellte Entwicklung ohne Benutzung der absoluten Zahlen zusammen.
4. Vergleichen Sie Hermann Görings »Richtlinien« (59b) mit Hitlers Vorstellungen über den »Charakter des Generalgouvernements« (58a).
5. Sammeln Sie aus der Tagespresse oder dem Zeitungsarchiv Material zum Streit über die Entschädigung von NS-Zwangsarbeitern durch die deutsche Wirtschaft.
6. Wie sind Franks Proteste bei Hitler gegen die Gewaltexzesse der SS im Generalgouvernement auf dem Hintergrund dieser Ansprache zu beurteilen? (59c)

## 3.4 Widerstand im Untergrund – Aufstände

In der polnischen Bevölkerung, die in der historischen Erfahrung der Fremdherrschaft und Unterdrückung seit dem späten 18. Jahrhundert bis 1918 eine Tradition des Unterlaufens und des Widerstands entwickelt hatte, kam es unmittelbar nach der deutschen Besetzung zu vielfältigem Widerstand, u. a.

- in Gestalt einer ausgedehnten, regelmäßig erscheinenden Untergrundpresse,
- in Gestalt eines im Untergrund funktionierenden, gegen das Verbot der Besatzer kontinuierlich arbeitenden Ausbildungssystems mit Abschlüssen für Schüler und Studenten und
- in Gestalt eines der Londoner Exilregierung unterstehenden Untergrundstaates mit einer sich auf den Befreiungskampf vorbereitenden Untergrundarmee, der »Heimatarmee« (Armia Krajowa: AK).

Zwei aus sehr unterschiedlichen Bedingungen entstehende Aufstände im Generalgouvernement setzten ein bis in die Gegenwart fortwirkendes Zeichen des Selbstbehauptungswillens, der Widerstandskraft und des Kampfgeistes:

- der jüdische Aufstand im Warschauer Ghetto vom 19. April bis 16. Mai 1943;
- der Warschauer Aufstand vom 1. August bis zum 2. Oktober 1944.

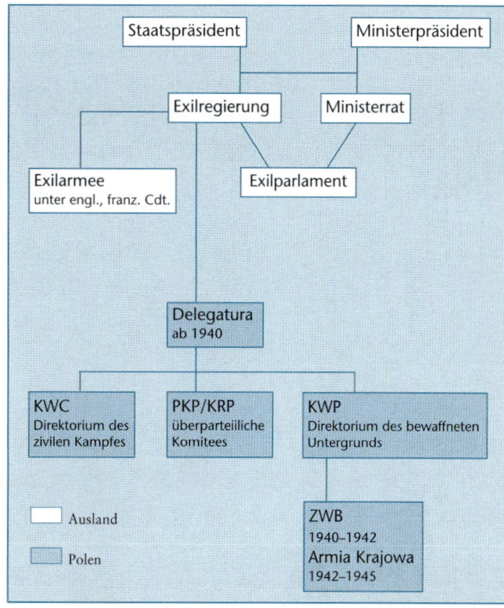


**60 Exil und polnischer Untergrundstaat im Zweiten Weltkrieg**

**»Ghetto-Aufstand«**

Das Ghetto im Warschauer Stadtteil Muranow, in dem zeitweilig annähernd 450 000 polnische und europäische Juden zusammengepfercht und der Verelendung und dem Hungertod ausgeliefert waren, war seit Beginn der Deportationen in die Tötungsstätten – vor allem in das in der Nähe Warschaus gelegene Treblinka – ständig kleiner geworden.

Als nur noch ca. 70 000 Juden im verkleinerten nördlichen Ghettobezirk lebten und Himmler den Befehl zur Liquidierung des Ghettos gegeben hatte, wagten jüngere Juden, die sich im Untergrund zu Kampfgemeinschaften zusammengeschlossen und unter schwierigsten Bedingungen notdürftig bewaffnet hatten, den Aufstand gegen die in das Ghetto einmarschierenden Soldaten. Die vom jüdischen Widerstand im verelendeten Ghetto völlig überraschten Truppen benötigten 33 Tage, um den Widerstand der Ghettokämpfer zu brechen. Als Brigadeführer Stroop am 16. Mai 1943 in einem Fernschreiben an den SS- und Polizeiführer Krüger in Krakau meldete: »Das ehemalige jüdische Wohnviertel Warschau besteht nicht mehr«, waren mehr als 60 000 Menschen bei den Kämpfen ums Leben gekommen. Die Überlebenden wurden in die Vernichtungslager deportiert und ermordet. Das Ghetto wurde auf Befehl Himmlers in ein Trümmerfeld verwandelt, aus dem einsam und gespenstisch ein Kirchturm in den Himmel ragte. Ihn hatte man wegen seiner vermeintlich arisch-gotischen Architektur nicht gesprengt.

**60)** nach: Andrea Schmidt-Rösler, Polen. Vom Mittelalter bis zur Gegenwart, Regensburg 1996, S. 196.

**Warschauer Aufstand**

Die Armia Krajowa wollte eigentlich nicht in Aktionen ohne weiter reichende Erfolgsaussichten Kräfte vergeuden, die für das Hauptziel der Befreiung Polens benötigt wurden. Im Sommer 1944 war die Lage für die AK und den von ihr un-

Nationalsozialistische Judenverfolgung im besetzten Polen 1939–1943; evtl. mithilfe von: »Der Tod ist ein Meister aus Deutschland« Teil 3: Polen (Mai 1990), Videofilm von Lea Rosh und Eberhard Jäckel.

ter dem Decknamen »Burza« (Gewitter) entwickelten Plan schwierig, denn die Armeen der Sowjetunion hatten große Teile des polnischen Ostens befreit und zugleich unter politischen, d. h. kommunistischen Einfluss genommen. Einheiten der sowjetischen Armee hatten Ende Juli bereits Warschau erreicht und standen am rechten Weichselufer.

Trotz der unübersichtlichen Gesamtlage und aufgrund einer Fehleinschätzung der sowjetischen Absichten entschloss sich der Befehlshaber der AK, General Komorowski, am 1. August 1944 den Aufstand für Warschau auszulösen. Ziel war es, nach einem Erfolg der Aktion gegen die Deutschen der neuen sowjetischen Besatzungsmacht als politische Kraft gegenüberzutreten, die aus eigener Kraft und eigenem Anspruch die Zukunft eines freien Polen zu gestalten beanspruchen konnte. Ihre Erwartungen wurden enttäuscht. 63 Tage lang kämpften die Warschauer Aufständischen – ca. 50 000 schlecht bewaffnete Soldaten, unterstützt von der Bevölkerung Warschaus – gegen die mit äußerster Härte vorgehenden Truppen der Wehrmacht, Polizei und Waffen-SS, darunter die berüchtigte »Brigade Dirlewanger«.

Am 2. Oktober 1944 musste General Komorowski die Kapitulation unterschreiben. Nach polnischen Angaben kamen 20 000 Soldaten der Armia Krajowa ums Leben, 25 000 wurden verwundet, 16 000 gefangen genommen; 180 000 Warschauer verloren das Leben, davon etwa die Hälfte bei Massenerschießungen im ersten Monat des Kampfes.

Referieren Sie über das Wirken der »Brigade Dirlewanger«.

**61 Illustration** der Karte zur so genannten »Hitler-Okkupation 1939–1945« in einem polnischen Schulatlas. In der Zeichnung werden folgende Abkürzungen verwendet: ZOB = Żydowska Organizacja Bójowa (Jüdischer Kampfbund); PW = Powstanie Warszawski (Warschauer Aufstand); Pawiak pomscimy = Wir rächen den Pawiak (Pawiak: Warschauer Zuchthaus, in dem polnische Gefangene gefoltert und drangsaliert wurden; WP = Wojsko Polskie (das polnische Heer); AK = Armia Krajowa (»Heimatarmee); AL = Armia Ludowa (»Volksarmee», die kommunistische – zahlenmäßig unbedeutende – Widerstandsarmee).

Die überlebenden Warschauer (annähernd 500 000) mussten die Stadt verlassen, die anschließend auf persönlichen Befehl Hitlers vom 11. Oktober 1944 »zu pazifizieren, d. h. dem Erdboden gleichzumachen« war. Vom Königsschloss angefangen, wurde in Warschau nahezu alles, was durch die Bombardierung 1939 und die Kämpfe von Barrikade zu Barrikade, von Haus zu Haus während des Aufstandes noch nicht zerstört war, in die Luft gesprengt oder mit Flammenwerfern in Brand gesteckt. In der zu 85 % zerstörten Geisterstadt lebten in den Ruinen nur noch wenige Menschen, bis im Januar 1945 die Truppen der Roten Armee einmarschierten.

Ordnen Sie mithilfe von Text und Materialien den Bildern die entsprechenden historischen Vorgänge zu. Analysieren Sie die in der Bildleiste zum Ausdruck kommende polnische Geschichtsdeutung.

**62 Zerstörung und Wiederaufbau des Warschauer Königsschlosses mit Sigismundsäule**
Foto von 1945 und Postkarte, nach 1971.



## Umgang mit Dokumentarfotografien

Fotografien bewahren und reproduzieren Momente vergangener Wirklichkeit unmittelbarer als andere historische Quellen. Das macht ihren besonderen Reiz aus. Doch die vom Betrachter wahrgenommene »Wirklichkeit« des Fotos kann sich als hergestellt, beeinflusst, gedeutet, unter Umständen sogar verstellt und gefälscht erweisen. Fotos sind keineswegs naiv als Abbilder von Wirklichkeit zu betrachten, sondern müssen also ebenso kritisch analysiert werden wie andere historische Quellen.

Sehr häufig fehlen in Bildarchiven, Fotodokumentationen und Schulbüchern die nötigen Informationen zu Fotografen, Entstehung oder Herkunft. Oft werden Fotos zudem durch Bildlegenden falsch zugeordnet oder gedeutet. Oft tauchen gleiche Fotos mit unterschiedlichen Legenden auf, die zudem häufig mehr wertend als informierend formuliert sind. Die Diskussion über den Inhalt und die Beweiskraft von Fotos der so genannten »Wehrmachtsausstellung« hat in besonderer Weise auf diese Probleme aufmerksam gemacht. Achtlosigkeit im Umgang mit Dokumentarfotos ist vom Betrachter nur selten zu bemerken. So wird der »normale« Betrachter kaum erkennen können, dass die häufig gezeigten Fotos von Mussolinis »Marsch auf Rom« nicht aus der historischen Realität des Jahres 1922, sondern aus einem faschistischen Propagandafilm der 1940er-Jahre stammen.

Was wir wahrnehmen, hängt entscheidend von unseren Vorkenntnissen und Vergleichsmöglichkeiten ab. Darüber hinaus sind unsere Fähigkeiten gefragt, Realitäts-

**Schritte zur quellenkritischen Analyse von Fotos:**

- *Entstehungszeit und -bedingungen:* Wer hat das Foto zu welchem Zeitpunkt aufgenommen? Gab es Auftraggeber, einen konkreten Anlass? Welchem Zweck sollte die Aufnahme dienen?
- *Bildtypus:* Handelt es sich um ein gestelltes Bild, ein Propagandafoto oder einen »Schnappschuss«? Woran lässt sich diese Einordnung festmachen?
- *Motiv:* Was ist auf dem Foto zu sehen? Einordnung des Motivs: Ist das »Normale« oder das »Besondere« festgehalten worden? Zeigt das Bild eine Einzelsituation oder gehört es in eine Fotoserie?
- *Stilmittel:* Wie wurde das Bildmotiv »inszeniert«? Welcher Bildausschnitt (Übersicht oder Nahaufnahme), welche Perspektive (Standort des Fotografen) wurde gewählt? Was steht im Mittelpunkt bzw. im Vorder-/Hintergrund des Fotos? Welche Effekte erzielen Belichtung oder Kontraste?
- Wurde das Foto nachträglich bearbeitet (Beschnitt, Ausschnittvergrößerung, Retusche, Montage oder Kolorierung)? Wer ist ggf. dafür verantwortlich?
- Gibt die Person des Fotografen Aufschluss über die Bildaussage? Andersherum: Lässt das Foto Rückschlüsse auf Motive des Fotografen oder den Zweck der Aufnahme zu?
- Wie ist das Foto überliefert worden?
- *Beschriftung:* Woher stammt die Bildlegende? Ist sie informierend, appellierend oder emotionalisierend? Welche Aussage verleiht sie dem Bildmotiv?
- *Wirkung:* Wie wirkt das Foto auf mich als heutigen Betrachter, wie hat es vermutlich auf die Zeitgenossen gewirkt bzw. welche Wirkung war beabsichtigt?

elemente zu erkennen oder wiederzuerkennen und den fotografierten Moment in zeitliche und räumliche Zusammenhänge einzuordnen. Gelenkt wird die Wahrnehmung auch von der Einbildungskraft des Betrachters und der Bildlegende.

Das auf S. 150 abgebildete Foto wird häufig zur Illustration des Kriegsbeginns in Polen 1939 benutzt. Die gängige Bildlegende verleiht dem Foto den dokumentarischen Wert, einen historischen Vorgang festzuhalten, der so oder in ähnlicher Weise zu Beginn des Überfalls auf Polen vielerorts an der deutsch-polnischen Grenze stattgefunden hat. Direkt falsch ist die Legende nicht, dennoch lässt sie sich inhaltlich spezifizieren und der abgebildete historische Moment kann genauer lokalisiert werden. Vor allem aber lässt sich nachweisen, dass hier keine spontane militärische Aktion dokumentiert wird, sondern eine propagandistische Inszenierung vorliegt. Am Schlagbaum zerren neben »Soldaten der deutschen Wehrmacht« auch »zivile« Uniformträger, die als Angehörige der Danziger Polizei identifiziert worden sind. Die Bildlegende zu der hier abgebildeten Fotovariante (63) verortet das Geschehen zumindest implizit genauer. Von dem abgebildeten Geschehen an der Danziger Zollgrenze gibt es eine ganze Serie von Fotos. Alle Bilder zeigen in wechselnder Einstellung und variiertem Bildausschnitt das Gleiche: wehrhafte deutsche Männer, die sich offensichtlich gut gelaunt ihrem Werk der militanten Grenzöffnung hingeben. In dieser Darstellung zeigt sich die propagandistische Inszenierung des Fotos: Freude, dass es gegen Polen »losgeht«, soll dem zeitgenössischen Betrachter signalisiert werden, seine Zustimmung und Mitfreude eingeholt werden.

Das dem Typus des »stummen Bildes« zugerechnete Foto 64 spricht zunächst unmittelbar zum Betrachter als anrührende Familienszene: eine Mutter mit ihren drei Kindern, gramgebeugt und ärmlich, vom Betrachter abgewendet ihre Straße ziehend. Flucht oder Vertreibung – nach dem Zweiten Weltkrieg oder auf dem Balkan heute – könnte man assoziieren, wären im Hintergrund nicht der elektrische Zaun und in der Bilddiagonalen die Bahngeleise zu sehen. – »Auf dem Weg ins Gas« heißt die häufig hinzugefügte Bildlegende, die den Kontext des Bildes eindeutig macht. Der Fotograf ist möglicherweise ein SS-Unterscharführer im Erkennungsdienst von Auschwitz. Das Foto stammt aus einem durch Zufall überlieferten Fotoalbum mit Fotos von der »Selektion« ungarischer Juden in Auschwitz seit dem 26. Mai 1944. In dem Album steht zu Anfang des Abschnitts, aus dem dieses Foto stammt, mit Zierschrift geschrieben: »Nicht mehr einsatzfähige Frauen und Kinder«. Für wen das Album hergestellt wurde, welchen Zweck es hatte – Erinnerungen eines »Täters« an seine Taten in Auschwitz? – ist unklar, kaum nachvollziehbar, wie diese Fotos auf die Auftraggeber oder den Empfänger gewirkt haben könnten. Seine für den heutigen Betrachter erschütternde Wirkung erhält das Bild durch die Kenntnisse des Betrachters und ihm bekannte Schreckensbilder aus Auschwitz-Birkenau, Bergen-Belsen und anderen Vernichtungslagern, die er in seiner Vorstellung ergänzt.

**63 Danziger Polizei und Wehrmachtsangehörige reißen die Zollschranken nieder.** Foto, 1939.

**64 »Auf dem Weg ins Gas«.** Gesichter der Juden in Auschwitz, Lili Meiers Album, Berlin 1995, S. 146.

1. Betrachten Sie das Foto S. 130 und die beiden Fotos S. 170 und 194, lassen Sie die Bildlegende zunächst unbeachtet, erschließen Sie die dargestellte »Realität« und formulieren Sie die Wirkung der Bilder auf den Betrachter.
2. Analysieren Sie die Motiv- bzw. Ausschnittswahl sowie den Bildaufbau (Vorder-/Hintergrund, Bildzentrum, Achsen, Farb- bzw. Helligkeitsabstufungen, Kontraste etc.).
3. Geben Sie versuchsweise den Bildern unterschiedliche Legenden, die Sie für vereinbar mit dem Gezeigten halten. Stellen Sie sich die Motive beschnitten oder ausschnittvergrößert vor und verändern Sie dazu Ihre Legenden. Wie verändert sich der Gehalt/die Aussage des Bildes?

## 65 Warschauer Ghetto

**a) »Stroop-Bericht«: Abschlussbericht des SS-Brigadeführers Jürgen Stroop über die Niederschlagung des Ghetto-Aufstandes vom 24. Mai 1943:**

Der von den Juden und Banditen geleistete Widerstand konnte nur durch energischen unermüdlichen Tag- und Nachteinsatz von Stoßtrupps gebrochen werden. [...] Ich entschloss mich [...], nunmehr die totale Vernichtung des jüdischen Wohnbezirks durch Abbrennen sämtlicher Wohnblocks, auch der Wohnblocks bei den Rüstungsbetrieben, vorzunehmen. Es wurde systematisch ein Betrieb nach dem anderen geräumt und anschließend durch Feuer vernichtet. Fast immer kamen dann die Juden aus ihren Verstecken und Bunkern heraus. Es war nicht selten, dass die Juden in den brennenden Häusern sich so lange aufhielten, bis sie wegen der Hitze und aus Angst vor dem Verbrennungstod vorzogen, aus den Stockwerken herauszuspringen, nachdem sie vorher Matratzen und andere Polstersachen aus den brennenden Häusern auf die Straße geworfen hatten. Mit gebrochenen Knochen versuchten sie dann noch über die Straße in Häuserblocks zu kriechen, die noch nicht oder nur teilweise in Flammen standen. [...] Auch der Aufenthalt in den Kanälen war schon nach den ersten 8 Tagen kein angenehmer mehr. Häufig konnten auf der Straße durch die Schächte laute Stimmen aus den Kanälen herausgehört werden. Mutig kletterten dann die Männer [...] in die Schächte hinein, um die Juden herauszuholen und nicht selten stolperten sie dann über bereits verendete Juden oder wurden beschossen. Immer mussten Nebelkerzen in Anwendung gebracht werden, um die Juden herauszutreiben. So wurden an einem Tage 183 Kanaleinstieglöcher geöffnet und in diese zu einer festgelegten X-Zeit Nebelkerzen herabgelassen mit dem Erfolg, dass die Banditen vor dem angeblichen Gas flüchtend im Zentrum des ehemaligen jüdischen Wohnbezirks zusammenliefen und aus den dort befindlichen Kanalöffnungen herausgeholt werden konnten. Zahlreiche Juden, die nicht gezählt werden konnten, wurden in Kanälen und Bunkern durch Sprengungen erledigt. [...]

Nur durch den ununterbrochenen und unermüdlichen Einsatz sämtlicher Kräfte ist es gelungen, insgesamt 56 065 Juden zu erfassen bzw. nachweislich zu vernichten. Dieser Zahl hinzuzusetzen sind noch die Juden, die durch Sprengungen, Brände usw. ums Leben gekommen, aber zahlenmäßig nicht erfasst werden konnten. [...]

Die Großaktion wurde am 16. 5. 1943 mit der Sprengung der Warschauer Synagoge um 20.15 Uhr beendet.

Nunmehr befindet sich in dem ehemaligen jüdischen Wohnbezirk kein Betrieb mehr. Es ist alles, was an Werten, Rohstoffen und Maschinen vorhanden war, abtransportiert und verlagert worden. Alles, was an Gebäuden und sonst vorhanden war, ist vernichtet.

**b) Frau mit ihren Kindern im Warschauer Ghetto.** Die unmenschlichen Lebensbedingungen und die sich verbreitenden Nachrichten über die Tötung ihrer Leidensgenossen in den Vernichtungslagern ließen die jüdischen Frauen und Männer, Mädchen und Jungen des Warschauer Ghettos den letzten Ausweg im Widerstand gegen die deutsche Besatzungsmacht suchen. Foto, um 1942.

»Es gibt keinen jüdischen Wohnbezirk in Warschau mehr« – Stroop-Bericht, Frankfurt 1976, S. 9 ff.

Untersuchen Sie die Sprache des Berichtes von Jürgen Stroop. Diskutieren Sie, welchen Eindruck seine Beschreibung des Massenmordes vermittelt. An welchen Formulierungen lässt sich Ihre Einschätzung festmachen?

## 66 Polnischer Widerstand

**a) Anschlag einer fingierten »Bekanntmachung« des Generalgouverneurs in Warschau, verfasst im Herbst 1943 von der Führung des polnischen Untergrunds:**

Verordnung über die Neuregelung der Rechte für Polen

Aufgrund des § 5 Abs. 1 des Erlasses des Führers vom 12. Oktober 1939 (Reichsgesetzbl. S. 2077) verordne ich: [...]

§ 3. Die polnische Bevölkerung hat außerdem kein Recht:

1) europäische Kleidungsstücke zu tragen. Alle noch vorhandenen Kleiderreste werden für die Herstellung kriegswichtiger Erzeugnisse eingezogen. Die Polen müssen sich nach dem Muster der mittelafrikanischen Neger kleiden;

2) sich mit eigens erzeugten Lebensmitteln zu ernähren. Diese werden sofort für die weitere freudenreiche Existenz der deutschen Verwaltungsangehörigen erfasst. Die bisherigen Hungerzuteilungen gegen Lebensmittelkarten werden aufgehoben;

3) Heizmaterial für den Winter zu beschaffen. Der Winter 1943–44 wird im Generalgouvernement so heiß sein, wie die Erlebnisse des deutschen Afrika-Korps in Libyen, Tripolis und Tunis.

§ 4. Der polnischen Bevölkerung ist verboten:

1) in frischer Luft zu atmen, da diese für die deutsche Luftwaffe bestimmt ist;

2) Weichselwasser zu gebrauchen, da dieses für die erfolgreiche Tätigkeit der deutschen Unterseebootflotte benötigt wird;

3) sich mit Seife zu waschen. Diese wird durch Zuteilung von 50 g Sand je Person monatlich ersetzt;

4) während der Nacht zu schlafen, da jederzeit mit Gestapobesuch zu rechnen ist;

5) nach gesundem Menschenverstand zu denken. Diese dem deutschen Volke unbekannte Eigenschaft ist auch für die Polen überflüssig;

6) auf natürliche Weise zu sterben. Infolge dauernden Bedarfs an weißen Sklaven im Reich könnte ein derartiger Tod nur mit Genehmigung des zuständigen Arbeitsamtes erfolgen;

7) sich irgendwie gegen die Mördereien der deutschen Polizei und Gestapo zu wehren. [...]

§ 8. Diese Verordnung tritt rückwirkend mit dem 1. September 1943, als dem vierten Jahrestage des Hunnenfeldzuges gegen Polen, in Kraft.

Krakau, den 15. Oktober 1943 Generalgouverneur
gez. Frank

Zit. nach: Tomasz Szarota, Warschau unterm Hakenkreuz, Paderborn 1985, S. 32f.

**b) Die Organisation eines in der Illegalität arbeitenden umfangreichen Schul- und Universitätswesens gilt als eine der eindrucksvollsten Leistungen des polnischen Volkes im Kampf um seine physische und nationale Existenz:**

Auch die Zahl der im illegalen Gymnasialunterricht im Generalgouvernement tätigen Lehrkräfte wuchs ständig: von etwa 4000 im Schuljahr 1940/41 bis 7-8000: 1943/44, was zusammen mit den im illegalen Grundschulunterricht Beschäftigten fast 10 000 Lehrer ausmachte. Diese Lehrkräfte wurden zur Hälfte von der Warschauer Vertretung der Exilregierung, zur Hälfte von den Eltern der unterrichteten Schüler bezahlt. Die Zahl der illegal unterrichteten Gymnasiasten verdoppelte sich im Laufe der Besatzungszeit: Von schätzungsweise* 31 500 im Jahre 1940/41 auf 65 400 im Jahre 1943/44. Dies bedeutet, dass in einigen Gegenden, so vor allem in Warschau, die Vorkriegszahl der Gymnasiasten erreicht werden konnte.

* nach Angaben des Leiters des »illegalen Schulunterrichts«

Wacław Dlugoborski, Die deutsche Besatzungspolitik und die Veränderungen der sozialen Struktur Polens 1939–1945, Göttingen 1981, S. 319.

1. »Abscheu und Gelächter« hätten die deutschen Besatzer in Warschau hervorgerufen, sagt Kazimierz Brandys. – Interpretieren Sie anhand dieser Leitbegriffe die »Bekanntmachung« des polnischen Untergrunds (66a).
2. Welche Rückschlüsse auf die Alltagsrealität der Besatzung erlaubt diese Satire? (66a)
3. Überlegen Sie anhand Ihrer eigenen Erfahrungen, was alles nötig ist und organisiert werden muss, um ein funktionierendes Bildungswesen (Gymnasien, Universitäten) zu schaffen und geheim zu halten. Für welche Schulfächer und Universitätsstudien ist das einfacher, für welche schwieriger? (66b)

## 67 Warschauer Aufstand

**b) Kapitulation nach 63 Tagen:** Kämpfer des Warschauer Aufstandes ergeben sich den Wehrmachtssoldaten. Foto, 2. Oktober 1944.

**a) Erich von dem Bach-Zelewski, SS-General und Kommandeur der deutschen Truppen bei der Niederschlagung des Warschauer Aufstands, am 28. Januar 1946 bei seinem Verhör im Nürnberger Gefängnis durch einen polnischen Staatsanwalt:**

Durch Flugblätter, die von Flugzeugen abgeworfen wurden, forderte ich die Bevölkerung auf, die Stadt zu verlassen. Die Bevölkerung konnte nur Handgepäck mit sich führen. Ich will es nicht leugnen, dass während des Kampfes vor meiner Befehlsübernahme die Truppen geraubt, gemordet und gebrannt haben und nach meiner Befehlsübernahme Ausschreitungen vorgekommen sind. Leider war dies nicht zu vermeiden, weil Teile der Truppe ja keine Truppe, sondern ein Schweinehaufen war. Ich habe stets versucht, diesen Ausschreitungen Einhalt zu gebieten, denn sie verstießen ja gegen jedes menschliche Gesetz, aber es ist mir nicht immer gelungen. Ich will die volle Verantwortung tragen, soweit es mir nicht gelang, die Ausschreitungen einzudämmen. Ich weiß auch, dass beim Exodus gewisser Teile der Bevölkerung noch während der Kampfzeit das Privateigentum von den Truppen und von den Polizeieinheiten beschlagnahmt wurde. Ich will es zugeben, dass dies gegen das internationale Gesetz verstieß. Noch während der Kampfhandlungen habe ich [...] ein Durchschleuselager in Pruschków errichtet. Die Betreuung dieses Lagers oblag der Zivilverwaltung. Für die Missstände in diesem Lager, für eventuelles Misshandeln der Frauen, Kinder und der nichtkämpfenden Männer ist somit die Zivilverwaltung zuständig. Insbesondere sind dafür der Gouverneur des Distrikts Warschau Dr. Fischer und der Generalgouverneur Dr. Frank haftbar. Dieselben waren auch für alles verantwortlich, was nach der Kapitulation in der Stadt Warschau vor sich ging.

Hanns von Krannhals, Der Warschauer Aufstand 1944, Frankfurt 1962, S. 421.

1. Informieren Sie sich über die militärische Lage an der Ostfront im Sommer 1944. – Was spricht für, was gegen einen Aufstand in Warschau?
2. Welche Zielsetzungen hatte der Aufstand der polnischen Untergrundarmee in Warschau?
3. Analysieren und bewerten Sie die Verteidigungsstrategie des Kommandeurs der deutschen Truppen in Warschau vor dem alliierten Kriegsgericht in Nürnberg! (67a)

## 68 Zur Beurteilung des Warschauer Aufstands

**a) Helga Hirsch, »War alles vergebens?«, 1994:**

Was konnte den Tod von 20 000 Menschen rechtfertigen, nachdem der Aufstand weder die Deutschen hatte verjagen, noch die Sowjets fernhalten können? Die ganze Operation, urteilte der Bauernpolitiker Adam Bien, damals Delegierter der Exilregierung in Warschau, war »verfehlt«, »misslungen«, »leichtsinnig strafbar«. Keine, aber auch gar keine Aktion hätte damals die Sowjets hindern können, ihre imperialen Ambitionen zu verwirklichen. [...] Ähnlich vernichtend urteilt auch der Historiker Jan M. Ciechanowski, der als Vierzehnjähriger am Aufstand teilnahm, seit Kriegsende aber in England lebt. »Da es keinerlei polnisch-russische Zusammenarbeit gab und die AK-Führung eine Niederlage überhaupt nicht in Betracht zog, wurde aus dem Aufstand eine beispiellose nationale Tragödie, die durch nichts gerechtfertigt werden kann.« [...]

Alles umsonst? Krankheit todessehnsüchtig? Selbstmörderisch? Bezeichnenderweise bewertete die im Kommunismus erzwungenermaßen mündlich tradierte Geschichte den Aufstand nicht primär nach seiner Niederlage. Wichtiger als der Erfolg war die moralische Haltung der Kämpfer. Eine Legende entstand, ein Symbol, ein »nationales Heiligtum«. Mag uns, den zu rationaler Analyse erzogenen Westdeutschen, diese glorifizierende, zweifellos überhöhte Geschichtsdarstellung auch befremden – die geschichtsträchtige Kraft eines solchen Mythos lässt sich nicht bestreiten. Solidarność, die unabhängige Gewerkschaft in einem totalitären Staat, ist eine Frucht auch des Warschauer Aufstandes. Sein später Sieg und der Beweis dafür, wie mächtig eine Idee sein kann. Denn jedes Volk, ob groß oder klein, hat das Recht, Subjekt seiner Geschichte zu sein.

Zit. nach: DIE ZEIT, 29. Juni 1994.

**b) Adam Michnik, Der Mythos Warschauer Aufstand, 29./30. Januar 1994:**

Alle Debatten über den Aufstand lösten ungemein starke Emotionen aus, da sie sich in den Kontext der schmutzigen Propaganda gegen den Aufstand einfügten. [...] Widerspruch regte sich in mir, als das mythologisierte, heldenhafte Bild vom Warschauer Aufstand und die AK-Legende einer kritischen Beurteilung von Zeugen, Schriftstellern und Historikern unterzogen wurde. Der Mythos vom Aufstand war Teil des polnischen Sacrum, deshalb wurde jede Gegenstimme – unbewusst auch von mir – als ein Angriff auf das Sacrum empfunden. [...]

Und doch waren es gewöhnliche Menschen. Menschen, wie du und ich. [...] In dieser dramatischen Zeit, als Exekutionen und Razzien auf der Tagesordnung standen, als das menschliche Leben immer wertloser wurde, als jeder Abschaum und jeder Häscher sich Waffen besorgen konnte – geschah häufig Schreckliches. Die umfangreichen Akten der Untergrundjustiz belegen das.

Der Aufstand selbst war nicht nur eine heldenhafte Erhebung, sondern auch Ausdruck politischer Konzeptionen und Kalkulationen. Deshalb sollte er auch einer politischen Gewinn- und Verlustrechnung unterzogen werden. [...] Darf man über die un-

Adam Michnik, Der Mythos Warschauer Aufstand, Gazeta Wyborcza 29./30. 1. 1994. Zit. nach: Joe J. Heydecker, Die Stille der Steine. Warschau im November 1944, Berlin 1994, S. 69–71.

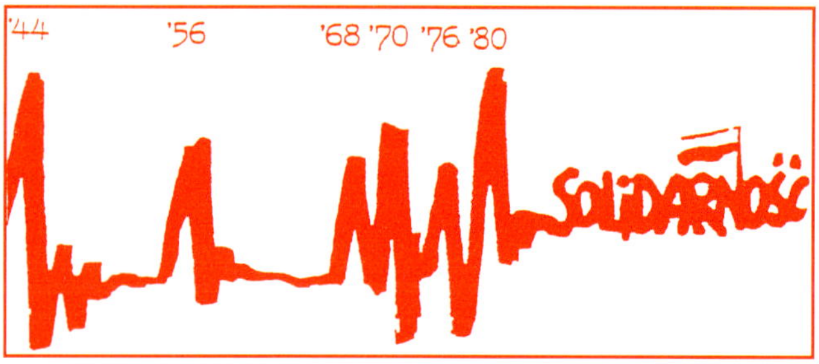


**c) Der Schriftzug Solidarność** ist das Erkennungszeichen der freien polnischen Gewerkschaftsbewegung. Es wurde während des Streiks in Danzig im August 1980 von Jerzy Janiszweski entworfen. In dieser Darstellung bildet der Schriftzug den Ausläufer der »Fieberkurve« der polnischen Aufstandsbewegungen unter dem nationalsozialistischen und den kommunistischen Regimen.

ehrenhaften Episoden des Aufstandes schreiben, heute, kurz vor den Feierlichkeiten zum 50. Jahrestag der freiheitlichen Erhebung, deren Heldentum wir mit gesenktem Haupt ehren?

Ich schätze keine dieser Fragen gering. Ich glaube jedoch, dass die Fähigkeit zur Konfrontation mit den dunklen Flecken des eigenen Erbes für jede Nation ein Prüfstein der demokratischen Reife ist. Ich behaupte, dass die Polen reif sind für die Demokratie. Das bedeutet, dass sie das Recht haben, über ihre Vergangenheit die volle Wahrheit zu erfahren.

1. Stellen Sie die unterschiedlichen Urteile über den Warschauer Aufstand in einer Übersicht zusammen und ermitteln Sie die Maßstäbe, nach denen geurteilt wird (68a und b)!
2. Was ist der »Mythos vom Aufstand« (Adam Michnik, 68b)? Welche Funktion hatte er im polnischen Bewusstsein nach 1944?
3. Warum war der Warschauer Aufstand – ebenso wie die Morde an Tausenden von polnischen Offizieren bei Katyn – in der polnischen Öffentlichkeit in der Nachkriegszeit bis 1989 ein Tabu?
   Welche Bedeutung hat er für die polnische Freiheitsbewegung der 1980er-Jahre? (68c)

## 69 Erinnerungen – Albträume – Geschichtsbewusstsein

**a) Der Roman »Polnische Gespräche im Sommer 1983« von Jaroslaw Marek Rymkiewicz spielt im Jahr der Aufhebung des 1981 in Polen verhängten Kriegsrechtes. Herr Mareczek träumt nachts einen immer wiederkehrenden Albtraum der Bedrohung und Folterung durch deutsche Uniformierte:**

Und bis ans Ende meines Lebens werde ich von ihnen träumen, denkt Herr Mareczek. Und wer weiß, vielleicht werde ich nicht einmal nach meinem Tod von diesem Traum befreit sein. Aber es ist dennoch schwer, sich daran zu gewöhnen, dass man andauernd gefoltert und erschossen wird. Mehr noch, je mehr ich an Jahren zunehme und je mehr ich mich von den Erlebnissen meiner Kindheit entferne, desto deutlicher und schrecklicher werden meine Träume, die mit der Okkupationszeit verbunden sind. Diese geträumten Deutschen sind immer bedrohlicher, immer grausamer. Warum eigentlich?

[…] Interessant wäre auch zu wissen, wie vielen Polen […] heute Deutsche im Traum erscheinen? Wie viele Polen verfolgen sie noch im Schlaf, erschießen, foltern sie? Und träumen nur die Polen von ihnen, die sich noch, ganz gleich wie undeutlich, an jenen Krieg erinnern und die also zum Beispiel irgendwann vor 1939 oder 1940 geboren sind? Es gibt nicht mehr so viele von uns Polen, die vor dem Krieg oder am Anfang des Krieges geboren sind. Aber wir sind noch einige, vielleicht sogar etliche Millionen. Und diese etlichen, diese Dutzend Millionen haben immer den gleichen Traum: Ihnen erscheinen diese Mörder in deutschen Uniformen. Aber vielleicht erscheinen diese Mörder auch den Polen im Traum, die sich nicht mehr an sie erinnern, sich nicht mehr an sie erinnern können, weil sie in den fünfziger oder sechziger Jahren geboren sind? Hat nicht mein eigenes Kind, der klein-große Mareczek, noch vor kurzem Besatzung und Polen gegen Deutsche gespielt? Das heißt, dass diese Erinnerung immer noch in uns

Jaroslaw Marek Rymkiewicz, Polnische Gespräche im Sommer 1983, Frankfurt 1995, S. 80 ff.

lebt. […] Und wenn dieser schreckliche polnisch-deutsche Traum tatsächlich der Traum eines ganzen Volkes wäre, dann müsste man auch diese wahrhaft entsetzliche Möglichkeit einräumen: dass sich diese Erscheinungen niemals mehr zerstreuen, dass nichts sie vernichten kann, dass dieser Traum nie mehr aus dem polnischen Leben verschwindet, dass sich das polnische Unterbewusstsein nie mehr dieser traumatischen Erfahrung entledigen kann, die die deutsche Besatzung darstellte. […]
[Herr Mareczek befragt den 1948 geborenen Witek-Janek nach dessen Träumen. Dieser versichert, weder von Deutschen noch von Russen, Konzentrationslagern, Arbeitslagern, Todeszellen oder Krieg geträumt zu haben.]

»Na, das ist ja ganz klar«, sagt Herr Mareczek. »Wir gehören verschiedenen Generationen an, und nur meiner Generation sind diese schrecklichen Träume beschert, in denen wir erschossen und gefoltert werden. Bestimmt deshalb, weil wir damals, während dieses Krieges, erst wenige Jahre alt waren. […] Und wenn es so ist, dann heißt das, dass mit unserem Tod, mit dem Tod all derer, die zu meiner Generation gehören, und vielleicht noch derjenigen, die zur folgenden Generation gehören, dieser Traum endlich zu Ende ist und die Deutschen aufhören, den Polen im Traum zu erscheinen.«

**b) Verhaftung der SS-Aufseherinnen des KZs Stutthof durch polnische Truppen.** Foto 1945.

»Wer das Vergangene nicht im Umgang mit Texten präsent halten kann, wird zu einer geschichtslosen Existenz.« – Diese Äußerung stammt von dem Schriftsteller und Rechtsprofessor Bernhard Schlink.

Lesen Sie Schlinks Roman »Der Vorleser« über die ehemalige KZ-Aufseherin Hanna Schmitz.

1. Suchen Sie im Darstellungs- und Materialienteil nach Vorgängen, die den Albtraum der Romanfigur ausgelöst haben könnten.
2. Halten Sie derartige kollektive Träume, die sich sogar in Nachgeborenen fortsetzen, für möglich? (Pro und Kontra!)
3. Erörtern Sie, was die Fortdauer solcher kollektiven Albträume bis heute für die deutsch-polnischen Beziehungen in der Gegenwart und Zukunft bedeuten würde. Gibt es noch andere Mittel dagegen als den im Romantext genannten Generationenwechsel?
4. Befragen Sie Ihnen bekannte Polen verschiedenen Alters, ob die im Roman dargestellte Problematik heute noch aktuell ist.

## 3.5 Deutsch-polnische Bemühungen um Aussöhnung

Die Besatzungsherrschaft in Polen 1939–1944/5 und die Flucht und Vertreibung von Millionen Deutschen aus ihrer Heimat als Folge der letzlich durch das nationalsozialistische Regime und die Eroberungskriege der Deutschen verursachten Westverschiebung Polens bilden den wohl tiefsten Bruch in der Beziehungs- und Mentalitätsgeschichte zweier Nationen Europas. Nach dem Ende des Zweiten Weltkriegs hat es noch 25 Jahre gedauert, bis die Bemühungen zur Überwindung dieses Bruchs auch eine völkerrechtsverbindliche vertragliche Regelung fanden.

## 70 Warschauer Vertrag von 1970

**Vertrag zwischen der Bundesrepublik Deutschland und der Volksrepublik Polen über die Grundlagen der Normalisierungen ihrer gegenseitigen Beziehungen, 1970:**

Die Bundesrepublik Deutschland und die Volksrepublik Polen

IN DER ERWÄGUNG, dass mehr als 25 Jahre seit Ende des Zweiten Weltkrieges vergangen sind, dessen erstes Opfer Polen wurde und der über die Völker Europas schweres Leid gebracht hat,

EINGEDENK DESSEN, dass in beiden Ländern inzwischen eine neue Generation herangewachsen ist, der eine friedliche Zukunft gesichert werden soll,

IN DEM WUNSCHE, dauerhafte Grundlagen für ein friedliches Zusammenleben und die Entwicklung normaler und guter Beziehungen zwischen ihnen zu schaffen,

IN DEM BESTREBEN, den Frieden und die Sicherheit in Europa zu festigen,

IN DEM BEWUSSTSEIN, dass die Unverletzlichkeit der Grenzen und die Achtung der territorialen Integrität und der Souveränität aller Staaten in Europa in ihren gegenwärtigen Grenzen eine grundlegende Bedingung für den Frieden sind,

sind wie folgt übereingekommen:

*Artikel I* (1) Die Bundesrepublik Deutschland und die Volksrepublik Polen stellen übereinstimmend fest, dass die bestehende Grenzlinie, deren Verlauf Kapitel IX der Beschlüsse der Potsdamer Konferenz vom 2. August 1945 von der Ostsee unmittelbar westlich von Swinemünde und von dort die Oder entlang bis zur Einmündung der Lausitzer Neiße und die Lausitzer Neiße entlang bis zur Grenze mit der Tschechoslowakei festgelegt worden ist, die westliche Staatsgrenze der Volksrepublik Polen bildet.

(2) Sie bekräftigen die Unverletzlichkeit ihrer bestehenden Grenzen jetzt und in der Zukunft und verpflichten sich gegenseitig zur uneingeschränkten Achtung ihrer territorialen Integrität.

(3) Sie erklären, dass sie gegeneinander keinerlei Gebietsansprüche haben und solche auch in Zukunft nicht erheben werden. [...]

*Artikel III* (1) Die Bundesrepublik Deutschland und die Volksrepublik Polen werden Schritte zur vollen Normalisierung und umfassenden Entwicklung ihrer gegenseitigen Beziehungen unternehmen, deren feste Grundlage dieser Vertrag bildet.

(2) Sie stimmen darin überein, dass eine Erweiterung ihrer Zusammenarbeit im Bereich der wirtschaftlichen, wissenschaftlichen, wissenschaftlich-technischen, kulturellen und sonstigen Beziehungen in ihrem beiderseitigen Interesse liegt.

Bundesgesetzblatt 1972, II, S. 362/63.

Klären Sie, inwiefern es sich bei dem »Warschauer Vertrag« um eine staatsrechtliche und völkerverständigende Bewältigung der nationalsozialistischen Vergangenheit handelt!

### Leseempfehlungen:

Louis Begley, Lügen in den Zeiten des Krieges, Frankfurt/M. 1994.
Miron Bialoszewski, Nur das was war. Erinnerungen aus dem Warschauer Aufstand, Frankfurt 1994.
Tadeusz Borowski, Bei uns in Auschwitz, München 1963.
Kazimierz Brandys, Rondo, Frankfurt 1988. (TB-Roman 1990)
Adam Czerniakow, Im Warschauer Getto. Das Tagebuch des Adam Czerniakow 1939–1942, München 1986.
Hanna Krall, Schneller als der liebe Gott, Frankfurt/M. 1980.
Erich Kuby, Als Polen deutsch war. 1939–1945, München 1986.
Primo Levi, Ist das ein Mensch? Ein autobiografischer Bericht, München 1991.
Marcel Reich-Ranicki, Mein Leben, München 2000.
Leon Uris, Mila 18, München 1961. (TB-Roman 1989)
Krystyna Zywulska, Tanz Mädchen ... Vom Warschauer Getto nach Auschwitz, München 1988.

# 4. ALLES NUR VERGANGENHEIT? – DIE AUSEINANDERSETZUNG MIT DEM NATIONALSOZIALISMUS

Seit über einem halben Jahrhundert leben wir in der Konfrontation mit den Folgen der – wie der Historiker Friedrich Meinecke bereits 1946 befand – »deutschen Katastrophe«: der Herrschaft des Nationalsozialismus und der Untaten, die in deutschem Namen während dieser Herrschaft begangen worden sind. Und in absehbarer Zeit wird die Auf- und Verarbeitung dieses unheilvollsten Kapitels deutscher Geschichte auch nicht abzuschließen sein.

Vergangenheitsbewältigung – als solche wird häufig die wissenschaftliche, politische und mediale Auseinandersetzung mit der Zeit des Nationalsozialismus und deren Nachwirkungen auf die gesellschaftlichen und politischen Strukturen der Nachkriegszeit begriffen. Damit wird die Aufarbeitung dieser gewaltigen historischen Hypothek der Bundesrepublik Deutschland psychologisch verstanden. Doch ist es, wie der Begriff der Vergangenheitsbewältigung unterstellt, überhaupt möglich, durch Erinnerungsarbeit die NS-Zeit zu »bewältigen« und dann damit auch auf politisch-gesellschaftlicher Ebene ins Reine zu kommen? Selbst für die individuelle Auseinandersetzung mit der Zeit des deutschen Faschismus scheint der Begriff der Vergangenheitspolitik angemessener zu sein. Er bedeutet, dass bestimmte politische Setzungen die Erinnerungsarbeit der Individuen und gesellschaftlichen Gruppen entscheidend prägen und von den Ergebnissen dieser Erinnerungsarbeit wiederum selbst geprägt werden.

**71** **»Diese Schandtaten: Eure Schuld«.** Plakat, 1947.

| | |
|---|---|
| 1945 | Bedingungslose Kapitulation des Deutschen Reiches. Die alliierten Siegermächte stellen auf der Potsdamer Konferenz die Weichen für eine europäische Nachkriegsordnung. |
| 1945/46 | Im »Nürnberger Prozess« stehen 22 Hauptkriegsverbrecher aus Regierung, Partei, SS, Gestapo und Wehrmacht vor Gericht. |
| 1952 | Wiedergutmachungsabkommen zwischen Deutschland und Israel |
| 1955 | Die Bundesrepublik Deutschland wird souverän und tritt dem Nordatlantikpakt (NATO) bei. |
| 1958 | Die Justizminister der Länder gründen die »Zentrale Stelle zur Aufklärung nationalsozialistischer Gewaltverbrechen« in Ludwigsburg. |
| 1960–1962 | Jerusalem: Prozess und Todesurteil gegen Adolf Eichmann wegen seiner maßgeblichen Beteiligung an der Ermordung der Juden. |
| 1963–1965 | Auschwitz-Prozess vor dem Frankfurter Schwurgericht |
| 1965 und 1969 | Der Bundestag debattiert über die Verjährung von Mord und damit über die weitere Strafverfolgung von NS-Verbrechen. |
| 1979 | Der Bundestag beschließt die Unverjährbarkeit von Mord. |
| 1986 | Im»Historikerstreit« diskutieren Fachwissenschaftler und Öffentlichkeit über die Einzigartigkeit des Holocaust. |
| 1990 | Die Wiedervereinigung von Bundesrepublik und DDR stellt die Frage nach Deutschlands zukünftiger Rolle in Europa. |

## 4.1 »Stunde Null« oder missglückter Start? – Der Umgang mit dem Nationalsozialismus in den ersten Nachkriegsjahren

**Alliierte Besatzungspolitik**

1945 begannen die alliierten Siegermächte auf Basis der auf der Konferenz von Potsdam (Juli/August 1945) gefassten Beschlüsse mit der Entnazifizierung, Dekartellisierung und Demokratisierung Deutschlands. Besonders die wieder zugelassenen Parteien und die Kirchen mussten ihre Haltung zum Nationalsozialismus und ihre Vorstellung von einer neuen demokratischen Ordnung in Deutschland offenlegen, doch die Besatzungsmächte gingen auch daran, jeden einzelnen Deutschen auf seine Beteiligung am Nationalsozialismus zu überprüfen. In dieser Situation verstanden sich viele Deutsche als Opfer sowohl der Hitlerdiktatur als auch der Entnazifizierungsmaßnahmen der Besatzungsbehörden. Diese Sicht wurde durch die zum Teil undurchsichtige bzw. mehr an politischen als moralischen Interessen orientierte Besatzungspolitik und die allerdings rasch fallen gelassene Kollektivschuldthese alliierter Politiker gefördert.

**Entnazifizierung**

In der amerikanischen Besatzungszone sollte der Grad der individuellen Schuld mit einem umfangreichen Fragebogen ermittelt werden. Allein diese Maßnahme zeigte, dass man von der Kollektivschuldunterstellung abgerückt war. Letztlich wurden aber durch dieses Verfahren nur etwa drei Prozent der Belasteten mit wirklichen Nachteilen belegt – etwa in Form von Berufsverboten. Der Volksmund sprach von den »Persilscheinen«, mit denen angebliches Mitläufertum oder sogar eine völlig unbescholtene Vergangenheit attestiert wurden.

Von den insgesamt 3 660 648 in der Bundesrepublik von den Entnazifizierungsbehörden bearbeiteten Fällen wurden 1667 Personen als Hauptschuldige und

23 060 als schuldig Belastete eingestuft, 150 425 Betroffene galten als Minderbelastete. Die meisten betroffenen Deutschen wurden jedoch als Mitläufer oder unbelastet angesehen.

**Personelle Kontinuität**

Und so kehrten viele Mitglieder der administrativen, judikativen, militärischen und wirtschaftlichen Elite unbeschadet in Führungspositionen zurück. Von dieser personellen Kontinuität war in besonderem Maße die deutsche Justiz betroffen. Sie trug einen nicht unerheblichen Anteil am Gewaltregime des Nationalsozialismus; als besonders abschreckendes Beispiel einer grausamen Justiz galt der Präsident des »Volksgerichtshofs«, Roland Freisler. Deutsche Juristen verhängten in den zwölf Jahren der Nazidiktatur u. a. 32 000 Todesurteile.
Aufgrund des akuten Personalmangels wurden viele belastete Juristen nach kurzer Zeit in den Dienst zurückgeholt. Die Justiz habe sich nur an das seinerzeit geltende Recht gehalten, war das zentrale Argument. Es sei nicht Aufgabe eines Richters oder Staatsanwalts, geltendes Recht – seien es auch die Gesetze einer Gewaltdiktatur – zu hinterfragen oder sich dagegen aufzulehnen.
In so genannten Huckepackverfahren kehrte schon bald nach Ende der Entnazifizierungsbemühungen jeweils ein belasteter auf einen unbelasteten Juristen wieder in den Staatsdienst zurück.

**Beginn der Strafverfolgung**

Der erste Großprozess gegen Kriegsverbrecher, den Kommandanten des Lagers Belsen und 47 Untergebene, wurde am 17. September 1945 vor einem britischen Militärgericht eröffnet. Elf der Angeklagten wurden zum Tode verurteilt.
In den so genannten Nürnberger Prozessen (1945/46) saßen die Hauptkriegsverbrecher auf der Anklagebank. Allerdings sah die Strafbilanz von Nürnberg bedenklich aus: Von den 23 Angeklagten wurden zehn zum Tode verurteilt, sieben schon 1950 vorzeitig aus der Haft entlassen und drei freigesprochen. Viele ehemalige Nazigrößen hatten es geschafft ins Ausland zu entkommen; teilweise konnten sie insbesondere durch israelische Ermittlungsbemühungen gefasst werden.

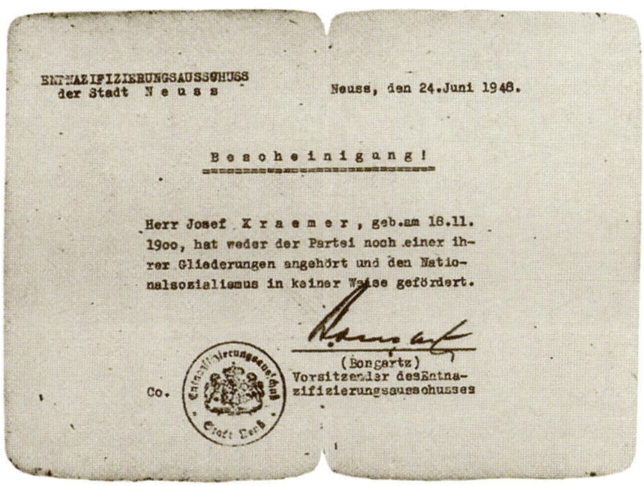

ENTNAZIFIZIERUNGSAUSSCHUSS
der Stadt Neuss

Neuss, den 24.Juni 1948.

Bescheinigung!

Herr Josef Kraemer, geb.am 18.11.1900, hat weder der Partei noch einer ihrer Gliederungen angehört und den Nationalsozialismus in keiner Weise gefördert.

(Bongartz)
Vorsitzender des Entnazifizierungsausschusses

Co.

**72** »Persilschein« aus dem Jahr 1948.

Wesentlich rigoroser als die westlichen Besatzungsmächte ging zunächst die Verwaltung der Sowjetischen Besatzungszone (SBZ) vor. Besonders Unternehmer und Großgrundbesitzer sowie ehemalige NSDAP-Mitglieder waren von der Entnazifizierung durch Enteignung bzw. den Verlust ihres Amtes oder ihrer Stellung betroffen.
Doch schon 1948 verkündete die Sowjetische Militäradministration das Ende der Entnazifizierung. Die SBZ sowie die spätere DDR galten somit als komplett »gereinigt«. Nach ihrer Gründung beanspruchte die DDR sogar das Attribut des antifaschistischen Staates und eine ernsthafte Debatte über Schuld und Verantwortung ist in ihr nie geführt worden.

## 73 Zuschauer und Opfer

**a) Der bekannte Nachkriegsautor Walter Kempowski befragte Ende der 1970er-Jahre Zeitzeugen nach ihrem Wissen über Konzentrationslager und Massenmord:**

*Frau*: Nein, ich habe nichts gemerkt. Als Zwangsverpflichtete habe ich eine Küche geleitet, und da hatte ich Ostarbeiterinnen unter mir, und da hab ich bei einem Trödler Sachen gekauft und ihnen gegeben. Diese Ostarbeiterinnen erzählten, sie seien auf der Straße aufgegriffen und nach Deutschland geschickt worden.

Am Freihafen war so ein Trödler. Bei dem lagen haufenweise Schuhe und Kleider.

Das fiel mir auf: »Wo kommt denn das her?«, hab ich gefragt, weil es doch sonst nichts gab. – »Das kommt aus Neuengamme.« Aber was das war und wie es da war, das hab ich nicht gewusst. [...]

*Mann*: In Feldafing hab ich KZler gesehen, am Rande eines großen Parks, einer Wiese, tauchten eines Tages Lastwagen der Firma Hoch-Tief auf, Stacheldraht wurde gezogen und Baracken wurden aufgestellt. Wir dachten: Da kommen Franzosen rein, aber als das fertig war, kamen wieder diese Lastwagen, und die hatten Zuchthäusler an Bord, so wirkte das jedenfalls, sie hatten gestreifte Anzüge und Topfmützen. Sie sprangen runter vom Lastwagen und mussten antreten. »Rechts um!« Na ja, dachte man, in den Zuchthäusern herrscht ein militärisches Regiment. Aber bald haben wir gemerkt, dass die Wachtmeister einen ganz unmenschlichen Ton am Leibe hatten. – Wir erfuhren dann: Das sind politische Häftlinge aus Dachau, was uns aber nicht irritierte. Der unmenschliche Umgangston der Wachtmeister hat uns mehr irritiert als die Häftlinge, das missfiel uns, das waren Proleten.

*Frau*: Im April 1945 habe ich zum ersten Mal durch einen Freund meines Mannes, der nach Auschwitz versetzt worden war, von den Untaten der Nazis gehört [...], der hat uns das alles erzählt. Und da hab' ich gesagt: »Meine Güte, wenn uns die Rechnung aufgemacht wird, dann gute Nacht!«

Zit. nach: W. Kempowski: Haben Sie davon gewußt? Hamburg 1979 S. 84, 96 u. 132.

**b) Aus der Rede des Oberlandesgerichtspräsidenten zur Wiedereröffnung des Oberlandesgerichtes (OLG) Celle am 16. März 1946:**

Galten diese Grüße des Gedenkens bisher den Lebenden, [...] so gilt es, darüber hinaus in Dankbarkeit und Treue der Toten zu gedenken, der Opfer, die Justiz und Anwaltschaft des Oberlandesgerichtsbezirkes Celle im Kriege gebracht haben.

Es sind gefallen:

52 Richter, Staatsanwälte und Assessoren, 20 Rechtsanwälte, 1 Strafanstaltspfarrer, 17 Referendare, 24 Rechtspfleger, 5 Bürobeamte, 21 Angestellte und 17 Wachtmeister.

Alle unsere Toten haben es nicht verhindern können, dass die Heimat, für die sie gekämpft haben, zusammengebrochen ist. Viele werden meinen, ihr Tod sei vergeblich gewesen; aber in Wahrheit ist kein Opfer vergebens, und die Flamme der Trauer, die in unseren Herzen brennt um sie und unser zerstörtes Vaterland, kann vielleicht dazu helfen, die Schlacken auszubrennen, die die hinter uns liegenden dunkelsten Jahre deutscher Geschichte in der Seele unseres Volkes zurückgelassen haben. Wir neigen uns in Ehrfurcht vor dem Opfer unserer Toten.

Zu einer ernsten Feierstunde haben wir uns heute hier versammelt. Denn sie ist überschattet von der tiefen Tragik unseres deutschen Schicksals.

Die Tatsache, dass an diesem Gericht fast ein Jahr kein Recht gesprochen, dass so lange Zeit Unrecht nicht gesühnt, gestörter Rechtsfrieden nicht wiederhergestellt werden konnte, ist ein besonders eindrucksvolles Zeichen für die Größe des Zusammenbruchs, unter dessen Eindruck wir stehen.

**Die Feierstunde wurde mit dem Vortrag des folgenden Goethe-Gedichts beendet:**

Allen Gewalten
zum Trutz sich erhalten,
nimmer sich beugen,
kräftig sich zeigen,
rufet die Arme der Götter herbei.

Zit. nach: Im Namen des Deutschen Volkes. Justiz und Nationalsozialismus. Katalog zur Ausstellung des Bundesministers der Justiz, S. 357.

1. Beurteilen Sie die politisch-moralische Haltung, die sich in drei Äußerungen (73a) zeigt.
2. Welche weiterführenden Fragen würden Sie den drei Zeitzeugen (73a) stellen?
3. Informieren Sie sich über die Bedeutung der folgenden Namen/Begriffe: Zwangsverpflichtete, Ostarbeiterin, KZ Neuengamme, KZ Dachau.
4. Welche Haltung zum Nationalsozialismus und zum Kriegsende zeigt sich in der Rede des OLG-Präsidenten und der Wiedereröffnungsfeier? (73b)
5. Stellen Sie Vermutungen über den politischen Hintergrund an, auf dem eine solche Feier abgehalten werden konnte. (73b)

## 74 Nürnberger Urteile und Ergebnisse der Entnazifizierung

**a) Urteile im Nürnberger Juristenprozess vom Dezember 1947:**

1. Klemm, Herbert; Staatssekretär im RJM [Reichsjustizministerium]; Urteil: lebenslänglich; Haftentlassung: Anfang der 50er-Jahre
2. Oeschey, Rudolf; Vorsitzender des Sondergerichts Nürnberg und Standgerichts Nürnberg (Februar 45); Urteil: lebenslänglich; Haftentlassung: Anfang der 50er-Jahre
3. Rothaug, Oswald; Vorsitzender des Sondergerichts Nürnberg, später Reichsanwalt; Urteil: lebenslänglich; Haftentlassung: 1956
4. Schlegelberger, Franz; Staatssekretär im RJM (1932–1942); Urteil: lebenslänglich; Haftentlassung: 1950 (vorläufige H. wegen Haftunfähigkeit)
5. Ammon, Wilhelm von; Ministerialrat im RJM; Urteil: 10 Jahre; Haftentlassung: Januar 1951
6. Joel, Günther; Ministerialrat im RJM, später Generalstaatsanwalt Hamm; Urteil: 10 Jahre; Haftentlassung: Januar 1951
7. Lautz, Ernst; Oberreichsanwalt beim Volksgerichtshof (ab 1939); Urteil: 10 Jahre; Haftentlassung: Januar 1951
8. Mettgenberg, Wolfgang; Ministerialdirigent im RJM; Urteil: 10 Jahre; 1950 verstorben
9. Rothenberger, Curt; Oberlandesgerichtspräsident, später Staatssekretär im RJM (1942/43); Urteil: 7 Jahre; Haftentlassung: 1950
10. Altstötter, Josef; Reichsgerichtsrat, später Ministerialdirektor im RJM (ab 1943), Urteil: 5 Jahre; Haftentlassung: 1950

**b) Plakat zum Nürnberger Prozess, 1947.**

Zit. nach: Im Namen des Deutschen Volkes. Justiz und Nationalsozialismus. Katalog zur Ausstellung des Bundesministers der Justiz, S. 357.

**c)** Von den Entnazifizierungsgerichten bis Mitte 1949 verhängte Strafen:

| | |
|---|---|
| Zahl der erfassten Personen | 13 199 800 |
| Angeklagt | 3 445 100 |
| Ohne Gerichtsverfahren amnestiert | 2 489 700 |
| Geldstrafen | 569 600 |
| Arbeitsbeschränkungen | 124 400 |
| Nicht geeignet, öffentliche Ämter zu bekleiden | 23 100 |
| Beschlagnahme von Eigentum | 25 900 |
| Besondere Arbeit ohne Inhaftierung | 30 500 |
| Einweisungen in Arbeitslager | 9 600 |
| In Arbeitslager Eingewiesene, die noch ihre Strafe verbüßen | 300 |

**c)** Zit. nach: Raul Hilberg, Die Vernichtung der europäischen Juden, Bd. 3, Frankfurt/Main 1990 (1. Aufl. 1961, deutsch 1982), S. 1158.

1. Wie beurteilen Sie das Ergebnis der Strafverfolgung?
2. Suchen Sie nach Gründen für die große Zahl an Haftentlassungen Anfang der 1950er-Jahre. Ziehen Sie dazu auch Adenauers Antrittsrede (76b) heran.
3. Informieren Sie sich über die Tätigkeit der Justiz während des Nationalsozialismus.

## 75 Die Kirchen und der Nationalsozialismus

**a) Aus dem ersten Hirtenbrief der katholischen deutschen Bischöfe nach dem Ende des Zweiten Weltkriegs vom 23. August 1945:**

Katholisches Volk, wir freuen uns, dass du dich in so weitem Ausmaße von dem Götzendienst der brutalen Macht frei gehalten hast. Wir freuen uns, dass so viele unseres Glaubens nie und nimmer ihr Knie vor Baal gebeugt haben. Wir freuen uns, dass diese gottlosen und unmenschlichen Lehren auch weit über den Kreis unserer katholischen Glaubensbrüder hinaus abgelehnt wurden.

Und dennoch: Furchtbares ist schon vor dem Kriege in Deutschland und während des Krieges durch Deutsche in den besetzten Ländern geschehen. Wir beklagen es zutiefst: Viele Deutsche, auch aus unseren Reihen, haben sich von den falschen Lehren des Nationalsozialismus betören lassen, sind bei den Verbrechen gegen menschliche Freiheit und menschliche Würde gleichgültig geblieben; viele leisteten durch ihre Haltung den Verbrechen Vorschub, viele sind selber Verbrecher geworden. Schwere Verantwortung trifft jene, die aufgrund ihrer Stellung wissen konnten, was bei uns vorging, die durch ihren Einfluss solche Verbrechen hätten hindern können und es nicht getan haben, ja diese Verbrechen ermöglicht und sich dadurch mit den Verbrechern solidarisch erklärt haben.

Wir wissen aber auch, dass bei solchen, die in abhängiger Stellung waren, insbesondere bei Beamten und Lehrern, die Parteizugehörigkeit oftmals nicht eine innere Zustimmung zu den furchtbaren Taten des Regimes bedeutete. Gar mancher trat ein in Unkenntnis des Treibens und der Ziele der Partei, gar mancher gezwungen, gar mancher auch in guter Absicht, Böses zu verhüten. Es ist eine Forderung der Gerechtigkeit, dass immer und überall die Schuld von Fall zu Fall geprüft wird, damit nicht Unschuldige mit den Schuldigen leiden müssen. Dafür sind wir Bischöfe von Anfang an eingetreten, und dafür werden wir uns auch in Zukunft einsetzen. Wir werden aber auch alles daransetzen, dass im Volke, insbesondere in der Jugend, die Gedanken von Gottesrecht und Menschenrecht, von menschlicher Würde und Gewissensfreiheit wieder fest wurzeln.

Zit. nach: Helmut Ruppel u.a., »... stoßet nicht um weltlich Regiment«? Ein Erzähl- und Arbeitsbuch vom Widerstehen im Nationalsozialismus, Neukirchen-Vlyn 1986. S. 68f.

**b) Aus der Erklärung des Rates der Evangelischen Kirche in Deutschland vom 19. Oktober 1945, dem so genannten »Stuttgarter Schuldbekenntnis«:**

Mit großem Schmerz sagen wir: Durch uns ist unendliches Leid über viele Völker und Länder gebracht worden. Was wir unseren Gemeinden oft bezeugt haben, das sprechen wir jetzt im Namen der ganzen Kirche aus: Wohl haben wir lange Jahre hindurch im Namen Jesu Christi gegen den Geist gekämpft, der im nationalsozialistischen Gewaltregiment seinen furchtbaren Ausdruck gefunden hat; aber wir klagen uns an, dass wir nicht mutiger bekannt, nicht treuer gebetet, nicht fröhlicher geglaubt und nicht brennender geliebt haben.

Nun soll in unseren Kirchen ein neuer Anfang gemacht werden. Gegründet auf die Heilige Schrift, mit ganzem Ernst ausgerichtet auf den heiligen Herren der Kirche, gehen wir daran, uns von glaubensfremden Einflüssen zu reinigen und uns selber zu ordnen. Wir hoffen zu dem Gott der Gnade und Barmherzigkeit, dass Er unsere Kirche als Sein Werkzeug brauchen und ihnen Vollmacht geben wird, Sein Wort zu verkündigen und Seinem Willen Gehorsam zu schaffen bei uns selbst und bei unserem ganzen Volk. [...]

Wir hoffen zu Gott, dass durch den gemeinsamen Dienst der Kirchen dem Geist der Gewalt und Vergeltung, der heute von neuem mächtig werden will, in aller Welt gesteuert werde und der Geist des Friedens und der Liebe zur Herrschaft komme, in dem allein die gequälte Menschheit Genesung finden kann.

Zit. nach: Helmut Ruppel u.a.: »...stoßet nicht um weltlich Regiment«? Ein Erzähl- und Arbeitsbuch vom Widerstehen im Nationalsozialismus. Neukirchen-Vlyn 1986, S. 34f.

1. Vergleichen Sie die Haltung der beiden Kirchen zur Schuldfrage und zur Konsequenz aus den Erfahrungen mit dem Nationalsozialismus (75 a und b).
2. Diskutieren Sie, welche der beiden Positionen Ihnen glaubwürdiger erscheint. Wo gibt es Anzeichen dafür, dass die historische Realität umgedeutet bzw. geleugnet wird?
3. Erörtern Sie, ob die Erklärungen hinreichend sind. Suchen Sie gegebenenfalls nach Formulierungen, die Ihnen angemessener erscheinen.

## 76 Die politische Vergangenheitsbewältigung der Parteien

**a) Aus der Rede des sozialdemokratischen Alterspräsidenten Paul Löbe zur ersten Sitzung des neu gegründeten Deutschen Bundestags am 7. September 1949:**

Meine Damen und Herren! In dem Augenblick, in dem zum ersten Mal wieder frei gewählte Abgeordnete eines erheblichen Teils von Gesamtdeutschland zusammentreten, um eine deutsche Regierung einzusetzen und eine neue Gesetzgebung zu beginnen, schweifen die Gedanken von uns Älteren zurück zu jener letzten Sitzung des Deutschen Reichstages in der Berliner Krolloper, der wir beiwohnten und in der durch das Hitler'sche Ermächtigungsgesetz die staatsbürgerlichen Freiheiten für lange Jahre begraben wurden. Das war ein illegaler Akt. Der Widerstand dagegen war eine patriotische Tat. (Zwischenruf des kommunistischen Abgeordneten Reimann: Wie viele Abgeordnete sitzen hier, die dafür gestimmt haben!) Die Jüngeren unter uns aber, woher sie auch kommen mögen, haben auf ihrer Reise nach Bonn, vielleicht zum ersten Mal in diesem Umfang, die erschütternden Zeugen der Zerstörung gesehen, die jene Machtergreifung schließlich herbeigeführt hat, die sichtbaren Zeugen nur, denn jeder Einzelne von uns weiß dabei um die geistige und seelische Verwüstung, die mit der äußerlichen in unserem Volke angerichtet worden ist. Die Alten und die Jüngeren sind nun hier vereint in der schweren Aufgabe, an die Stelle der Trümmer wieder ein wohnliches Haus zu bauen und in den Mutlosen eine neue Hoffnung zu wecken. [...]

Wir […] bestreiten auch keinen Augenblick das Riesenmaß von Schuld, das ein verbrecherisches System auf die Schultern unseres Volkes geladen hat. Aber die Kritiker draußen wollen doch eines nicht übersehen: Das deutsche Volk litt unter zweifacher Geißelung. Es stöhnte unter den Fußtritten der deutschen Tyrannen und unter den Kriegs- und Vergeltungsmaßnahmen, welche die fremden Mächte zur Überwindung der Naziherrschaft ausgeführt haben. Wessen Haus an allen Ecken brennt, der sieht zunächst die eigene Not, ehe er die Fassung gewinnt, die Lage der Nachbarn voll zu würdigen.

Zit. nach: Helmut Dubiel, Niemand ist frei von der Geschichte, München 1999, S. 38.

**c) FDP-Plakat in der britischen Zone, 1947.**

**b) Aus der Antrittsrede des neu gewählten Bundeskanzlers Konrad Adenauer, 7. September 1949:**

Im Übrigen dürften wir nicht mehr zwei Klassen von Menschen unterscheiden: (Zustimmung von rechts) die politisch Einwandfreien und die Nichteinwandfreien. Diese Unterscheidung muss baldigst verschwinden. (Erneute Zustimmung) Der Krieg und auch die Wirren der Nachkriegszeit haben eine so harte Prüfung für viele gebracht und solche Versuchungen, dass man für manche Verfehlungen und Vergehen Verständnis aufbringen muss. Es wird daher die Frage einer Amnestie von der Bundesregierung geprüft werden, (Bravo!) und es wird weiterhin die Frage geprüft werden, auch bei den Hohen Kommissaren dahingehend vorstellig zu werden, dass entsprechend für von alliierten Militärgerichten verhängte Strafen Amnestie gewährt wird. (Beifall rechts und in der Mitte.) Wenn die Bundesregierung so entschlossen ist, Vergangenes vergangen sein zu lassen, in der Überzeugung, dass viele für subjektiv nicht schwerwiegende Schuld gebüßt haben, so ist sie andererseits doch unbedingt entschlossen, aus der Vergangenheit die nötigen Lehren gegenüber all denjenigen zu ziehen, die an der Existenz unseres Staates rütteln, (Bravo! und Sehr gut!) […] mögen sie nun zum Rechtsradikalismus oder zum Linksradikalismus zu rechnen sein.

Zit. nach: Helmut Dubiel, Niemand ist frei von der Geschichte, München 1999, S. 43.

1. Welchen Vorgang meint Löbe mit »Machtergreifung« und was impliziert der Begriff (76 a)?
2. Worauf spielt der kommunistische Abgeordnete Reimann mit seinem Zwischenruf an?
3. Halten Sie den von Löbe verwendeten Begriff der »Machtergreifung« für zutreffend?
4. Vergleichen Sie Löbes Schuldeingeständnis (76 a) mit dem der beiden Kirchen (75 a und b).
5. Welche Haltung zur Schuldfrage und zu den politischen Lehren aus den Erfahrungen mit der NS-Diktatur zeigt sich in Adenauers Rede (76 b)?
6. Vergleichen Sie unter diesen Aspekten Adenauers (76 b) und Löbes Ausführungen (76 a).
7. Analysieren Sie die verschiedenen grafischen und schriftlichen Elemente des Plakates (76 c).
8. Diskutieren Sie, ob man den Nationalsozialismus als »politischen Irrtum« bezeichnen kann (76 c).
9. Informieren Sie sich: Welche politische Großwetterlage bestimmte die Gründung der Bundesrepublik Deutschland und Adenauers Rede (76 b)? Ordnen Sie in diesen Zusammenhang auch das FDP-Plakat aus dem Jahr 1947 ein (76 c).

## 77 Deutsche Haltungen zum Nationalsozialismus

**a) In einer amerikanischen Umfrage wurden von November 1945 bis August 1947 deutsche Erwachsene zu ihrer Einstellung zum Nationalsozialismus befragt:**

Ungeachtet von Schwankungen blieb der Prozentsatz von Deutschen, welche den Nationalsozialismus für eine gute Idee hielten, die lediglich schlecht ausgeführt wurde, verhältnismäßig hoch. Im November 1945 behaupteten dies 53 %, im Juli 1946 ging die Zahl auf 42 % zurück, um bis zum August 1947 wieder auf 55 % anzusteigen. Die Zahl derjenigen, welche den Nationalsozialismus für eine schlechte Idee ansahen, stieg von 41 % im November 1945 auf 48 % im Juli 1946, fiel aber wieder auf 35 % im August 1947. Dieser Trend kann auch anders dargestellt werden: Vom November 1945 bis zum Juli 1946 sprachen sich durchschnittlich 48 % dafür aus, dass der Nationalsozialismus eigentlich eine gute Idee gewesen sei; zwischen Dezember 1946 und August 1947 äußerten sich 52 % dementsprechend.

Zit. nach: Anna J. Merritt/Richard L. Merritt, Public Opinion in Occupied Germany. The OMGUS Surveys, 1945–1949, Urbana/Chicago/London 1970, S. 171.

**b) Die jüdische Soziologin und Politikwissenschaftlerin Hannah Arendt musste 1933 emigrieren. 1950 hielt sie anlässlich eines Deutschlandbesuches fest:**

Dieser allgemeine Gefühlsmangel, auf jeden Fall aber die offensichtliche Herzlosigkeit, die manchmal mit billiger Rührseligkeit kaschiert wird, ist jedoch nur das auffälligste äußerliche Symptom einer tief verwurzelten, hartnäckigen und gelegentlich brutalen Weigerung, sich dem tatsächlich Geschehenen zu stellen und sich damit abzufinden.

Diese Gleichgültigkeit und die Irritation, die sich einstellt, wenn man dieses Verhalten kritisiert, kann an Personen mit unterschiedlicher Bildung überprüft werden. Das einfachste Experiment besteht darin, expressis verbis festzustellen, was der Gesprächspartner schon von Beginn der Unterhaltung an bemerkt hat, nämlich dass man Jude sei. Hierauf folgt in der Regel eine kurze Verlegenheitspause; und danach kommt – keine persönliche Frage, wie etwa: »Wohin gingen Sie, als Sie Deutschland verließen?«, kein Anzeichen von Mitleid, etwa dergestalt: »Was geschah mit Ihrer Familie?«, – sondern es folgt eine Flut von Geschichten, wie die Deutschen gelitten hätten (was sicher stimmt, aber nicht hierher gehört); und wenn die Versuchsperson dieses kleinen Experiments zufällig gebildet und intelligent ist, dann geht sie dazu über, die Leiden der Deutschen gegen die Leiden der anderen aufzurechnen, womit sie stillschweigend zu verstehen gibt, dass die Leidensbilanz ausgeglichen sei und dass man nun zu einem ergiebigeren Thema überwechseln könne. Ein ähnliches Ausweichmanöver kennzeichnet die Standardreaktion auf die Ruinen. Wenn es überhaupt zu einer offenen Reaktion kommt, dann besteht sie aus einem Seufzer, auf welchen die halb rhetorische, halb wehmütige Frage folgt: »Warum muss die Menschheit immer nur Krieg führen?« Der Durchschnittsdeutsche sucht die Ursachen des letzten Krieges nicht in den Taten des Naziregimes, sondern in den Ereignissen, die zur Vertreibung von Adam und Eva aus dem Paradies geführt haben.

Hannah Arendt, Besuch in Deutschland, Hamburg 1993, S. 25.

1. Wie beurteilen Sie die Zahlen der Umfrage (77a)? Achten Sie auch auf die Schwankungen zwischen den Jahren. Diskutieren Sie, welche Gründe sich für das Ergebnis der Umfrage anführen lassen.
2. Stellen Sie das Umfrageergebnis (77a) den konkreten Erfahrungen von Hannah Arendt gegenüber (77b). Welches Bild von der deutschen Nachkriegsgesellschaft ergibt sich daraus?
3. Inwieweit äußert sich die von Hannah Arendt wahrgenommene deutsche Nachkriegsmentalität in den Quellen 73a und b, 74, 75a sowie 76a und b?

## 4.2 Verdrängte Vergangenheit? – Die 1950er- und 1960er-Jahre

### Das Ende der Entnazifizierung

Wie die Sowjetunion beendeten auch die westlichen Siegermächte unter Führung der USA spätestens mit Gründung der Bundesrepublik Deutschland auf dem Hintergrund des aufkommenden Kalten Krieges die Entnazifizierung, um die Integration ihrer Bezatzungszonen in einen antisowjetischen Block einzuleiten. Die Blockbildung der Siegermächte Sowjetunion und USA war also ein wesentlicher Grund für das frühe Ende der Entnazifizierungsbemühungen auf beiden Seiten. Mit der Bundesrepublik Deutschland und der Deutschen Demokratischen Republik entstanden 1949 zwei deutsche Staaten, die mehr den Neuanfang als demokratischer bzw. antifaschistisch-sozialistischer Staat betonten, als dass sie sich zur Verantwortung für die jüngste deutsche Vergangenheit bekannt hätten. Diese Vergangenheit wurde dann allenfalls als Instrument im Kalten Krieg benutzt, um die DDR als totalitären Staat im Gefolge Stalins und in Nachbarschaft zum totalitären NS-Regime bzw. die Bundesrepublik Deutschland als faschistischen Staat in der Kontinuität des Nationalsozialismus und geführt von den alten Eliten zu attackieren. Dieser die 1950er- und 1960er-Jahre international bestimmende Konflikt prägte also nicht nur die politischen, sondern auch die historischen Vorstellungen und auch die wissenschaftlichen Erkenntnisse dieser Zeit.

An dieser »Verdrängung« der nationalsozialistischen Vergangenheit änderten auch politische Reden oder Entscheidungen nicht viel: Weder das Wiedergutmachungsabkommen mit Israel von 1952 noch das Entschädigungsgesetz für die Opfer der nationalsozialistischen Verfolgung von 1956 in der Bundesrepublik ebneten den Weg in eine systematische und nachhaltige Auseinandersetzung mit den nationalsozialistischen Verbrechen.

**78 Frankfurter Auschwitz-Prozess.** Foto, 1963.

**Rückkehr in den Staatsdienst**

Die Wiedereinsetzung der Beamten und sonstigen Mitarbeiter des öffentlichen Dienstes wurde schon durch den Artikel 131 des Grundgesetzes vorbereitet, mit dem sich der Parlamentarische Rat gegen einen endgültigen Ausschluss ehemals nationalsozialistischer Staatsdiener aus dem öffentlichen Dienst aussprach. Die Wiedereingliederung eines Großteils der zunächst Entlassenen erfolgte dann durch ein Bundesgesetz im Jahr 1951. Lediglich die Mitarbeiter, die im Zuge der – allerdings vorzeitig beendeten – Entnazifizierungsverfahren als hauptschuldig oder belastet eingestuft worden waren, blieben von dieser Regelung ausgeschlossen. Aber selbst diesen Personen wurde in der Regel auch weiterhin eine beamtenrechtliche Versorgung gewährt.

**NS-Verbrechen vor Gericht**

Erst Anfang der 1960er-Jahre setzte allmählich eine nachhaltige strafrechtliche Verfolgung von Naziverbrechern ein. 1958 hatten die Justizminister der Länder gegen große Widerstände – auch in den eigenen Reihen – in Ludwigsburg eine »Zentrale Stelle zur Aufklärung von NS-Verbrechen« gegründet. Eine der größten Verhandlungen war der Frankfurter »Auschwitz-Prozess« von 1963 bis 1965. Große mediale und politische Aufmerksamkeit fand 1961 der Prozess gegen den Leiter des so genannten Judenreferats im Reichssicherheitshauptamt, Karl Adolf Eichmann. Der israelische Geheimdienst hatte ihn in Argentinien aufgespürt und in Jerusalem vor Gericht gestellt. Wegen seiner Verantwortung für die massenhafte Ermordung von europäischen Juden in den Konzentrationslagern wurde Eichmann zum Tode verurteilt.

**Strafverfolgung im Kalten Krieg**

Angestoßen wurde die Strafverfolgung immer wieder durch Initiativen Israels sowie der Staaten des Ostblocks, die angesichts der anstehenden Verjährung für Totschlag (1960) bzw. für Mord (1969) und auf dem Hintergrund der eskalierenden Ost-West-Konfrontation belastende Dokumente in großer Zahl offen legten. Besonders die DDR versuchte die »unbewältigte Vergangenheit« der Bundesrepublik als Rechtsnachfolgerin des Dritten Reiches zur politischen Destabilisierung einzusetzen. Dabei verstand sich die DDR selbst als endgültig politisch »gereinigt«; die 1961 errichtete Mauer in Berlin und die als Todesstreifen befestigte Grenze zwischen den beiden deutschen Staaten rechtfertigte sie als »antifaschistischen Schutzwall«.

**»Blick nach vorn«**

Der zweite Bundeskanzler der Bundesrepublik Deutschland, Ludwig Erhard, beschwor mit seiner Konzeption von einer völlig neuen »formierten« Gesellschaft ebenfalls den endgültigen Abschied von althergebrachten gesellschaftlich-politischen Konstellationen. Nicht mehr Ideologien sollten demnach für das politische Geschehen ursächlich sein, sondern nur noch der wissenschaftlich fundierte Konsens einer modernen Leistungsgesellschaft.

**Wo bleibt das gesellschaftliche Gedächtnis?**

Hier ist natürlich zu fragen, wo in den beiden deutschen Staaten der 50er- und 60er-Jahre des vorigen Jahrhunderts die konkrete Erinnerung an Diktatur und Krieg einen Ort fand, wo sich die Menschen damit auseinandersetzen konnten, oder ob diese Erinnerung einfach verdrängt oder ausgelöscht wurde.
Immerhin war im Verlauf dieser Jahre eine deutliche Meinungsänderung der bundesdeutschen Bevölkerung zu beobachten. Hatten in einer Meinungsumfrage 1952 nur 32 % der Befragten Deutschland die alleinige Schuld am Zweiten Weltkrieg gegeben und 24 % anderen Staaten, so hielten 1967 schon 62 % Deutschland und nur noch 8 % andere Staaten für kriegsverantwortlich. Bedenklich war aber die immer noch große Zahl der Unentschiedenen.

## 79 Verfehlte Entnazifizierung?

**a) Aus einem Zeitungsartikel, 1959:**

Weh dir Staatsbürger, dass du kein Nazi warst. Oberbürgermeister von Hitlers Gnaden müsste man halt gewesen sein. So hat dieser Tage das Verwaltungsgericht Frankfurt dem 125er Pg Dr. Helmuth Schranz, während der 12 Hitlerjahre Oberbürgermeister der Stadt Offenbach, zum Siege nach dem 131er Gesetz verholfen: Ein Übergangsgehalt mit Rückwirkung ab April 1951, prächtige Nachzahlungen in sich schließend, und vom 65. Lebensjahr an eine Ministerialratspension; das ist die Ausbeute für Herrn Schranz, der inzwischen längst als DP-Abgeordneter den Bundestag schmückt. [...]

Man könnte dem Fall beliebig noch krassere an die Seite stellen: etwa den gemeingefährlichen NS-Staatssekretär aus dem weiland Reichsjustizministerium Dr. Curt Rothenberger, der vorher schon in Hamburg als Justizsenator die Rechtspflege zu einem Exerzierplatz der Willkür gemacht hatte. [...] Heute bezieht Herr Rothenberger monatlich 2073,- Mark Pension und hat seit 1950 insgesamt 190 726,48 Mark aus dieser Einnahmequelle der Demokratie und ihren Steuerzahlern abgezapft, [...] während der blutrünstige Ankläger von Freislers Volksgerichtshof, Oberreichsanwalt Lautz, schon fast eine Art politisch Verfolgter ist, hat man doch seine Pension von 1347,– Mark auf lächerliche 1000 Mark monatlich herabgesetzt. Insgesamt sind diese Dinge – wir haben uns nur auf ein paar Beispiele beschränkt – mehr als nur ein Skandal, wenn auch ein durch das Gesetz gedeckter.

Süddeutsche Zeitung vom 22. Mai 1959. Zit. nach: Im Namen des Deutschen Volkes. Justiz und Nationalsozialismus. Katalog zur Ausstellung des Bundesministers der Justiz, S. 365

**b) Mitte der 1950er-Jahre kursierte in der Bundesrepublik Deutschland folgende Anekdote:**

Unter den letzten deutschen Heimkehrern befand sich ein Generalleutnant, der als Kommandeur einer Infanteriedivision in Stalingrad in Gefangenschaft geraten und von einem sowjetischen Gericht zu 25 Jahren Haft verurteilt worden war. In Friedland traf er zufällig einen Major seiner Division. Sie setzten sich zu einem Gespräch zusammen und der General fragte: »Übrigens, wie geht es dem Admiral Dönitz?« – Der Major verwundert: »Dönitz – der sitzt in Spandau.« »In Spandau? Was hat der Admiral in Spandau zu tun?« »Er s i t z t in Spandau – im Zuchthaus natürlich!« – »Ach ja, natürlich. Und was macht der ehemalige Stabschef von Rommel, der General Speidel?« – »Der sitzt in Paris.« – »Im Zuchthaus?« – »Nein, bei der NATO natürlich.« – »Ach ja, natürlich. Und was macht der berühmte General Meyer, der ›Panzer-Meyer‹?« – »Der war in Kanada.« – »Bei der NATO?« – »Aber nein, im Zuchthaus natürlich.« – »Ach ja, natürlich. Und was macht unser ehemaliger Generalstabschef, der General Heusinger?« – »Der sitzt in Bonn.« – »Im Zuchthaus?« – »Nein, beim Verteidigungsminister natürlich.« – Der heimgekehrte General steht auf und geht. – »Aber wohin denn so plötzlich?« ruft der Major. »In die Anstalt«, erwidert der General, »denn wenn das, was Sie eben erzählt haben, natürlich ist, dann bin ich verrückt.«

Frankfurter Rundschau vom 22. November 1956. Zit. nach: Alfred Grosser: Deutschlandbilanz, München 1972, S. 340.

1. Klären Sie für 79a die folgenden Begriffe: 125er Pg, 131er Gesetz, DP, Freislers Volksgerichtshof.
2. Welche politische Intention verfolgt der Zeitungsartikel (79a)? Belegen Sie Ihre Interpretation mit einzelnen Formulierungen des Artikels.
3. Informieren Sie sich: Welcher nähere und weitere historisch-politische Hintergrund dürfte für die in 79a beschriebene Praxis verantwortlich gewesen sein?

4. Klären Sie für 79b die Bedeutung Ihnen unbekannter Namen und Begriffe.
5. Auf welche Realitäten bezieht sich die Anekdote (79b) und welche politische Absicht verfolgt sie?

## 80 Literarische Vergangenheitsbewältigung

**a) In den Illustrierten »Quick« und »Stern« abgedruckte Kriegsromane:**

»Ein Mann, der doch nur Schulze hieß ...«
»Besiegte – auch im Tode?«
»Die Hölle hieß Kreuznach«
»Feind hört mit«
»Verdammter Atlantik«
»Geheimwaffe Violet«
»Du darfst nicht lieben, wen du willst«

**b) Titelblatt der Zeitschrift »Quick«**

**c) Aus dem Fortsetzungsroman »Die Hölle hieß Kreuznach«, in dem ein betrunkener amerikanischer Wachsoldat kriegsgefangene deutsche Soldaten das Deutschlandlied singen lässt:**

Zuerst singen drei. Dann zehn. Dann singt das halbe Lager. »Deutschland, Deutschland über alles ...« Ganz laut ist jetzt der Chor. Der Wind treibt ihn weit über das nachtdunkle Land, hinauf zu den Weinbergen und rüber ins Tal nach Kreuznach zu. »... Deutschland, Deutschland über alles, über alles in der Welt ...«. Sie singen mit heiserer und brüchiger Stimme. Sie singen falsch und durcheinander. Wenn die ersten schon beim Belt angekommen sind, singen die letzten noch von der Etsch. Aber sie singen ... »Bravo!«, schreit der Sergeant auf seinem Turm. »Go on, jolly good ... sing, sing!« Dann sind sie fertig und sie stehen da und starren zu dem Posten hinauf. »Your bread«, ruft er und schleudert den Brotlaib mitten unter sie. Er wartet nun wohl auf das Schauspiel, wie sie sich jetzt schlagen werden und um das Brot stoßen. Wie sie sich gegenseitig niedertrampeln, wie sie schreien und fluchen werden und das Weißbrot in Fetzen reißen. Aber nichts geschieht. Es ist plötzlich totenstill im Lager. Keiner rührt sich von seinem Platz. Keiner greift nach dem Brot, das dort zu ihren Füßen auf dem Acker liegt.

**a)** Zit. nach: Michael Schornstheimer, Die leuchtenden Augen der Frontsoldaten, Berlin 1995.

**c)** Die Hölle hieß Kreuznach. In: Quick 34/1959. Zit. nach: Michael Schornstheimer, Die leuchtenden Augen der Frontsoldaten, Berlin 1995, S. 144.

**d) Bernward Vesper, Sohn eines prominenten NS-Schriftstellers, über seine Kindheit in den 1950er-Jahren:**

Als die Schützen in ihren grauen Uniformen mit den grünen Schulterstücken aus dem Bierzelt kamen, sangen sie »Ei, ei, ei Korea, der Krieg kommt immer näher, und wenn der Ami feige wird, dann kommt der Europäer«, und dann kicherten sie und sagten: »Sechs Jahre Krieg haben uns gereicht, und drei Jahre Gefangenschaft und die ganze Scheiße, sie können uns mal!« An der Baracke neben dem Holzplatz stand in großen, weißen Lettern: »Ohne uns!« Allerdings, ohne mich! Adenauer will uns verschaukeln, die Amerikaner brauchen ein paar Hiwis [Hilfskräfte], soll doch gehen, wer Lust hat, ohne uns. Und ich dachte, there is no good German but a dead German, und mein Vater sagte: »Sogar die Zinnsoldaten haben uns die Amerikaner 1945 weggenommen, ihre Kinder werden lernen müssen, mit andren Sachen zu spielen.« Bitte, sollen sie doch auslöffeln, was sie sich eingebrockt haben. Sie haben den tausendjährigen Damm gegen Asien zerstört, jetzt sollen sie sehn, wie sie fertig werden, aber ohne uns.

Eine Armee von Amerikas Gnaden, ohne Generalstab, ohne schwere Waffen, ohne Atombombe, Kanonenfutter für einen Krieg der Sieger untereinander. Ohne uns. Auf der andren Seite der Elbe stehen auch Deutsche, zum Söldnerdienst gezwungen, wie wir, noch liegen die Städte in Trümmern, noch sitzen Soldaten, die gegen die Kommunisten kämpften, hinter Gittern, wir denken doch nicht daran.

Bernward Vesper, Die Reise, Hamburg 1983, S. 488.

1. Welche Aspekte des nationalsozialistischen Krieges werden in 80a und b offenbar in den Vordergrund gerückt?
   Entwerfen Sie selbst alternative Titel, die andere Aspekte dieser Zeit ansprechen und die Sie für »massentauglich« halten.
2. Welche politische Intention steckt wohl hinter der fiktiven Szene in 80c? Begründen Sie Ihre Interpretation mit einzelnen Formulierungen der Textpassage.
   Entwerfen Sie selbst eine Szene in einem Kriegsgefangenenlager, die Sie in der damaligen historischen Situation für politisch aufklärerisch halten.
3. Welche historischen Ereignisse der 1950er-Jahre werden in Vespers autobiografischem Bericht angesprochen (80d)?
   Welche Bedeutung haben diese Ereignisse für die oben beschriebene deutsche Auseinandersetzung mit dem Nationalsozialismus?
4. Vergleichen Sie 80d und 79b: Welcher der Texte bezieht sich auf frühere, welcher auf spätere Ereignisse der 1950er-Jahre?
   Finden sich die politischen Intentionen der in 80d auftretenden Personen in der politischen Intention der Anekdote (79b) wieder?

## 81 Vergangenheitsbewältigung in Wissenschaft und Unterricht

**a) Ernst Nolte 1968 über die Geschichtspolitik der 50er- und 60er-Jahre:**

Nichts lag näher, als alle Schuld auf Hitler zu häufen und alles das für bloße persönliche Marotten zu erklären, was in seiner Einheit das Rezept seines Erfolges und die Ursache seiner Niederlage gewesen war: den Antisemitismus, die Lebensraumpolitik, ja sogar das großdeutsche Motiv. Nur dann durfte man hoffen, unter Berufung auf das Selbstbestimmungsrecht und im Bunde mit den westlichen Alliierten das schwerstwiegende Ergebnis von Hitlers Krieg wieder rückgängig zu machen und das Deutsche Reich »in den Grenzen von 1937« (also nicht in dem großdeutschen Umfang von 1938) wiederherzustellen. Die Politik des Bündnisses mit dem Westen lag so nahe und war so Erfolg versprechend, dass das elementarste nationale Interesse Deutschlands den Bruch mit Hitler zwingend verlangte. Wenn es dem »Bundeskanzler der Alliierten« gelingen sollte, die neuen Verbündeten zu »Alliierten des Bundeskanzlers« zu machen, dann durfte Hitler nichts weiter als ein Verbrecher gewesen sein.

Ernst Nolte, Der Faschismus, München 1968, S. 386.

**b) Beschluss der Kultusministerkonferenz vom 5. Juli 1962 über »Richtlinien für die Behandlung des Totalitarismus im Unterricht«:**

Die Auseinandersetzung mit dem Totalitarismus gehört zu den wesentlichen Aufgaben der politischen Bildung unserer Jugend. Die Lehrer aller Schularten sind daher verpflichtet, die Schüler mit den Merkmalen des Totalitarismus und den Hauptzügen des Bolschewismus und des Nationalsozialismus als den wichtigsten totalitären Systemen des 20. Jahrhunderts vertraut zu machen. […]

Bei der Darstellung des kommunistischen und des nationalsozialistischen Totalitarismus sind ihre verwerfliche Zielsetzung und ihre verbrecherischen Methoden deutlich zu machen. Die Tatsache, dass die beiden Systeme einander bekämpft haben, darf nicht über ihre enge Verwandtschaft hinwegtäuschen.

Im Unterricht über den Nationalsozialismus müssen dem Schüler die Maßlosigkeit Hitlers und die innere Notwendigkeit der Katastrophe gezeigt werden;

im Unterricht über den Bolschewismus ist dem Schüler der weltweite Anspruch und die damit verbundene Gefahr für die Menschheit zu zeigen. [...]

Die Haltung, die Männer und Frauen des Widerstands und Verfolgte des Totalitarismus bewiesen haben, ist im Unterricht, auch in Schulferien, als vorbildlich zu würdigen.

Zit. nach: Klaus-Jürg Ruhl (Hrsg.), Mein Gott, was soll aus Deutschland werden? Die Ära Adenauer 1949 bis 1963, München 1985, S. 339–341.

1. Notieren Sie in Stichworten, welchen Erkenntnis- und Wahrheitswert Nolte der damaligen Geschichtsschreibung zuspricht (81 a).
2. Stellen Sie auf Basis dieses Textes (81 a) Vermutungen darüber an, welche Aussagen über den Nationalsozialismus Nolte befürworten könnte.
3. Diskutieren Sie: Wären solche Richtlinien (81 b) heute noch zeitgemäß?
4. Bilden Sie Gruppen und formulieren Sie »Richtlinien«, die Sie für den Umgang mit dem Nationalsozialismus im Unterricht als angemessen und schülergerecht ansehen. Vergleichen und diskutieren Sie anschließend Ihre Gruppenvorschläge.
5. Inwieweit spiegelt sich die von Nolte beschriebene politische Intention (81 a) auch in den Richtlinien von 1962 (81 b)?

## 4.3 Das Ende der Tabus? – Die Ära der sozialliberalen Koalitionen

Der Beginn der west-östlichen Entspannungspolitik Ende der 1960er-Jahre ging einher mit einer Revolte besonders der jungen Generation in Westeuropa gegen die Eliten und ihre ideologisch zementierten Denkstrukturen. In der Bundesrepublik bedeutete dies die Auseinandersetzung der Töchter und Söhne mit der Generation ihrer Eltern und Großeltern, die im Nationalsozialismus erzogen worden waren bzw. diesen als Erwachsene mehr oder weniger mitgetragen hatten. Auf diesem Hintergrund einer Veränderung der gesellschaftlichen und außenpolitischen Strukturen entstand z. B. 1967 der Bestseller der beiden Psychoanalytiker Alexander und Margarete Mitscherlich »Die Unfähigkeit zu trauern«. Die mangelhafte Auseinandersetzung der Deutschen mit ihrer jüngsten Vergangenheit wurde psychologisch als Trauerunfähigkeit gedeutet, als Unfähigkeit sich seine Identifikation mit einem verbrecherischen System bzw. mit dessen Personalisierung in der Person Hitlers einzugestehen und damit eine Chance zur Verarbeitung und zum Neubeginn zu schaffen.

**82** **Willy Brandt** vor dem Mahnmal für die Opfer der nationalsozialistischen Gewaltherrschaft im ehemaligen Warschauer Ghetto am 7. Dezember 1970. Seine Geste erregte weltweites Aufsehen; in der deutschen Öffentlichkeit war sie sehr umstritten.

**Öffentlicher Umgang mit dem NS-Erbe**

Eigentlich begannen sich die Westdeutschen erst in dieser Zeit des Umbruchs öffentlich mit ihrer Vergangenheit auseinanderzusetzen. Die Nöte der Nachkriegszeit, die vergangenheitspolitischen Setzungen der Adenauer-Ära, die ideologischen Zwänge des Kalten Krieges und die verdrängungsfreudigen Jahre des deutschen »Wirtschaftswunders« hatten dies bis dahin verhindert. Der deutsche Nachholbedarf im Umgang mit der eigenen Vergangenheit wurde 1978 offenkundig, als die amerikanische Fernsehserie »Holocaust« Millionen von Fernsehzuschauern erschütterte.

**Das Problem der Verjährung**

Die neue Offenheit im Umgang mit dem nationalsozialistischen Erbe zeigte sich auch bei der strafrechtlichen Verfolgung von NS-Verbrechen. Dass auch heutzutage noch Prozesse gegen nationalsozialistische Gewaltverbrecher stattfinden, ist der Aufhebung der Verjährung von Mord durch den Deutschen Bundestag im Jahr 1979 zu verdanken. Zuvor hatte das Parlament fast zwanzig Jahre lang über die Mordverjährung gestritten und nur scheibchenweise den Verjährungsbeginn verschoben bzw. die Verjährungsfrist verlängert.

**Entspannungspolitik**

Einen wesentlichen Beitrag zur Auseinandersetzung mit der Hypothek des Nationalsozialismus leistete die von Willy Brandt forcierte Entspannungspolitik. Sie erlaubte wesentliche Schritte zur Versöhnung mit den von der NS-Aggression und -Vernichtungspolitik zuerst und in ungeheurem Ausmaß betroffenen Völkern Osteuropas, besonders mit Polen. (s. auch S. 173/4)

## 83 25 Jahre danach

**Bei der Gedenkfeier im Bundestag zur Kapitulation der deutschen Wehrmacht am 8. Mai 1945 sprachen 1970 der sozialdemokratische Bundeskanzler Willy Brandt (a) und der christdemokratische Abgeordnete Richard von Weizsäcker (b):**

*a)* Was in jenen Tagen vor 25 Jahren von unzähligen Deutschen neben der persönlichen als nationale Not empfunden wurde, war für andere Völker die Befreiung von Fremdherrschaft, von Terror und Angst. Auch für die Mehrheit des deutschen Volkes erwuchs die Chance zum Neubeginn, zur Schaffung rechtsstaatlicher und demokratischer Verhältnisse.

Zit. nach: Helmut Dubiel, Niemand ist frei von der Geschichte, München 1999, S. 134.

*b)* Unsere Erfahrungen mit dem 8. Mai entsprechen einander nicht. Jeder hat ihn auf eigene Weise erlebt. Der eine kehrte heim, der andere wurde heimatlos. Dieser wurde befreit, für jene begann die Gefangenschaft. Verbittert standen manche vor zerrissenen Illusionen, dankbar andere vor dem geschenkten Neuanfang. Vielen von uns hat der 8. Mai wie kein zweites Datum das Bewusstsein geprägt. Andere haben überhaupt kein Interesse an diesem Tag. Keiner möge seine persönlichen Erlebnisse zum Maßstab für alle machen. [...] Zwiespältig waren die Ereignisse des Jahres 1945 und sie wirken in unserer Gegenwart fort. Der 8. Mai beendete das sinnlose Sterben und die Zerstörung des Krieges, der fast 50 Millionen Menschen das Leben gekostet hatte. Zugleich aber begannen neue schwere Leiden für viele unschuldige Menschen. Die Verirrungen und ruchlosen Verbrechen der Nationalsozialisten, mit denen wir selbst nicht fertig geworden sind, gingen zu Ende, aber eine neue Zwangsherrschaft fand ihren Eingang auf deutschem Boden. Stalin drang mit seinem System in das Herz des europäischen Trümmerlandes vor, das Hitler hinterlassen hatte.

Zit. nach: Helmut Dubiel, Niemand ist frei von der Geschichte, München 1999, S. 135 f.

1. Welcher der beiden Redeauszüge weist die meisten Gemeinsamkeiten mit der weit verbreiteten Position der 1950er- und 1960er-Jahre auf? Vergleiche 76b.

2. Formulieren Sie selbst eine Bundestagsrede zur Erinnerung an den 8. Mai 1945.

## 84 Die Unfähigkeit zu trauern

**Aus einer 1967 veröffentlichten Studie der Frankfurter Psychoanalytiker Margarete und Alexander Mitscherlich:**

Vornehmlich in dem Kapitel über die Unfähigkeit zu trauern werden Tabus angefasst. Es wird der psychologische Nachweis versucht, warum bis heute die Epoche des Dritten Reiches – und schon zuvor der Zusammenbruch der Weimarer Republik durch demokratiefeindliches Verhalten ihrer Bürger – nur unzulänglich kritisch durchdrungen wurde. Das trifft natürlich nicht auf das Wissen einiger Fachleute zu, sondern auf die mangelhafte Verbreitung dieses Wissens im politischen Bewusstsein unserer Öffentlichkeit. [...]

Der kollektiven Verleugnung der Vergangenheit ist es zuzuschreiben, dass wenig Anzeichen von Melancholie oder auch von Trauer in der großen Masse der Bevölkerung zu bemerken waren. Einzig die Verbissenheit, mit der sofort mit der Beseitigung der Ruinen begonnen wurde und die zu einfach als Zeichen deutscher Tüchtigkeit ausgelegt wird, zeigt einen manischen [krankhaften] Einschlag. Vielleicht ist es auch von dieser manischen Abwehr her zu verstehen, mit wie wenig Anzeichen äußerer Gemütsbewegung die Nachrichten von den größten Verbrechen in unserer Geschichte hingenommen wurden.

Genau betrachtet sind es also drei Reaktionsformen, mit denen die Einsicht in die überwältigende Schuldlast fern gehalten wird. Zunächst ist es eine auffallende Gefühlsstarre, mit der auf die Leichenberge in den Konzentrationslagern, das Verschwinden der deutschen Heere in Gefangenschaft, die Nachrichten über den millionenfachen Mord an Juden, Polen, Russen, über den Mord an den politischen Gegnern aus den eigenen Reihen geantwortet wurde. Die Starre zeigt die emotionale Abwendung an; die Vergangenheit wird im Sinne eines Rückzugs alles lust- oder unlustvollen Beteiligtseins an ihr entwirklicht, sie versinkt traumartig. Diese quasistoische Haltung, dieser schlagartig einsetzende Mechanismus der Derealisierung des soeben noch wirklich gewesenen Dritten Reiches, ermöglicht es dann auch im zweiten Schritt, sich ohne Anzeichen gekränkten Stolzes leicht mit den Siegern zu identifizieren. Solcher Identitätswechsel hilft mit, die Gefühle des Betroffenseins abzuwenden, und bereitet auch die dritte Phase, das manische Ungeschehenmachen, die gewaltigen kollektiven Anstrengungen des Wiederaufbaus, vor. [...]

Die Hoffnung, die Nachkriegszeit sei abgeschlossen, was wiederholt von führenden deutschen Politikern geäußert wurde, muss sich deshalb als Irrtum erweisen, weil nicht wir allein bestimmen, wann es genug ist, Folgerungen aus der Vergangenheit zu ziehen, die Leben und Glück einer so großen Zahl von Menschen vernichtet hat. Die Anhänger der Krankheitstheorie der Diktatur sind da rasch mit einem Abschied von dem, was hinter uns liegt, bei der Hand. Es besteht jedoch eine Weltöffentlichkeit, die keineswegs das, was im Dritten Reich sich zugetragen hat, vergessen hat noch zu vergessen bereit ist. Wir hatten Gelegenheit, zu beobachten, wie es nur der Druck der Meinung außerhalb Deutschlands war, der uns zwang, Rechtsverfahren gegen Nazitäter durchzuführen, die Verjährungsfrist zu verlängern oder den Hergang von Massenverbrechen zu rekonstruieren. Wegen dieser Differenz zwischen unserer eigenen eingeschränkten Erinnerungsfähigkeit und der keineswegs behinderten unserer ehemaligen Kriegsgegner und Opfer sind wir gezwungen, unsere psychischen Abwehrpositionen unter fortwährendem Energieaufwand aufrechtzuerhalten.

Margarete und Alexander Mitscherlich, Die Unfähigkeit zu trauern. Grundlagen kollektiven Verhaltens, 9. Aufl. München 1973 (1. Aufl. 1967), S. 8 und 40 ff.

1. Stellen Sie in eigenen Worten die Thesen von Margarete und Alexander Mitscherlich zusammen.
2. Diskutieren Sie, ob dieses Erklärungsmodell zutrifft. Beziehen Sie Ihre Kenntnisse über die Nachkriegszeit und den politischen Hintergrund der 1960er-Jahre in Ihre Überlegungen ein.
3. Nehmen Sie Stellung, ob dieser psychologische Erklärungsansatz ausreichend ist.

## 4.4 Ein Viertes Reich? – Deutschland in Europa nach der Wiedervereinigung

**Neue Großmacht Deutschland?**

Besonders in den von der deutschen Wehrmacht während des Zweiten Weltkriegs okkupierten Staaten wurden nach der Wiedervereinigung der beiden deutschen Staaten Stimmen laut, die vor einer neuen deutschen Großmacht im Gefolge preußischer Traditionen, der Wilhelminischen Ära und nicht zuletzt des »Dritten Reiches« warnten.

**Meinungen über Deutschland**

Nach einer unter britischen Schulkindern 1996 durchgeführten Umfrage assoziierten 78 % der Schüler Deutschland mit dem Zweiten Weltkrieg und 50 % mit Hitler, für 43 % stand die Bundesrepublik Deutschland in der Beliebtheit an letzter Stelle unter den europäischen Staaten.
Eine 1993 in den Niederlanden durchgeführte Umfrage unter 15–19jährigen erbrachte ebenfalls bedenkliche Ergebnisse: Spontan assoziierten 20 % mit Deutschland Rassismus und 18 % Ersten oder Zweiten Weltkrieg, 71 % hielten die Deutschen für herrschsüchtig, 46 % für kriegssüchtig und 47 % stuften Deutschland als ein Land ein, das die Welt beherrschen möchte.

### 85 Deutschlandbilder

**a) Aus dem Leitartikel einer großen europäischen Zeitung, 1990:**

Soll ich ganz ehrlich sein. […] Es stimmt, dass ein Teil meiner bedingten Reflexe auf 1940 zurückgeht, mein Unbewusstes auf 1914 und mein Hinterhirn auf 1871. Wäre es anders, warum sollte ich mich beunruhigen? Warum sollten wir beunruhigt sein wegen der steigenden Macht Deutschlands, eines mit uns befreundeten und verbündeten Landes?

Nouvel Observateur, 28. Februar 1990. Zit. nach: H. Süssmuth, Kontinuitäten im Wandel – Deutschlandbilder in Ost- und Westeuropa. In: Institut für Deutsche Geschichte, Universität Tel Aviv (Hrsg.), Deutschlandbilder, Gerlingen 1997, S. 229.

1. Stellen Sie zusammen, auf welche historischen Ereignisse der Artikel anspielt.
2. Überlegen Sie, welche politische Intention der Artikel verfolgt.
3. Auf welche historischen Gegebenheiten nehmen die Karikaturen auf Seite 193 Bezug und welche gemeinsamen und unterschiedlichen Intentionen verfolgen sie?
4. Welche Karikatur kommt mit ihrer Intention der Aussage von 85 a am nächsten?

**b)** Karikatur »March of the Fourth Reich«. Bill Caldwell (Großbritannien), Daily Star, 20. Februar 1990. Aus: Deutschlandbilder, München 1994, S. 35.

**c)** (unten links): Karikatur Wiedervereinigungstraum. Ya'acov Farkas (Israel), Ha'aretz, 13. November 1989. Aus: Deutschlandbilder, München 1994, S. 34.

**d)** »Bitte einschlagen, wenn die Preußen kommen«. Miquel Ferreres (Spanien), La Vanguardia, 11. Februar 1990. Aus: Deutschlandbilder, München 1994, S. 56.

METHODENTRAINING

## 4.5 Neue Erkenntnisse oder alte Ideologien? – Ideologiekritik am Beispiel des Historikerstreits

Das massenmediale Interesse am Nationalsozialismus zeigte sich schon 1978, als Millionen von Fernsehzuschauern die amerikanische Fernsehserie »Holocaust« sahen. Noch nie zuvor hatten sich so viele Deutsche mit der Vernichtung des europäischen Judentums durch das nationalsozialistische Deutschland auseinandergesetzt und an öffentlichen Diskussionen darüber teilgenommen. Der Kinoerfolg von »Schindlers Liste«, die breite öffentliche Diskussion über die »Wehrmachtsausstellung«, der Verkaufserfolg von Daniel J. Goldhagens Buch »Hitlers willige Vollstrecker« und die heftige Debatte darüber, die historisch-politische Diskussion über die Legitimation einer Beteiligung deutscher Soldaten an UN-Einsätzen in Krisengebieten, die Debatte über die Errichtung eines zentralen Holocaust-Mahnmals in Berlin sowie das öffentliche Interesse an der Frage einer späten Entschädigung von Zwangsarbeitern durch den deutschen Staat, die deutsche Industrie und die beiden großen Kirchen zeigen zumindest, dass sehr viele Menschen auch der jungen Generation immer noch großes Interesse an der jüngsten deutschen Geschichte haben.

**86** **Demonstration gegen die »Wehrmachstausstellung« in München 1997.**

Mitte der 1980er-Jahre erregte der so genannte Historikerstreit die öffentliche Aufmerksamkeit. 1986 veröffentlichte der bekannte Faschismusforscher Ernst Nolte in der Frankfurter Allgemeinen Zeitung einen Aufsatz mit dem Titel »Vergangenheit, die nicht vergehen will«. Der Aufsatz löste nicht nur in der historischen Fachwelt, sondern auch in den Massenmedien eine heftige Diskussion darüber aus, wie die nationalsozialistischen Verbrechen wissenschaftlich darzustellen und politisch-moralisch zu bewerten seien.
Der Historikerstreit steht hier als Beispiel für moderne Ideologienbildung, die in ein Spannungsfeld konkurrierender gesellschaftlicher und politischer Interessen eingebunden ist, dieses widerspiegelt und dabei spezifische Legitimationsfunktionen übernimmt.

Der Begriff der Ideologie – in ursprünglich wertfreier Bedeutung: die Wissenschaft von den Ideen und Denksystemen – wird seit dem Beginn der Industrialisierung in einem politisch-historischen Sinn kritisch verstanden: Das Zeitalter von Industrialisierung und Nationalstaatsbildung mit dem Endresultat der modernen Massengesellschaft brachte spezifische Ideologien hervor, in denen sich die unterschiedlichen gesellschaftlichen Interessen der Zeit spiegelten. Zu diesen interessengebundenen Denk- und Wertsystemen gehörten die liberale, die konservative und die kommunistische Ideologie. Das 20. Jahrhundert wurde besonders durch die kommunistische und die faschistische Ideologie geprägt.

Ideologien kennzeichnen auch unsere Gegenwart. Sie tauchen da auf, wo Ideen und Deutungsmuster auf dem Hintergrund bestimmter gesellschaftlicher und politischer Interessen entwickelt und »vermarktet« werden. Die Wahlkampfparolen unserer Massenparteien bilden da nur die Spitze des Eisbergs.

Ideologien wirken nicht nur als platte Vereinfachungen oder Verfälschungen der Wirklichkeit, sondern durchaus subtil auch im wissenschaftlichen Gewand. Sie beeinflussen nicht nur die breite Masse der Bevölkerung, sondern bestimmen – meist unbewusst – das Denken der »Eliten«. Auch die Geschichtswissenschaft war und ist niemals frei von Ideologienbildung. Allen Formen der Ideologiebildung ist gemeinsam, dass sie eine »Fehlmeinung, die gesellschaftliche Herrschaftsverhältnisse absichert« (W. Hofmann), hervorbringen. Texte müssen daher auf ihren Ideologiegehalt hin untersucht werden.

**Arbeitsschritte zur ideologiekritischen Untersuchung von Texten:**

- Sind die Aussagen des Textes verbunden mit Wertungen, die schon die Rezeption eines einfachen Sachverhaltes durch den Leser beeinflussen?
- Werden nicht nachvollziehbare Schlussfolgerungen gezogen, in denen sich nicht explizierte Voraussetzungen verstecken?
- Wird das, was eigentlich bewiesen oder nachgewiesen werden sollte, stillschweigend als schon bewiesen unterstellt?
- Verwandeln sich Hypothesen unversehens in feste Behauptungen?
- Werden falsche oder einseitige Kausalbeziehungen hergestellt?
- Gibt es Bezüge zum historisch-politischen Umfeld, aus denen sich ein bestimmtes ideologisches Interesse ableiten lässt?

## 87 Historikerstreit

**a) Ernst Nolte in der »Frankfurter Allgemeinen Zeitung«, 1986:**

Es ist ein auffallender Mangel der Literatur über den Nationalsozialismus, dass sie nicht weiß oder nicht wahrhaben will, in welchem Ausmaß all dasjenige, was die Nationalsozialisten später taten, mit alleiniger Ausnahme des technischen Vorgangs der Vergasung, in einer umfangreichen Literatur der frühen zwanziger Jahre bereits beschrieben war: Massendeportationen und -erschießungen, Folterungen, Todeslager, Ausrottungen ganzer Gruppen nach bloß objektiven Kriterien, öffentliche Forderungen nach Vernichtung von Millionen schuldloser, aber als »feindlich« erachteter Menschen. [...] War nicht der »Archipel GULag« ursprünglicher als Auschwitz? War nicht der »Klassenmord« der Bolschewiki das logische und faktische Prius des »Rassenmords« der Nationalsozialisten? [...] Rührte Auschwitz vielleicht in seinen Ursprüngen aus einer Vergangenheit her, die nicht vergehen wollte? [...] Aber so wenig wie ein Mord, und gar ein Massenmord, durch einen anderen Mord »gerechtfertigt« werden kann, so gründlich führt doch eine Einstellung in die Irre, die nur auf den einen Mord und den einen Massenmord hinblickt und den anderen nicht zur Kenntnis nehmen will, obwohl ein kausaler Nexus wahrscheinlich ist. [...] Eine umfassendere Auseinandersetzung, die vor allem im Nachdenken über die Geschichte der letzten zwei Jahrhunderte bestehen müsste, würde die Vergangenheit, von der im Thema die Rede ist, zwar ebenso zum »Vergehen« bringen, wie es jeder Vergangenheit zukommt, aber sie würde sie sich gerade dadurch zu eigen machen.

Ernst Nolte, Vergangenheit, die nicht vergehen will. Frankfurter Allgemeine Zeitung, 6. Juni 1986. Zit. nach: Historikerstreit, München 1987, S. 45.

1. Nehmen Sie eine ideologiekritische Analsyse des Textes entsprechend der o. a. Analyseschritte 1–5 vor.
2. Stellen Sie tabellarisch die von Nolte 1968 kritisierten Positionen (81a) seinen eigenen von 1986 gegenüber.
3. Informieren Sie sich im Verfassertext dieser Themeneinheit und in entsprechenden Nachschlagewerken über die politisch-historische Situation in Deutschland MItte der 1960er-Jahre im Vergleich mit der Mitte der 1980er-Jahre.
4. Erarbeiten Sie in Partnerarbeit einen Kurzvortrag, in dem Sie ihre Ergebnisse des Analyseschritts 6 (s. o.) vorstellen.

**b) Hans Mommsen im »Merkur«, 1986:**

Folgerichtig tendieren konservative Fachvertreter dazu, an die Stelle der Ausklammerung des Dritten Reiches aus der geschichtlichen Kontinuität dessen geschichtliche Relativierung treten zu lassen. Mit der Forderung, den Nationalsozialismus in größere geschichtliche Zusammenhänge einzuordnen, stimmt Ernst Nolte mit stärker progressiv eingestellten Historikern überein, ebenso in der Warnung vor »volkspädagogisch« motivierten Tabus. Wenn er indessen den Genozid als bloße psychologische Gegenreaktion auf den als »asiatische Tat« hingestellten »weißen Terror« Lenins begreift und in die Tradition der »Tyrannei kollektivistischen Denkens« einreiht, die er mit der »entschiedenen Hinwendung zu allen Regeln einer freiheitlichen Ordnung« beantwortet sehen will, bewegt er sich jedoch in ein Feld, in dem alle irgendwie gegen den Bolschewismus gerichteten Handlungen als solche gerechtfertigt erscheinen und jede konkrete politische Verantwortung hinter epochenspezifisch bedingten Dispositionen verschwindet.

Hans Mommsen, Suche nach der »verlorenen Geschichte«? In: Merkur, September/Oktober 1986, S. 864-874. Zit. nach: Historikerstreit, München 1987, S. 166.

**c) Martin Broszat in der »Zeit«, 1986:**

In solchen Perversionen patriotischen Geschichtsverlangens droht der einzige Gewinn verspielt zu werden, der der Erfahrung der Hitlerzeit zu danken ist. War es doch gerade auch diese Erfahrung, die die Westdeutschen in den Stand gesetzt hat, sich auch ohne national-emotionale Nachhilfe allmählich in der Rechts-, Sozial- und Zivilisationsgesellschaft der Bundesrepublik heimisch zu machen. Zum ersten Mal in der deutschen Geschichte haben sie die politische Realität bejaht – nicht in einem großartigen nationalen Sonderbewusstsein, sondern in schlichtem zivilisatorischen Wohlgefühl. Die Klage darüber, dass dies nicht genügend tragfähig sei und durch nationale Geschichte kompensiert werden müsse, hat, so scheint mir, mit der Realität des Empfindens der jüngeren Generation in der Bundesrepublik wenig zu tun; es reflektiert weit mehr den Kulturträger-Ehrgeiz politisch ambitionierter Eliten in unserem Land, die bei ihrer angemaßten ordnungspolitischen Führungsrolle glauben ohne nationalpädagogisches Wächteramt nicht auskommen zu können.

Martin Broszat, Wo sich die Geister scheiden. In: Die ZEIT, 3. Oktober 1986. Zit. nach: Historikerstreit, München 1987, S. 195.

**d) Heinrich August Winkler in der »Frankfurter Rundschau«, 1986:**

Die fortlaufende Lektüre der FAZ macht deutlich, wo die tieferen Gründe der nationalapologetischen Welle zu suchen sind. Seit geraumer Zeit schallt uns aus ihren Spalten, lauter als jemals seit den fünfziger Jahren, der Ruf nach der Wiedervereinigung Deutschlands entgegen. Es ist nicht wichtig, ob die Zeitung dieses Ziel für erreichbar hält. Wichtig ist, dass seine Beschwörung nationales Selbstgefühl heben hilft. Um heute die Wiederherstellung des Deutschen Reiches fordern zu können, muss die Geschichte in der Tat umgeschrieben werden. Das Regime, das die staatliche Einheit Deutschlands verspielt hat, darf nicht länger als das erscheinen, was es war: das menschenfeindlichste der Geschichte. Deswegen werden seine Untaten mit denen anderer Staaten, gleich welcher kulturellen Entwicklungsstufe, verrechnet.

Heinrich August Winkler, Auf ewig in Hitlers Schatten? In: Frankfurter Rundschau, 14. November 1986. Zit. nach: Historikerstreit, München 1987, S. 262.

**e) Heinrich August Winkler im »Spiegel«, 1998:**

Die Wiedervereinigung bedeutete nicht das Ende der Versuche, den Holocaust für politische Zwecke zu instrumentalisieren. [...] Auschwitz als Argument, das in letzter Konsequenz auf die Hinnahme neuer Völkermorde hinausläuft: wahrhaftig ein pathologischer Lernprozess. [...] Der Antifaschismus als einigendes Band der Linken, Auschwitz als Parteiabzeichen: Von der sittlichen Entrüstung zum blanken Zynismus, von der Zerknirschung zur Anmaßung ist es mitunter nur ein Schritt. Da mögen Stalin oder Mao noch so schreckliche Menschheitsverbrechen begangen haben, die Aufarbeitung dieser Untaten fällt für manche deutschen Linken nicht nur unter ein Vergleichs-, sondern auch unter ein Wahrnehmungs- und Benennungsverbot. [...]

Eine solche »Holocaustfixierung« ist von negativem Nationalismus kaum mehr zu unterscheiden und nicht minder pseudoreligiös als »echter« Nationalismus.

Heinrich August Winkler, Lesarten der Sühne. In: »Der Spiegel«, 24. August 1998, S. 181.

1. Stellen Sie tabellarisch gegenüber, welche Analyseschritte in den Texten 87 b-d vorgenommen werden.
2. Entwerfen Sie ein Tafelbild, in dem Sie die in den Texten kritisierten bzw. geforderten historisch-politischen Funktionen von Geschichtswissenschaft gegenüberstellen.
3. Nehmen Sie eine genauere ideologiekritische Untersuchung eines Ihnen besonders ideologisch erscheinenden Textes vor.
4. Erscheint Ihnen die von Heinrich August Winkler in 87d und e entwickelte Position in sich schlüssig oder gibt es Widersprüche, die u. U. mit Veränderungen der historisch-politischen Situation zu tun haben könnten? Begründen Sie Ihre Schlüsse.

## Angebote für ein Fächer verbindendes Projekt: Vergangenheit, die nicht vergeht – Nationalsozialismus und Zweiter Weltkrieg

**Erdkunde:** Hitlers »Lebensraum«-Theorie – neue Grenzen am Ende des Zweiten Weltkrieges

**Biologie:** Rassenideologie im Lichte der biologischen Wissenschaft

**Ethik/Religion:** Judentum/Christentum – Universale Menschenrechte

**Sozialwissenschaften:** Antisemitismus heute – Rechtsradikalismus und Antisemitismus im Internet

**Deutsch:** Hans Fallada, »Kleiner Mann, was nun?«: Soziale Folgen der Weltwirtschaftskrise – Massenmedien und Massenkultur in der Weimarer Republik – Schicksal und Werke deutscher Schriftsteller im Exil (z.B. Bertolt Brecht oder Thomas Mann) – Beispiele nationalsozialistischer Literatur

**Kunst:** Malerei des Expressionismus und der »Neuen Sachlichkeit« – Nationalsozialistische Malerei und bildende Kunst

**Musik:** Moderne Musik in der Weimarer Republik (Jazz, Schlager, »Gebrauchsmusik«, Zwölfton-Musik)

Verständigen Sie sich im Plenum über die Vorschläge und bilden Sie Gruppen zur arbeitsteiligen Realisierung der Projekte. Bereiten Sie am Ende Ihre Ergebnisse für die Präsentation in der Gruppe vor.

# ZUR KONSTITUIERUNG VON GESCHICHTE IM ÖFFENTLICHEN RAUM

**1 Die Vergangenheit wird entsorgt.** In Trier wird unter amerikanischer Aufsicht die »Adolf-Hitler-Str.« in »Bahnhof-Str.« umbenannt. Foto, 1945.

**2 Demontage eines Denkmals.** Arbeiter zerlegen im November 1991 das 18 m hohe Berliner Lenin-Denkmal in seine Bestandteile. Nach dem Ende der DDR hat auch die granitene Ehrenbekundung für den Begründer ihres politischen Systems ausgedient.

## ERINNERN UND VERGESSEN

Wenn

- der »Theaterplatz« in »Willy-Brandt-Platz« umbenannt wird,
- das »Neckarstadion« nunmehr »Gottlieb-Daimler-Stadion« heißt,
- ein Grenzturm der innerdeutschen Grenze nicht abgerissen, sondern erhalten werden soll,
- Stücke der Mauer, die fast 30 Jahre Ost- und West-Berlin geteilt hatte, verkauft und in Vitrinen oder Wohnzimmerschränken aufbewahrt werden,
- Gebäude unter Denkmalsschutz gestellt oder mittelalterliche Bauerndörfer originalgetreu wieder aufgebaut werden,
- wir unseren verstorbenen Angehörigen Grabsteine aufstellen und ihre letzte Ruhestätte mit Blumen schmücken,
- das ehemalige Chemnitz als Karl-Marx-Stadt und schließlich wieder als Chemnitz bezeichnet wird,
- den Opfern des Holocaust Gedenkstätten oder den im Krieg gefallenen Soldaten Gedenktafeln errichtet werden,
- Kaiser Wilhelm I. oder Lenin oder Willy Millowitsch in Stein gemeißelt oder in Bronze gegossen und in Überlebensgröße auf Plätzen aufgestellt – und bisweilen auch wieder abgerissen – werden,
- der »Tag der Deutschen Einheit« vom 17. Juni auf den 3. Oktober umverlegt und zu diesem Anlass feierliche Reden gehalten werden,
- eine Ausstellung dem Besucher eine Dokumentation des deutschen Vernichtungskriegs im Osten darbietet,
- eine Miniatur-Freiheitsstatue aus New York mitgebracht oder ein Fotoalbum angelegt wird,

dann zeugt dies alles davon, dass die Menschen sich an Vergangenes erinnern wollen, und es zeugt auch davon, dass sie sich erinnern sollen.

Die genannten Beispiele geben einen Eindruck von der Vielfältigkeit der Erinnerungsformen, die Vergangenes speichern und Vergessen verhindern. Wo und wie manifestiert sich das gemeinsame Erinnern einer Gesellschaft? Gibt es Unterschiede im Umgang mit positiv und negativ besetzten Erinnerungen? Warum wird Gedenken gleichermaßen gefördert wie gefordert? Welcher Wandel lässt sich dabei im Laufe der Geschichte nachzeichnen und worin kann er begründet sein?

# 1. ERINNERUNG UND GESCHICHTE

## 1.1 Funktion und Formen der Erinnerung

*»Vergangenheit ist kein im Fortgang der Zeit gleichsam naturwüchsig anfallendes Produkt. Die Vergangenheit einer Gesellschaft wird kulturell gemacht, ist oft Gegenstand kontroverser Interpretationen und Diskurse«,* so der Politikwissenschaftler Peter Reichel. Nicht alles, was einmal passiert ist, bleibt im Gedächtnis haften oder wird gar Bestandteil der Geschichtsschreibung. Erst durch den Akt des Erinnerns wird die vergangene Zeit zur Vergangenheit. Erinnert man sich nicht, so ist sie verloren, sie taucht nirgends mehr auf. Welche Faktoren führen nun dazu, dass ein Ereignis in Erinnerung bleibt und nicht in Vergessenheit gerät? Und welche Folgen hat das jeweilige Erinnern und Vergessen für die Gesellschaft?

**Das kollektive Gedächtnis**

Als am 31. August 1997 Lady Diana Spencer, die »Princess of Wales«, nach einem Autounfall ihren tödlichen Verletzungen erlag, reagierte die Weltöffentlichkeit mit Trauer und Entsetzen. Etwas Unvorstellbares war eingetreten. Schockiert zeigten sich Menschen unterschiedlicher Schichten und Generationen überall auf der Welt. Hunderttausende trauerten öffentlich, legten ein Meer von Blumen vor dem Kensington-Palast nieder und trugen sich nach stundenlangen Wartezeiten in die Kondolenzbücher ein. Mehr als zwei Milliarden Menschen in 187 Ländern verfolgten die Übertragung der Londoner Beisetzungszeremonie weltweit am Fernseher. Nach einer Umfrage der Nachrichtenagentur Associated Press war die Todesnachricht von Lady Diana Spencer weltweit die Spitzennachricht des Jahres 1997. Noch heute erinnern sich nahezu alle Menschen an den Tod Dianas und darüber hinaus zumeist sogar noch an die Umstände, unter denen sie von ihrem Tod erfahren haben. Die Erinnerung verbindet die Menschen, sie ist Bestandteil des gemeinsamen – also des kollektiven – Gedächtnisses geworden. Es ließen sich noch viele andere Beispiele von bedeutenden Ereignissen anführen, die einer großen Zahl von Menschen erinnerlich sind: älteren Generationen etwa der Kniefall Willy Brandts in Warschau oder – in jüngerer Vergangenheit – der Fall der Berliner Mauer, Tennisfans zum Beispiel Boris Beckers erster Wimbledonsieg. Indem diese Ereignisse als Bestandteile des kollektiven Gedächtnisses gemeinsam erinnert werden, tragen sie für die sich erinnernden Gruppen zur Identitätsstiftung bei.

**3 Trauernde vor dem Kensington-Palast,** London, im September 1997.

**Erinnerungskultur und kulturelles Gedächtnis**

Doch wie werden Erinnerungen über einen längeren Zeitraum im Gedächtnis bewahrt? Das Gedächtnis, so denkt man zunächst, ist im Gehirn angesiedelt und daher ein Thema für Mediziner. Kulturwissenschaftliche Forschungen belegen aber, dass die Entscheidungen darüber, was das Gedächtnis aufnimmt und wie lange es bestimmte Ereignisse speichert, von gesellschaftlichen und kulturellen Rahmenbedingungen abhängen und nicht von der inneren Kapazität des Gedächtnisses. Den Umgang einer Gesellschaft mit der Vergangenheit, wie und woran die Einzelnen sich erinnern, was dabei vergessen und erfunden wird, wer die Träger und Vermittler der Vergangenheitskonstruktionen sind und schließlich, von welchen Erinnerungsinteressen diese geleitet werden, sind die grundlegenden Fragen nach der Erinnerungskultur einer Gruppe, Gesellschaft oder Nation.

Das kollektive Gedächtnis, das die globale Diana-Trauerbewegung verbindet, stiftet im Prozess des Erinnerns den Zusammenhalt der Gruppe der Trauernden. Von dem Zeitpunkt aber, an dem das Thema »Diana« nicht mehr in der alltäglichen Kommunikation vorkommt, bedarf es Hilfsmittel, die die Erinnerung an die Person und ihren tragischen Tod wach halten. Als solche können Jahrestage, Fernsehsendungen oder Konsumprodukte dienen: Die Herstellung von Diana-Sekt, Diana-Kosmetik, Diana-Büchern und Diana-Kalendern hat nach wie vor Hochkonjunktur; der Kensington-Palast soll in ein Museum umgewandelt werden. In ihrer Gesamtheit ergeben die Bausteine eine *Diana-Erinnerungskultur,* die das Bild Lady Dianas in der Geschichte prägt.

Hier wird das kollektive Gedächtnis zugleich zum kulturellen Gedächtnis. Durch ritualisierte Formen wird die Diana-Erinnerung gespeichert. Die Identität der Gruppe der Trauernden sowie der Sinn ihrer Gemeinschaft wird beschworen und erneut gefestigt. Auch an herausragenden Orten ist das kulturelle Gedächtnis greifbar. Solche Gedächtnisorte innerhalb der Diana-Erinnerungskultur wären etwa ihr Grab am Sitz der Spencers oder der Pariser Unfallort, der zu einer Kultstätte avanciert. Hier legten und legen noch immer zahlreiche Menschen Blumen und selbst geschriebene Abschiedsbriefe nieder. Sie können an diesen Stellen ihre Erinnerung an Diana jederzeit abrufen und in der Gemeinschaft zelebrieren.

**4 Erinnerung an die »Princess of Wales«.** Werbeplakat für eine chinesische Diana-Biografie.

## 5 Individuelles – kollektives – kulturelles Gedächtnis

**a) Der Neurologe John Kotre beschreibt, wie wir uns an Erlebtes erinnern:**

Wie holen wir unsere Erinnerungen hervor? In der Regel weisen »Wiederherstellungssignale« den Weg. Blättert man ein Fotoalbum aus der Schulzeit durch, kann man sehen, wie solche Signale funktionieren: Die Namen und Gesichter lösen eine Flut von Erinnerungen aus. Genauso ist es mit Worten, die die Klassenkameraden hineingeschrieben haben. Besucht man die Schule selbst wieder und streift durch die Gänge und Klassenzimmer, kann man noch mehr Signale entdecken. Autobiografisch relevante Orte, an denen sich die Erinnerung festmacht, illustrieren, dass Erinnerungen vom Kontext abhängen. […]

Noch mehr Erinnerungen an die Schulzeit kann man dadurch abrufen, dass man weitere Signale hinzuzieht – »autobiografische Objekte« wie ein Schulbuch oder einen alten Pullover. Auf jedem Klassentreffen kann man beobachten, wie stark die Erinnerungen des einen diejenigen des anderen stimulieren. (Und man kann auch beobachten, wie sie voneinander abweichen.) Wenn die Stimmung immer nostalgischer wird, wenn die Anekdoten wie Querschläger durch den Raum zischen, bemerkt man noch etwas anderes – dass das Gedächtnis auch vom Gefühlszustand abhängt. Wenn Menschen glücklich sind, fallen ihnen fröhlichere Erinnerungen ein. In trauriger Stimmung denken sie eher an Deprimierendes.

John Kotre, Der Strom der Erinnerung, München 1998, S. 57.

**b) Zur Herausbildung des kollektiven Gedächtnisses:**

[Der Soziologe] Maurice Halbwachs wies darauf hin, dass Gedächtnisse von sozialen Gruppen konstruiert würden. Einzelne Menschen haben demzufolge Erinnerung im wörtlichen Sinn; doch die soziale Gruppe bestimmt darüber, was des Andenkens wert ist und wie es erinnert wird. Der Einzelne – so die These – identifiziert sich mit den öffentlichen, für seine Gruppe wichtigen Ereignissen, er erinnert daher einen Gutteil dessen, was er gar nicht selber unmittelbar erfahren hat.

Vergangenheit und Erinnerung bedeuten somit eine soziale Konstruktion, die sich aus den Bedürfnissen und den Bezugsrahmen der Gegenwart sowie den eine Gesellschaft prägenden und tragenden Teilgruppen bestimmt. Ereignisse überführen sich niemals von selbst in Erinnerung, sondern werden zu Erinnerung gemacht: durch sozial vorgeformte Sinnbedürfnisse und Wahrnehmungsweisen sowie durch politische Gestaltung, Inanspruchnahmen und Wiederverwendungen. Seit Halbwachs den Begriff des »kollektiven Gedächtnisses« entwickelte, ist immer wieder auf die zentrale Rolle hingewiesen worden, welche die gemeinsam geteilte Erinnerung für die emotionale Bindung des Einzelnen an eine Gemeinschaft spielt.

Edgar Wolfrum, »Theater der Erinnerung«, in: Sabine Berghahn/Sigrid Koch-Baumgarten (Hrsg.), Mythos Diana: Von der Princess of Wales zur Queen of Hearts, Gießen 1999, S. 52f.

**c) Ansätze und Begrifflichkeiten in der modernen Kulturtheorie:**

In der modernen Kulturtheorie, die sich vor allem auf das Paradigma der Erinnerung stützt, besteht zunehmend die Auffassung, dass das, was innerhalb einer Gruppe an Sinn existiert, sich weitgehend mit dem *kulturellen Gedächtnis* dieser Gruppe deckt. Dabei wird zwischen *individueller* und *kollektiver Erinnerung* unterschieden. Bei der individuellen wie der kollektiven Erinnerung handelt es sich um eine Sinnbildung über Zeit, in der sich die Beteiligten der Vergangenheit vergewissern, um sich die Gegenwart zu erklären und die Zukunft orientierend in den Blick zu nehmen. Diese Erinnerung erfolgt immer im sozialen Kontext, das heißt, Erinnerungen auch persönlicher Art entstehen nur durch Kommunikation und Interaktion im Rahmen sozialer Gruppen, und diese Erinnerungen formieren das *kollektive Gedächtnis* dieser Gruppen, die als solche natürlich keine Erinnerung haben. Solange diese Erinnerung gruppenbezogen bleibt und nicht über die gemeinsamen Erfahrungen – oder genauer: über die von Mitgliedern der Gruppe zu vermittelnden Erfahrungen – hinausgeht, umfasst sie den lebensweltlichen Zusammenhang einer Gruppe und erfolgt in Form der Alltagskommunikation. Wenn die Erinnerung aber diesen räumlichen und zeitlichen Rahmen verlässt und das lebensweltlich *kommunikative Gedächtnis* in das *kulturelle*, zeitlich zurückreichende und potenziell auch weitere Teile erfassende *Gedächtnis* übertrifft, bedarf es der – wie auch immer gearteten – kulturellen Formgebung.

Diese Relikte der Vergangenheit, welche die Erinnerung wach halten, sind in der kulturtheoretischen Diskussion als *Gedächtnisorte* identifiziert worden. Und dieser Begriff beschreibt sehr eindrücklich, dass jede Gruppe, die sich als solche konstituiert, bestrebt ist, Orte zu schaffen und zu sichern, die nicht nur Schauplätze ihrer Interaktion darstellen, sondern Symbole ihrer Identität und Anhaltspunkte ihrer Erinnerung sind. Das Gedächtnis braucht Orte [...]; es tendiert zur Verräumlichung. Dement-

Ulrich Borsdorf, Theodor Grütter, Spielweisen der Erinnerung, in: Der Ball ist rund. Katalog zur Fußballausstellung im Gasometer Oberhausen, hrsg. v. Franz-Josef Brüggemeier u. a., Essen 2000, S. 48f. (Hervorhebungen von der Autorin des Kapitels).

sprechend geht die Definition der Gedächtnisorte weit über die konkreten Institutionen und Einrichtungen der Erinnerung – wie das Archiv, das Museum oder die Gedenkstätte – hinaus und meint die zahllosen Riten, Praktiken, Symbole, Jubiläen, Gedenktage, Akten, Protokolle, Bilder, Fotos, Filme und Objekte, all die kulturellen Manifestationen, die die Funktion haben, etwas im Gedächtnis zu bewahren.

**d) Die verschiedenen Aspekte von Erinnerungskultur und kulturellem Gedächtnis** zeigt dieses Schaubild.

## Kulturelles Gedächtnis/Erinnerungskultur

**Individuelles Gedächtnis** | **Kollektives Gedächtnis (M. Halbwachs)**

**Raum-Zeit-bezogen**
**Gruppen-bezogen**
**rekonstruktiv**

| **Kommunikatives Gedächtnis** | **Kulturelles Gedächtnis** |
|---|---|
| *enger Zeithorizont*<br>*unmittelbare Erfahrung*<br>*informell*<br>*alltagsnah* | *weiter Zeithorizont*<br>*Erbe, Tradition*<br>*institutionell*<br>*alltagsfern* |

**Öffentliche Erinnerungskultur**

| **Geltungskriterium** *(Handlungsfeld, Wertsphäre)* | **Modalität/Medien** | **Funktion/Problem** |
|---|---|---|
| **Emotionalität** *(affektiv)* | *Politische Feste, Gedenktage u. ä.*<br>*– Tod, Trauer*<br>*– Sieg, Befreiung* | *Identität*<br>*Integration* |
| **Authentizität** *(ästhet.-expressiv)* | *Gedächtnisorte*<br>*– Ruinen, Denkmäler Gedenkstätten, Museen*<br>*– Autobiografien Briefe, Bilder, Fotos Filme usw.* | *Repräsentation*<br>*Imagination* |
| **Wahrheit** *(instrumentell-kognitiv)* | *Geschichtswiss.*<br>*– Dokumentation*<br>*– Befragung*<br>*– Analyse* | *Erkenntnis*<br>*– Erklärung*<br>*– Deutung* |
| **Gerechtigkeit** *(politisch-moralisch)* | *Bestrafung, Amnestie*<br>*Entschädigung u. Ä.* | *Legitimation*<br>*Rehabilitation*<br>*Integration* |

1. Erklären Sie mit eigenen Worten die Begriffe kollektives Gedächtnis, kulturelles Gedächtnis, Gedächtnisort und Erinnerungskultur unter Zuhilfenahme der Quellen 5b–d. Nennen Sie jeweils Beispiele für diese Begriffe. Überlegen Sie dabei, welche Ereignisse in das kollektive Gedächtnis Ihrer Generation eingegangen sind.

2. Erläutern Sie mithilfe eines Fremdwörterlexikons alle Ihnen unbekannten Begriffe des Schaubildes (5d) in einer kurzen Definition.

3. Erläutern Sie anhand der Quellen 5a und b die Beziehung zwischen Gegenwart und Erinnerung. Gehen Sie dabei insbesondere auf die Aussage ein, Vergangenheit und Erinnerung bedeuteten eine soziale Konstruktion, die sich aus den Bedürfnissen und Bezugsrahmen der Gegenwart sowie den eine Gesellschaft prägenden und tragenden Teilgruppen (5b, Z. 7–9) bestimmt.

## 6 Zur Konstituierung von Geschichte

**a) Der Neurobiologe Wolf Singer vertrat im Rahmen seines Einführungsvortrags des Historikertages im Jahr 2000 die folgende Auffassung:**

Ergänzungstendenzen [...] können die fatale Folge haben, dass einmal Eingespeichertes durch jeden weiteren Speicherprozess, vor allem, wenn dieser ähnliche Inhalte betrifft, in seiner Struktur und kontextuellen Einbettung verändert wird. [...] Wahrnehmungen und Erinnerungen sind datengestützte Erfindungen. Und weil diese Erfindungen konstitutiv sind für unsere kognitiven Prozesse und nicht Folge vorsätzlichen Täuschenwollens, ist es schwierig zu entscheiden, welchen Berichterstattern wir mit Nachsicht begegnen sollen.

Was kann dies für die Erforschung der Geschichte bedeuten? Nicht nur die Taten, sondern auch die Geschichten, die Menschen erfinden, machen Geschichte. Zur Geschichte gehören nicht nur die Wirklichkeiten, die aus der Dritten-Person-Perspektive behandelt werden können, die Vorfälle selbst, sondern auch die Phänomene, die erst durch die reflektierende und konstruktivistische Tätigkeit unserer Gehirne in die Welt kommen. Auch wenn diese Wirklichkeiten erst über kognitive Prozesse entstehen, also mentale beziehungsweise soziale Realitäten sind, so sind sie deshalb nicht weniger geschichtsbestimmend als die konkreten Vorfälle. Geschichte hat demnach die charakteristischen Eigenschaften eines selbstreferenziellen, ja vielleicht sogar evolutionären Prozesses, in dem alles untrennbar miteinander verwoben ist und sich gegenseitig beeinflusst, was die Akteure des Systems, in unserem Fall die Menschen, hervorbringen – ihre Taten, Wahrnehmungen, Erinnerungen, Empfindungen, Schlussfolgerungen und Bewertungen –, und natürlich auch die Geschichten, die sie unwissentlich fortwährend neu erfinden. Ein Prozess also, in dem es keine sinnvolle Trennung zwischen Akteuren und Beobachtern gibt, weil die Beobachtung den Prozess beeinflusst, selbst Teil des Prozesses wird. Und so scheint mir, dass es weder die Außenperspektive noch den idealen Beobachter geben kann, die beide erforderlich wären, um so etwas wie die eigentliche, die wahre, die tatsächliche Geschichte zu rekonstruieren. Wenn dem so sein sollte, dann können wir im Prinzip nicht wissen, welcher der möglichen Rekonstruktionsversuche der vermuteten »wahren« Geschichte am nächsten kommt. Und so wird jeweils in die Geschichte als Tatsache eingehen, was die Mehrheit derer, die sich gegenseitig Kompetenzen zuschreiben, für das Zutreffendste halten. Unbeantwortbar bleibt dabei, wie nahe diese Feststellungen der idealen Beschreibung kommen, weil es diese aus unserer Perspektive nicht geben kann.

Wolf Singer. Wahrnehmen, Erinnern, Vergessen. Über Nutzen und Vorteil der Hirnforschung für die Geschichtswissenschaft. Eröffnungsvortrag des 43. Deutschen Historikertags. Zit. nach: Frankfurter Allgemeine Zeitung vom 28. 9. 2000, S. 10.

**b) Der Historiker Edgar Wolfrum über den Wandel der Erinnerungskultur, 1999:**

Welche Wandlungsprozesse waren nun für die Durchsetzung einer modernen Erinnerungskultur wichtig? Am Anfang stand eine mediale Revolution: Für die erinnerungskulturelle Entwicklung Europas bedeutete die Erfindung des Buchdruckes einen erheblichen Einschnitt. Die Erinnerung wurde – je weiter sich der Alphabetisierungsgrad erhöhte – gleichsam vergesellschaftet. Sodann trat eine politische Revolution hinzu: Die Politisierung der Erinnerung begann mit der Französischen Revolution von 1789. »Wo die Gegenwart, die morgen Vergangenheit ist, geprägt wird von rivalisierenden Machtgruppen und konkurrierenden Weltbildern, wird Manipulation von Erinnerung und Geschichtsbildern ein unentbehrliches politisches Instrument«. (Peter Reichel) Schließlich wurde die moderne Erinnerungskultur von zwei weiteren wesentlichen Faktoren geprägt: von der Demokratisierung und der Materialisierung, die beide Hand in Hand gingen. Demokratisierung bedeutet einerseits die Zunahme und die Pluralisierung der Akteure und andererseits die Erweiterung des Publikums, das sich immer häufiger auch selbst an der Erinnerungsproduktion beteiligt. Materialisierung bedeutet, dass Erinnerung ein Massenprodukt wurde. Die neuen Massenmedien sprengen alle bisherigen Grenzen für die Repräsentation des Vergangenen – so verfolgten geschätzte 2,5 Milliarden Menschen weltweit die Trauerfeierlichkeiten für Diana im Fernsehen!

Mit diesen beschriebenen Wandlungsprozessen öffnete sich die Geschichte zu einem Kampfplatz der Vergangenheitsinterpretation im Dienste der Zukunftserwartung. Wer die Macht hat, Geschichte festzulegen und Erinnerung zu strukturieren, indem er seine Sicht der Vergangenheit durchsetzt, der verfügt in der Gegenwart über ein Instrument der Sinnstiftung und vermag zugleich Orientierung für die Zukunft anzubieten. Seit dem Entstehen von Ideologien sind daher Weltanschauungskämpfe immer auch Kämpfe um Geschichtsbilder und Erinnerungskämpfe gewesen.

Edgar Wolfrum, »Theater der Erinnerung«. Dimensionen von Geschichtspolitik. In: Sabine Berghahn/Sigrid Koch-Baumgarten (Hrsg.), Mythos Diana: Von der Princess of Wales zur Queen of Hearts, Gießen 1999, S. 51 f.

**c) Der Historiker Winfried Speitkamp über politische Symbolik und Traditionsbildung, 1997:**

Denkmäler sind Zeichen der Erinnerung. Ob vorsätzlich gestiftet als Male des Gedenkens oder unbewusst zu Symbolen der Vergangenheit herangewachsen, vermitteln sie die Geschichte mit der Gegenwart. Sie ragen aus der Vergangenheit in die Gegenwart hinein, prägen deren äußere Erscheinung und innere Struktur. Politische Kulturen sind insofern immer Erinnerungskulturen. Sie wurzeln nicht allein in der Vergangenheit, sondern spiegeln diese Herkunft auch in Zeichen und Symbolen. [...]

Die öffentliche Wirkung von Symbolen hängt nicht nur von Aussage und Darstellungsweise ab, sondern wesentlich vom Symbolträger. Drei Gattungen können unterschieden werden.

Symbolträger ersten Grades sind vor allem Denkmäler und politische Symbole im engen Sinn, namentlich die Nationalsymbole wie Flaggen oder Hymnen. Sie tendieren zur Eindeutigkeit, und in ihrer oft unmittelbaren Aussage geben sie Widersprüche kaum wieder. Gerade Denkmäler bieten schon rein äußerlich, von ihrer Größe, ihrem Standort und ihrem Arrangement in Umgebung und Natur her, die Möglichkeit zu plakativen Aussagen. Ihre durch die Form vorgegebene offensichtliche ideologische Funktion mindert freilich ihre Wirksamkeit. Das gilt auch für das Spektrum der nationalen Symbolik, von den Nationalfahnen bis zu den Nationalhymnen. Allesamt stellen derartige Denkmäler und Symbole Versuche dar Tradition zu implementieren. Die Wirksamkeit liegt indes kaum in Form und Aussage des Symbols selbst begründet, sondern in seiner Verwurzelung in der Tradition und im kollektiven Bewusstsein.

Anders verhält es sich mit den Symbolträgern zweiten Grades. Dabei handelt es sich um Symbolträger, die einem spezifischen Zweck dienen, indes von ihrem Wesen her eine symbolische Ausgestaltung verlangen. Das können beispielsweise Münzen, Banknoten und Briefmarken sein. Ihre Gestaltung, die Wahl der Abbildungen insbesondere, bietet Raum für offizielle Festschreibungen [...] nationaler Erinnerung. Das gilt auch und vor allem für Namen von Straßen und Plätzen, die die Werte und Ziele eines Gemeinwesens abbilden. Sie bestimmen das Alltagsleben weit wirkungsvoller als singuläre Denkmäler oder lediglich zu Festen hervorgeholte nationale Symbole. Ihrer Tiefenwirkung kann sich der Einzelne kaum entziehen, eben weil sie zugleich eine unabdingbare Orientierungsfunktion in der Stadt ausüben.

Als Symbolträger dritten Grades schließlich werden hier Objekte bezeichnet, die äußerlich nicht den Anspruch symbolischer Bedeutung erheben. Das können beispielsweise und an erster Stelle Zweckgebäude sein, namentlich Herrschafts- und

Amtsgebäude, die einmal in ihrer realen Funktion angesehen, dann aber auch als Symbole von Abhängigkeit und Missständen wahrgenommen werden können. [...] Gleichsam abrupt und scheinbar ohne Vorbereitung bricht ihr Symbolgehalt hervor, kann er sich verselbstständigen und aus dem Funktionsgegenstand am Ende sogar ein bloßes Zeichen machen. Exemplarisch dafür steht die Pariser Bastille, die erst durch den Sturm vom 14. Juli 1789 zum Denkmal wurde und fortan als Symbol nicht nur einer Revolution, sondern zweier Wertordnungen, der untergegangenen des Ancien Régime und der neuen der Revolution, verstanden wurde.

Winfried Speitkamp, Denkmalsturz und Symbolkonflikt in der modernen Geschichte. Eine Einleitung. In: Denkmalsturz. Zur Konfliktgeschichte politischer Symbolik, hrsg. v. Winfried Speitkamp, Göttingen 1997, S. 6ff.

1. Fassen Sie die verschiedenen Aspekte zum Problem der Konstituierung von Geschichte (6a, b) zusammen. Diskutieren Sie anschließend, zu welchem Anlass, mit welchen Medien und mit welcher Absicht Geschichte konstruiert oder inszeniert wird.
2. Gliedern Sie mithilfe der Quelle 6b die historische Entwicklung der Erinnerungskultur. Nennen Sie die entscheidenden Etappen und die daraus folgenden Konsequenzen. Erläutern Sie die Merkmale einer modernen Erinnerungskultur.
3. Überlegen Sie, welche Bedeutung das neue Medium Internet für die gegenwärtige Erinnerungsproduktion und Erinnerungskultur vermutlich besitzt.
4. Nennen Sie die verschiedenen Formen politischer Symbolik und erläutern Sie ihre Bedeutung für eine nationale Traditionsbildung (6c).

## 1.2 Ein Fallbeispiel: Das »Deutsche Eck« bei Koblenz

Kollektives Gedächtnis und Erinnerungskulturen werden durch die Gegenwart der sich Erinnernden geprägt: Vergangenes wird in der Gegenwart als wegweisend für die Zukunft erachtet. Doch was einmal als erinnerungswürdig galt, erscheint unter neuen gesellschaftlichen Bedingungen in neuem Licht, wird nach neuen Maßstäben beurteilt, verändert sich in seiner Bedeutung. Mit der stetigen Verlagerung der als gesellschaftlich bedeutsam empfundenen Themen sind auch die Orte der Erinnerung einer Gesellschaft dem Bedeutungswandel unterworfen. Der österreichische Schriftsteller Robert Musil stellte 1927 in einem Essay fest, dass Denkmäler im Verlauf der Zeit im alltäglichen Straßenbild »unsichtbar« und gegen Aufmerksamkeit »imprägniert« werden. Wie vollzieht sich der Bedeutungswandel, von welchen Faktoren wird er beeinflusst? Und was geschieht mit Orten, die als Erinnerungsstätten ihren Sinn verlieren? Soll man sie – als historische Zeichen – erhalten, weil sie früheren Generationen wegweisend waren? Soll man sie zerstören, weil sie in der Gegenwart nicht mehr verstanden werden? Fragen, die sich etwa im Fall des »Deutschen Ecks« bei Koblenz stellen.

### Ein Nationaldenkmal an historischem Ort

Der junge und ehrgeizige Kaiser Wilhelm II. unterstützte alle Pläne, Denkmäler für seinen Großvater zu errichten, dem er nur zu gerne den Übernamen »der Große« beigelegt wissen wollte. Er propagierte ihn als Symbolträger für die Gründung und Einheit des Reiches und legitimierte damit auch seinen Herrschaftsanspruch. Bereits im Todesjahr Wilhelms I., dem Dreikaiserjahr 1888, schlugen einige Koblenzer Stadtverordnete die Errichtung eines »Provinzial-Kaiser-Denkmals« in ihrer Stadt vor. Eine Geldsammlung unter den Bürgern erbrachte jedoch nur 80 000 Reichsmark; sofort sprach sich der Landtag der Rheinprovinz mehrheitlich für das Projekt aus und bewilligte schließlich eine Million Reichsmark für den Denkmalsbau, sodass das Vorhaben in erster Linie nicht durch Spenden, sondern aus öffentlichen Mitteln der Rheinprovinz finanziert werden konnte.

Der für den Denkmalsbau vorgesehene Ort stand in historisch bedeutender Tradition: Im St.-Kastor-Stift wurde 842 die Aufteilung des Frankenreichs beschlossen; der Deutsche Ritterorden siedelte sich 1216 nahe der Landzunge an, die ihm ihren Namen »Deutsches Eck« verdankt. Von 1850 bis 1858 residierte in Koblenz der preußische Kronprinz und spätere Kaiser Wilhelm I.; hier entwarf er die Grundzüge einer Heeresreform, die sich in den Einigungs-Blitzkriegen bewähren sollte. Am 16. März 1891 verfügte der Kaiser in Berlin aufgrund von Petitionen aus Koblenz endgültig das »Deutsche Eck« als Standort. Den Bauauftrag erhielten der Architekt Bruno Schmitz für die Denkmalanlage und der Bildhauer Emil Hundrieser für die Skulptur. Sechs Jahre nahm der Bau in Anspruch. Die Landzunge musste aufgeschüttet werden und erhielt die Gestalt eines spitzwinkligen Dreiecks. Aus 2900 Kubikmetern Schwarzwaldgranit entstanden Sockel und Säulenhalle, aus 350 Zentnern Kupfer das 14 Meter hohe Reiterstandbild, das sich mit dem Sockel zu 37 Metern Gesamthöhe auftürmte.

**7 »Confluentes« nannten die Römer den Ort des Zusammenflusses von Rhein und Mosel**, wo am Deutschen Eck bei Koblenz seit 1993 wieder das Denkmal Kaiser Wilhelms I. thront. Ursprünglich war die als »Hundeschwanz« bezeichnete Halbinsel zwischen den beiden Strömen in Koblenz eine sumpfige Landzunge mit Brackwasser und einem kleinen Nothafen.

Der Kaiser selbst veränderte den Entwurf und bestand auf einem Helm als Kopfbedeckung statt barhäuptig, den Ersatz des Schwertes in der Rechten durch einen Marschallstab und der Beseitigung der Führung des Pferdes durch die Nebenfigur. Diese trug jetzt nur noch die Kaiserkrone als Ruhmeszeichen des Helden auf einem Kissen.
Den Sims der Säulenhalle zierten die Schlusszeilen des Gedichts »Frühlingsgruß an das Vaterland«, das Max von Schenkendorf, zuletzt Regierungsrat in Koblenz, 1814 im Überschwang der Volkserhebung gegen Napoleon verfasste: »Nimmer wird das Reich zerstöret, wenn ihr einig seid und treu.«
Im April 1945 schoss ein unbekannter amerikanischer Artillerist das Standbild vom Sockel, Buntmetallräuber zerlegten Ross, Reiter und Genius und schmolzen sie ein. Am 18. Mai 1953, mitten im Kalten Krieg und kurz vor dem Volksaufstand in der DDR, widmete Bundespräsident Theodor Heuss den Denkmalsrest zum Mahnmal der deutschen Einheit um. Auf dem leeren Sockel sollte die deutsche Fahne wehen, »bis die Sehnsucht nach Einheit erfüllt« ist. Auf der umrahmenden Pergola wurden die Wappen der damals neun Bundesländer und Berlins angebracht; auf den Eckpfeilern standen nun die Namen der mittel- und ostdeutschen Länder. Fünf Jahre später klärte eine schmale Bronzetafel den Besucher darüber auf, dass »das Saarland […] 1957 der Bundesrepublik eingegliedert« wurde.
In der Nacht vom 2. zum 3. Oktober 1990 wurden an den Fahnenmasten der Ufermole im Rahmen einer Einheitsfeier mit Zehntausenden von Schaulustigen die Flaggen der fünf neuen Länder gehisst und kurze Zeit später drei Mauersegmente aus Berlin aufgestellt.
Bereits 1987 begann eine Auseinandersetzung um den Wiederaufbau des Standbilds, hatte doch ein Koblenzer Verleger sich und der Stadt zum 60. Geburtstag ein Dreimillionengeschenk gemacht: Er wollte nach einem erhaltenen Modell die Reiterstatue rekonstruieren und auf den leeren Sockel stellen lassen. In einer Um-

frage sprachen sich 64 % der Koblenzer Bürger für eine Wiederherstellung aus, 20 % dagegen. Zuerst lehnte das Land Rheinland-Pfalz als Grundeigentümer in der Person des Ministerpräsidenten das Präsent mit Verweis auf den Mahnmalcharakter des Denkmalrests ab. Nach der Vereinigung 1990 entstanden im Für und Wider Bürgerinitiativen, bis 1992 das Denkmalsareal vom Land der Stadt Koblenz übereignet und am 2. September 1993 die Kopie auf den Sockel gehoben werden konnte.

## 8 Das »Deutsche Eck« und das deutsche Selbstverständnis

**a) Die Denkmalsinschrift:**

Dieses hehre Werk soll niemals untergehen.
Dafür halten hier am Rhein wir treue Wacht,
Wo in doppelt schöner Pracht die Fluren grünen
Und des Kaisers Bild uns frohen Mut entfacht.

Treu behüten wir dein Bild und deine Werke,
Edler Kaiser, darfst in deinem Frieden ruh'n.
Was die Väter schufen, wahren treu die Enkel,
Ihrer würdig stets im Denken und im Tun.

**a)** Coblenzer Volks-Zeitung, 31. August 1897. Zit. nach: Wallfahrtsstätten der Nation. Vom Völkerschlachtdenkmal zur Bavaria, Frankfurt/Main 1971, S. 51.

**b) Historische Einladungskarte zur Eröffnung** des Denkmals 1897.

**c) Das Denkmal am Deutschen Eck wird 1897 eingeweiht:**

Das Kaiserpaar schifft sich nach Abnahme einer Truppenparade in Koblenz ein. Reden werden gehalten, »Heil dir im Siegerkranz« und »Die Wacht am Rhein« angestimmt, Kanonen abgeprotzt, Glocken geläutet, Stadt und Denkmal gegen Abend hell illuminiert. Auf dem Festbankett bedankt sich Wilhelm II. für die Stiftung der Rheinprovinz, zeigt sich angetan vom vollendeten Werk: »Von Erz erhebt sich das Bild in gewaltiger, ergreifender Größe«, sagt er in der ihm eigenen, bildmutigen Sprache, »sich spiegelnd in dem ewigen, sagenumflossenen Strom.« Er verweist auf die Verbundenheit des Geehrten mit der so gastfreundlichen Stadt: »Er trat aus Koblenz [...] hervor als ein ausgewähltes Werkzeug des Herrn.« Pocht absolutistisch auf das »Königtum von Gottes Gnaden [...] mit seiner furchtbaren Verantwortung vor dem Schöpfer allein«. Zieht für sich selbst die entsprechende Konsequenz: »Für Mich soll es hohe Pflicht sein, in den Wegen zu wandeln, die der große Herrscher uns gewiesen, in der Fürsorge für Mein Land Meine Hand über diese herrlich Kleinod zu halten.«

Zit. nach: Bernd Eichmann, Denkmale deutscher Vergangenheit, Bad Honnef 1994, S. 356.

**d) Der Schriftsteller Kurt Tucholsky besuchte 1930 auf einer Moselreise Koblenz und schilderte anschließend seine Eindrücke:**

Da stand – Tschingbumm! – ein riesiges Denkmal Kaiser Wilhelms des Ersten: ein Faustschlag aus Stein. Zunächst bleibt einem der Atem weg. Sah man näher hin, so entdeckte man, dass es ein herrliches, ein wilhelminisches, ein künstlerisches Kunstwerk war. Das Ding sah aus wie ein gigantischer Tortenaufsatz. [...] Zunächst ist in diesem Monstrum kein leerer Fleck zu entdecken. Es hat die Ornamenten-Masern. Oben jener, auf einem Pferd, was: Pferd! auf einem Ross, was: Ross! auf einem riesigen Gefechtshengst wie aus einer Wagneroper, hoihotoho! Der alte Herr sitzt da und tut etwas, was er all seine Lebtage nicht getan hat: Er dräut in die Lande, das Pferd dräut auch, und wenn ich mich recht erinnere, wallt irgendeine Frauensperson um ihn herum und beut ihm etwas dar. Aber da kann mich meine Erinnerung täuschen [...], vielleicht gibt sie dem Riesen-Pferdchen nur ein Zuckerchen. Und Ornamente und sich bäumende Reptile und gewürgte Schlangen und Adler und Wappen und Schnörkel und erbrochene Lilien und was weiß ich [...], es war ganz großartig. Ich schwieg erschüttert. [...] Aber könnt ihr euch denken, dass sich jemals eine Regierung bereit fände, einen solchen gefrorenen Mist abzukarren –? Im Gegenteil: Sie werden gar bald ein neues Mal errichten: das Reichsehrenmal.

Kurt Tucholsky, Denkmal am Deutschen Eck, Gesammelte Werke, Band III, Reinbek 1960, S. 332f.

**e) Das »Deutsche Eck« als Mahnmal der deutschen Einheit:**

Das Festprogramm zur Erneuerung des »Deutschen Ecks« am 18. Mai 1953 war eher von feierlichem Ernst getragen, und doch haben sich nationale Requisiten erhalten. Um 16 Uhr fand ein Standkonzert auf dem Denkmalsvorplatz statt, um 17 Uhr bezogen Abordnungen der Landesregierung, der Verbände und Behörden – einschließlich der Geistlichkeit – ihre Plätze, Fahnenabordnungen und Schulkinder nahmen Aufstellung. Und Theodor Heuss sprach in Bezug auf die deutsche Einheit und ihr Symbol in trotzig-aufbegehrender Frageform, hinter der sich nur mühsam gehemmte Forderung verbarg: »Ist unser Geschlecht nach so viel Geschlagenheit, in so viel heute noch beredter Bedrängnis, innerlich noch frei genug, dieses Werk, das zum Teil zerstört war, wieder zu erneuern? [...] Das Denkmal, einst errichtet als stolzer Dank für die gewonnene Einheit, sei uns heute ein Bekenntnis zu einer wieder zu gewinnenden Einheit.« [...] Es folgte die 3. Strophe des Deutschlandliedes, und wieder – wie 1897 – wurden Böllerschüsse auf dem Ehrenbreitstein abgefeuert. Die ostdeutschen Landsmannschaften, derart eingeladen, im »Deutschen Eck« ein Mahnmal für den Willen zur Wiedererlangung ihrer Heimat zu sehen, waren ebenso vertreten wie die Abgesandten der nicht zugelassenen deutschen Saarparteien.

Zit. nach: Hans Jürgen Koch (Hrsg.), Wallfahrtsstätten der Nation. Vom Völkerschlachtdenkmal zur Bavaria, Frankfurt/Main 1971, S.55f.

**f) Zum Symbolgehalt eines Datums:**

Es war eine Feier von fataler Zwiespältigkeit. Geradezu gegensätzliche Ziele sollten mit offiziellem Zuspruch ausgestattet werden. Peter Altmeier versammelte in das Datum des 18. Mai dreifachen Symbolgehalt: Am 18. Mai 1947 habe Rheinland-Pfalz seine neue Verfassung angenommen, am 18. Mai 1948 habe man im alten kurfürstlichen Stadttheater der 100. Wiederkehr des Tages der Gründung der Frankfurter Nationalversammlung gedacht, und 1949 habe der Landtag von Rheinland-Pfalz dem Grundgesetz für die Bundesrepublik Deutschland zugestimmt. Die Fülle der geschichtlichen Gesichtspunkte, derart zur interpolierten Synopsis gebracht, schloss nach den rhetorischen Zwangsläufigkeiten der frühen Nachkriegszeit eine weitere Vereinheitlichung ein. In Aussicht gestellt wurde »eine neue staatliche Ordnung, die alle Deutschen in Ost und West eines Tages doch wieder in Frieden und Freiheit vereinen wird«.

Zit. nach: Hans Jürgen Koch (Hrsg.), Wallfahrtsstätten der Nation. Vom Völkerschlachtdenkmal zur Bavaria, Frankfurt/Main 1971, S.49.

**g) Im September 1988 schrieb der damalige rheinland-pfälzische Kultusminister Gölter:**

Ich kann [...] nicht nachvollziehen, wie die Wiederherstellung eines Denkmals von 1897 heute als zeitgemäß oder Ausdruck deutschen Einigungswillens verstanden werden sollte. [...] Es ist ahistorisch, apolitisch und in weiten Teilen auch naiv, heute zu meinen, man könne eine Gestaltung finden, die das monarchische Verständnis der Wilhelminischen Zeit (dies ist ohne jeden Vorwurf formuliert) mit der schwarz-rot-goldenen Tradition verbindet, also mit dem Hambacher Fest, der Frankfurter Paulskirchen-Versammlung, der Versammlung von Weimar und der Tradition der Bundesrepublik Deutschland.

Zit. nach: René Wagner, Das Deutsche Eck. Späte Heimkehr: Der Kaiser am Rhein, Magazin der Frankfurter Allgemeinen Zeitung vom 29. Januar 1993, S. 16.

**h) Soll das Reiterstandbild Wilhelms I. zurück an seinen Platz? Dazu ein Kommentar der Stuttgarter Zeitung:**

Nur, müssen wir wirklich Wilhelm I., wie in Koblenz geschehen, nach fast fünfzig Jahren, wieder auf den Podest heben? Setzen wir damit nicht nach der Einigung Deutschlands ein falsches Zeichen? Das ist eben etwas anderes als etwa die Rekonstruktion der Frauenkirche in Dresden, wo es nicht um die Huldigung einer Person und ihrer Geschichte geht, sondern um die Wiederherstellung eines historischen Stadtbildes, das einst als Weltwunder galt.

Es ist auch etwas anderes als der diskutierte Wiederaufbau des Berliner Stadtschlosses, bei dem nicht Preußens Gloria gemeint ist, sondern die Zurückgewinnung der geschichtlichen Mitte dieser geschundenen Stadt. Wilhelm I. jedenfalls bedeutet für das Stadtbild in Koblenz wenig. Ihn wieder einzusetzen, ist Ausdruck von Nostalgie, die man als lässliche Sünde bewerten mag, weil mit dieser Geste, anders als aufgeregte Kritiker meinen, sonst wenig in unserer alles in allem saturierten Republik verbunden ist.

Joachim Worthmann, Am Deutschen Eck: Die lässliche Sünde der Nostalgie, Stuttgarter Zeitung vom 3. September 1993.

**i) Das »Deutsche Eck« und die deutsche Einheit:**

Offenbar lechzte das Bürgertum, in der gleißenden Einheitsnacht am Deutschen Eck aus der Narkose des verordneten Pro-Amerikanismus erwacht, nach einem patriotischen Orientierungspunkt. Aber da schien guter Rat teuer. Auch die größten bundesrepublikanischen Heroen – Karlspreisträger Konrad Adenauer, der erst als rheinischer Separatist und dann als eifriger Westalliierter zu wenig das ganze Reich im Auge hatte, und Friedensnobelpreisträger Willy Brandt, der schnöde ins antifaschistische Exil nach Norwegen entwichen war – genügten dem hohen nationalen Anspruch nicht. Und davor das schwarze Loch des Dritten Reiches, nein, da blieb dann eigentlich nur der Versailler Einheitskaiser.

Zit. nach: Jochen Reinert, Koblenz oder Das Kaiser-Syndrom des deutschen Bürgertums, Neues Deutschland vom 16./17. November 1993, S. 13.

1. Untersuchen Sie die Quellen 8a, b und c und arbeiten Sie das Selbstverständnis der Wilhelminischen Epoche heraus.
2. Konfrontieren Sie Ihre Analyse des Textes von Kurt Tucholsky (8d) mit dem in den Quellen 8a, b und c hervortretenden Selbstverständnis der Wilhelminischen Epoche.
3. Erläutern Sie das Selbstverständnis der frühen Nachkriegszeit in der Bundesrepublik Deutschland anhand der Quellen 8e und f.
4. Arbeiten Sie anhand der Quellen 8g-i das Selbstverständnis der 1990er-Jahre in der Bundesrepublik Deutschland heraus; berücksichtigen Sie dabei besonders die jeweiligen historischen Legitimationen der Verfasser.
5. Versuchen Sie abschließend den Mentalitätswandel im Verlaufe eines Jahrhunderts zu erläutern.

# Denkmäler interpretieren

Wir begegnen Denkmälern in verschiedenen Formen – etwa als Großplastiken, Bauwerke oder Gedenktafeln. Sie verweisen uns auf historische Themen, die zum Zeitpunkt ihrer Errichtung als erinnerungswürdig galten. Die Arten, wie sie dies tun, können je nach Absicht des Auftraggebers sehr unterschiedlich sein: Aus Anlass eines Krieges kann ein Denkmal zu dem Zweck gebaut worden sein, den »Opfertod« gefallener Soldaten für ihre Nation nicht in Vergessenheit geraten zu lassen; ein Krieg kann Menschen aber auch veranlassen, mit Denkmälern Trauer zum Ausdruck zu bringen. So gibt ein Denkmal nicht nur Aufschluss über ein bestimmtes historisches Thema, sondern zugleich darüber, wie Menschen sich mit ihm auseinandergesetzt haben. Diese doppelte Aussage macht Denkmäler besonders interessant, erfordert aber auch erhöhte Aufmerksamkeit und die Fähigkeit des Betrachters zu differenzieren.

**9 Ossip Zadkine, Die zerstörte Stadt.** Rotterdam 1951–1953, Bronze, Höhe 650 cm.

Weil Denkmäler zeigen, welche Inhalte zu welcher Zeit als erinnerungswürdig und richtungweisend für die Zukunft galten, sind sie für die Geschichtsforschung wertvolle Quellen. Im Vergleich zu anderen Quellen sind sie auch aufgrund ihrer hohen Dauerhaftigkeit interessant: Ihr Material schützt sie vor dem schnellen Verfall und meist verhindert der rechtliche Schutz als historisches Denkmal den Abriss. Zum Abriss, dem »Denkmalsturz«, kommt es nur dann, wenn entweder ein völliger Bedeutungsverlust des Dargestellten vorliegt oder eine unerträgliche Bedeutungszumutung – wie etwa nach dem Ende der NS-Diktatur.

Seit Anfang des 20. Jahrhunderts unterscheidet die Forschung bei Quellen zwischen »Überrest« und »Tradition«. Denkmäler, die eigens errichtet wurden, um Erinnerungen an nachfolgende Generationen weiterzugeben, zählen zu der Gruppe der auf Tradition zielenden Quellen. Überreste hingegen sind ungewollte Überlieferungen. Dazu gehören zum Beispiel Sachüberreste wie Gegenstände der vom Menschen gestalteten Umwelt, Alltagsgegenstände oder Wohnbauten. Neben Denkmälern, die bewusst zum Zweck der Tradition geschaffen wurden, gibt es aber auch Bauwerke, die ursprünglich eine Nutzfunktion hatten und später zu Erinnerungsorten umgedeutet wurden. Dies ist etwa bei Industriedenkmälern, stillgelegten Bergwerksstollen oder Fabriken der Fall. Durch den Industriewandel verloren sie ihre eigentliche Funktion als Arbeitsstätte und wurden später unter Denkmalschutz gestellt, weil an ihnen frühere Arbeitsprozesse oder eine bestimmte Art der Industriearchitektur ablesbar sind. Die Umdeutung von der stillgelegten Produktionsstätte zum Industriedenkmal wandelt ihren Charakter von dem des Überrests zur Tradition.

Für die Geschichtsforschung ist die Unterscheidung in Überrest oder Tradition wichtig, weil sie dazu führt, bei der Auseinandersetzung mit dem Denkmal die Interessen der Erbauer zu berücksichtigen.
Um die Absicht einer Denkmalserrichtung aufspüren oder die Zwecke späterer Nutzungen erkennen zu können, ist es ratsam in drei Schritten vorzugehen:

*1. Denkmalsbeschreibung:*
In einer ersten Annäherung müssen die einzelnen Elemente des Denkmals erfasst werden. Dazu ist genaues Hinsehen notwendig, das durch die sprachliche Benennung des Dargestellten erzwungen wird: *Was zeigt das Denkmal und woran soll es erinnern? Wann wurde es gebaut? Wie groß ist es? Aus welchen Elementen besteht es? Welche Haltungen nehmen dargestellte Personen ein? Welchen ersten Eindruck erweckt das Monument?*

*2. Denkmalsanalyse:*
In einem anschließenden Schritt ist zu untersuchen, wie und mit welcher Wirkung gestalterische Mittel eingesetzt wurden, zum Beispiel: *Weist das Denkmal eine eher blockhaft-geschlossene oder raumgreifende Gestalt auf? Wirkt es auf den Betrachter damit eher ruhig oder abweisend oder aber unruhig und bewegt? Wurde der Bildgegenstand deformiert? Sind allegorische Figuren und verwendete Symbole erkennbar?*
Die Frage nach dem Denkmalstyp, den die Gestaltung widerspiegeln soll, schließt sich an: *Handelt es sich um ein Heldendenkmal oder das Standbild eines Herrschers? Ist eine Schrifttafel angebracht, die auf eine bestimmte Funktion verweist? Ist der Text von informativem oder manipulativem Charakter?*

*3. Denkmalsinterpretation:*
In einem weiteren Schritt müssen zusätzliche Informationen herangezogen werden, die – eingeordnet vor den historischen Hintergrund der Errichtung – Aufschluss über den Zweck und die Nutzung des Monumentes geben können. Auch nicht mehr vorhandene oder nie realisierte Denkmäler liefern Aussagen über die Vergangenheit, wenn man nach den Gründen ihres Abrisses, Zerfalls oder gescheiterten Baus fragt.
Zunächst ist es wichtig, den Standort des Denkmals zu untersuchen: *Wo ist es ursprünglich aufgestellt worden? Diente der Platz zum Zeitpunkt der Errichtung als Handels- oder Kirchplatz, stand das Denkmal auf einem Friedhof? Welcher Grund ist zu vermuten für die Standortwahl? Wurde der Standort jemals gewechselt? Welche Gründe könnten ausschlaggebend dafür gewesen sein?*
Auch die Frage nach den Auftraggebern ist für das Erfassen der Bedeutung des Denkmals zum Zeitpunkt der Errichtung unerlässlich. *War es ein Fürst oder ein Verein? Welches Interesse könnte mit der Denkmalserrichtung verknüpft gewesen sein?*
Darüber hinaus: *Wie wurde das Denkmal schließlich finanziert? Waren es private Spenden oder ging die Denkmalserrichtung auf öffentliche Fördermittel zurück? Was bedeutet es, wenn staatliche Gelder bereit gestellt wurden?*
*In welchem Rahmen wurde das Denkmal eingeweiht? Wie wurde darüber berichtet?*
Auch sind sowohl der Entstehungs- wie auch der Rezeptionsprozess aufschlussreich: *Existieren Quellen, die den Entscheidungsprozess für die Art des Denkmals widerspiegeln? Gab es zum Beispiel einen Wettbewerb, dessen Ziele diskutiert wurden? Was ist über die Nutzung des Denkmals bekannt? Wurden seit seiner Errichtung Veränderungen an dem Monument vorgenommen?*

Beschreiben und analysieren Sie das abgebildete Denkmal anhand der vorgestellten Schritte 1 und 2. Sammeln Sie Informationen über den Anlass der Errichtung, über Auftraggeber und Standort und interpretieren Sie die Darstellung.

# 2. DAS HERMANNSDENKMAL – EIN DEUTSCHES NATIONALSYMBOL?

**10 Das Hermannsdenkmal zeigt den Cheruskerfürsten Armin (lat. Arminius, seit dem 16. Jahrundert »Hermann« genannt) mit hoch erhobenem Schwert.** Es soll an die Schlacht im Teutoburger Wald (9 n. Chr.) erinnern, als der römische Feldherr Publius Quinctilius Varus mit drei Legionen (ca. 20 000 Soldaten) von germanischen Stämmen unter der Führung des Cheruskerfürsten vollständig geschlagen wurde. Das Denkmal ist 53,46 m hoch, allein das Schwert misst sieben Meter und wiegt 550 kg.

Auf der 386 m hohen Grotenburg weithin sichtbar ragt das Hermannsdenkmal aus dem Teutoburger Wald. Hier, so glaubte man lange, war der Ort der legendären Varus-Schlacht. Das Monument in Hiddesen bei Detmold ist *das* Ausflugsziel in Ostwestfalen und mit insgesamt über 20 Millionen Besuchern seit seiner Einweihung eines der bekanntesten deutschen Denkmäler überhaupt. Unter den mehr als 135 000 Menschen, die 1998 zur Besichtigung kamen, waren 43 500 Kinder. In Zeiten, in denen das »Ende der Geschichte« bereits ausgerufen wurde und Museen über einen Mangel an Interessenten klagen, verwundert diese hohe Besucherzahl. »Aus dem Kampf Hermanns um Deutschland wird der Kampf Deutschlands um Hermann – um den Sinn seiner Tat. Dieses Wachstum verfolgen, heißt nichts weniger als die Geschichte des deutschen Nationalbewusstseins zu schreiben«, so äußerte sich im Jahre 1923 der Schriftsteller Otto Ernst Hesse. Liegt darin womöglich ein Erklärungsansatz dafür, was das Besondere an einem mehr als 100 Jahre alten Denkmal sein könnte und weshalb sich auch heute noch so viele für diese Erinnerungsstätte interessieren?

| | |
|---|---|
| 1819 | Die Karlsbader Beschlüsse treten in Kraft. (s. auch Kap. 2, S. 30 ff.) Ernst von Bandel hat seine erste Idee zum Hermannsdenkmal. |
| 1832 | Hambacher Fest |
| 1834 | Gründung des Deutschen Zollvereins |
| 1836/37 | E. v. Bandel erkundet den Teutoburger Wald und bestimmt die Grotenburg als Ort für das Denkmal. Er fertigt ein 7 m hohes Modell an. |
| 1838 | Nach der endgültigen Genehmigung des Baus durch den lippischen Fürsten gründen sich Vereine zur Beschaffung von Spenden. |
| 1841 | Der Unterbau wird vollendet, jedoch geraten die weiteren Arbeiten aus Geldmangel ins Stocken. |
| 1848/49 | Während der 48er-Revolution ruht die Arbeit am Denkmal, da kein Geld für den Weiterbau vorhanden ist. |
| 1866 | Im preußisch-österreichischen Krieg siegt Preußen. |
| 1869 | Der preußische König besucht v. Bandel in Hannover. Nun fließen die Spenden wieder zahlreicher. |
| 1870/71 | Gründung des Deutschen Reiches |
| 1871 | Der neue Reichstag bewilligt 10 000 Taler zur Fertigstellung des Hermannsdenkmals. E. v. Bandel kehrt nach Detmold zurück. |
| 1875 | Einweihung des Hermannsdenkmals am 16. August in Anwesenheit von Kaiser Wilhelm I. |
| 1876 | Am 21. September stirbt Ernst v. Bandel. |
| 1925 | 50-Jahr-Feier des Denkmals im Zeichen der »nationalen Not« |
| 1941 | Feierstunde zur 100jährigen Wiederkehr der Grundsteinlegung |
| 1945 | Alliierte Flugzeuge beschießen das Hermannsdenkmal. |
| 1975 | 100-Jahr-Feier des Denkmals im »kleinen Kreise« |

Erläutern Sie mithilfe von Lexika und Ihren historischen Vorkenntnissen folgende Begriffe:
- Karlsbader Beschlüsse
- Hambacher Fest
- Deutscher Zollverein

## 2.1 Ein Lebenstraum wird zur nationalen Sinngebung

Als Ernst von Bandel Mitte der 1830er-Jahre seine schon lange gehegte Idee, Hermann, dem Cherusker, ein Denkmal zu errichten, nun in die Tat umsetzen wollte, wurde dies von der deutschen Öffentlichkeit sehr begrüßt. Für die gewonnenen Befreiungskriege im Zusammenhang mit der Hoffnung auf eine deutsche Nationalstaatsgründung schien der Sieger der Varusschlacht die richtige Symbolkraft zu haben. Der Künstler schätzte die Kosten anfangs auf etwa 20 000 Taler – tatsächlich beliefen sie sich schließlich auf 90 000 Taler. Die Mittel aufzubringen, machte sich der 1838 in Detmold gegründete Denkmalsverein zur Hauptaufgabe. In zahlreichen Spendenaufrufen baten engagierte Bürger, vornehmlich aus dem Bildungs- und Besitzbürgertum, um finanzielle Unterstützung. Mit recht großem Erfolg: Bereits bis 1840 sammelten sie über 25 000 Taler. Auch Bandel selbst, der in der Verwirklichung der »Arminius-Säule«, wie er sie nannte, sein Lebenswerk sah, trug neben seiner künstlerischen Leistung zum Gelingen des Projekts bei, indem er während der gesamten Zeit auf jeglichen Lohn verzichtete.

**11 Der Künstler Ernst von Bandel im Alter von 70 Jahren** neben der Schwerthand »seines« Arminius Anfang der 1870er-Jahre. Von Bandel konnte sein Lebenswerk zwar noch vollenden, starb jedoch ein Jahr nach der feierlichen Enthüllung am 25. September 1876. Foto, um 1870.

Trotz der erfolgreichen Sammlungen verzögerte sich der Denkmalsbau nicht nur wegen der hohen Kosten, sondern auch wegen der technischen Schwierigkeit, für das Innere der Statue ein Eisengerüst zu fertigen, erheblich. Zwischenzeitlich ruhte die Arbeit ganz, die Werkstätten am Denkmalsort verfielen, die Kupferplatten für die Arminius-Gestalt – einige waren bereits gestohlen worden – wurden nach Detmold geschafft. Ernst v. Bandel hatte sich nach Streitereien mit dem Förderverein nach Hannover zurückgezogen und arbeitete dort eifrig an der Konstruktion des Eisengerüstes, auf das die Kupferplatten montiert werden sollten.
Nachdem mit dem Scheitern der Revolution von 1848 zunächst ebenfalls die Idee eines einheitlichen deutschen Nationalstaates begraben werden musste, war auch das Interesse am Weiterbau des Hermannsdenkmals erschöpft. Erst Ende der 1860er-Jahre änderte sich dies wieder, und besonders die Ereignisse 1871 und in den folgenden Jahren zeigen, in welch enger Beziehung Tagespolitik und Denkmalsbau standen: Ein nationales Heldenmal für das neu gegründete Deutsche Reich!

### 12 Von der Idee zum Denkmal

**a) Ernst von Bandel über das Hermannsdenkmal:**
Es konnte die Aufgabe für plastische Kunst nicht sein, eine Statue Armins in persönlicher Ähnlichkeit herzustellen, solches hätte sogleich an der Unmöglichkeit scheitern müssen; es soll in der Tat nicht sowohl die Person Armins vorgestellt werden, als vielmehr die uns Deutschen allen verständliche Schwerterhebung, an die sich die Idee

deutschen Bewusstseins, deutscher Kraft und Herrlichkeit, deutscher Einigkeit wie in Haupt und Gliedern, so in den verschiedenen deutschen Stämmen, knüpft.

Armins Tat, seine Schwerterhebung, will sich im plastischen Momente hinstellen; durch sie züchtigte er das größte Reich der Welt; er blieb aber in Deutschlands Grenzen in Ruhe ordnend, doch immer zum Schlagen bereit.

So stehe in jugendlicher Frische, im Siegesbewusstsein Armin, das freie Schwert in kräftiger Faust hoch erhoben, zum gewaltigen Schlage bereit, das Sinnbild unserer ewig jungen Kraft, auf den Schild gestützt, die unter die Füße getretenen Zeichen des Sieges nicht achtend, hoch durch ein deutsches Bauwerk erhoben über dem Gipfel des schönsten Berges in Mitte des Gaues, in dem Armins gewaltige Schlachten geschlagen wurden, weithin schauend ins freie Vaterland und von weitester Ferne gesehen, ein Wegweiser zur Stätte unseres Ruhmes und zur Erkenntnis unserer Macht und Herrlichkeit.

Ernst von Bandel, Bericht über die Armin-Säule im Teutoburger Walde vom Erfinder und Erbauer selbst, Hannover: Hofdruckerei der Gebr. Jänecke, 1861, S. 9f.

**b) In der vierten Nische des Denkmals ist unter dem Bronzerelief Kaiser Wilhelms I., das aus einer erbeuteten französischen Kanone gefertigt wurde, zu lesen:**

Der lang getrennte Stämme vereint mit starker Hand,
Der welsche Macht und Tücke siegreich überwand,
Der längst verlorene Söhne heimführt zum Deutschen Reich,
Armin, dem Retter, ist er gleich.

Wilhelm, Kaiser, 22. März 1797, König von Preußen, 2. Januar 1861
Erster Kaisertag, Versailles, 18. Januar 1871, Krieg 17. Juli 1870, Frieden 26. Februar 1871
Am 17. Juli 1870 erklärte Frankreichs Kaiser, Louis Napoléon, Preußen den Krieg, da erstunden alle Volksstämme Deutschlands und züchtigten von August 1870 bis Januar 1871 immer siegreich französischen Übermut unter Führung König Wilhelms von Preußen, den das deutsche Volk am 18. Januar zum Kaiser erkor.

Zit. nach: Dirk Mellies, Arminius, der Megastar. Missbrauch und Vermarktung des Hermannsdenkmals von der Einweihung bis heute, Beitrag zum Geschichtswettbewerb des Bundespräsidenten, Körber-Archiv, Hamburg, Nr. 930932, S. 7f.

**c) In seiner Festrede, die er bei der Einweihung des Hermannsdenkmals hielt, sagte Geheim-Justizrat Otto Preuß:**

Seitdem [dem Anfang des Denkmalbaus] aber ist in den jüngsten Tagen ein glückliches Gestirn aufgegangen über unserm deutschen Vaterlande. Fremde Ungebühr und fremdes Gelüste nach unsern Grenzlanden haben nicht mehr den gehofften Zwiespalt deutscher Stämme, sondern ein geeinigtes Deutschland sich gegenüber gefunden.

In jubelnder Begeisterung hat zur Abwehr seines übermütigen Erbfeindes das deutsche Volk wie ein Mann sich erhoben. Ein Heldengreis unter seinen Fürsten, aus jenem Herrschergeschlecht, das stets, auch in trübster Zeit, das Banner der deutschen Ehre hochgehalten, hat die Wehrkraft des gesamten Vaterlandes aufgeboten, jugendmutig selbst sich an ihre Spitze gestellt, in beispiellosem Siegeszuge durch des Feindes Land dessen Heeresmacht niedergeworfen, noch auf der Kampfesstätte, folgend dem einmütigen Rufe der deutschen Fürsten und freien Städte, unter dem Zujauchzen Alldeutschlands, die Kaiserkrone aufgesetzt und dann, nach Wiedereinfügung einst schmählich uns entrissener Provinzen, ein Kaiserreich deutscher Nation wiederaufgerichtet, mächtiger und herrlicher, als je die Geschichte es gekannt hatte.

Wir stehen wieder da geehrt und gefürchtet im Rate der Völker, ihnen nicht mehr bloß ein Volk der Denker und Dichter, sondern nun auch, wehrbereit und waffengewaltig, ein Volk der selbstbewussten Tatkraft – und empfinden wird deren Wucht ein jeder, der es wagen sollte, uns ferner zu stören in dem Werk des Friedens, das wir nun vorhaben, in dem Bemühen, auszubauen und lebensvoll zu gestalten unser neu erstandenes Reich, das jetzt unter Kaiser Wilhelms ruhmreichem Zepter, nicht mehr ge-

Otto Preuß, Festrede, gehalten bei der Einweihungsfeier des Hermannsdenkmals am 16. August 1875, Detmold 1875. Zit. nach: Staatsarchiv Detmold, L116 Nr. 19.

schieden durch des Mainstroms Grenze, sondern reichend von den Alpen bis zum Meere, und darüber hinaus seinen schützenden Arm ausbreitend über jeden Deutschen auf dem Erdenrund, frei im Innern und kraftvoll nach außen, fest verbunden ist durch das starke Band der im gemeinsamen, opfervollen Kampfe erprobten Einigkeit der deutschen Stämme und ihrer Fürsten.

Ja, die Träume unserer Jugend, sie haben sich verwirklicht, die Wünsche und die Hoffnungen unseres Mannesalters, sie sind in Erfüllung gegangen – wir sind wieder ein Volk geworden und wollen es bleiben mit Gottes Hilfe, von nun an immerdar.

**d) Das Hermannsdenkmal aus französischer Sicht – Der »Lippische Anzeiger« zitiert am 28. August 1875 die französische Zeitung »Correspondence universelle«, die über die Einweihung des Denkmals Folgendes schreibt:**

Das Arminiusdenkmal ist ungeheuerlich. Bandel hat seinem Arminius dicke Lippen, wilde nach Westen gerichtete Augen, einen grausamen Zug und das Ansehen einer Rothaut mit einem Kinnbart gegeben – aber was für ein Bart. Eine Pelzmütze auf dem Kopfe, ein Bärenfell um die Schultern und ein Schwert von 24 Fuß Länge schwingend. Wenn er ein solches Gesicht gehabt hätte, würde er sicher den Varus nicht verraten haben.

Tacitus hat den Arminius mit unsterblichen Linien gezeichnet, die Preußen können diesen Barbaren aus anderen Gründen als einen der Ihrigen in Anspruch nehmen. Der Freundschaft des Varus gewürdigt, übte er von allem Anfang an die Spionage mit einem Geschick, welches der berlinischen Kasuisten [Wortverdreher, Haarspalter] unserer Zeit würdig ist.

Varus war der größte General und hervorragendste Politiker seiner Zeit. Ihm war es zu verdanken, dass die Künste, Wissenschaften, die liebenswürdigen und milden Sitten der Lateiner, mit einem Worte die römische Höflichkeit an der Grenze eines Landes blühte, in welchem alles trübe und rau ist, der Charakter, die Sprache, das Klima, die Wälder.

Arminius entsagte seiner Nationalität, er wollte ganz Römer sein. Er schickte die Söhne der ersten cheruskischen Familien nach Rom, um sich die guten Sitten der Königin der Städte anzueignen. Es ist unmöglich, sich eine größere Verstellung, Verschlagenheit und Niederträchtigkeit zu denken, um den Varus zu täuschen.

Zit. nach: Lippischer Anzeiger Nr. 69 vom 28. August 1875.

**e) Der kleine Bruder des Hermannsdenkmals (31 m hoch)** wurde 1897 in New Ulm, Minnesota, eingeweiht. Schon 1840 hatte sich in New York die Loge »Hermanns Söhne« gegründet mit dem Ziel, unter den vielen deutschen Auswanderern Kultur und Sprache der alten Heimat zu erhalten.

1. Geben Sie den Inhalt der Quellen 12b–d in eigenen Worten wieder und erläutern Sie insbesondere an 12b die zahlreichen Anspielungen auf den historischen Kontext.
2. Vergleichen Sie Bandels Vorstellung von der Sinngebung des Hermannsdenkmals (12a) mit den Aspekten, die in 12b und c hervorgehoben werden.
   Erklären Sie, inwiefern Bandels Ideen hier instrumentalisiert werden.
3. Zeigen Sie auf, welche Kritik der Verfasser des Artikels in der Zeitung »Correspondence universelle« (12d) an der plastischen Umsetzung der Arminius-Figur übt und wie er sie begründet.
   Erläutern Sie insbesondere die Zeilen 8 bis 12 und zeichnen Sie nach, welche Einstellung gegenüber dem deutschen Kaiserreich in dem Artikel zum Ausdruck kommt.
4. Überlegen Sie, weshalb man gerade das Hermannsdenkmal als Vorbild für ein deutsches Denkmal in den USA wählte und nicht ein Kaiser-Wilhelm- oder Bismarck-Denkmal (12c).

## 2.2 Was geschah wirklich im Teutoburger Wald?

In der Nähe des Teutoburger Waldes, so überliefern es die lateinischen Quellen, schlagen im Jahre 9 n. Chr. verbündete Germanenstämme unter der Führung des Cheruskerfürsten Arminius drei römische Legionen des Statthalters Varus fast bis auf den letzten Mann – eine empfindliche und peinliche Niederlage für das große, zivilisierte Römische Reich. Arminius, der in römischem Dienst stand und hohes Ansehen genoss, war es aufgrund eines Hinterhalts gelungen, die Gegner zur Schlacht zu drängen und sie, die, schwer bewaffnet, im unwegsamen, sumpfigen Gelände nicht zurecht kamen, trotz ihrer Überzahl komplett zu besiegen. Die Römer konnten von nun an das Gebiet zwischen Rhein und Elbe nicht mehr dauerhaft besetzen, obwohl sie sechs Jahre später Revanche übten und ein Heer der Germanen besiegten.

**13** **»Die Schlacht im Teutoburger Wald«.** Kunstdruck, um 1903.

Vom Hergang der für Rom so blamablen Niederlage durch die »barbarischen« Germanen berichten ausschließlich römische Schriftsteller – Tacitus, Sueton, Cassius Dio, Velleius Paterculus –, und alle sind erst mindestens 10 Jahre nach der Schlacht geboren. Andere Anhaltspunkte gibt es nicht, der genaue Ort der Schlacht war unbekannt. Nachdem Generationen von Wissenschaftlern ergebnislos gesucht hatten, scheint 1987 einem Hobbyarchäologen ein sensationeller Fund – drei römische Schleudergeschosse aus Blei – gelungen zu sein: Bei Kalkriese, in der Nähe von Osnabrück, könnte die legendäre Varusschlacht geschlagen worden sein. Inzwischen brachten Ausgrabungen unter anderem Pferde- und Menschenknochen, römische Bleilote, Schnallen von Schienenpanzern, Pfeilspitzen, aber vor allem viele Münzen zutage, deren Prägungen nicht jünger als 9 n. Chr. sind. Die archäologischen Fundstücke in Kalkriese ergänzen das einseitige, auf den römischen Quellen beruhende Wissen, denn es gibt keinerlei schriftliche oder mündlich in Sagen tradierte Zeugnisse der Germanen. Weil viele Fragen nach 2000 Jahren immer noch nicht oder nicht mehr beantwortet werden können, ranken sich zahlreiche Vermutungen und Legenden um die Ereignisse des Jahres 9 n. Chr. Auch die langfristige Bedeutung des Arminius-Sieges bleibt umstritten. Einig ist sich die Forschung allerdings in der Bedeutung der Schlacht als historischer Wende, da seitdem die Ausdehnung des Imperium Romanum auf die Gebiete rechts des Rheins unterblieb.

## 14 Arminius – Nationengründer oder Rebell?

**a) Gottlob Egelhaaf 1909 über die Schlacht im Teutoburger Wald:**

So entstand eine Bewegung in Deutschland, die auf Abschüttelung des Joches gerichtet war, und als ihre Seele erscheint der Cherusker Arminius. [...]

Dass er nach Italien oder Rom oder gar nach irgendeiner fernen römischen Provinz gekommen wäre, wird wohl von manchem angenommen, ist aber von keiner Quelle bezeugt; da er vor dem Alter von etwa zwanzig Jahren nicht gedient haben wird, so bleibt als Spielraum nur die Zeit von 3–7 v. Chr.: Als er Fürst seines Volkes wurde, hat er ohne Zweifel seinen Abschied genommen, mit dem Rechte eines römischen Bürgers und dem Range eines Ritters, den sein Bruder Flavus trotz aller Treue, die er Rom hielt, nicht erlangt hat. Als, man möchte sagen, argloser Freund Roms, das alles tat ihn zu bezaubern, war er in dessen Dienst getreten; aber gerade jetzt, da er in den Reihen der Sieger stand, da ihre geheimen Empfindungen sich vor ihm bloß legten, da er hinter die Kulissen zu sehen vermochte, erkannte er, wie in Wahrheit die stolzen Herren der Welt über sein Volk dachten und wie sie hofften, es ebenso zu verwelschen [romanisieren], wie es mit den Galliern geschah. Indem man ihn äußerlich entnationalisierte, ihm ein zweites Vaterland aufdrängte, hoffte man ihn von dem alten Vaterland zu lösen; man erreichte das Gegenteil. [...]

Die Erhebung, die die römische Herrschaft vernichten sollte, war so wenig eine allgemein deutsche wie die des Jahres 1813; sie hatte ebenso einen Teil der Nation gegen sich; trotzdem wird sie heute gemäß dem mächtig erstarkten Nationalgefühl stillschweigend oder gutgläubig als Tat der Nation schlechthin in Anspruch genommen. [...]

Ein Heer von drei Legionen – die 17., 18. und 19. –, drei Reiterregimentern (alae) und sechs bundesgenössischen Bataillonen (cohortes), alles in allem etwa 25 000 Mann, war fast bis auf den letzten Mann vernichtet. Das war ein furchtbarer Schlag, [...] kein Wunder, dass Augustus fast verzweifelte, monatelang Haar und Bart wachsen ließ, öfters den Kopf an die Tür stieß und ausrief: »Quinctilius Varus, gib mir die Legionen wieder!« [...]

Der Sieg war die Frucht planmäßigen Vorgehens vom ersten Augenblick an, da Arminius die Fäden der Verschwörung zu spinnen begann, bis zu dem, da das Heer in den Teutoburger Wald gelockt sich rettungslos im wohl bereiteten Netze verfing. Diese souveräne Berechnung, das Merkmal des überlegeneren Geistes, zeigt Arminius auch später überall, wo wir seinen Wegen nachgehen können; es ist sehr unangebracht, sein Verdienst zu unterschätzen, und ihn »den tapferen, verschlagenen und vor allen Dingen glücklichen Führer« zu nennen, nicht weniger, aber auch nicht mehr. [...] Aber nicht minder als der große Heerführer, den Rom auch später trotz des Aufgebots von 80 000 Mann nicht bewältigen konnte, hat am Sieg Anteil die wilde Tapferkeit der Germanen, die, wenn man die Bewaffnung betrachtet, so weit hinter den Römern zurückstanden [...].

Es war wie 1870, als unsre Soldaten mit dem Zündnadelgewehr gegenüber dem Chassepot auf größere Entfernungen nichts in der Hand hatten als einen Stock, und sie haben trotzdem [...] die Kraft der Welschen [Franzosen] gebrochen. So geschah es auch im Teutoburger Walde; gewaltiger als Roms furchtbare Waffenrüstung war der Freiheitsmut unsrer Ahnen. An Zahl werden sie wohl den Römern erheblich überlegen gewesen sein; aber wir dürfen uns durchschnittlich eine der etwa vierzig Völkerschaften, die es damals in Deutschland gab, doch nicht stärker als ungefähr 80 000–100 000 Seelen, d. h. 16 000–20 000 Krieger, vorstellen, und natürlich waren längst nicht alle Krieger zur Stelle. Diesseits des Rheins brach die Römerherrschaft jäh zusammen [...].

Es war so, wie Tacitus in jenem wunderbaren Nachruf an Arminius [...], der dem Historiker ebenso zur Ehre gereicht wie dem Helden, sich ausdrückt: »Arminius war ohne Frage Deutschlands Befreier.« Er war noch mehr: wenn man an das Schicksal Galliens und Spaniens, an die durchgängige Widerstandsfähigkeit jugendlicher Völker gegen höhere Kulturstufen denkt, so ist kein Zweifel: Indem Arminius das römische Heer vernichtete, hat er unsere Nationalität gerettet. Dass wir noch Deutsche sind, verdanken wir ihm.

Gottlob Egelhaaf, Die Schlacht im Teutoburger Walde. In: Deutsche Rundschau 140 (1909), S. 409–423.

**b) Der Historiker Dieter Timpe 1970 in seinen »Arminius-Studien«:**

Dass alle Lehrmeinungen über die Biografie des Cheruskers an bedenklichen Widersprüchen zu leiden scheinen, die aber auf die Unverträglichkeit der Quellenaussagen selbst zurückgehen, lenkte die Untersuchung auf die Ausdrucksweise des Tacitus. [...] [Es besteht die] durch Analogien (Laufbahnen anderer germanischer Auxiliaroffiziere) und das Zeugnis Dios gestützten Vermutung, dass Arminius in seiner Eigenschaft als ritterlicher Offizier nach Germanien auch zurückgekehrt ist. Die entscheidende Konsequenz daraus wiederum liegt nun darin, dass der Cherusker dann auch die Erhebung gegen Varus als römischer Offizier und nicht als Stammeshäuptling begonnen haben müsste und dass die Varus-Katastrophe mithin nicht in die Folge eines germanischen Stammesaufstandes gegen die römische Okkupationsmacht, sondern die einer Meuterei der germanischen Auxilien gegen die Legionen des Rheinheeres gewesen wäre. Nicht ein auf breiter Basis geführter Volkskampf gegen die aufgezwungene Fremdherrschaft, sondern eine interne militärische Revolte ist die Ursache einer der berühmtesten und geschichtlich folgenreichsten Schlachten der Antike gewesen. Es liegt auf der Hand, dass damit das unendlich oft ventilierte und namentlich für das nationale deutsche Geschichtsbild so ungemein konstitutive Ereignis der clades Variana in einen völlig anderen Verständnishorizont rückt. [...]

Historisch letztlich entscheidend ist aber vielleicht folgende Überlegung: Auch wer glaubt bei der Meinung bleiben zu müssen, Arminius habe ein Stammesaufgebot gegen Varus geführt, muss zumindest zugeben, dass der römische Bürger und Ritter Arminius seine Landsleute schon einmal, für die Römer, in den Kampf führte. Nicht freie, unberührte Germanen, nicht die geschichtliche Elementarkraft des Volkstums, sondern erst römisch geschulte und beeinflusste Germanen sind gegen die Römer mit Erfolg angetreten. Wenn nach dem romantisch-idealistischen Geschichtsbild die Völker Ideen Gottes und Akteure des geschichtlichen Dramas sind, so zeigt sich aus dem Erfahrungshorizont des Jahrhunderts der Dekolonisierung einerseits, dass die unberührten »Naturvölker« und die großen Zivilisationsimperien einander kaum verstehen, dass aber andererseits die Auseinandersetzung der technisch und geistig irreversibel beeinflussten Barbaren mit den Zivilisationsimperien, die die Herrschaft über sie als ihr geschichtliches Amt ergriffen haben, die Weltgeschichte in Bewegung setzen kann. Diese Einsicht lässt für den Arminiusaufstand die Volkstumskategorie nicht als den geeigneten Hebel des geschichtlichen Verhältnisses erscheinen.

Dieter Timpe, Arminius-Studien, Heidelberg, Carl-Winter-Universitätsverlag 1970, S. 49, 80.

1. Geben Sie die Quellen (14a und b) in eigenen Worten wieder und arbeiten Sie die Kernthesen der Texte heraus.
2. Vergleichen Sie die Argumentationen der Autoren im Hinblick auf den Aspekt der historischen Bedeutung der Varus-Schlacht, insbesondere für die deutsche Geschichte. Diskutieren Sie Ihre Ergebnisse.

**Legenden und Mythen**

Legenden und Mythen über Arminius' Sieg nahmen wegen der Quellenlage, aber auch wegen der Auseinandersetzung zwischen »David und Goliath« stets breiten Raum ein. Tacitus nannte den Cherusker den »Befreier Germaniens«. Seine Schrift, erst 1515 in Mitteleuropa wiederentdeckt, war dem Mittelalter unbekannt. Humanistische Gelehrte des 16. Jahrhunderts beschäftigten sich nicht allein mit der Rebellion des Arminius, sondern auch mit anderen Aspekten: Verrat, Treue, Herrschaftsstreben, innere Zwietracht. Die Geschichte Hermanns, wie man Arminius jetzt nannte, erfuhr nur ein kleiner Kreis von Gebildeten, die die lateinische Sprache beherrschten. Erst im 18. Jahrhundert erlangte der Stoff breitere Popularität durch die Verarbeitung in Dramen, Romanen und Opern. Dies nutzte man zu einer neuen Deutung der Varusschlacht: Auf der Suche nach der eigenen Geschichte und nationaler Identität wollten sich bürgerliche Intellektuelle vom kulturell überlegenen französischen Nachbarn abgrenzen, indem sie der Arminius-Tradition folgten und politische Unabhängigkeit, die antiwelsche (= antifranzösische) Ausrichtung und die moralische Überlegenheit der Germanen betonten.

Endgültig zum nationalen Symbol wurde Hermann der Cherusker allerdings erst unter dem Eindruck der Befreiungskriege zu Beginn des 19. Jahrhunderts. Der Kampf gegen die Herrschaft Napoleons weckte die Erinnerung an den Sieg Hermanns über die Römer: Schon einmal, so projizierte man, hatte ein »nationaler« Aufstand zum Ende einer Besatzung geführt, schon einmal war durch einen »nationalen« Aufstand innere Zwietracht überwunden worden.

## 15 Arminius bzw. Hermann in der Literatur

**a) Ulrich von Hutten, Arminius, 1529:**

Trotz des schwersten Mangels an Mitteln und Menschen, elender Armseligkeit, verlassen von allen, behindert von allen Seiten, habe ich mir dennoch den Weg zur Wiedergewinnung der Freiheit gebahnt; ohne jede Unterstützung von außen, ohne jede Hilfe und Beistand, allein auf mich und meinen eigenen Geist gestützt, habe ich eigenmächtig den Aufbruch der Bewegung erstrebt. [...] Ich wurde dadurch nicht schwankend, sondern beharrte standhaft auf dem begonnenen Vorhaben; mir galt nichts mehr als die heilige Pflicht gegenüber dem Vaterland und die althergebrachte Würde Deutschlands.

Zit. nach: Rainer Wiegels u. a. (Hrsg.), Arminius und die Varus-Schlacht. Geschichte – Mythos – Literatur, Paderborn 1995, S. 227 ff.

**b) Hermanns Schlussworte in Kleists Drama »Die Hermannsschlacht« (1808):**

Ihr aber kommt, ihr wackern Söhne Teuts,
Und lasst, im Hain der stillen Eichen,
Wodan für das Geschenk des Siegs uns danken! –
Uns bleibt der Rhein noch schleunig zu ereilen,
Damit vorerst der Römer keiner
Von der Germania heilgem Grund entschlüpfe:
Und dann – nach Rom selbst mutig aufzubrechen!
Wir oder unsre Enkel, meine Brüder!
Denn eh doch, seh ich ein, erschwingt der Kreis der Welt
Vor dieser Mordbrut keine Ruhe,
Als bis das Raubnest ganz zerstört,
Und nichts, als eine schwarze Fahne,
Von seinem öden Trümmerhaufen weht!

Heinrich von Kleist, Sämtliche Werke und Briefe, Band 1, hrsg. v. Helmut Sembdner, München 1987, S. 628.

**c) Heinrich Heine, Deutschland. Ein Wintermärchen, 1844:**

Das ist der Teutoburger Wald,
Den Tacitus beschrieben,
Das ist der klassische Morast,
Wo Varus stecken geblieben.

Hier schlug ihn der Cheruskerfürst,
Der Hermann, der edle Recke;
Die deutsche Nationalität,
Die siegte in diesem Drecke.

Wenn Hermann nicht die Schlacht
gewann
Mit seinen blonden Horden,
So gäb es die deutsche Freiheit nicht mehr,
Wir wären römisch geworden!

In unserm Vaterland herrschten jetzt
Nur römische Sprache und Sitten,
Vestalen gäb es in München sogar,
Die Schwaben hießen Quiriten!

Wir hätten einen Nero jetzt,
Statt Landesväter drei Dutzend.
Wir schnitten uns die Adern auf,
Den Schergen der Knechtschaft trutzend.

Gottlob! Der Hermann gewann die
Schlacht,
Die Römer wurden vertrieben,
Varus mit seinen Legionen erlag,
Und wir sind Deutsche geblieben!

Heinrich Heine, Deutschland. Ein Wintermärchen. In: Heinrich Heine, Historiografisch-kritische Gesamtausgabe der Werke, Bd. 4, hrsg. von Manfred Windfuhr, Hamburg 1985, S. 114f.

1. Untersuchen Sie die Texte (15a–c) arbeitsteilig unter folgenden Gesichtspunkten: a) Person des Autors, b) Lebensumstände und Werk, c) historische Zeitumstände und präsentieren Sie Ihre Ergebnisse.
2. Erläutern Sie, in welcher Weise und zu welchem Zweck dabei jeweils die Arminius-Sage verwendet wird. Belegen Sie dies mit Textstellen und diskutieren Sie Ihre Ergebnisse.

## 2.3 Das Hermannsdenkmal als Gedächtnisort

**16 Feierlichkeit zur Einweihung des Hermannsdenkmals im Teutoburger Wald im Jahre 1875.** Holzschnitt nach einer Zeichnung von Knut Ekwall.

Die Einweihungsfeier des Hermannsdenkmals im August 1875 bildete den Auftakt zahlreicher Feiern und politischer Versammlungen unter dem erhobenen Schwert des Cheruskers. Sie alle interpretierten die Botschaft Hermanns »Deutsche Einigkeit meine Stärke, meine Stärke Deutschlands Macht«, so die Schwert-Inschrift, je nach Bedarf und Anschauung.

Nach der Reichsgründung 1871 stellte sich die Frage, wie die innere Einheit des Reiches vorangetrieben und stabilisiert werden konnte. Wie konnte sich ein deutsches Staatsvolk herausbilden, das sich als Nation verstand; wie sollten Schwaben, Bayern, Franken und Friesen zu Deutschen werden, die ihre Nationszugehörigkeit zur Bestimmung ihrer Identität heranzogen? Ein Mittel war die Errichtung nationaler Denkmäler und die Veranstaltung von Denkmalsfesten. Einem mit Mythos behafteten Helden der Germanenzeit gewidmet, lieferte das Hermannsdenkmal allen ehemaligen Staaten des Deutschen Bundes gleichermaßen ein Identitätsangebot, das jenseits aller sozialen, politischen und konfessionellen Unterscheidungen lag. Aber die politische Instrumentalisierung der Feste und Denkmäler hatte ihren Preis: Sie trieb die Isolation derjenigen voran, die nicht integriert werden sollten oder wollten. Diese Gruppen, vor allem Sozialdemokraten und Katholiken und später auch Juden, konnten sich nicht mit der vorgegebenen nationalstaatlichen Symbolik identifizieren. So ist der Weg zur »inneren Reichsgründung« im Kaiserreich zwar mittels symbolischer Metaphorik beschritten worden, aber er verstärkte auch die gesellschaftliche Spaltung des Kaiserreiches in staatsbejahende und -ablehnende Kräfte. Das Hermannsdenkmal wurde nicht nur innenpolitisch gedeutet. Für alle sichtbarer war die außenpolitische Botschaft: Hermann hebt sein Schwert drohend gegen Frankreich.

Beschreiben und interpretieren Sie die Abbildung (17b), indem Sie die historischen Hintergründe, auf die die Personen anspielen, und auch die unterschiedlichen Zeitformen der Prädikate berücksichtigen.

## 17 Hermann und Bismarck

**a) Das »Nationale Wochenblatt für Stadt und Land«, Grevenbroich, 13.6.1875:**

An Hermanns Namen knüpft sich die deutsche Volksfreiheit. Die von Hermann erhobenen Waffen wurden vom deutschen Volke nicht niedergelegt, bis das römische Kaisertum zertrümmert war. Da konnte deutsche Sitte, deutsches Wesen sich ausbilden. Doch die Beherrschung der Welt wollte Rom nicht aufgeben. Im Papsttume entstand den Deutschen ein neuer Feind, da dasselbe sich zur Hierarchie ausbildet, auch die deutsche Königsmacht untergrub und durch Anzettelung blutiger Kriege vernichtete, bis jetzt endlich nach langem nationalen Unglück die deutsche Reichseinheit aufs neue erstanden ist.

Aber Roms Herrschaft ist noch nicht erloschen. Mit den nämlichen Verführungskünsten wie zu Hermanns Zeit werden unser Volk und seine Führer durch Belobungen, durch Erteilung von Würden und Ehrentiteln, Ringen und Lappen und allerlei Firlefanz berückt. Es ist heutzutage die nämliche Teufelei im Gange, nur mit anderen Namen und Farben und mit dem Unterschiede, dass zu Hermanns Zeit die römische Kultur gegen deutsche Ungeschlachtheit kämpfte, die Bildung mithin auf Seite der Reichsfeinde war, was jetzt umgekehrt der Fall, da die deutsche Wesenschaft von welscher Verkommenheit, unsere höhere volkstümliche Kultur von römischer Barbarei bekämpft wird. Im Übrigen aber, in ihren Zielen und Zwecken, in ihren Mitteln und Ränken kommen die heutigen Ultramontanen mit den politischen Ultramontanen aus Hermanns Tagen überein. Rom lag damals hinter den nämlichen Bergen wie heute.

**b) »Gegen Rom«.** Karikatur zur Enthüllungsfeier des Hermannsdenkmals am 16. August 1875. Im Hintergrund sieht man den Petersdom in Rom. »Kladderadatsch« vom 15. August 1875.

**c) Zur 1900-Jahr-Feier der Varus-Schlacht sprach ein Lehrer 1909 in Lippe zu 4000 Schulkindern:**

Wäre es denn wirklich so schlimm gewesen, wenn die alten Germanen sich den Römern unterworfen hätten, wie es doch die meisten Völker in jener Zeit, und manche nur zu ihrem Vorteile, getan hatten? Wäre es nicht besser gewesen, wenn unsere alten Vorfahren unter der Herrschaft der Römer die überlegene römische Kultur, römische Sitten und Gesetze, römische Bildung, Kunst und Wissenschaft und römischen Reichtum angenommen hätten? Nein und aber nein!

**a)** Zit. nach: Nationales Wochenblatt für Stadt und Land, Grevenbroich, 13. Juni 1875.

Das deutsche Volk, zum Höchsten auserlesen,
Als Bund der Freien nur ist's groß gewesen!

Wir Deutschen hätten damit unser Bestes, unser ureigenstes Wesen, unsere deutsche Seele preisgegeben. Der Gott, der die Weltgeschichte lenkt, der hatte in die Seele des deutschen Volkes eigenen Reichtum gelegt. Er hatte uns dazu ausersehen, dass wir im Laufe der Jahrhunderte eine besondere, eigenartige, schöne und tiefe deutsche Kultur hervorbringen sollten. Wohl sollten auch wir lernen von den Römern und anderen Völkern, aber nicht unter dem Zwange der Knechtschaft, sondern in Freiheit und Selbstständigkeit, aus ureigenstem, freiem Triebe, sodass wir immer abweisen konnten, was von fremdem Wesen und fremder Kultur unserem deutschen Wesen nicht zusagte. – Hätten wir uns den Römern gefügt, so wären dem deutschen Adler die Schwingen erlahmt, die Flügel gebrochen. Nun aber haben wir – und wir danken es Hermann – volle, freie, stolze Flugkraft behalten. Wir sind ein Weltvolk geworden und tragen durch deutschen Fleiß und deutsche Arbeit in alle Weltteile hin deutsches Wesen und deutsche Kultur. [...]

Und Hermanns Geist ist wach geblieben in unserm Volke und hat immer wieder den Sieg behalten, sodass uns endlich nach trüben Zeiten und langen schweren Kämpfen wieder gelang, was Hermann schon kämpfend und blutend erstrebte, die Einigung aller deutschen Stämme in einem fest gefügten Staate, unter dem Zepter eines Kaisers! Es gelang uns durch die Tat des gewaltigsten Deutschen und des größten deutschen Staatsmannes und Helden nach Hermann, durch die Tat unseres Bismarck, in dem der deutsche Hermannsgeist am reinsten und erfolgreichsten sich verkörpert hatte.

Zit. nach: Lippische Landzeitung, Nr. 193 vom 19. August 1909, Staatsarchiv Detmold, L 116, Nr. 10.

1. Zeigen Sie mithilfe der Begriffserklärung »Kulturkampf«, der Quelle (17a) und der Karikatur (17b) auf, wie der Hermanns-Mythos für den Kulturkampf gedeutet wird.
2. Geben Sie die Botschaft des lippischen Lehrers in eigenen Worten wieder (17c). Welchen Bezug zwischen Bismarck und Hermann stellt er her?
   Erläutern Sie folgenden Satz vor dem Hintergrund der historischen Zusammenhänge: »Wir sind ein Weltvolk geworden und tragen durch deutschen Fleiß und deutsche Arbeit in alle Weltteile hin deutsches Wesen und deutsche Kultur.« (17c, Zeile 19ff.)
3. Diskutieren Sie, welche Gefahren aus einer Instrumentalisierung des Hermann-Mythos in dieser Weise erwachsen konnten.

**Kulturkampf** *Dieser Begriff bezeichnet die Auseinandersetzung zwischen katholischer Kirche und Staat, die noch 1871, im Jahr der Reichsgründung, einsetzte.*
*Mit dem »Syllabus errorum« (Verzeichnis der Irrtümer, 1864) und der Verkündung des Unfehlbarkeitsdogmas (1870) hatte die katholische Kirche deutlich gegen Moderne, Säkularisation in Staat, Gesellschaft und Kultur und gegen den Liberalismus Stellung bezogen.*
*Bismarck sah im Katholizismus und seiner politischen Interessensvertretung, dem Zentrum, eine Gefährdung des preußisch-deutschen Reiches durch »ultramontane« (d.h. von jenseits der Alpen wirkende) Kräfte. Auch befürchtete er eine mögliche »katholische Koalition« zwischen Österreich, Frankreich und den Reichsfeinden im Innern. Deshalb kämpfte er darum, den Einfluss des Zentrums einzudämmen und die katholische Geistlichkeit durch Verbot politischer Äußerungen (»Kanzelparagraph«, 1871) und staatliche Kontrolle (Einführung der staatlichen Schulaufsicht, 1872; Staatsaufsicht über die Priesterausbildung, Vetorecht gegen kirchliche Ämterbesetzung, 1873; Einführung der Zivilehe, 1875) als politische Kraft auszuschalten.*
*Aufgrund des zähen Widerstands der Katholiken und des Klerus kam es jedoch nach 1879 zu einem allmählichen Ausgleich, aus dem das Zentrum gestärkt hervorging.*

## 18 Das Hermannsdenkmal auf Postkarten

**a)** und **b)** oben:
**Postkarten aus der Zeit des Ersten Weltkrieges.**

**c)** und **d)** unten:
**Die »Germania« vor und nach dem Ersten Weltkrieg.**
Die linke Postkarte stammt aus dem Jahre 1909, die rechte von 1922.

1. Beschreiben Sie die Postkarten (18a bis d) und interpretieren Sie sie, indem Sie den Symbolgehalt der abgebildeten Details, der Texte sowie des Bildaufbaus berücksichtigen.
2. Zeigen Sie auf, wie das Hermannsdenkmal jeweils in den Bildzusammenhang integriert wird und welche Wirkung dadurch erzielt werden soll.
3. Diskutieren Sie Gründe, weshalb man Postkarten mit solchen Motiven drucken ließ, und ziehen Sie Rückschlüsse auf die Mentalitäten im Kaiserreich und in der Weimarer Republik.

**Die Weimarer Republik**

Mitglieder so genannter »vaterländischer Verbände«, aber auch unabhängige Soldatenvereine und Vorläuferorganisationen der NSDAP initiierten während der Weimarer Zeit jährlich Zusammenkünfte am Hermannsdenkmal. Die Dachorganisation »Vaterländische Verbände«, ein Bündnis verschiedener nationaler, völkischer und monarchistischer Gruppen, lockte Anfang August 1925 über 40 000 Menschen in den Teutoburger Wald – die größte Kundgebung bisher an diesem Ort.

## 19 Weimar und die Grotenburg

**a) Der Lippische Dorfkalender zur 50-Jahr-Feier des Hermannsdenkmals, 1926:**
Welch eine ehrenvolle Aufgabe unserem Lippervolke durch die Betreuung dieses Nationalheiligtumes zuteil geworden war, das haben wir besonders in der Nachkriegszeit erfahren, als besonders aus den besetzten Gebieten immer wieder Tausende herbeiströmten, um unter dem ragenden Standbild des Mannes, der zum ersten Male in der deutschen Geschichte den Freiheitswillen unseres Volkes in die Tat umsetzte, sich neuen Mut zum Ausharren zu erflehen. Zum Ausharren in einer schmachvollen Knechtschaft unter harter Feindesfaust, wie sie schwerer und erbarmungsloser, hinterhältiger und furchtsamer auch zur Zeit eines Quinctilius Varus nicht auf deutschen Landen gelastet haben kann. [...] Mit dem Gange nach Vergnügen und Zerstreuung, nach oberflächlichem Genuss hatte alles dies nichts zu tun: Das, was die Zehntausenden im August dieses Jahres auf die grün umrauschten Gipfel des Teutoburger Waldes gebracht hat, war die Sehnsucht, an geweihter Stätte sich Kraft zu holen für die schweren Zeiten, von denen wir wissen, dass unser Volk sie zu überwinden haben wird, ehe es wieder frei atmen kann unter den Völkern.

**a)** Zit. nach: Lippischer Dorfkalender 1926, S. 97.

**b) Im Dezember 1924 feierte die Nationalsozialistische Freiheitsbewegung,** eine Vorläuferorganisation der NSDAP, das Julfest am Hermannsdenkmal.

**c) Reichspräsident von Hindenburg zum gleichen Ereignis:**
Ein einiges und deutsches Volk konnte am 16. August 1875 die Weihe des Denkmals begehen, das Ernst von Bandel in jahrzehntelanger harter und schwerer Arbeit dem Manne geschaffen hatte, dessen ganzes Sinnen und Trachten der Befreiung des Vaterlandes galt. Das Denkmal des Cheruskers auf der Grotenburg ist ein Nationalgut des deutschen Volkes geworden. Möge es eine Mahnung sein für jeden Deutschen, seine ganze Kraft einzusetzen zum Wiederaufbau unseres schwer geprüften Vaterlandes; und möge es uns auch daran erinnern, dass wir dieses Ziel nur durch Einigkeit erreichen können!

**d) Auf der Großkundgebung der »Vaterländischen Verbände« am Hermannsdenkmal im August 1925 war von einem Vertreter des »Stahlhelms« zu hören:**
Verbrecherische Volksverführer haben unser Vaterland am 9. November 1918 in ein Chaos verwandelt, wie es die Weltgeschichte noch nicht gesehen! [...] Heute steht an der Spitze unseres Vaterlandes ein Mann, zu dem wir alle in Ehrfurcht aufblicken, zu dem wir das unbedingte Vertrauen, die hoffnungsfrohe Zuversicht haben, dass er, der greise Feldmarschall, der uns im Weltkrieg schon einmal vom fremden Joch befreite, uns die Wege weisen wird, die zur Rettung und Erneuerung unseres Vaterlandes führen werden.

**c)** Zit. nach: Deutsche Nationaldenkmale 1790–1990, hrsg. v. Sekretariat für kulturelle Zusammenarbeit, Bielefeld 1993, S. 68.

**d)** Zit. nach: Peter Böhning (Hrsg.), Hermannsdenkmal. Unterrichtsmaterialien des Oberstufenkollegs Bielefeld, Bd. 53, o. J., S. 65.

**e) Hitler schrieb am 25. November 1926 zwei Einträge in das Gästebuch des Hermannsdenkmals:**

Ich glaube an mein Volk, an die Kraft der Person und an die Notwendigkeit des Kampfes! – Adolf Hitler Donnerstag, den 25. Nov. 1926

Keiner rede von alten Helden, der nicht die Pflicht zu gleichem Wirken für die Zukunft in sich fühlt! Die vorstehenden deutschen Männer grüße ich mit deutschem Heil. – Adolf Hitler 25. November 1926

Zit. nach: Dirk Mellies, Arminius, der Megastar. Missbrauch und Vermarktung des Hermannsdenkmals von der Einweihung bis heute, Beitrag (Schülerarbeit) zum Geschichtswettbewerb des Bundespräsidenten, Körber-Archiv, Hamburg, Nr. 930932, S. 61.

1. Geben Sie die Quellen 19a und c in eigenen Worten wieder und begründen Sie mithilfe von Textstellen, wie der Hermannsmythos nach dem Ersten Weltkrieg interpretiert wird und welche Deutungsaspekte neu hinzukommen.
2. Informieren Sie sich über die politische Situation der 1920er-Jahre in Deutschland (vgl. S. 108 ff.) und erläutern Sie vor diesem Hintergrund die Aussagen des »Stahlhelm«-Vertreters (19d) und von Hitlers Gästebucheintragungen (19e). Welche zukunftsweisenden Aspekte werden hier angedeutet?

## NS-Zeit

Auch die Nationalsozialisten veranstalteten am Hermannsdenkmal große Versammlungen: SA, SS, HJ und der Stahlhelm zogen mit Fackeln von Detmold hierher. Ein Jahr nach der Machtergreifung etwa kamen Tausende, um den »endgültigen Sieg« zu feiern. Zwischen 1933 und 1939 erschien zudem rund ein Dutzend Postkarten mit Denkmal und Hakenkreuz, die den Hermannsmythos im Sinne des NS-Regimes verbreiten sollten. Bandels Bauwerk wurde jedoch keine offizielle Kultstätte des »Dritten Reiches«. Detmold forderte zwar, dass das Denkmal zu einer Wallfahrtsstätte für das deutsche Volk, besonders für die Jugend, erklärt werden sollte, aber Goebbels lehnte dies ab: Die Achse Berlin-Rom sollte nicht mit antirömischen Geschichten aus der Vergangenheit belastet werden.

## 20 »Heer-Mann« und »Führer«

**a)** links: **»Ein Geschenk der lippischen Arbeiter an den Volkskanzler«** ist der Titel dieser Postkarte.

**b)** unten: **»Wo einst der Führer der Germanen – Deutsches Land vom Feind befreit« »Wehen Hitler's Siegesfahnen – Machtvoll in die neue Zeit.«** lautet der Text dieser Postkarte.

**c) Denkschrift von Ulrich von Motz zur 100-Jahr-Feier der Grundsteinlegung, der größten NS-Feier am Denkmal (1941):**

[Es ist ein] bemerkenswerter Umstand, dass der entscheidende Wahlkampf gerade in dem Lande stattfand, das 92 Jahre vorher die erste Kundgebung für ein Großdeutschland gesehen hatte. 1838 begann »Großdeutschlands Kupferschmied« den Bau seines Mahnmals. Genau ein Jahrhundert später wurde Großdeutschland Wirklichkeit durch des Führers Tat. [...] So nennt denn unser Volk den größten Helden und Heerführer stolz den Hermann (Heer-Mann), genau so, wie wir heute den größten Sohn unseres Volkes und Führer in die deutsche Zukunft – den Führer – nennen. [...] Es würde gewiss auch begrüßt werden, wenn die Eintragungen des Führers im Gästebuch der Gaststätte als Kunstkarten hergestellt würden. Diese Führerworte müssten auch in jeder Schule hängen, damit in Zukunft kein lippisches Kind mehr die Schule verlässt und ins Leben tritt, ohne diese Führerworte auswendig zu kennen. [...] Auf dem massigen Steinunterbau steht in gewaltiger Größe der Befreier Germaniens; den Blick nach Westen gerichtet, nach Welschland, den linken Arm auf den mächtigen Schild gestützt, in der Rechten, hoch erhoben das Siegesschwert, nicht in Angriffsstellung, sondern als wolle er sagen: »Halt – bis hierher und nicht weiter!« Das Ganze ein Bild unbeugsamer männlicher Kraft. Hell funkelt in goldenen Lettern die Inschrift des Schwertes: »Deutsche Einigkeit meine Stärke – Meine Stärke Deutschlands Macht.« Eine ernste Mahnung noch an die spätesten Geschlechter. Denn nicht nur ein Ehrenmal für Armin sollte es sein, sondern vor allem auch ein Mahnmal, ein Mahnmal zur Einigkeit *aller* deutschen Stämme.

**d) Plakat zur lippischen Landtagswahl am 15. Januar 1933.**

Zit. nach: Dirk Mellies, Arminius, der Megastar, Beitrag zum Geschichtswettbewerb des Bundespräsidenten, Körber-Archiv, Hamburg, Nr. 930932, S. 79 f.

1. Analysieren Sie den Aufbau und die Aussage der Postkarten (20a und b).
2. Erläutern Sie anhand der Denkschrift (20c) und unter Berücksichtigung des Wahlplakates (20d), inwiefern sich Hermannsmythos und nationalsozialistische Weltanschauung gut in Einklang bringen ließen und weshalb das Hermannsdenkmal ein attraktiver Versammlungsort für die Regimetreuen war. Vergleichen Sie Ihre Ergebnisse mit der ursprünglichen Intention Bandels beim Bau des Denkmals (s. S. 213 f.).

**Nach 1945**

Nach ihrem Einmarsch 1945 beschossen alliierte Soldaten das Hermannsdenkmal, das schwere Zerstörungen erlitt, aber nicht vernichtet wurde. Gefahr drohte von anderer Seite: Bürger verlangten den Abriss des Symbols imperialistischer Politik. In der Folgezeit war das Denkmal immer wieder Zeuge der unterschiedlichsten Versammlungen. Beispielsweise trafen sich hier neonazistische Jugendgruppen zu Sonnenwendfeiern. Seit Mitte der 1950er-Jahre veranstaltete die FDP alljährlich am 17. Juni, dem damaligen »Tag der Deutschen Einheit« als dem Tag des Volksaufstandes in der DDR, Kundgebungen am Denkmal. Doch je länger der Aufstand zurücklag, desto geringer wurde das Interesse und schließlich versammelte man sich in der Stadt und nicht mehr auf der Grotenburg.

## 21 Hermann bis heute

**a) Dr. Thomas Dehler, FDP-Bundesvorsitzender, am 17. Juni 1954:**

Wenn wir die Flamme entzünden, die damals als Flamme der Freiheit gegen das düstere Unglück aufbrach, dann deswegen, weil wir den Geist forttragen wollen, der jene Volkserhebung beseelte, forttragen wollen gläubig in die Zukunft. Deutschland wird wieder zu Deutschland finden und das Reich wird kommen.

Zit. nach: Edgar Wolfrum, Geschichtspolitik in der Bundesrepublik Deutschland. Der Weg zur bundesrepublikanischen Erinnerung 1948 bis 1990, Darmstadt 1999, S. 126.

**b) Nach dem Zweiten Weltkrieg wurde ein Abriss des Hermannsdenkmals in der Öffentlichkeit diskutiert. Dazu die »Lippische Landeszeitung« am 15. August 1975:**

In der seinerzeit gebildeten Kommission [...] fand die Anzahl jener Beauftragten, die die Erhaltung des Denkmals wünschten, immer mehr Gleichgesinnte, weil es natürlich keine Lösung bedeutete, wenn das Denkmal verschwunden wäre. Bandels Vorstellungen, die ihn zur Errichtung gedrängt hatten, mussten im Laufe der Zeit schon Änderungen hinnehmen: Der 1870/71 siegreich gegen Frankreich geführte Krieg und die von allen Deutschen gewünschte Reichsgründung veranlassten die Blickrichtung des Arminius nach Westen; antifranzösische Proklamationen im Unterbau betonten dann noch diese politische Funktion. Während des »Dritten Reiches« vermieden es die braunen Machthaber geflissentlich, offiziell Vertreter des faschistischen Italiens – vor allem auch den Duce selbst – zum Hermannsdenkmal kommen zu lassen, weil dort die »Achse Berlin-Rom« unterbrochen war. Der Fuß des siegreichen Arminius auf dem römischen Liktorenbündel hätte sonst vielleicht beseitigt werden müssen. Und nun wollte man dem Denkmal wieder eine neue Funktion aufzwingen, indem es verschwinden sollte. Als die Erkenntnis sich durchzusetzen begann, dass das Hermannsdenkmal das Symbol des Einigungsstrebens aller Deutschen sei und deshalb erhalten bleiben müsse, nahm der Gedanke immer mehr Raum, dann wenigstens die antifranzösischen Inschriften zu beseitigen. Aber diese Absicht konnte mit den Argumenten verhindert werden, dass damit ebenfalls eine Geschichtsfälschung vorgenommen würde. Es hat sich gezeigt, dass die Verständigungs- und Versöhnungspolitik, die Konrad Adenauer und Charles de Gaulle erfolgreich eingeleitet haben, durch die Parolen am Hermannsdenkmal nicht gestört worden sind.

**c) Hermann 1999.**

**b)** Zit. nach: K.-A. Hellfaier, „Unser Hermann" – Symbol und Sinnbild, Sonderbeilage der Lippischen Landeszeitung vom 15. August 1975.

**d) Am 16. Juli 1999 brachte die Frankfurter Allgemeine Zeitung einen Bericht über den »größten Arminenfan«:**

Arminius ist das Wahrzeichen Ostwestfalen-Lippes und Namensgeber für die Fußballer des DSC aus Bielefeld – die Arminia. Die Kicker ziehen aktuell die Blicke der Nation auf sich, weil sie die erste Bundesliga von hinten aufrollen. Jetzt feierten die Ostwestfalen und Lipper ihren Helden erneut: Das Hermannsdenkmal nahe Detmold trug drei Wochen lang das Trikot von Arminia Bielefeld.

Heinrich Peuckmann, Arminius. Zit. nach: Frankfurter Allgemeine Zeitung vom 16. Juli 1999, S. 38.

1. Geben Sie die Quellen (21a bis d) in eigenen Worten wieder und diskutieren Sie sie unter dem Aspekt der Rolle und Sinnstiftung des Hermannsdenkmals im Wandel der Zeit.
2. Nehmen Sie auf der Grundlage des Zeitungsartikels (21b) Stellung zu möglichen Gründen für oder gegen einen Abriss des Hermannsdenkmals.

# 3. DENKMALSKULTUR IM RUHRGEBIET

Mit etwa 1000 jetzt noch existierenden Denkmälern zählt das Ruhrgebiet zu einer der dichtesten Denkmalslandschaften Deutschlands. Nicht nur die vorherrschenden Themen der Denkmalsbauten, sondern auch die Art und der Wandel des Umgangs mit Denkmälern geben Aufschluss über die Erinnerungskultur zu verschiedenen Zeiten. Untersucht man Denkmalsentwürfe, -bauten und -abrisse einer Region über einen längeren Zeitraum, lassen sich Erkenntnisse über Machtverhältnisse und Erinnerungshoheiten der Vergangenheit gewinnen: Woran wurde wann vornehmlich erinnert? Wie veränderten sich die Themen und auch die Zugriffe auf ein Thema? Welche politischen Überzeugungen spiegeln sich in diesem Wandel wider?

## 3.1 Denkmäler und Ehrenmale 1871–1945

**Gedenken im 19. Jahrhundert**

Die Provinzen Westfalen und Rheinland gehörten nach der Auflösung des napoleonischen Königreiches Westfalen 1813 zu Preußen. Daher galten auch die ersten vereinzelten Denkmäler den Vertretern der preußischen Obrigkeit. Doch erst nach Ende des Deutsch-Französischen Kriegs und der sich anschließenden Reichsgründung wurden – oft auf Initiative der Gemeinden und regionaler Kriegervereine – Denkmäler in größerer Zahl errichtet. Ausgestattet mit der Figur der Germania oder dem Adler als Symbol für die deutsche Nation, thematisierten sie den Tod der gefallenen Soldaten, den Sieg über Frankreich oder die Reichseinigung, häufig auch mehrere Motive vereint.

**22** **Das Essener Bismarck-Denkmal** im ursprünglichen Zustand.

Zu einer zweiten Welle von Denkmalsbauten kam es nach dem Tod Kaiser Wilhelms I. 1888. Nahezu in jeder Stadt bildete sich eine Gruppe aus Honoratioren und Vertretern des Industriekapitals, die Spenden sammelten, um dem Kaiser einen Gedenkort zu widmen. Ihre Formen reichten von einer einfachen Büste über prächtige Brunnen- und Turmanlagen bis hin zum fürstlichen Reiterstandbild. Hier versammelte sich die Bevölkerung an nationalen Gedenktagen, wie dem Sedantag oder Kaisers Geburtstag.

Die etwas später einsetzende Bismarck-Denkmal-Bewegung wurde dann vor allem vom Bürgertum und nicht von der Industrieelite getragen. Drei Ereignisse riefen Denkmalserrichtungen zu Ehren Bismarcks hervor: seine Entlassung 1890, sein 80. Geburtstag 1895 und sein Tod 1898. Um die Jahrhundertwende entstanden überall Bismarcktürme – zeitgenössisch als Säulen bezeichnet –, zu deren Bau die deutsche Studentenschaft aufgerufen hatte. Im südlichen Ruhrgebiet, dem so genannten Ruhrland, wo kleinere und mittelgroße Handwerksbetriebe und Kaufmannsunternehmen vorherrschten, wurde dagegen vermehrt der als liberal geltende 99-Tage-Kaiser Friedrich III. – ein Gegenspieler Bismarcks – geehrt.

Daneben bildete sich im letzten Drittel des 19. Jahrhunderts der Typus des Unternehmerdenkmals heraus. Monumente erinnerten an Industrielle – etwa an

Hugo Stinnes in Mülheim oder Alfred Krupp in Essen – und verwiesen damit auf die besondere Rolle der Industriearbeit im Ruhrgebiet.
Wurde mit den Unternehmerdenkmälern zum ersten Mal die Erfolgsgeschichte der Industrieregion thematisiert, rückten die so genannten »Arbeiterehrenmale« zeitgleich die Bergarbeiter ins Blickfeld, allerdings ohne sie als Teilhaber des Erfolgs erscheinen zu lassen. Anlass waren die schweren Grubenunglücke, die, nicht zuletzt aufgrund unzureichender Sicherheitsvorkehrungen, den Tod zahlreicher Bergarbeiter herbeiführten. Indem diese Denkmäler den Toten durchgängig – ähnlich wie Kriegerehrenmale für gefallene Soldaten – »treue Pflichterfüllung« nachsagten, ließen die Auftraggeber den Tod in der Grube jedoch eher als schicksalhafte Kehrseite des industriellen Fortschritts erscheinen.

## 23 Das Bürgertum gedenkt Bismarck

**b)** links: **Der Bismarck-Turm in Hagen**, erbaut in den Jahren 1900/01.

**a) Aus dem Aufruf der Deutschen Studentenschaft zur Errichtung von Bismarck-Türmen im ganzen Reich:**
Wie vor Zeiten die alten Sachsen und Normannen über den Leibern ihrer gefallenen Recken schmucklose Feuersäulen auftürmten, deren Spitzen Feuerfanale trugen, so wollen wir unserm Bismarck zu Ehren auf allen Höhen unserer Heimat, von wo der Blick über den herrlichen deutschen Landen schweift, gewaltige granitene Feuersäulen errichten. Überall soll, ein Sinnbild der Einheit Deutschlands, das gleiche Zeichen erstehen, in ragender Größe, aber einfach und prunklos, auf massivem Unterbau eine schlichte Säule, nur mit dem Wappen und Wahlspruch des eisernen Kanzlers geschmückt.

Zit. nach Beate Hobein/Dietmar Osses (Hrsg.), »Bis in die fernste, fernste Zeit ...« – Hagen und seine Denkmäler, Hagen 1996, S. 74.

**c) Justizrat Lohmann sagte zur Einweihung des Essener Bismarck-Turms 1901:**
Die Säule soll das Mahnzeichen sein, dass der Platz, den Bismarck dem deutschen Volke an der Sonne erkämpft, nicht behauptet werden kann, wenn wir nicht weiter arbeiten im Geiste Bismarcks, wenn wir über den inneren Kämpfen und Zwistigkeiten das Ganze aus den Augen verlieren, wenn wir nicht, jeder an seinem Platze, hinwirken auf die Förderung des Wohles des Vaterlandes, für welches Bismarck in felsenfestem Gottvertrauen sein reich gesegnetes Leben hindurch gewirkt hat, seine Kräfte im Dienste desselben verzehrend.

Zit. nach Beate Hobein/ Dietmar Osses (Hrsg.), »Bis in die fernste, fernste Zeit ...« – Hagen und seine Denkmäler, Hagen 1996, S. 79.

**d) Der Historiker Andreas Zolper zur Funktion der Feste und Nationaldenkmäler:**
Spätestens mit der Reichsgründung 1871, die von weiten Teilen des Bürgertums als Erfüllung wenn nicht der liberal-demokratischen, so doch der nationalen Ziele angesehen wurde, verloren die vom Bürgertum getragenen Feste ihren oppositionellen Charakter. Waren die Feiern vor 1871 dadurch gekennzeichnet, dass sie nationale und

**e) Reliefplatte vom Essener Bismarck-Denkmal:** Alfred Krupp führt Bismarck eine Kanone vor.

freiheitlich-demokratische Forderungen verknüpften, so dienten sie jetzt der Affirmation des bestehenden Staates und hatten die Aufgabe, Konsens, Massenloyalität und Identifikation mit dem bestehenden Gesellschaftssystem herzustellen und zu erhalten. Ein ausgeprägter Nationalismus fungierte dabei als ideologische Grundlage, als »säkulare Religion«, mit dessen Hilfe gesellschaftliche Konflikte überdeckt wurden. Entsprechend der überragenden Stellung, die Adel und Militär im Kaiserreich besaßen, waren die Feste und Feiern von militärischen und aristokratischen Elementen geprägt. Die Ansätze zur Ausbildung einer eigenen bürgerlichen Festkultur wurden nicht weiterentwickelt. Die nationalen Feiern wurden zwar von staatlichen Stellen gefördert und zum Teil auch gelenkt, es war jedoch in der Regel das Bürgertum, das sie organisierte. [...] Auch die Denkmäler waren nicht mehr vom Oppositionsgeist getragen. In ihnen kamen vielmehr die Loyalität des Bürgertums zu Kaiser und Reich sowie diffuse Ängste gegenüber der Bedrohung durch innere und äußere Feinde zum Ausdruck. Die durch die Denkmalsetzungen bekundete und in vaterländischen Feiern immer wieder beschworene Loyalität war allerdings kein einseitiger Unterwerfungsakt des Bürgertums. Das Bürgertum war sich seiner führenden Stellung in Wirtschaft, Wissenschaft und Kultur durchaus bewusst, sah sich als Stütze der Gesellschaft und schöpfte daraus Selbstbewusstsein. Es verband sein Bekenntnis zur bestehenden Ordnung mit der Erwartung, dass der Staat die Rahmenbedingungen für seinen Aufstieg erhalte.

Zit. nach: Beate Hobein/ Dietmar Osses (Hrsg.), »Bis in die fernste, fernste Zeit ...«, Hagen 1996, S. 24.

1. Stellen Sie die verwendeten Vergangenheitsbezüge der Bismarckverehrung im Kaiserreich heraus (23a und c).
2. Beschreiben Sie das Essener Bismarck-Denkmal (22). Erklären Sie die Bedeutung der Attribute Bismarcks, Schwert und Schriftrolle, sowie die Darstellung Krupps in diesem Zusammenhang (23e).
3. Arbeiten Sie mithilfe der Quelle 23d die Funktion von Denkmälern im deutschen Kaiserreich vor dem Hintergrund der innenpolitischen Entwicklung heraus.

## Denkmäler nach dem Ersten Weltkrieg

Als Deutschland 1918 den Krieg verloren hatte, ging die Epoche der stolzen Siegesdenkmäler ebenso zu Ende wie das deutsche Kaiserreich. Völlig neuartig war dieser Krieg gewesen, der zum ersten Mal nahezu alle Bereiche der Gesellschaft in Mitleidenschaft gezogen hatte und enorme Auswirkungen auf die politischen, ökonomischen und sozialen Strukturen besaß. Vor allem die hohe Zahl an Opfern, ca. 1,8 Millionen (zum Vergleich: im Deutsch-Französischen Krieg 1871 waren es etwa 40 000 gewesen), führte zu einem radikalen Erfahrungsbruch. Fast jede Familie beklagte den Tod von Angehörigen, die entweder an der Front oder zu Hause durch Krankheiten und Schwäche umgekommen waren.

Für neue Denkmalsprojekte ergab sich ein grundlegendes Problem: Zwar wollte man die Trauer um die Gefallenen ausdrücken, stand aber vor der Schwierigkeit, den Tod Hunderttausender nach dem Ende des Kaiserreichs nicht mehr mit Sinn anfüllen zu können. Die Kommunen gingen der Errichtung neuer Monumente daher zunächst aus dem Weg. Anders die zahlreichen Kriegervereine: Sie unterstützten Denkmalsprojekte, um den Opfertod der gefallenen Kameraden zu ehren. Gleichzeitig sollte den häufig sozial ausgegrenzten Kriegsheimkehrern und –invaliden ein Ort der stolzen Erinnerung an den Krieg geschaffen werden. Solche ab 1920 errichteten Ehrenmale waren häufig mit dem Eisernen Kreuz, dem Stahlhelm oder dem Lorbeerkranz verziert und standen meist auf einem altarähnlichen Sockel. Die Namen der gefallenen Soldaten eines Ortes wurden auf einer Tafel festgehalten. Aber aufgrund der Überlebensnöte, mit denen die Bevölkerung nach dem Krieg zu kämpfen hatte, kam es nicht zu einem Denkmalsboom wie nach dem Sieg 1871. Erst nach dem Ende der Ruhrbesetzung 1925 und dem Beginn des wirtschaftlichen Aufschwungs änderte sich dies. Nun unterstützen auch die Gemeinden aktiv die Errichtung von Kriegsdenkmälern, indem sie öffentliche Mittel und Grundstücke zur Verfügung stellten.
Bei Teilen der politischen Linken, vor allem den Kommunisten, riefen die Kriegerehrenmale Widerspruch hervor. Sie ließen ihrerseits in der Region etwa dreißig Denkmäler errichten, die an den Ruhrkampf und an die »Rote Ruhrarmee« während des Kapp-Putsches erinnerten. Zum ersten Mal hatte hier die selbst organisierte Arbeiterschaft für kurze Zeit die Macht übernommen, indem sie die rechten Freikorps, die den Kapp-Putsch unterstützten, schlugen. Zu diesen Erinnerungsstätten hatte die Sozialdemokratie ein eher distanziertes Verhältnis, da es vermieden werden sollte eine revolutionäre Stimmung anzuheizen. Seit Mitte der 1920er-Jahre ließen die Sozialdemokraten so genannte »Steine der Republik« mit Reliefs von Erzberger, Rathenau oder Ebert aufstellen, von Politikern, die für den Erhalt der Weimarer Republik standen.

## 24 Kriegerehrenmale in der Weimarer Republik

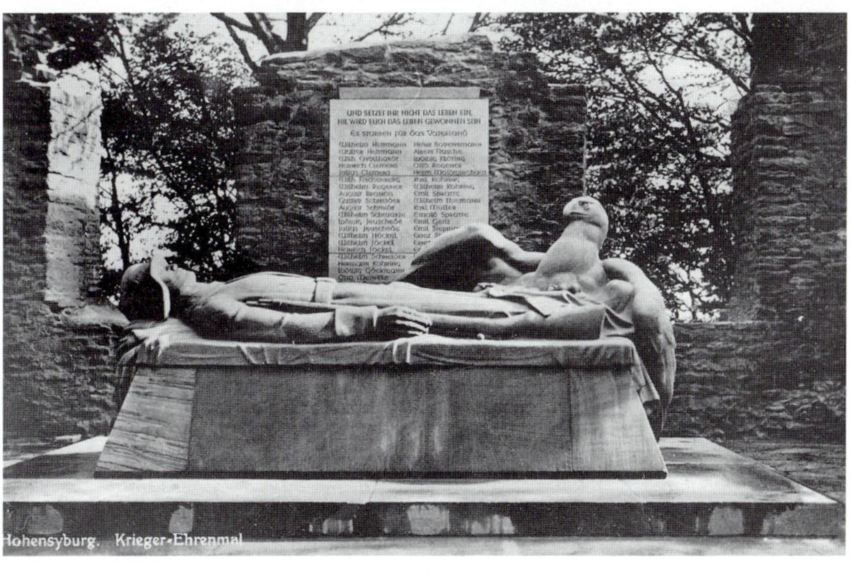


**a) Das Kriegerdenkmal in der Ruine der Dortmunder Hohensyburg von Fritz Bagdons und Carl Fink, 1925.** Auftraggeber: Gemeinde Syburg, Sandstein, Maße: 1 x 1 x 2,5 m.

**b) Kriegerehrenmal 1914/18, Dortmund-Deusen, 1928.**
Auftraggeber: Krieger- und Landwehrverein Deusen, Beton, Höhe: ca. 3,2 m.

**c) Der Vorsitzende des Ortskriegerverbandes zur Einweihung des Ehrenmals der Stadt Haspe zum Gedenken an die Gefallenen des Ersten Weltkriegs, 1927:**
Feinde ringsum, heute wie damals. [...] Heute gilt es, den Kampf gegen alles Undeutsche, Fremde, Zersetzende im eigenen Volk; gegen die Illusionisten, Pazifisten und wie sie alle heißen mögen [zu kämpfen]. [...] Gedenke, dass du ein Deutscher bist, das ist die Stimme aus den Millionen deutscher Soldatengräber, der Ruf, mit dem uns die Heldensöhne unserer Stadt heute und an diesem Grabstein besonders mahnen.

Zit. nach : Beate Hobein/ Dietmar Osses (Hrsg.), »Bis in die fernste, fernste Zeit ...«, Hagen 1996, S. 135.

1. Vergleichen Sie die abgebildeten Ehrenmale 24a und b und erläutern Sie die Motive der Denkmalstifter. Orientieren Sie sich dabei an den Hinweisen des Methodentrainings »Denkmäler interpretieren« auf den Seiten 210 f.
2. Untersuchen und bewerten Sie die Quelle 24c vor dem Hintergrund der innen- und außenpolitischen Situation der Weimarer Republik.
3. Analysieren Sie in Gruppenarbeit Kriegerdenkmäler Ihrer Umgebung hinsichtlich der Erinnerungsabsichten ihrer Erbauer und präsentieren Sie Ihre Ergebnisse.

## Denkmäler in der NS-Zeit

Anders als bei den Kriegerehrenmalen der Weimarer Republik herrschte bei den figürlichen Denkmälern aus der Zeit des Nationalsozialismus eine eindeutige Botschaft vor: Nicht mehr die Trauer um die Opfer der Kriege wurde zum Thema gemacht, sondern allein Mut und Kampfbereitschaft der Soldaten standen nun im Mittelpunkt der Darstellungen. Entsprechend wurden Soldaten nicht mehr tot am Boden liegend dargestellt, sondern kampfbereit für die Schlacht.

Neu ist das Thema der Kontinuität zwischen den Soldaten aus dem Ersten Weltkrieg und Hitlers Wehrmacht. Diese stellt zum Beispiel das Bochumer Denkmal für das 4. Magedeburgische Regiment Nr. 67 dar: Ein Soldat in Uniform der Kaiserreichsarmee überreicht die Fahne an einen Soldaten in Wehrmachtsuniform.

Seit 1933 entstanden auch vermehrt Erinnerungsarchitekturen, die sich insbesondere für Aufmärsche und Militärfeiern eigneten. Im Ruhrgebiet errichtete man vor allem Gedenkstätten, die den Tod der Gefallenen des Kapp-Putsches und anderer Freikorpseinheiten als Opfer für das neue Reich deuteten und zugleich auf ein hingebungsvolles Opfer für die »Rassegemeinschaft« vorbereiten sollten.

**25 Denkmal für das 4. Magdeburgische Regiment Nr. 67.** 1935 aufgestellt im Bochumer Stadtpark. Unbekannte stürzten es dort 1983.

## 26 Ehrenmale zur Zeit des Nationalsozialismus

**a) Der Historiker H.-U. Thamer über die Ziele der Denkmalssetzungen:**

Was [die nationalsozialistischen] Denkmäler darstellen wollten, waren einzig und allein Werte wie Wille, Entschlossenheit, Tatkraft, Aktivismus; was sie suggerieren sollten, war die Verheißung von Dauer und Geltung für das von ihnen repräsentierte Welt- und Menschenbild. Vermittelt werden sollte die Botschaft der Denkmäler durch den multimedialen Einsatz von Aufmarsch und symbolischer Darstellung, von Feuer und Granit, von Massenritual und politischer Religion. Alles zielte auf die Vorbereitung des Krieges, und während in Reden und Zeitungen noch die »Propagandaplatte« (Hitler) der Friedfertigkeit lief, waren die Denkmäler die frühesten Zeugnisse für die vom Regime geforderte Kampf- und Opferbereitschaft. Ganz ähnliche Funktionen besaß die Repräsentationsarchitektur des Regimes [...]; immer stoßen wir auf dieselbe Verschränkung von Architektur und Massenritual, von Magie und Manipulation, vom Aufruf zum Heroismus und zur Unterwerfung. Es spricht vieles für die Annahme, dass diese Repräsentations- und Überwältigungsarchitektur [...] den spezifischen Beitrag des Nationalsozialismus zur Geschichte des Denkmals darstellt. Die Denkmäler des Nationalsozialismus waren schließlich nur noch groß und leer, die Möglichkeiten der Monumentalität waren ausgereizt. Eine Steigerung des Überwältigungspathos versprachen nur noch die Architektur und die dort inszenierten Massenrituale.

Zit. nach: Historische Denkmäler, hrsg. v. Wolfgang Isenberg, Bergisch-Gladbach, 1994, S. 31.

**b) Die Historikerin Sabine Behrenbeck zur Verwendung der Kreisform:**

Ohne Anfang und Ende symbolisiert der Kreis Ewigkeit, als geschlossene, gleichmäßige Form Vollendung. Die Kreisform führt zu einer visuellen Konzentration auf den Kreismittelpunkt, ohne dass dieser markiert sein muss. Dadurch übt der Kreis anziehende Wirkung aus. Als zusammenschließende Kraft und Zeichen der Besitznahme spielt der Kreis eine wichtige Rolle im Kult: Das Umkreisen zählt zu den menschlichen Urgebärden, durch rituelle Umkreisung werden heilige Bezirke markiert.

Zit. nach: Historische Denkmäler, hrsg. v. Wolfgang Isenberg, Bergisch-Gladbach 1994, S. 87.

**d) Das »Ruhrkämpferehrenmal« in Essen** wurde am 4. November 1934 eingeweiht.

**c) Die Erinnerungsabsichten, die mit der Errichtung des »Ruhrkämpferehrenmals« verfolgt wurden, sind als Inschrift auf einer Tafel festgehalten:**

Dieses Bauwerk wurde von den Nationalsozialisten im Jahre 1934 als Ehrenmal für Gefallene der Freikorps, Einwohnerwehren, Reichswehr- und Polizeieinheiten errichtet, die 1918–1920 gegen die revolutionären Arbeiter im Ruhrgebiet kämpften.

Damit versuchten die Nationalsozialisten ihre Sichtweise der Revolutionszeit 1918–1920 propagandistisch durchzusetzen, also vor allem

- die Weimarer Republik – das Ergebnis der Novemberrevolution 1918 – herabzuwürdigen,
- die Arbeiter der »Roten Ruhrarmee« zu verunglimpfen, die im März 1920 zur Abwehr des republikfeindlichen Kapp-Putsches die Waffen ergriffen und gegen putschende Freikorps-Einheiten, nach Beendigung des Putsches aber auch für die Durchsetzung revolutionärer Änderungen (u. a. Rätesystem) kämpften,
- die Mitglieder der Freikorps, von denen viele schon 1918 politisch rechtsextrem eingestellt waren und später als Nationalsozialisten die Weimarer Republik bekämpften, als nationale Helden und Wegbereiter des Nationalsozialismus zu feiern,
- den gewaltsamen Kampf der revolutionären Arbeiter in den bürgerkriegsartigen Auseinandersetzungen 1918 bis 1920 als »roten Terror« zu brandmarken, den »weißen Terror« der Freikorps aber zu verschweigen, dem nach der militärischen Besetzung des Ruhrgebietes im April 1920 weit über 1000 Arbeiter zum Opfer fielen,
- die Beseitigung der Demokratie und die Errichtung der nationalsozialistischen Diktatur 1933 als »Rettung Deutschlands« darzustellen.

Ernst Schmidt, Essen erinnert: Orte der Stadtgeschichte im 20. Jahrhundert, Essen 1991, S. 42.

1. Untersuchen Sie die Gestaltung der Körperhaltung der in Abbildung 25 präsentierten Soldaten und ihre Wirkung.
2. Erläutern Sie die angestrebten Wirkungsweisen und die Funktionen der nationalsozialistischen Denkmäler im Allgemeinen (26a) und die Erinnerungsabsichten des Ruhrkämpferehrenmals im Besonderen (26c).
3. Zeigen Sie an der Abbildung 26d sowie mithilfe der Quelle 26b auf, wie durch den Einsatz von Gestaltungsmitteln versucht wurde, die rituelle Wirkung der architektonischen Kulisse zu steigern.

## 3.2 Aufbruch statt Abbruch? Industriedenkmäler im Ruhrgebiet

Angesichts des großen wirtschaftlichen Aufschwungs im Ruhrgebiet der Nachkriegszeit entwickelte sich ein neues Selbstbewusstsein der Arbeiterklasse in der Region. Es fand seinen Ausdruck in der Errichtung von »Denkmälern der Arbeit«. Das erste seiner Art wurde 1955 auf dem Essener Krupp-Gelände enthüllt und zeigt die verschiedenen Produktionsschritte des Tiegelgusses. Einige Jahre später kam es anlässlich der Montankrise zur Errichtung technischer Denkmäler, die hauptsächlich aus der Verfremdung alter, nicht mehr benötigter Maschinenteile bestanden. Sie symbolisierten den Niedergang des Bergbaus und verherrlichten gleichzeitig die seit der Industrialisierung entstandenen Arbeits- und Produktionsweisen.

Ein völlig neuer Denkmalstyp, das Industriedenkmal, entwickelte sich im Kontext des Strukturwandels im alten Kohlenpott: Seit massenhaft Fabriken schließen mussten, wurden Arbeitsstätten unter Denkmalschutz gestellt. Bestimmte Maschinentypen, die nicht mehr benutzt wurden, sollten ebenso erhalten werden wie das Wissen um die Lebens- und Arbeitsbedingungen der Menschen in der Region. Mit diesem Ziel entstanden Anfang der 80er-Jahre des vorigen Jahrhunderts auch das Rheinische und das Westfälische Industriemuseum in Oberhausen und Dortmund sowie das Ruhrlandmuseum in Essen. Die riesigen Abraumhalden und Brachlandschaften werden zudem zu musealen Landschaftsparks umgestaltet. Das Ruhrgebiet wird zu einer Erinnerungslandschaft, in der sich die Vergangenheit mit Relikten industrieller Produktionsverfahren dokumentiert.

**Montankrise** *bezeichnet die Strukturkrise der Montanindustrie (Bergbau und weiterverarbeitende Industriezweige) seit Ende der 1960er-Jahre, ausgelöst durch umfassende Rationalisierung der Produktion nach Einführung neuer mikroelektronischer Techniken. Sie führte den Niedergang »alter« Industriezweige und den massiven Abbau von Arbeitsplätzen herbei.*

### 27 Industriedenkmäler und das öffentliche Interesse

**a) Der gesetzliche Denkmalsbegriff:**

Denkmäler sind Sachen, Mehrheiten von Sachen und Teile von Sachen, an deren Erhaltung und Nutzung ein öffentliches Interesse besteht. Ein öffentliches Interesse besteht, wenn die Sachen bedeutend für die Geschichte der Menschen, für Städte und Siedlungen oder für die Entwicklung der Arbeits- und Produktionsverhältnisse sind und für die Erhaltung und Nutzung künstlerische, wissenschaftliche, volkskundliche oder städtebauliche Gründe vorliegen.

Ministerium für Arbeit, Soziales und Stadtentwicklung, Kultur und Sport des Landes Nordrhein-Westfalen (Hrsg.), Denkmalschutz und Denkmalpflege in Nordrhein-Westfalen, Düsseldorf 1998, S. 53.

**b) Staatsminister Michael Naumann zum »Jahr der Industriekultur 2000«:**

Unser bauliches kulturelles Erbe dokumentiert, woher wir kommen, unseren Umgang damit, wohin wir gehen wollen. Richtig verstandener und akzeptierter Denkmalschutz ist zugleich Ausdruck eines kulturellen Bewusstseins, das auch die eigene Geschichte nicht ausblendet. Schutz und Pflege des baulichen Erbes machen Geschichte anfassbar und fassbar, in der unmittelbaren Nachbarschaft, in der Region, im Land. Damit, behaupte ich, leisten wir zu einem Zeitpunkt, in dem die Gesellschaft sich atomisiert, sich jeder in sein Privatleben zurückzieht, in dem Europa gleichzeitig mit seinen gesellschaftsübergreifenden Strukturverwaltungsmaßnahmen das Gefühl für regionale Identität angeblich oder auch wirklich gefährdet, einen Beitrag zur Stabilisierung und zur Restabilisierung der Region.

Industriedenkmäler wurden in der Vergangenheit selten als Teil unseres kulturellen Erbes wahrgenommen: Mit ihrer Ausdehnung und ihrem spröden Charme haben sie es auch heute oftmals schwer sich durchzusetzen. Die hiesige Industrielandschaft ist aber ein hervorragendes Beispiel für den Umgang mit diesem Erbe. Sie zeigt, wie Menschen sich die Natur angeeignet, ihren Reichtum genutzt haben, mit welchen Techniken sie begannen und unter welchen Strapazen sie leiden mussten. Hier wird aber auch deutlich, wie zeitgebunden und vergänglich menschliches Wissen und Handeln sein kann. Und schließlich, wenn man es ernst meint mit der eigenen Standortbestimmung, zeigt diese Industrielandschaft, wie durch eine neue Nutzung die vorhandenen Elemente bereits historischer Industrie und die kulturelle Vielfalt erhalten, bereichern und – ganz nebenbei – auch Arbeitsplätze sichern kann.

Zit. nach Forum. Industriedenkmalpflege und Geschichtskultur 1 (2000), S. 20–21.

**c) Ein Positionspapier zur Industriedenkmalpflege und Geschichtskultur im Ruhrgebiet fasst die Argumente der Gegner von Industriedenkmälern zusammen:**

1. Die Gebäude und technischen Anlagen der großmaßstäblichen Industrialisierung gelten als »kulturlos«, da sie wenig gemeinsam mit dem im wesentlich vorindustriell geprägten Verständnis von Baukultur haben.
2. Die Erinnerungen an die Montanindustrie werden als fortschrittshemmend und imageschädigend gewertet. Die sichtbaren baulichen Zeugen dieser Epoche gelten somit als Signale des Niedergangs.
3. Die finanziellen Aufwendungen für den Erhalt von Industriebauwerken erscheinen unkalkulierbar hoch und im Ergebnis unproduktiv.

Zit. nach: industrie-kultur. Denkmalpflege, Landschaft, Sozial-, Umwelt- und Technikgeschichte 1 (1996), S. 36.

**d) Aus einem Leserbrief einer Dortmunder Stadtteilzeitung zur geplanten Errichtung des »Industriedenkmals Hansa« in Dortmund:**

Die Ruhrkohle AG lacht sich ins Fäustchen. Sie braucht ihren Schrott und giftigen Boden nicht zu entsorgen. Das übernehmen jetzt [...] die Steuerzahler. Die von Dezernent Sierau propagierten »Freizeitziele« Schrotthaufen Kokerei Hansa und Mülldeponie sind sicher nicht das Umfeld seines Wohnbereiches und seiner Freizeitgestaltung. Man kann kein altes verschimmeltes Brot als Sahneteilchen verkaufen.

Die NS 9 muss einen großen Bogen um dieses Monster machen. Eine vierspurige Umgehungsstraße endet vor den Toren [des Ortes] Huckarde und verzwickt sich in einem Ampelwirrwarr. Wäre die heutige Emscherallee in ihrer seit Jahrzehnten geplanten Trasse verlegt worden, würden die Anwohner nicht belastet. Ein Industriedenkmal Hansa ist überflüssig. Es gibt im Ruhrgebiet schon genug dieser Art, die in ihrer Substanz viel besser erhalten und denkmalwürdig sind.

Zit. nach: Westfälische Rundschau/RDOW2, vom 31. März 2000.

**e) Über die Kunstprojekte im Ruhrgebiet schrieb Ira Mazzoni in der »Süddeutschen Zeitung« 1999:**

Gelegentlich kann Licht Wunder wirken. Jonathan Park änderte die Wahrnehmung der Anwohner, indem er seine für die Rolling Stones perfektionierten Inszenierungskünste auf das Hüttenwerk Meiderich anwandte und die rostenden Hochöfen mit ihrem Rohrgedärm als skulpturale Körper in farbiges Licht tauchte. Wer vorher für den Abriss plädierte, führt heute Freunde und Fremde stolz durch das sanft leuchtende Raumkunstwerk.

Was einmal Effekt hatte, wird kopiert. So verwandelten Jonathan Speirs und Mark Major die schwarze Seite der Kokerei Zollverein bei Essen in einen blinkenden Sunset-Boulevard. Auch die Völklinger Hütte, Welterbe ohne Nutzungs- und Erhaltungsperspektiven, wurde im Sommer kurzfristig Projektionsfläche eines grellen Lichtspektakels. [...] Die Stadtväter lassen ihre Industriedenkmale, die inzwischen wie Schachfiguren nach verlorenem Spiel allein auf abgezirkelten Rasenflächen stehen, poppig aufleuchten.

Wenn zu Vivaldis »Jahreszeiten« die Türmchen des Brüsseler Rathauses erröten, dann spricht jeder von Kitsch. Wenn beim IBA [Internationale Bauausstellung]-Abschlussspektakel moderne Tanztruppen über Koksbatterien zappeln, dann ist das hohe Kunst, die den Strukturwandel inszeniert. Doch wie lange noch? Im Jahr 2000 wird noch etwas Geschichte gefeiert, aber nach der Landtagswahl wird es keine Projektmittel mehr geben. Was wird aus der »postindustriellen Kulturlandschaft«, wenn die Lichter ausgehen?

Nachdem die industriellen Komplexe großflächig abgerissen wurden, nachdem Gras über die vergifteten und unterminierten Flächen gewachsen ist, kommen die Spurensucher*. Wenn sie zu wenig finden, bringen sie neue Materialien heran, schichten Tore, Kegel und Pyramiden aus Bauschutt, legen Geokreuze aus Eisenbahnbohlen und pflanzen magische Baumkreise. Märchen und Mythen werden produziert, aber die Vergangenheit wird verdrängt. Nichts wird erklärt, alles wird Requisit für neue Bühnenbilder. [...]

»Art in Nature« – um das historische Gewissen zu beruhigen. Die künstliche Idylle wird noch ein wenig verkunstet, damit sich Bildungsbürger und Kulturtouristen an das Vergangene erinnern mögen. Spätestens die nächste Generation wird die verstreuten Zeichen nicht mehr zu deuten wissen.

**f) Das ehemalige Hüttenwerk von Thyssen in Duisburg-Meiderich bei Nacht.** Lichtinstallation des Künstlers Jonathan Park, 1999.

Ira Mazzoni, Viel Terz um eine Stele, in: Süddeutsche Zeitung vom 13. Dezember 1999, S. 17.

* Die Autorin bezieht sich auf den künstlerischen Ansatz der »Spurensicherung«, der in den 1970-Jahren entstanden ist. Die Spurensicherung befragt öffentliche und private Orte auf Spuren ihrer Geschichte, z.B. Gebrauchsspuren und Hinterlassenschaften, indem sie etwa Strukturen freilegt, Relikte sammelt und präsentiert.

1. Erläutern Sie unter Zuhilfenahme des VT sowie der Quellen 27a und b den Begriff und die Aufgaben von Industriedenkmälern sowie ihre Bedeutung für die regionale Identität.
2. Diskutieren Sie die in den Quellen 27c, d und e genannten Argumente und Einwände gegen einen Erhalt alter Industriebauwerke.
3. Überlegen Sie, welche Kriterien Ihrer Auffassung nach erfüllt sein müssten, um eine »Umdeutung« stillgelegter Industriestätten in Industriedenkmäler zu rechtfertigen.
4. Entwickeln Sie Vorschläge zur Nutzung stillgelegter Industriestätten Ihrer Umgebung und diskutieren Sie diese in der Gruppe.

# 4. DER UMGANG MIT DER NATIONALSOZIALISTISCHEN VERGANGENHEIT

**28 2146 Steine.** Mahnmal gegen Rassismus 1990–1993, Saarbrücken, von Jochen Gerz.

Die Abbildung zeigt die Zufahrt zum Schloss in Saarbrücken. Ein gepflasterter Weg führt zu dem barocken Gebäude – Anziehungspunkt für Besucher der Stadt. Das Schloss ist gut erhalten und beherbergt ein Museum. Keine Auffälligkeiten. Und doch: Was wir sehen, ist die Abbildung eines Mahnmals. Darauf weist das Straßenschild mit der Aufschrift »Platz des unsichtbaren Mahnmals« hin: Der in Frankreich lebende deutsche Künstler Jochen Gerz schuf es gemeinsam mit einer kleinen Gruppe von Studenten. Sie ermittelten die Namen jüdischer Friedhöfe, die vor 1933 in Deutschland existiert hatten, und meißelten ihre Namen in die Steine, die die Zufahrt zum Schloss pflasterten. In zunächst heimlichen, illegalen Aktionen wurden sie ausgehoben, graviert und mit der Beschriftung nach unten wieder eingesetzt. Für niemanden sind die Inschriften der entnommenen Steine sichtbar. Nichts deutete zunächst von außen auf das Mahnmal hin. Nachträglich billigte das Stadtparlament das Projekt, das der Künstler »2146 Steine – Mahnmal gegen Rassismus« nannte, und ließ das Straßenschild aufstellen.

»Man kann es nicht erzählen, aber man darf es nicht verschweigen.« formulierte Elie Wiesel, Überlebender von Auschwitz und Buchenwald. Damit brachte er eine Problematik auf den Punkt, die sich bis heute in der Auseinandersetzung mit der NS-Vergangenheit zeigt. Wie kann man angemessen über die NS-Zeit berichten, wie die Erinnerung an ihre Verbrechen überliefern? Gibt es überhaupt passende Begriffe und Bilder, die die Dimensionen der NS-Verbrechen erfassen? Das »Nicht-Verschweigen-Dürfen« thematisiert den Zweck der Holocaust-Erinnerung: der Opfer zu gedenken und durch Erinnern eine Wiederholung der Geschehnisse zu verhindern.

Als sichtbarer Versuch, der Erinnerung an die NS-Vernichtungspolitik angemessen zu begegnen, etablierte sich als besondere Form des Denkmals das Mahnmal. Es versucht die Auseinandersetzung mit dem Nationalsozialismus in ästhetische Formen zu bannen und arbeitet häufig mit emotionalen Mitteln. Jochen Gerz unterschied die Erinnerungsformen des Denkmals von der des Mahnmals so: »Denkmal bedeutet Monument im Sinne von Ort des Gedenkens: ›Denkt daran‹. Mahnmal, das ist eher wie ein Aufruf. Dieses Wort wird insbesondere seit dem letzten Krieg verwendet. Ich würde sagen Denkmal = positive Vergangenheit,

Mahnmal = negative Vergangenheit. Das eine geht in die Richtung des Gedenkens, des ›Schönen‹. Das andere hat eine störende Qualität, die auch Hässlichkeit nicht ausschließt.«
Mit seiner Arbeit »2146 Steine – Mahnmal gegen Rassismus« hat Gerz versucht, eine künstlerische Lösung für die Darstellbarkeit des Unsagbaren zu finden. Die Idee entstand während einer Gastprofessur an der dortigen Hochschule der Bildenden Künste. Gemeinsam mit seinen Studenten erkundete der Künstler den Ort und seine Geschichte. Dabei stießen sie auf eine »Gestapo-Zelle« im Keller des Schlosses, die während der Renovierung 1975 entdeckt worden war und mittlerweile in das dortige Museum integriert ist. In der winzigen Zelle waren zeitweise bis zu sechzehn Personen eingepfercht und warteten auf ihren Abtransport ins KZ, auf Folter oder Tod. Die Angst der Gefangenen ist in Kritzeleien an den Wänden dokumentiert.

In der Bundesrepublik Deutschland wird seit den 1980er-Jahren neben individuellen künstlerischen Lösungen wie dieser versucht, repräsentative Formen des Gedenkens und des Umgangs mit der Geschichte des Nationalsozialismus zu finden – mit großen, staatlich geförderten Mahnmalsprojekten in der Hauptstadt Berlin. Daneben errichtet man an authentischen Orten des Verbrechens Gedenkstätten, die die Besucher mithilfe dokumentarischer Aufklärung zur Reflexion auffordern. Doch sind die Prozesse der Lösungssuche durchaus von kontroversen Diskussionen begleitet. Einen tragfähigen Konsens über angemessene Inhalte und Formen der Erinnerung an die Verbrechen des NS herzustellen, ist alles andere als einfach: Woran soll erinnert werden (und was darf in Vergessenheit geraten)? Sollen Erinnerungsorte den Betrachter in erster Linie emotional ansprechen oder kognitiv? Sollten Künstler versuchen, Opfererfahrungen für den Betrachter nachvollziehbar zu machen? Wird nicht überhaupt zu viel an die Verbrechen des Nationalsozialismus erinnert – oder kann gar nicht oft genug zur Auseinandersetzung aufgefordert werden? Ruft nicht die ständige Aufforderung Widerstände auf den Plan? Trägt sie dauerhaft zur Demokratisierung der Gesellschaft bei – oder doch nur zur Gewissensberuhigung?

## 4.1 Das Denkmal als Mahnmal: die Neue Wache

**Ein Gebäude wird zum Gedenkort**

Die Neue Wache in Berlin hat als Erinnerungsort eine lange Geschichte. Ursprünglich diente sie – gebaut 1816–1818 nach Plänen Karl Friedrich Schinkels – als Wachlokal zum Schutze des im Schloss residierenden preußischen Königs. 1822 wurde sie zum Gedenkort für die siegreichen Befreiungskriege gegen Napoleon umfunktioniert. Die ihr gegenüber aufgestellten Statuen der Generäle der Befreiungskriege – Blücher, Gneisenau, Scharnhorst und York – ergänzten nun das Gebäude. Um die Jahrhundertwende vom 19. zum 20. Jahrhundert hielt die Zentrale des Militärtelegrafen und der Militärpost Einzug. Von hier aus ordneten die Verantwortlichen die Mobilmachung zu Beginn des Ersten Weltkrieges und vier Jahre später die Demobilisierung an. Nach dem Zusammenbruch des deutschen Kaiserreiches war die Neue Wache zunächst funktionslos geworden.
Die Diskussion um die zukünftige Nutzung des Schinkel'schen Bauwerkes entbrannte, als eine Kunsthistorikerin Mitte der 1920er-Jahre vorschlug, dort der Trauer um die Gefallenen des Ersten Weltkriegs in der Errichtung eines nationa-

**29 Karl Friedrich Schinkels Neue Wache.** Foto von 1881.

len Mahnmals Ausdruck zu verleihen. Widerstand kam zum einen von den süddeutschen Ländern, die sich gegen den Berliner Standort wehrten, zum anderen von Soldatenvereinen, die ein nationales Ehrenmal in der freien Natur verlangten. 1930 schließlich deklarierte der preußische Ministerpräsident Otto Braun (SPD) das Gebäude als preußisches – also nicht nationales – Ehrenmal für die im Weltkrieg gefallenen Deutschen, das er von dem Architekten Heinrich Tessenow gestalten ließ.

Der neue Gedenkraum rief verschiedene Reaktionen hervor: Die einen waren von seiner Schlichtheit und Feierlichkeit beeindruckt, die anderen hielten die Gestaltung für kitschig und banal.

Obwohl nach 1933 nur eine geringfügige Veränderung vorgenommen wurde – im Innenraum wurde ein Holzkreuz aufgestellt – verliehen die nationalsozialistischen Inszenierungen dem »Reichsehrenmal«, wie die Neue Wache nun hieß, einen neuen Charakter, indem sie sie zum zentralen Ort ihrer ritualisierten Militärfeiern machten. Aus der ursprünglich beabsichtigten Mahnung zum Frieden wurde eine Verehrung des Opfertodes nationaler Helden.

### »Mahnmal für die Opfer des Militarismus und Faschismus«

Während des Zweiten Weltkrieges wurde Schinkels berühmtes Bauwerk stark zerstört. Die zurückgebliebene Ruine symbolisierte für die neuen Machthaber in der DDR den Untergang des preußischen Militarismus. Daher plädierten verschiedene Gruppen, wie etwa die FDJ, für die vollständige Beseitigung der Überreste.

**30 Der Innenraum der Neuen Wache,** von Heinrich Tessenow 1930 gestaltet.

Dass das Bauwerk dennoch erhalten blieb, ist dem russischen Stadtkommandanten Berlins zu verdanken, der in ihm ein Sinnbild deutsch-russischer Freundschaft aus der Zeit der Befreiungskriege sah. Die hohe Symbolkraft dieses Gedächtnisortes nutzte schließlich der Ostberliner Magistrat und gestaltete die Neue Wache 1960 zum »Mahnmal für die Opfer des Faschismus und der beiden Weltkriege« um. Das Holzkreuz aus der NS-Zeit wurde entfernt, der beschädigte Innenraum ansonsten unverändert gelassen, um an den Krieg zu erinnern. Zum 20. Jahrestag ihres Bestehens gab die DDR sich allerdings nicht mehr mit dieser Form der Selbstdarstellung zufrieden. Das Staatswappen, die ewige Flamme und Urnen für den Unbekannten Soldaten und den Unbekannten Widerstandskämpfer schmückten daher seit 1969 das »Mahnmal für die Opfer des Faschismus und Militarismus«, wie es nun hieß.

Nach der Wende erklärte Bundeskanzler Helmut Kohl (CDU) die Gestaltung eines nationalen Mahnmals zur Chefsache. Am 14. November 1993, dem Volkstrauertag, weihte er die Neue Wache als »Zentrale Gedenk-

**31** links: **Der Gedenkraum mit Kreuz.** Foto, 1933.

**32** rechts: **Das Innere der Neuen Wache 1945.** Foto von Robert Capa.

stätte der Bundesrepublik Deutschland« ein. Im Zentrum des Gedenkraums steht nun eine von einem Berliner Bildhauer vergrößert nachgearbeitete Skulptur von Käthe Kollwitz, die Pietà. Kollwitz hatte sie 1937 als Teil einer Serie von Arbeiten geschaffen, in der sie sich mit der Trauer um ihren im Ersten Weltkrieg gefallenen Sohn Peter auseinandersetzte. Die Pietà und die Inschrift »Den Opfern von Krieg und Gewaltherrschaft«, die also alle Toten, auch die der Täterseite, einbezieht, bilden nun die inneren Bestandteile des Gedenkraums. Diese neue Gestaltung wurde öffentlich heftig diskutiert: Sollte ein Ort, der die längste Zeit seiner Geschichte als Kriegerehrenmal genutzt worden ist, zur zentralen Gedenkstätte für die Opfer von Krieg und Gewaltherrschaft gemacht werden?

## 33 Tessenows Gedenkraum von 1930

**a) Ein zeitgenössischer Befürworter äußerte sich folgendermaßen:**

Einfache, klare Symbole mahnen: der Stein an das Sterben, der Kranz an die Ehre, die Kerzen an die Trauer, das Kreuz an den Sieg durch den Tod, das einströmende Licht und der Blick in den offenen Himmel an die strahlende Unvergänglichkeit echten Heldentums.

Zit. nach: Daniela Büchten/Annette Frey, Im Irrgarten deutscher Geschichte, Berlin 1993, S. 26.

**b)** links: **»Maul halten und weiter dienen«.** Karikatur von George Grosz, 1928.

**c) Der zeitgenössische Kritiker Kállai wird so zitiert:**

Die Gedächtnisstätte wölbe sich »verklärend und somit versöhnend über das Entsetzliche«, sei »Schönheitspflaster auf dem grauenvollen Antlitz unsrer patriotischen Untaten«. Kállai forderte: »Baut konservierte Schützengräben, Drahtverhaue, Unterstände und Granattrichter auf, mit Leichen und Gestank, mit Blut und Dreck. [...] Und als Bekrönung den Christus mit der Gasmaske von George Grosz.«

Zit. nach: Peter Reichel, Politik mit der Erinnerung. Gedächtnisorte im Streit um die nationalsozialistische Vergangenheit, München 1995, S. 237.

1. Beschreiben Sie anhand des Verfassertextes und der Abbildungen (29–32), mit welchen Zielsetzungen die Neue Wache als Gedenkort seit Anfang des 19. Jahrhunderts genutzt wurde.
2. Formulieren Sie Ihren Eindruck des Gedenkraums von 1930 (30). Beschreiben Sie die Gestaltungselemente, die Tessenow verwendete, und erläutern Sie ihre Symbolik. Nehmen Sie Stellung zu den Quellen 33a, b und c.

**34** **Das Mahnmal in der DDR.**
Einweihung mit der Beisetzung des Unbekannten Soldaten und des Unbekannten Widerstandskämpfers, 1969.

Erläutern Sie mithilfe des Verfassertextes und des Fotos (34), welchen Charakter die Gedenkstätte in der DDR erhielt.

## 35 Die nationale Gedenkstätte heute

**a) Im März 1993 äußerte sich der Präsident der Berliner Akademie der Künste, der Philologe Walter Jens, bei einer Podiumsdiskussion zur Zukunft der Neuen Wache:**

Wir plädieren für eine strikte Restituierung des von Heinrich Tessenow anno 1931 geschaffenen Inneren der Schinkel-Wache [...]. Freilich gibt es nicht wenige unter uns, und ich zähle mich zu ihnen, die den Meister der Gedenkstätte erst dann wirklich gewürdigt sehen, wenn sie – belehrt durch den millionenfachen Mord nach 1933 – Tessenows zweiten, nicht realisierten Entwurf als verwirklicht betrachten könnten. Einen Entwurf, der das Gedenken des Heldenmals mit einer Konsequenz ohne Beispiel ad absurdum führt. [...] Er wolle alles ändern, [...] ihm schwebe jetzt etwas ganz anderes vor, ein abgrundtiefes Loch, eine dunkle Grube mit Bronzebalken bedeckt, ein bodenloser Abgrund sei der einzig angemessene architektonische Ausdruck für den Krieg und für Millionen von Opfern. Oben der Himmel, offen, und unten die Grube. Licht und schwarze Hölle; eine Hölle, die für den Widerruf der Genesis steht, für elendes Krepieren im Graben, vor dem Peloton und im Gras.

Zit. nach: Jörg Feßmann, Akademie der Künste Berlin (Hrsg.), Streit um die Neue Wache: Zur Gestaltung einer zentralen Gedenkstätte, Berlin: Akademie der Künste 1993, S. 55.

**b) Christoph Stölzl, Generaldirektor des Deutschen Historischen Museums Berlin, vertrat bei der Podiumsdiskussion zur Zukunft der Neuen Wache im März 1993 die folgende Position:**

Nun, ich plädiere gegen die Rekonstruktion des kompletten Tessenow-Raumes in der Neuen Wache, weil es hier nicht um eine kunsthistorische Aufgabe geht, sondern um eine, bei der die politische Symbolik weit schwerer wiegt als alle kunsthistorischen oder denkmalpflegerischen Aspekte. Tessenows Monument, der Steinaltar mit dem silbernen Eichenkranz, ist ein faszinierendes, suggestives Beispiel für den heroisch klassizistischen Zeitgeist der 1930er-Jahre. Wer sich nicht an die Fotos hält, welche die Proportionen verfälschen, sondern in ein Modell blickt, der sieht einen Raum, der dem Preis soldatischer Tugend gewidmet ist. [...]

Nun zu Käthe Kollwitz. Das lebenslange Ringen von Käthe Kollwitz um die Gestaltung eines Denkmals, das dem sinnlosen gewaltsamen Tod nicht nur des eigenen Sohnes, sondern darüber hinaus dem Schicksal von Millionen von Opfern ein Bild geben sollte, lenkt ganz von selbst das Interesse auf das Werk dieser Künstlerin. [...]

Ich glaube nicht, dass man im Ernst auf dem normalen Weg der Entscheidungsfindung – Kunst im öffentlichen Raum – ein neues, alle überzeugendes »Bild« für die Katastrophen dieses Jahrhunderts finden wird. Die Idee vom abgrundtiefen Loch halte ich für falsch. Das Versteinern, das Verstummen, das Nicht-mehr-Antworten auf die Katastrophe ist ehrenwert. Aber genauso könnte man darin etwas Ungehöriges sehen, bloß zu schweigen. Das Anrührende in den Kollwitz'schen Bildern halte ich für eine mögliche Antwort auf eine, ich wiederhole es, im strengen Sinne sicherlich unlösbare Fragestellung.

Zit. nach: Jörg Feßmann, Akademie der Künste Berlin (Hrsg.), Streit um die Neue Wache: Zur Gestaltung einer zentralen Gedenkstätte, Berlin: Akademie der Künste 1993, S. 59.

**c) Modell des Innenraums mit Pietà.** Foto, 1993.

**d) Die »Pietà« von Käthe Kollwitz.** Bronze, 1937/38, Käthe-Kollwitz-Museum, Berlin

**e) Der Historiker Reinhard Koselleck schrieb 1993 in seinem Artikel »Stellen uns die Toten einen Termin? Die vorgesehene Gestaltung der Neuen Wache wird denen nicht gerecht, derer es zu gedenken gilt«:**

Schon bevor die zum Denkmal hoch getrimmte Statue der schuldbewussten Mutter mit ihrem opferfreudigen Sohn errichtet wird, wird sie bereits funktionalisiert, zwangsläufig umgedeutet zum trauervollen Kriegermal. Der tote Soldat und seine Mutter werden beide als »Opfer« erinnert – das ist die neue Botschaft.

Alles, was seit der Schöpfung der privaten Intimplastik – seit 1937 – geschehen ist, bleibt ausgeblendet. Was also sagt unsere Pietà nicht? Es wird behauptet, zum ersten Mal sei hier die Frau in das Gedenken einbezogen worden, die Frau als Opfer des Krieges, weil sie ihren Sohn verloren hat. Aber was hat sich seitdem ereignet, im Zweiten Weltkrieg? Zu Millionen wurden die Frauen selbst umgebracht, vergewaltigt und ermordet, mitsamt ihren Kindern. Mehr noch, sie wurden von uns Deutschen administrativ in die Gaskammern geschleust, um beseitigt zu werden, vom Erdboden zu verschwinden. Nicht die überlebende Mutter kann die zentrale Figur unserer zentralen Gedenkstätte sein – es sind die Witwen, Frauen und Mütter, die selbst umgekommen sind, ohne oder mit ihren Kindern, in den Luftschutzkellern auf der Flucht, in den Gruben der Exekutionen und in den Todesfabriken. Der traditionsreiche Soldatentod in Ehren – die überlebende Mutter als »Opfer« kann nicht die zentrale bildliche Vorgabe sein, die unserer Erfahrung entspricht. Die umgebrachten, die verschollenen, die ermordeten Frauen – und ihre Kinder – sie könnten nicht von der Mutterfigur der Kollwitz in unsere Erinnerung eingeholt werden. Die Wahrheit ist schlimmer. Wessen wir auch zu gedenken haben, sind die toten Frauen selbst. Sie werden von der Pietà als Kriegerdenkmal ausgeschlossen.

Aber die Gruppe der Pietà schließt von ihrer Selbstaussage her nicht nur die umgekommenen und umgebrachten Frauen aus. Sie schließt auch die Juden aus. Den bloßen Zahlen nach sind von uns etwa ebenso viele Juden – Frauen, Männer und Kinder – ermordet worden, wie deutsche Soldaten im Krieg umgekommen sind. Käthe Kollwitz konnte das noch nicht wissen. Ihre Pietà war ein paradoxes Gleichnis, das der christlichen Verheißung zu entrinnen suchte. Trost nur in der Trauer suchend. [...] Die Pietà bleibt ein christliches Denkmal, kein Denkmal, das auch nur andeutungsweise versucht, die vernichteten Juden einzubeziehen.

[...] Hier stellt sich nicht nur die Frage nach dem Verfahren, sondern einzig und allein die Frage danach, welcher Tod und wessen Tod erinnert werden muss, um unsere Trauerstätte zu rechtfertigen. Die Bundesrepublik ist es sich schuldig, ein Totenmal zu errichten, das weder national noch religiös Partei ergreift. Die Pietà als Grenzmarke zwischen Judentum und Christentum scheidet damit aus.

Zit. nach: Frankfurter Allgemeine Zeitung vom 23. August 1993, S. 29.

**f) Denkmalssturz? Der Kunsthistoriker Tilmann Buddensieg, 1993:**

Professor Arne Kollwitz, Enkel der großen Käthe Kollwitz, hat im Morgenmagazin des Deutschen Fernsehens irgendwann im August bestimmt: Entweder die preußischen Militaristen vor der Wache oder die vergrößerte Mutter seiner Großmutter in der Wache.

Der Altmärker Freiherr Friedrich Wilhelm von Bülow, Graf von Dennewitz (1755 bis 1816), war zwar einer der tonangebenden Kavaliere von Berlin, der Komponist von Motetten, Psalmen und einer Messe, im Hauptberuf aber leider Sieger von Möckern, Großbeeren und Gefolgsmann von Blücher bei Waterloo. Schinkel und Rauch hatten ihm eine Statue rechts von der Neuen Wache errichtet. Von dort musste der Militarist weg. Er darf auch nicht mehr zurück.

Nicht besser ergeht es Gerhard Johann David von Scharnhorst (1755–1813). Als Hannoveraner Landarbeitersohn begann er eine glanzvolle wissenschaftliche und reformerische Laufbahn, die heute an der zentralen Gedenkstätte aller Deutschen für unerträglich gilt. Seine Statue von Rauch hat Schinkel von Anfang an für die linke Seite der Neuen Wache bestimmt. Heute soll sie die Andacht vor der Mutter und dem Sohn nicht entweihen. Hundert Meter davon, als Gartenzierrat am Opern-Café, darf Scharnhorst bei Sahnetorte toleranter betrachtet werden. [...]

In dem Umtausch zweier Preußen-Generäle gegen eine trauernde Mutter glaubt man, den Boden der Geschichte und den eigenen Kopf, nein, die deutsche Brust, leer räumen zu können für die Versenkung in Trauer.

Tilmann Buddensieg, Trauerspiel am Trauermal. Zit. nach: Frankfurter Allgemeine Zeitung vom 27. November 1993, S. 27.

1. Fassen Sie die in den Quellen 38a und b geäußerten Vorstellungen über eine angemessene Neugestaltung zusammen und diskutieren Sie die verschiedenen Standpunkte. Überlegen Sie, welcher Argumentation Sie am ehesten zustimmen würden.
2. Stellen Sie den Argumentationsstrang Kosellecks (38e) heraus. Diskutieren Sie seine Auffassung. Was würden Sie ihm entgegenhalten, worin können Sie ihm zustimmen?
3. Buddensieg thematisiert (38f), dass alte Denkmäler für ein neues weichen mussten. Überlegen Sie, unter welchen Bedingungen Sie einen Denkmalssturz für berechtigt halten würden. Diskutieren Sie darüber in der Gruppe.

## 4.2 Das Denkmal als Mahnmal: das Holocaust-Mahnmal

**Ein sichtbares Zeichen für die ermordeten Juden Europas**

Erinnert die Neue Wache mit ihrer Inschrift an alle »Opfer von Krieg und Gewaltherrschaft», so sollte mit einem Holocaust-Mahnmal in Berlin allein einer Opfergruppe gedacht werden: der ermordeten Juden Europas.
1988 hatte die Fernsehjournalistin Lea Rosh zum ersten Mal die Forderung nach einem nationalen Mahnmal für die ermordeten Juden Europas erhoben. Im Land der Täter müsse ein sichtbares Zeichen gesetzt werden. Ihre Forderung entzündete eine Debatte darüber, welcher Opfer mit einem Mahnmal gedacht werden sollte: allein der Juden oder auch anderer Opfergruppen des NS-Regimes?
Rund ein Jahr später wurde der »Förderkreis zur Errichtung eines Denkmals für die ermordeten Juden Europas« gegründet, der mit Anzeigen und öffentlichen Auftritten für seine Idee warb und schließlich die Unterstützung des Bundesinnenministeriums fand. Im Herbst 1992 stand auch der Ort für die Errichtung des Mahnmals fest: ein 20 000 qm großes Grundstück in den ehemaligen Ministergärten südlich des Brandenburger Tors. Der Bund und das Land Berlin verpflichteten sich, die Hälfte der Kosten zu übernehmen. Für die andere Hälfte sollte der Förderverein mittels Spenden aufkommen.
Im April 1994 wurde ein Künstlerwettbewerb für das Denkmal ausgeschrieben. Der favorisierte Entwurf kam von einer Künstlergruppe um Christine Jackob-Marks, die eine elf Meter hohe, 20 000 qm große schiefe Ebene aus Beton errichten wollte, in der die Namen der während der Shoa ermordeten Juden ein-

**36 Das Entwurfsmodell von Christine Jackob-Marks.** Foto, 1994.

graviert werden sollten. Die Umsetzung sollte finanziert werden, indem Spender Namen von Toten in Patenschaft erwerben. Vehement sprach sich vor allem Ignatz Bubis, der damalige Vorsitzende des Zentralrates der Juden in Deutschland, gegen diesen Entwurf aus. Er hielt ein solches Vorgehen für geschmacklos, weil es eine Art Ablasshandel ermöglichen würde: Wer ein schlechtes Gewissen habe, könne sich auf diese Weise freikaufen.
Ungeachtet dessen entschieden sich die Vertreter des Bundes, Landes und Förderkreises für die überdimensionale Platte. Aber von vielen Seiten kamen Proteste. So sei u. a. die vorgesehene Zahl von 4,2 Millionen Namen der Opfer willkürlich und nicht historisch zu belegen. Nachkommen der Opfer wehrten sich gegen eine Nennung ihrer Verwandten aus datenschutzrechtlichen Gründen. Viele lehnten den Entwurf aus ästhetischen Gründen ab, die Platte sei zu monumental. Ende Juni 1995 legte schließlich Bundeskanzler Helmut Kohl (CDU) sein Veto gegen das geplante Denkmal ein und erklärte gleichzeitig, dass der Bund das Grundstück für die Realisierung dieses Entwurfs nicht hergeben werde.

## Der zweite Wettbewerb

Im Juli 1997 wurden schließlich 25 in- und ausländische Künstler zu einem neuen Wettbewerb eingeladen. Der erste Preis ging an den Architekten Peter Eisenman und den Bildhauer Richard Serra, deren Entwurf ein begehbares Feld von 4200 dicht beieinander stehenden Betonstelen vorsah.
Lag die Entscheidung über das Verfahren zur Errichtung des Mahnmals bisher in den Händen des Bundeskanzlers und des Fördervereins, so änderte sich dies nach der Bundestagswahl im September 1998. Die Wahlsieger SPD und Bündnis 90/Die Grünen unterzeichneten ihre Koalitionsvereinbarung, in der es heißt, dass der Bundestag über die Frage des Holocaust-Mahnmals entscheiden wird. Der Beauftragte der Bundesregierung für Angelegenheiten der Kultur und Medien entwickelte mit dem Architekten Peter Eisenman ein Konzept, das über das Denkmal hinaus den Bau eines »Hauses des Erinnerns« vorsieht: ein Museum, eine For-

**37 Das Entwurfsmodell von Peter Eisenman und Richard Serra.** Foto, 1997.

schungsstätte und eine Bibliothek. Aber auch diese Idee fand keine einhellige Resonanz. Wieder gab es heftige Kritik aus den Reihen der Auslober des Wettbewerbs und des Deutschen Bundestages.
Doch am 25. Juni 1999 stimmte eine große Mehrheit der Abgeordneten des Deutschen Bundestages für die Realisierung des Eisenman-Entwurfes, erweitert durch ein zusätzliches Informationsangebot über den Holocaust.
Am 27. Januar 2000 schließlich kam es nach der Feierstunde des Bundestages anlässlich des Holocaust-Gedenktages zum »symbolischen Baubeginn«. Mit der Fertigstellung des Mahnmals wird im Jahr 2002 gerechnet.

## 38 An wen soll erinnert werden?

**a) Aus dem Ausschreibungstext des zweiten Wettbewerbs:**

Die Bezeichnung »Denkmal für die ermordeten Juden Europas« macht deutlich, dass das Denkmal dem Gedenken Millionen europäischer Juden gewidmet ist, die unter dem Nazi-Regime der systematischen Verfolgung, Entwürdigung und planmäßigen Ermordung zum Opfer fielen. [...] Der vielfach gebrauchte Begriff »Holocaust-Denkmal« ist ungenau, weil der Begriff Holocaust für den nationalsozialistischen Völkermord insgesamt steht, also den Genozid aus Rassismus an den Juden und auch den Sinti und Roma. [...] Der Massenmord an den Juden ist jedoch ein Verbrechen sui generis. Er steht nicht nur für die Vernichtung von annähernd 6 Millionen Juden, darunter 1,5 Millionen Kinder; er riss auch eine 1000-jährige Kultur aus dem Herzen Europas. [...] Die Einzigartigkeit des Mordes an den Juden Europas ist der Grund für ein gesondertes Denkmal. Dem Verbrechen an anderen Opfergruppen, ihrem Leiden und Sterben wird mit diesem Denkmal kein nachgeordneter Rang zugewiesen. Auch den Sinti und Roma als Opfern des Völkermordes wird ein zentrales Denkmal errichtet werden. [...]

Zit. nach: Michael S. Cullen (Hrsg.), Das Holocaust-Mahnmal. Dokumentation einer Debatte, Zürich 1999, S. 266 f.

**b) Der Historiker Reinhard Koselleck bezieht die folgende Position:**

Entweder wir errichten mit den und für die Juden eine Erinnerungsstätte, die der ermordeten Juden gedenkt. Dann müssen wir räumlich, ikonographisch, zeitlich und finanziell die jüdischen Wünsche einlösen: ein Opfermal. Oder wir errichten ein Mahnmal beziehungsweise ein Schandmal, jedenfalls ein Denkmal, das primär an die Tat und die Täter erinnert, die die Juden erschlagen, erschossen, vergast, beseitigt und in Asche, Luft und Wasser aufgelöst haben. Also ein Täterdenkmal? Nur scheinbar sind diese beiden Projekte identisch. Errichten wir ein Mahnmal, das die unsäglichen Taten der Deutschen erinnert, dann können wir nicht Halt machen vor den Millionen Toten anderer Gruppen, die von uns als Täter ebenso ermordet worden sind wie die Juden. Oder sollen wir als Erben der Täter eine Grenze ziehen zwischen den mit Gas Ermordeten, zum Beispiel in Sonnenstein, und jenen mit Gas Umgebrachten in Chelmno oder Sobibor? Die Vernichtungskategorien wurden von den Rasseideologen der SS entwickelt, sortiert und exekutiert – der Tod war der gleiche, so einmalig und so verschieden die Menschen auch waren, die unschuldig in diese Mordmaschine eingeschleust wurden.

Aus der Alternative: entweder ein Denkmal nur für die ermordeten Juden oder ein Denkmal, das an die Tat erinnert und die Täterschaft der Deutschen einklagt, ergibt sich eine Folgerung, die oft genannt, aber immer wieder beiseite geschoben worden ist. Aus einem Denkmal nur für die Juden allein folgt zwingend, dass wir für alle anderen Opfergruppen entsprechende Denkmäler errichten müssen. Dies ist die zweite Möglichkeit, die verwirklicht zu werden fordert. Jede Lösung unterhalb dieser Vielfalt von Denkmälern wäre verlogen. Doch bisher ist es nur bei Lippenbekenntnissen zur Toleranz geblieben. Für keine der anderen Opfergruppen gibt es eine staatliche Initiative oder private Pressuregroups, als seien ihre Toten Tote minderen Ranges, die eher der Vergessenheit anheim gegeben werden dürfen. Es ist die makabre Ironie dieser zweiten Lösung, dass wir uns weiterhin an die Häftlingskategorien der SS halten, die in den Konzentrationslagern alle so oder so definierten Gruppen gegeneinander ausspielte. Akzeptieren wir einmal das Denkmal nur für die Juden, dann erhebt sich daraus unentrinnbar jene oft zitierte Denkmalshierarchie, die je nach Zahl der Ermordeten und je nach Einfluss der Überlebenden die nazistischen Tötungskategorien festschreibt und in unterschiedlichen Größenordnungen versteinert. Es stellt sich die Frage, ob wir als Nation der Täter diese Folgelasten gutheißen können. [...]

Alle Opfergruppen wurden von demselben System ausgelöscht. Stellen wir uns erst einmal der Herausforderung, für jede der von der SS kategorisierten Opfergruppen eigene Denkmäler zu errichten, so gibt es keinen zwingenden Grund, die als slawische Untermenschen umgebrachten Menschen der Vergessenheit auszusetzen. [...]

Weder moralisch noch politisch gibt es irgendeinen Grund, diese Millionen Toten, die demselben Terrorsystem zum Opfer gefallen sind wie die Juden, aus unserem Denkmal auszusparen. Daraus folgt die dritte Möglichkeit: dass wir nur ein einziges Denkmal errichten dürfen, ein Mal, das an alle Ermordeten und Beseitigten gemeinsam erinnert. Dann bleibt keiner der von uns ermordeten unschuldigen Menschen aus der mahnenden Erinnerung des Täter-Mals ausgeschlossen. Dies ist die wirkliche geschichtliche Folgelast, die wir als Deutsche auf uns zu nehmen haben.

Reinhard Koselleck, Die falsche Ungeduld. Wer darf vergessen? Das Holocaust-Mahnmal hierarchisiert die Opfer. Zit. nach: Die ZEIT vom 19. März 1998, S. 48.

Stellen Sie die jeweiligen Argumentationsstränge heraus, mit denen dafür bzw. dagegen plädiert wird, die Errichtung des Mahnmals auf die Opfergruppe der Juden zu beschränken (41a und b). Überlegen Sie, welche Opfergruppen nach der Argumentation Kosellecks einbezogen werden müssten. Nehmen Sie Stelllung zu den dargestellten Positionen.

## 39 Der überarbeitete Eisenman-Entwurf

**a) Detailaufnahme des Eisenman-Serra-Entwurfs von 1997.**

**b) Erfahrung am eigenen Leib: Der Architekt Peter Eisenman über die Kritik an seinem Entwurf für das Holocaust-Mahnmal:**

ZEIT: Viele Kritiker fühlen sich von Ihrem Mahnmal bedrängt, halten es für monumental.

EISENMAN: Aber es ist nicht monumental. Es ist nicht maßlos. Die Projekte von Albert Speer überschritten absichtlich jedes menschliche Maß, um die Menschen zu überwältigen. Doch in dem geplanten Mahnmal, zwischen den vielen Stelen, ist der Raum ganz eng, so eng, dass zwei Leute nicht nebeneinander gehen können. Der Maßstab ist antimonumental, man wird sich wie in einem Maisfeld fühlen. Es wird eine gewisse Unruhe hervorrufen, aber es ist nicht monumental. Es ist groß und ausgedehnt, aber ausgedehnt und monumental sind zwei verschiedene Dinge. Hätte ich eine einzige riesige Stele gebaut, 60 oder 70 Meter hoch, dann wäre das monumental gewesen.

ZEIT: Außer den Kritikern, die Ihren Entwurf für unmenschlich halten, gibt es auch solche, die sich an einer angeblichen Schönheit stören, gar von Kitsch sprechen. Wie erklären Sie sich diese konträre Wahrnehmung?

EISENMAN: Es gibt eine doppelte Lesbarkeit. Von außen sieht es tatsächlich ruhig und friedlich aus – vielleicht wie die Anfänge der Nazibewegung in den Augen vieler Juden. Vielleicht hofften sie, dass alles gut gehen würde. Aber von innen sieht es anders aus.

ZEIT: Soll das Mahnmal eher ein Ort des privaten oder des öffentlichen Gedenkens sein?

EISENMAN: Ich glaube, es ist beides. Die Busgruppen werden mit einem kollektiven Anliegen kommen, aber ihre Erfahrung werden die Besucher in den schmalen Gängen nur als Individuum machen können, kein Führer wird sie hindurchgeleiten. Nichts ist voraussehbar, es gibt kein Zentrum, keinen Fokus, keine Repräsentation. In gewissem Sinne ist diese Erfahrung auch ein Akt der Erinnerung.

ZEIT: Gerade an dem Repräsentations- und Symbollosen stören sich Leute wie Diepgen [Bürgermeister von Berlin]: Sie halten das Mahnmal für zu abstrakt. Warum haben Sie keine Symbole verwendet, die leicht zu verstehen sind, die zu uns sprechen?

EISENMAN: Symbole, die leicht zu verstehen sind, reduzieren das Mahnmal zu einem Konsumprodukt. Das Monument soll keine Katharsis ermöglichen, es öffnet der Gegenwart das Bewusstsein über die Bedeutung des Holocaust in einer anderen Zeit. Es steht dem leicht Erfassbaren gleichgültig gegenüber, und wenn es eine Botschaft gibt, dann die, dass Symbole nicht möglich sind. Dies ist nicht willkürlich oder abstrakt. Seine Gleichgültigkeit ist sehr real. [...]

ZEIT: Warum, so wird immer wieder gefragt, können die ehemaligen Konzentrationslager nicht der eigentliche Ort der Erinnerung sein?

EISENMAN: Das KZ ist der Ort der Taten, es ist so, als ob man ein Schlachtfeld betritt oder einen Friedhof. Es ist die geografische und literarische Erinnerung, die Tatsache, dass man sich am geschichtlichen Ort des Geschehens befindet. Das Mahnmal hingegen ist ein spiritueller Platz, der die Frage stellt, warum es passieren konnte. Es führt uns nicht vor, was geschah. Das Lager sagt Was und Wie. Es fragt nicht nach dem Warum! Es ist einfacher, mit dem Was und Wie umzugehen, das Warum ist viel schwieriger. Und genau dieser Frage stellt sich das Mahnmal. [...]

ZEIT: Der Unterschied zwischen Museum und Mahnmal wäre also einer zwischen Verstehen und Erfahren, Denken und Fühlen?

EISENMAN: Genau. Das Mahnmal macht keinen Unterschied zwischen einem Fabrikarbeiter oder einem Intellektuellen, beide werden etwas fühlen. Man braucht kein bestimmtes Wissen, es hat nichts zu tun mit Verstehen. Das Mahnmal wird die Frage aufwerfen: Warum fühle ich das, was fühle ich, wie fühle ich? Aber irgendetwas wird man spüren. Das macht die Diskussion über das Mahnmal so schwierig – der Anblick des Modells ermöglicht uns nicht die physische Erfahrung. [...]

ZEIT: Sollte der Bundestag über dieses komplexe Thema abstimmen? Ist es sinnvoll, ein Mahnmal zu beschließen, wenn viele Stimmen es ablehnen?

EISENMAN: Ich halte es für richtig, wenn demokratisch entschieden wird. Ich weiß aber nicht, warum ein Mahnmal erforderlich sein soll, um die Deutschen zu vereinen. Sie sind sich einig über ihre Fußballnationalmannschaft, sie sind sich einig über die EU, zumindest über ihre dortige Rolle. So sollten wir uns keine Sorgen machen, ob das Mahnmal nun die Leute auseinander dividiert oder nicht. Es gibt diese Gräben in Deutschland, lasst doch das Mahnmal diese Gräben ruhig aufzeigen.

Zit. nach: Die ZEIT, 10. Dezember 1998, S. 51.

**c) Der Theologe und Vorsitzende der SPD-Fraktion in der letzten DDR-Volkskammer, Richard Schröder, unterbreitete einen eigenen Vorschlag:**

Der Entwurf von Eisenman, der auf einem riesigen Gelände südlich des Brandenburger Tors 2700 Stelen errichten will, die so eng beieinander stehen, dass man nur vereinzelt zwischen ihnen hindurchgehen kann, ist faszinierend und folgt einer modernen ästhetischen Konzeption. Es könnte aber sein, dass moderne ästhetische Konzeptionen, die sich wortlos an das Erleben wenden und einen Raum zur Selbsterfahrung bieten, eben deshalb nicht mahnmalfähig sind. [...] Offensichtlich möchte Eisenman mit der Vereinzelung beim Gang durch diesen Stelenhain etwas vom KZ-Erlebnis erfahrbar machen. Ein Empathiepark [Park der Einfühlung] soll es sein. Ich halte diese Absicht für verwegen. Was da erfahren wird, kann nie solche Vergleichbarkeit beanspruchen. Und dann müssen wir auch an die ordinären Banalitäten der Realisierung denken. Wenn man nun Bierdosen begegnet und Hundedreck statt sich selbst [...]?

Dass diejenigen, die in diesen Stelenpark hineingehen, auch in sich gehen, ist gar nicht gesagt. Ich halte das aber auch für eine Zumutung und für eine Überforderung, wenn der Imperativ in Beton gegossen wird: »So, nun fühle!« Gefühle lassen sich nicht kommandieren. Sie schlagen dann nämlich leicht um, denn sie sind mit ihrem Gegenstück verbandelt. Das öffentliche Gedenken darf nicht packend sein wollen, es muss diejenige Distanz wahren, die die Nachdenklichkeit fördert. Es sollte nicht wortlos Gefühle, sondern in klaren Worten den Verstand ansprechen. Man sollte frei und aufrecht vor ein Mahnmal treten können und nicht hineinkriechen müssen.

Der Stelenhain lässt Gräberfeld und Friedhof assoziieren wie schon der zuvor diskutierte Entwurf, der eine riesige Platte mit den Namen der Ermordeten vorsah. Das passt nicht gut in die Stadtmitte. Vor allem wissen wir aber doch: Es gibt den Ort nicht, wo sie begraben wurden, also sollten wir ihn auch nicht simulieren. Sie wurden verbrannt, sie wurden, um es drastisch zu sagen, wie Sondermüll entsorgt. […]

Mein Vorschlag: Das Mahnmal soll tatsächlich mahnen, nämlich mit den beiden Worten: »Nicht morden!«, und zwar in großen hebräischen Buchstaben. Der Satz könnte außerdem wiederholt werden in allen Sprachen, die Opfer der nationalsozialistischen Judenverfolgung gesprochen haben. Das sagen uns die Opfer, jeder in seiner Sprache. Aber groß und dominant sollte der Satz in hebräischen Lettern zu lesen sein. Denn es handelt sich dabei um eines der Zehn Gebote (nach christlicher Zählung das fünfte) aus der hebräischen Bibel, die zugleich der erste Teil der christlichen Bibel ist, Altes Testament.

Meine Gründe sind folgende: Die europäische Kultur hat drei Quellen, Jerusalem, Athen und Rom. Das hebräische Zitat ist eine Referenz an den fundamentalen Beitrag des Volkes Israel zu unserer europäischen Kultur. Für Juden und Christen ist das ein göttliches Gebot. Für den, der an Gott nicht glaubt, ist es dennoch, was es jedenfalls auch ist, ein Gebot der Vernunft. Keiner der Täter konnte behaupten, er habe von diesem Gebot noch nie etwas gehört. […]

»Nicht morden!« in hebräischen Lettern, das würde außerdem das Problem lösen, das ein »Denkmal für die ermordeten Juden Europas« in der Diskussion schon erzeugt hat, nämlich die Hierarchisierung der Opfer. Wenn ein Denkmal für die Juden, dann aber auch eines für die Sinti und Roma und für die verfolgten Homosexuellen und so weiter. »Aber nicht in Sichtweite!«, wurde entgegnet. Ein Kampf um die Anerkennung zwischen verschiedenen Gruppen auf dem Umweg über die Forderung nach einem je eigenen Denkmal – bitte das nicht. Mein Vorschlag hebt die jüdischen Opfer hervor, wie das auch in Ordnung ist, aber er schließt keine Opfer aus.

[…] Ein solches Mahnmal braucht nicht viel Platz. Es muss nicht unbedingt auf jenem riesigen Gelände stehen, es könnte auch vor dem Reichstagsgebäude stehen oder Unter den Linden. Wer die befremdlichen Lettern sieht und fragt, was sie bedeuten und warum sie hier stehen, der kann an die anderen Gedenkorte in Berlin verwiesen werden, die das historische Erinnern und das empathische Erinnern vermitteln. […] Niemand kann behaupten, dass die Mahnung überflüssig sei oder irgendwann veralte.

Richard Schröder, So nicht! Ein fauler Kompromiss über das Mahnmal bahnt sich an. Zit. nach: Die ZEIT, 21. Januar 1999, S. 4.

1. Eisenman vergleicht die erhoffte emotionale Wirkung seines Entwurfs mit der eines Maisfeldes, durch welches man sich bewege. Versuchen sie zu beschreiben, wie Sie sich demnach vermutlich beim Durchschreiten der Installation fühlen würden. Nehmen Sie Stellung zum Gebrauch des Bildes »Maisfeld« im Zusammenhang mit dem Mahnmal.
2. Stellen Sie heraus, wie Eisenman die Funktionen eines Mahnmals von der einer Konzentrationslagergedenkstätte abgrenzt. Überlegen Sie, ob der Mahnmalsentwurf Ihrer Ansicht nach den vom Künstler genannten Ansprüchen an ein Mahnmal gerecht wird.
3. Erläutern Sie, wie Schröder den Entwurf Eisenmans versteht. Nehmen Sie Stellung zu seinen Befürchtungen über die Ausrichtung des Mahnmals auf emotionale Wirkungen.
4. Welchen Anforderungen müsste Ihrer Ansicht nach ein nationales Mahnmal, das an die Verbrechen der Nationalsozialisten erinnert, gerecht werden? Beziehen Sie in Ihre Überlegungen den Entwurf Eisenmans und den Vorschlag Schröders ein.

## 4.3 Erinnern am authentischen Ort: die Gedenkstätte Buchenwald

Weimar bildet für die Deutschen einen markanten, einen besonderen Ort der Erinnerung, denn in dieser Stadt kreuzen sich mehrere Erinnerungskulturen. Hier steht die Verehrung für die Dichterfürsten Goethe und Schiller neben den Massengräbern der zahllosen Toten des nahe gelegenen Konzentrationslagers Buchenwald, hier wurden die erste deutsche Republik sowie die Ideen der Bauhaus-Künstler geboren und am gleichen Ort betrieben 15 Jahre später die Nationalsozialisten mit dem verfälschten Werk Friedrich Nietzsches Propaganda. Nach dem Ende der NS-Zeit funktionierte die sowjetische Besatzungsmacht das NS-Konzentrationslager Buchenwald in das »Speziallager 2« um, in dem bis 1950 mehrere Tausend Menschen, darunter ehemalige NSDAP-Mitglieder ebenso wie Mitläufer oder Antifaschisten anderer Organisationen, den Tod fanden.
Die Deutsche Demokratische Republik (DDR) erklärte 1958 das Konzentrationslager Buchenwald zur nationalen antifaschistischen Mahn- und Gedenkstätte. Sie sollte auf drei Wegen Denkanstöße geben: Zum einen wurde die Gesamtanlage der »Nationalen Mahn- und Gedenkstätte Buchenwald« der Öffentlichkeit zugänglich gemacht, zum zweiten errichtete man das Denkmal »Die befreiten Häftlinge« von Fritz Cremer und – auf dem Ettersberg – einen 55 m hohen Glockenturm; schließlich wurde die ehemalige Effektenkammer zur Informationsvermittlung in ein Museum umgewandelt. Eine Überholung der ständigen Ausstellung 1985 anlässlich des 40. Jahrestages der Befreiung des NS-Lagers nahm die SED nicht zum Anlass, der damals mindestens seit einem Jahr bekannten Opfer der Sowjetmacht im »Speziallager 2« zu gedenken. Dies passte nicht in das offizielle Geschichtsbild, das die prominente Gedenkstätte repräsentieren sollte.
Nach der Wende und damit nach dem Ende Buchenwalds als zentralem Erinnerungsort der DDR entbrannte ein Streit über das zukünftige Gedenken an diesem

**40** **»Die befreiten Häftlinge«.** Aufnahme der 1958 fertig gestellten Denkmalsplastik von Fritz Cremer. Im Hintergrund der Glockenturm auf dem Ettersberg.

Ort. An welche Opfer und Leiden sollte in welcher Form und in welchem Ausmaß erinnert werden? Zugespitzt: Wer hat heute ein größeres Anrecht und eine höhere Legitimation auf eine nationale Gedenkstätte vom Range Buchenwalds? Relativiert oder schmälert man das Trauern um die KZ-Toten, wenn man an gleicher Stelle auch der Umgekommenen der Zeit nach 1945 gedenkt?

## 41 Woran erinnern?

**a) Professor Eduard Ullmann, Direktor des Museums für Deutsche Geschichte, benannte 1953 die Ziele für die Nutzung Buchenwalds als »zentrale Gedenkstätte der KZ-Lager«:**

Führung und Museum sollen erzieherisch wirken und Wissen vermitteln von

1) dem Wesen des Faschismus,
2) dem Kampf gegen den Faschismus. Dabei besonders den patriotischen Charakter des Kampfes gegen den Faschismus, die Einheit der Kommunisten und Sozialdemokraten im Kampf gegen den Faschismus, die Einbeziehung von Kreisen bürgerlicher Demokraten in den Kampf, sowie den internationalen Charakter des antifaschistischen Kampfes herausarbeiten.
3) Es sind die Lehren der antifaschistischen Widerstandsbewegung für den heutigen Kampf für die Einheit Deutschlands, gegen den deutschen Imperialismus, gegen Refaschisierung und Remilitarisierung, für den Frieden zu vermitteln.
4) Die entscheidende führende Rolle der Sowjetunion im Kampf gegen den Hitlerfaschismus und gegen die erneuten Versuche der deutschen und amerikanischen Imperialisten, das deutsche Volk in einen Krieg zu stürzen, ist klar herauszuarbeiten.
5) Die hervorragende Rolle der Arbeiterklasse und der Kommunistischen Partei im Kampf gegen den Hitlerfaschismus ist herauszuarbeiten.

**b) Der Historiker Manfred Overesch 1995 zum Beschluss des Zentralkomitees der SED vom 2. Dezember 1953, das ehemalige KZ Buchenwald zur Gedenkstätte auszubauen:**

Der Aufstand am 17. Juni 1953 hatte der Partei- und Staatsführung den hohen Legitimationsbedarf der DDR vor Augen geführt. Was sollte die Bevölkerung an diesen Staat binden? Was ließ sich öffentlich vorführen? Wo konnte man das Erbe verankern, das da Antifaschismus hieß und die einzige Selbstlegitimation in sich barg? Ravensbrück, Sachsenhausen und Buchenwald waren dafür die geeigneten Stätten. Der Ettersberg in Thüringen ragte heraus. In diesem Land konnte man wie in keinem anderen den Widerstandswillen der deutschen Kommunisten gegen den Nationalsozialismus bis auf seine historischen Wurzeln zurückverfolgen und nachweisen.

**c) Offizielles Plakat zur Einweihung**, 1958.

**a)** Zit. nach: Manfred Overesch, Buchenwald und die DDR oder die Suche nach Selbstlegitimation, Göttingen 1995, S. 295.

**b)** Manfred Overesch, Buchenwald und die DDR oder die Suche nach Selbstlegitimation, Göttingen 1995, S. 298.

**d) Aus den Empfehlungen einer 1992 eingesetzten Historikerkommission zur Neuorientierung der Gedenkstätte Buchenwald:**

[Die Kommission hielt] für sicher, dass die beiden Lager in Buchenwald nicht gleichgesetzt werden dürfen. Sie hatten unterschiedliche Ursachen und verfolgten unterschiedliche Zwecke. Deswegen sind zwei getrennte Erinnerungsstätten vorgesehen. Den Besuchern soll sowohl Gedenken an die Opfer ermöglicht wie sachliche Information geboten werden. [...]

Die Besucher sollen erfahren, dass Buchenwald eine dreifache Geschichte hat, die des nationalsozialistischen Konzentrationslagers von 1937 bis 1945, die des sowjetischen Speziallagers von 1945 bis 1950 und die einer weithin einseitigen politischen Ausgestaltung von 1950 bis 1990.

Zit. nach: Gedenkstätte Buchenwald (Hrsg.), Zur Neuorientierung der Gedenkstätte Buchenwald. Die Empfehlungen der vom Minister für Wissenschaft und Kunst des Landes Thüringen berufenen Historikerkommission, Weimar/Buchenwald 1992, S. 5f.

1. Stellen Sie heraus, welche Aufgaben die Gedenkstätte Buchenwald als zentraler Erinnerungsort der DDR erfüllen sollte (41 a–c). Welche politischen Absichten standen hinter der Errichtung der nationalen Gedenkstätte?
2. Erläutern Sie die möglichen Wirkungen der Denkmäler – der Plastik »Die befreiten Häftlinge« von Fritz Cremer (40) und des Glockenturms auf dem Ettersberg (im Hintergrund) – auf die Gedenkstättenbesucher.
3. Informieren Sie sich im Internet über die heutige Anlage der Gedenkstätte Buchenwald und nehmen Sie Stellung zur Neugestaltung.

## 42 Gedenkstättenarbeit heute

**a) Aus einem Interview der Zeitung »Die Woche« mit dem heutigen Leiter der Gedenkstätte Buchenwald, Volkhard Knigge:**

KNIGGE: Es wird keine vernünftige Erinnerung geben, wenn wir immer nur denken, der Antipode ist nur das Verleugnen oder das Vergessen. Für mich ist im Moment der größte Antipode der massenkulturelle Verschleiß. Nehmen Sie etwa neuere Weimar-Reiseführer. Da wird Buchenwald als Sightseeing-Point angepriesen, den man nicht verpassen darf.

DIE WOCHE: Da müssten Sie doch jubeln.

KNIGGE: Einerseits freue ich mich darüber. Aber dann haben Sie auch Tage mit den 30 Reisebussen, die aufeinander knallen. Da haben Sie es auch mit Menschen zu tun, die die Gedenkstätte stürmen, wie sie den Louvre stürmen, weil sie das Gegenstück zur Mona Lisa suchen: das Krematorium oder die Gaskammer. [...]

DIE WOCHE: Was muss eine zeitgemäße Gedenkstätte heute tun?

KNIGGE: Eine folgenreich wirken könnende Gedenkstätte muss ein modernes zeithistorisches Museum sein, das zugleich nicht vergessen macht, dass es auch Friedhof und Tat- und Leidensort war. Und Sie brauchen starke pädagogische Abteilungen. Weil die Geschichte sich für viele nicht mehr automatisch erschließt. [...]

DIE WOCHE: Das Ziel ist also mehr als Betroffenheit?

KNIGGE: Eine unspezifische Dauerdepression nützt nichts. Unsere Arbeit wird nur sinnvoll bleiben, solange man erkennt, dass Dinge wie Rassismus oder Habgier zwar in Form des Nationalsozialismus abgeschlossen sind, aber anderweitig fortleben.

DIE WOCHE: Der Gedenkstättenbesuch macht nicht immun gegen rechtsextremistisches Gedankengut. Wie gehen Sie damit um, dass sich einige Jugendliche aus Jux in Verbrennungsöfen legen?

KNIGGE: Da ist Pädagogik zu wenig und Polizei zu viel. Man muss klar machen, was Gedenkstätten überhaupt leisten können und was nicht. Gedenkstätten sind wich-

**b) Das Gräberfeld des »Speziallager 2«,** das Anfang der 1990er-Jahre Bestandteil der Gedenkstätte wurde. Foto, Gedenkstätte Buchenwald.

tig – ebenso wie das Holocaust-Mahnmal – als Selbsterklärung desssen, was deutsche Geschichtskultur und Geschichtsverfassung sein soll. Auch in Konfrontation zu neonazistischen Auffassungen etwa. Und sie können Schwankende auf den richtigen Weg zurückbringen. [...]

DIE WOCHE: Sie schützen sich mit einem wissenschaftlichen Konzept davor, zu einem Disneyland-KZ zu werden?

KNIGGE: Natürlich. Wer bei einer ungebrochenen Präsentation wie im Film denkt, wer weiß, wie es wirklich passiert ist, der hat schon alles verpasst. Wir hatten hier kürzlich einen Lehrer, der hat zu seiner Klasse gesagt: Jetzt zeige ich euch mal das Lager »live«. Da kann man dann nur erwidern: Da kommen Sie aber 56 Jahre zu spät. [...]

DIE WOCHE: Gedenken und Erinnern hat in Deutschland häufig einen missionarischen, belehrenden Ton. Ist der heute noch angebracht?

KNIGGE: Das ist das Letzte, was Jugendliche gebrauchen können. Sie werden nämlich so schnell in eine Position der moralischen Unterlegenheit gebracht.

DIE WOCHE: Teilen Sie den verbreiteten Pessimismus bezüglich des Geschichtsinteresses der Jugend?

KNIGGE: Nein. Da sind die Gedenkstätten vor. Aber auch die Bundesrepublik, die sich negatives Gedächtnis institutionell leistet. Ich würde mir allerdings wünschen, dass der Politik bewusster würde, was sie sich da eigentlich leistet. [...] Es ist wichtig zu zeigen, unsere Museen und Gedenkstätten sind deutsche Projekte und nicht Projekte der politischen Korrektheit gegenüber Amerika oder Israel oder sonst wem. Es muss klar werden, es geht uns um die Qualität unserer Gesellschaft und nicht um außenpolitische Wirkungen.

Die Woche, 9. Februar 2001, S. 38 ff.,
Interview: Sven Boedecker und Fritz-Jochen Kopka.

1. Nehmen Sie Stellung zu der Auffassung Knigges: »Gedenkstätten sind wichtig als Selbsterklärung dessen, was deutsche Geschichtskultur und Geschichtsverfassung sein soll.«
2. Erläutern Sie, worin Knigge die Ziele heutiger Gedenkstättenarbeit, insbesondere im Bezug auf Jugendliche, sieht.
3. Überlegen Sie, ob Sie die Ansicht Knigges zur gegenwärtigen Gefahr des »massenkulturellen Verschleißes« der Gedenkstätten teilen können. Beziehen Sie eigene Erfahrungen mit der öffentlichen Thematisierung der NS-Verbrechen ein.

## 4.4 Erinnern am authentischen Ort: »Topografie des Terrors«

Ein heute bekanntes Beispiel, wie nach 1945 ein Teil der NS-Geschichte verdrängt und bewusst dem Vergessen anheim gestellt wurde, bildet das Prinz-Albrecht-Gelände im Zentrum Berlins. Hier agierten nebeneinander die zentralen Institutionen des NS-Verfolgungsapparates: die Geheime Staatspolizei (Gestapo), die Reichsführung SS, der Sicherheitsdienst (SD) der SS, ab 1939 auch die Zentrale des Reichssicherheitshauptamtes (RSHA). Von hier aus wurde die Verfolgung und Ermordung politischer Gegner und so genannter Rassenfeinde geplant und umgesetzt. Hier wurden die organisatorischen Voraussetzungen für die Deportation und Vernichtung der europäischen Juden geschaffen. An diesem Ort befand sich auch das »Hausgefängnis« der Gestapo: Es umfasste 33 Zellen und wurde für Gefangene genutzt, die brutal gefoltert wurden und sich oft nur durch Selbstmord ihren Peinigern entziehen konnten.
Bei den Luftangriffen während des Zweiten Weltkrieges wurden die verschiedenen Gebäude zwar schwer beschädigt, aber dennoch wäre zumindest das Hauptquartier der Gestapo wieder aufzubauen gewesen, wenn die Nachkriegsgesellschaft ein Interesse daran gehabt hätte. Stattdessen sprengte man die Gestapozentrale und mit ihr die öffentliche Erinnerung an die Opfer. Als 1961 ganz in der Nähe die Mauer entstand, wurde das Gelände im Westteil Berlins zum »Niemandsland«, auf dem sich Schrott und Bauschutt sammelten. Erst zwanzig Jahre später forderten mehrere Organisationen, auf dem Gelände ein Mahnmal zu errichten. Die SPD-Fraktion im Berliner Abgeordnetenhaus schloss sich der Forderung an und verlangte zudem die Einrichtung einer ständigen Dokumentation und eines Museums. Im Sommer 1983 wurde ein Wettbewerb ausgeschrieben. Der erste Preis ging an den Bildhauer Nikolaus Lang und den Landschaftsarchitekten Jürgen

**43 Die provisorische Ausstellungshalle mit den überdachten Zellenböden des »Hausgefängnisses« der Gestapo.** Foto, 1987.

Wenzel für ihren Vorschlag, die gesamte Fläche mit Dokumenten des Terrors, wie Aktenblätttern, Deportationslisten, Befehlstelegrammen – in Metallplatten eingegossen – zu »versiegeln«. Die Realisierung dieses Entwurfes wurde allerdings nie in Angriff genommen, da sich in der Zwischenzeit die Erinnerungsstrategien wieder gewandelt hatten. Bundeskanzler Kohl (CDU) überlegte, ein historisches Museum in Berlin zu errichten, das eventuell im wieder aufgebauten Prinz-Albert-Palais untergebracht werden sollte. Deshalb verfolgte der Berliner Senat allein eine vorläufige Nutzung des Geländes. Die Verzögerung provozierte den Unmut mancher Bürger, die Ende 1985 eine »Initiative zum Umgang mit dem Gestapo-Gelände« gründeten und eigenhändig die Kellergefängnisse der Gestapo freilegten.

In diesen Räumen zeigte die Stadt 1986 anlässlich ihrer 750-Jahrfeier die Ausstellung »Topografie des Terrors«, die als Provisorium gedacht war. Drei Jahre später wurde eine Expertenkommission ins Leben gerufen, die erneut Vorschläge über die Zukunft des Geländes und des Gedenkens erarbeitete. Sie empfahl, den Charakter des Geländes zu erhalten, die Ausgrabungen dauerhaft zu schützen und ein internationales Begegnungszentrum zu bauen. Anschließend wurde die Stiftung »Topografie des Terrors« gegründet, die gemeinsam vom Land Berlin und von der Bundesrepublik Deutschland getragen wird. Ihre Aufgabe besteht in der Vermittlung der Geschichte des Nationalsozialismus und in der Anregung zur Auseinandersetzung mit der NS-Vergangenheit und ihren Folgen. Daher wird nun auf dem Prinz-Albrecht-Gelände ein internationales Dokumentations- und Begegnungszentrum errichtet, ein siebengeschossiges Bauwerk – Ausstellungshalle, Bibliothek und Tagungsstätte in einem.

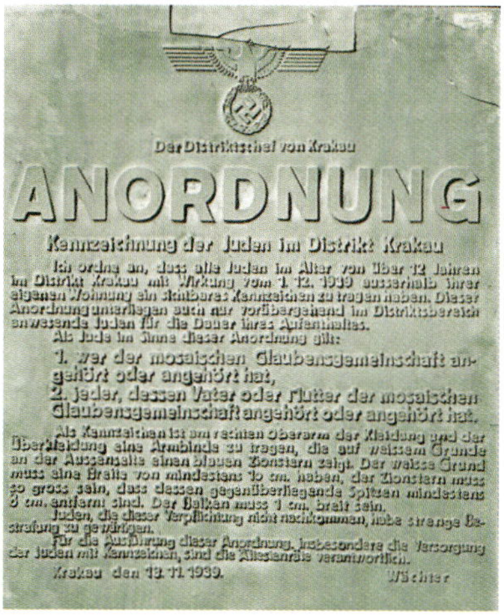
Der Distriktschef von Krakau

ANORDNUNG

Kennzeichnung der Juden im Distrikt Krakau

Ich ordne an, dass alle Juden im Alter von über 12 Jahren im Distrikt Krakau mit Wirkung vom 1. 12. 1939 ausserhalb ihrer eigenen Wohnung ein sichtbares Kennzeichen zu tragen haben. Dieser Anordnung unterliegen auch nur vorübergehend im Distriktsbereich anwesende Juden für die Dauer ihres Aufenthaltes.

Als Jude im Sinne dieser Anordnung gilt:

1. wer der mosaischen Glaubensgemeinschaft angehört oder angehört hat,
2. jeder, dessen Vater oder Mutter der mosaischen Glaubensgemeinschaft angehört oder angehört hat.

Als Kennzeichen ist am rechten Oberarm der Kleidung und der Überkleidung eine Armbinde zu tragen, die auf weissem Grunde an der Aussenseite einen blauen Zionstern zeigt. Der weisse Grund muss eine Breite von mindestens 10 cm. haben, der Zionstern muss so gross sein, dass dessen gegenüberliegende Spitzen mindestens 8 cm. entfernt sind. Der Balken muss 1 cm. breit sein.

Juden, die dieser Verpflichtung nicht nachkommen, habe strenge Bestrafung zu gewärtigen.

Für die Ausführung dieser Anordnung, insbesondere die Versorgung der Juden mit Kennzeichen, sind die Ältestenräte verantwortlich.

Krakau den 18.11.1939. Wächter

**44** **Beispiel für eine der vorgesehenen eisernen Bodenplatten.**

**45** **Entwurfsmodell** des Dokumentations- und Begegnungszentrums von Peter Zumthor und Thomas Durisch, 1993.

## 46 Entwurf und Alternative

**a) Aus den Erklärungen der Träger des ersten Preises, Jürgen Wenzel und Nikolaus Lang, zu ihrem Entwurf:**

Ausgehend von der Dimension des verwalteten Todes, der auf diesem Gelände angedacht, ausgedacht, geplant und organisiert worden ist, entzieht sich die Fläche herkömmlichen, üblichen, »normalen« Kriterien der Gestaltung. [...] Die gesamte unbebaute Fläche wird als Bodenrelief aus Eisenplatten geformt. Aus einer Unzahl von authentischen Dokumenten [...] werden einige tausend [...] in die eisernen Bodenplatten gegossen [...]. Diese Dokumente der Angst, der Unmenschlichkeit, des Unrechts und der gewöhnlichen Gewalt werden in die Grundrisse der ehemaligen Gebäude des Hauptquartiers der Gestapo, des SS-Führungs-Hauptquartiers und der Reichsleitung des Sicherheitsdienstes so eingefügt, dass eine begehbare, überschreitbare Dokumentationsstätte im öffentlichen Raum entsteht. Durchbrochen wird der gepanzerte, begrabene Boden des Ungeländes von Kastanienbäumen, im Raster gepflanzt.

Zit. nach: Topografie des Terrors. Gestapo, SS und Reichssicherheitshauptamt auf dem »Prinz-Albrecht-Gelände«. Eine Dokumentation; hrsg. v. Reinhard Rürup, Berlin 1991, S. 210.

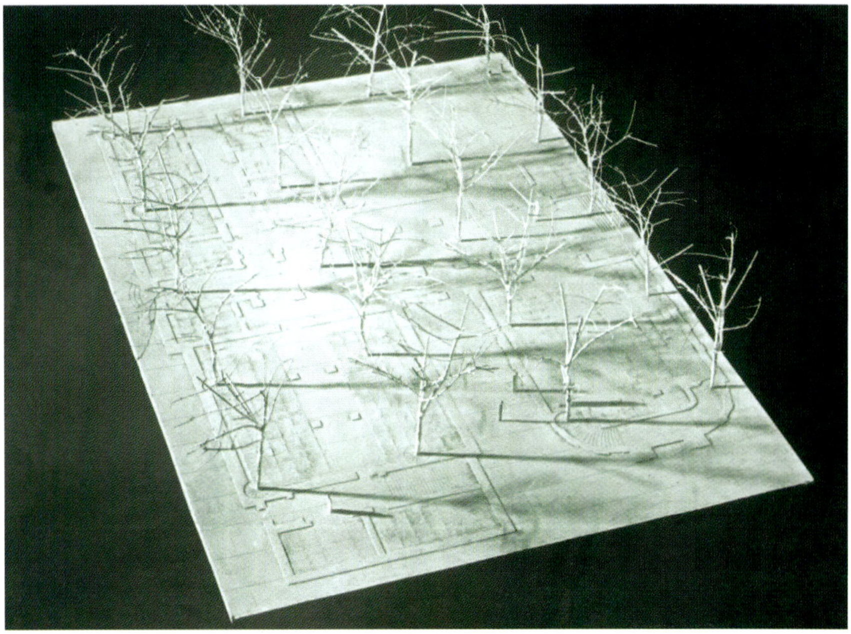

**b) Entwurfsmodell** von Nikolaus Lang und Jürgen Wenzel. Foto, 1983.

**c) Ein Alternativvorschlag des Journalisten Benedikt Erenz von 1988:**

Nein, ein Mahnmal, ein Museum, ein Forschungsinstitut – das allein wird das Störende dieses Ortes, diesen Ort als Störung auf die Dauer nicht bewahren können. Hier muss, denke ich, etwas dazukommen.

Hier muss etwas dazukommen, gerade weil das, was hier geschah, so absolut einzigartig es ist, heute seine Fortsetzung findet. Diktatur, Folter, Vernichtung – allein ein Blick in den alljährlich erscheinenden Bericht von Amnesty International zeigt Dreiviertel der Welt als einen einzigen Ort des Grauens. Heißt es denn wirklich schon dieses Gelände zu enthistorisieren, die monströsen Taten gar zu relativieren, ja, von ihnen »ablenken« zu wollen, wenn man darum bittet, bei der Klage um die Opfer von damals die Anklage gegen die Folterer und staatlichen Mörder von heute nicht zu vergessen?

Wenn dieser Ort auf Dauer Erinnerung wach halten soll, Erinnerung an das, was geschah, dann muss er auch an das erinnern, was heute geschieht. Wenn dieser Ort stören soll, dann darf er nicht unter einem Gedenkstein verschwinden, dann muss er als Mahnmal leben.

Jeder weiß, wie schwer es die verschiedensten Menschenrechtsinitiativen haben, die hierzulande, in diesem unserem großen Luxusbungalow, versuchen, ihre Mitmenschen – immer gebannt von 25 Fernsehprogrammen, immer im Stress zwischen dem Gang ins Fitness-Studio und dem Abflug in den Club Méditerranée – einmal vorsichtig darauf aufmerksam zu machen, dass im Haus nebenan gerade jemand vergewaltigt, gefoltert oder ermordet wird. Und jeder weiß doch, wie schwer es für diese Gruppen (allen voran Amnesty) ist Öffentlichkeit herzustellen, Hilfe zu organisieren und vor allem zu finanzieren.

All denen könnte hier ein (nationales) Zentrum für ihre Arbeit gegeben werden. Mit einem Teil der Geldsumme, die ein monumentales Mahnmal oder ein großes Museum kosten, könnten sie beginnen, sich hier ein »Basislager« aufzubauen.

Um von diesem Ort aus, von dem so unendlich viel Leid ausging, störend zu erinnern und, vor allem, zu helfen – im Namen und zur Ehrung und Erinnerung derjenigen, denen damals in Todesnot niemand geholfen hat.

Benedikt Erenz, Der Ort, der stört, in: Die ZEIT, 2. September 1988, S. 42.

1. Erklären Sie die Idee der Preisträger des ersten Wettbewerbs von 1983, Nikolaus Lang und Jürgen Wenzel. Überlegen Sie, ob der Entwurf dem Ort und dem Erinnerungsanspruch Ihrer Ansicht nach gerecht wird.
2. Das Zentrum einer Menschenrechtsorganisation auf dem Grundstück des ehemaligen Gestapo-Gefängnisses? Nehmen Sie Stellung zu dem Alternativvorschlag von Erenz hinsichtlich der Nutzung des Ortes (46c).
3. Anstelle des Mahnmals wird derzeit ein umfassendes Dokumentationszentrum gebaut (s. Abbildung 45). Erläutern Sie, was sich dadurch in der Art des Umgangs mit Erinnerungen ändert. Überlegen und diskutieren Sie, wo Stärken und Schwächen der unterschiedlichen Formen von Auseinandersetzung mit der NS-Vergangenheit liegen.

## 4.5 Die »Steine des Anstoßes« in Düren

In der Bundesrepublik Deutschland waren die ersten seit Mitte der 1950er-Jahre errichteten Mahnmale als allgemeine Mahnung zum Frieden gedacht. Erst nachdem in den 1980er-Jahren – ausgelöst vor allem durch die Fernsehserie Holocaust – öffentliche Diskussionen zum Thema Umgang mit der NS-Vergangenheit stattgefunden hatten, kam es in mehreren Städten zur Planung umfangreicher Mahnmalsprojekte. Unter dem Schlagwort »Erinnern lehrt Vorbeugen« plante auch die Stadt Düren der Opfer des Nationalsozialismus zu gedenken. Es entstand ein dezentrales Mahnmal des Bildhauers Ulrich Rückriem, die »Steine des Anstoßes«, wie Stadt und Künstler es nennen: Rückriem stellte an zehn für die NS-Zeit bedeutsamen Erinnerungsorten fast gleichförmige Stelen aus Granitgestein auf – ohne jegliche erläuternde Hinweise. Ihre spröde, harte Oberfläche wurde nur sparsam mit dem Steinbohrer bearbeitet und bildet einen starken Gegensatz zu den von Menschenhand geformten Oberflächen ihrer Umgebungen – gepflasterten Plätzen, Gebäuden, Grünanlagen. Indem sie Vorübergehenden im Weg stehen, stoßen die Steine zum Innehalten und Nachdenken über das gewählte Umfeld an: Im Dialog mit ihrer Umgebung müssen sie erkundet werden.

## 47 Orte der Erinnerung in Düren

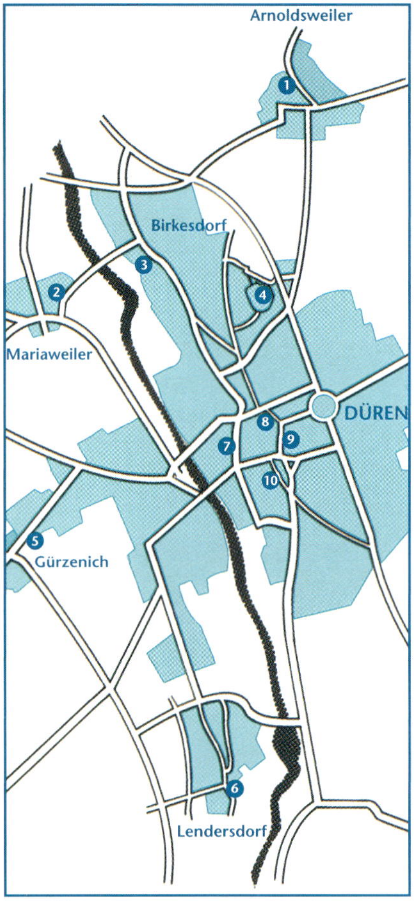


**a) Stadtplan mit den 10 Erinnerungsorten.**

**b) Die Standorte:**

1. Ecke Neusser/Cormeillerstraße, Arnoldsweiler, früher Kriegsgefangenenlager
2. Mariaweiler, Kupfermühle, Anne-Frank-Gesamtschule
3. Park der Rheinischen Landesklinik
4. Birkesdorf, Zollhausstraße, alter Industriestandort
5. Gürzenich, Schillingsstraße, Möschengasse, jüdische Gemeinde und ihre in der Reichspogromnacht zerstörte Synagoge
6. Lendersdorf, Schneidhausener Weg, früher Getreidemühle, die als Sammellager für die Juden vor ihrer Deportation benutzt wurde
7. August-Klotz-Straße, Amtsgericht
8. Schützenstraße, in der Nähe der in der Reichspogromnacht zerstörten Synagoge
9. Wernerstraße, früher Friedrich-Ebert-Jugendheim der Dürener Arbeiterbewegung
10. An der Gerstenmühle, Sammellager der Juden vor der Deportation in die Konzentrationslager

**c) Das Dürener Amtsgericht und eine Rückriem-Stele.**

**d) Das Dürener Amtsgericht verbot 1935 einem Mann, ein Grundstück an eine Jüdin zu verkaufen. Dieser legte daraufhin Beschwerde beim zuständigen Landgericht ein. Die Beschwerde des Mannes wurde abgewiesen. Der »Dürener Beobachter« vom 10. Dezember 1935 berichtete über das Urteil:**

[Es sei] zwar richtig, dass es ein Gesetz, wonach ein Jude nicht Eigentümer deutschen Grund und Bodens sein oder werden könne, noch nicht gebe. Trotzdem sei es aber geltendes Recht, dass ein Jude deutschen Grund und Boden nicht mehr erwerben könne. Recht sei, was dem deutschen Volke nütze, Unrecht, was ihm schade. Die Quellen, aus denen dieses Recht erkannt werde, seien die Grundsätze und Zielsetzungen des nationalsozialistischen Staates und der den Staat tragenden Bewegung. Das Programm der NSDAP ist daher geltendes Recht. Hiernach könne nur ein Deutscher im Sinne der Blutzugehörigkeit Eigentümer deutschen Grund und Bodens sein, wie dies ja schon bei der Erbhofgesetzgebung zum Ausdruck gekommen sei. [...]

Dürener Beobachter vom 10. Dezember 1935. Zit. nach: Pressestelle der Stadt Düren (Hrsg.), Die Rückriem-Stelen. Ein Wegweiser, o. J., S. 9.

**e) Der Dürener Kulturdezernent Gerd Bildau zu den Rückriem-Stelen:**

Rückriem [...] will die Autonomie der Kunst wahren und gibt seinen Mahnmalen eine Funktion, die aus den jeweiligen Standorten der Stelen abgeleitet ist. Diese Mahnmale beenden nicht die Diskussion (wie z. B. bei Denkmalen zu Siegen und Großtaten), sie fordern stattdessen auf, den Diskurs erst zu beginnen.

Für die Unbegreiflichkeit des Terrors in der Zeit von 1933 bis 1945 – hier an zehn Orten der Stadt Düren – wird kein Bild angeboten, vielmehr wird der Anstoß gegeben, die Erwartung geweckt die Erinnerung zu konkretisieren, zu trauern, Rechenschaft abzulegen – zu mahnen. Das ist die Wirkungsmöglichkeit der 10 Stelen von Ulrich Rückriem – sie sind deshalb zu Recht: »Steine des Anstoßes«. [...]

Friedensnobelpreisträger Elie Wiesel sagte [...]: »Die deutsche Jugend ist zwar nicht verantwortlich für das, was geschah, sie ist aber verantwortlich für das Erinnern.« Erinnern ist eine Form der Begegnung, Erinnerung ist das Sehen in die Vergangenheit. Mit den Mahnmalen für die Opfer des Nationalsozialismus in Düren erinnern wir uns öffentlich, damit wir die Vorbeugung nicht versäumen.

Zit. nach: Dürener Zeitung vom 14. August 1989, S. 8.

**f) Aus einem Leserbrief an eine Dürener Zeitung:**

Gleich 400 000 DM will die Stadt Düren investieren, um sich Mahnmäler an die unbewältigte Vergangenheit zu setzen. Abgesehen davon, dass die zweite Nachkriegsgeneration an begangenen Verbrechen ihrer Väter unbeteiligt ist, scheint mir ein derartiger Aufwand mit Selbstbezichtigungen unangebracht. Es wäre sinnvoller, Großtaten verdienter Bürger zu verherrlichen, als unentwegt auf einer Zeit herumzupochen, die ohnehin nicht mehr ungeschehen zu machen ist. Bei allem Respekt vor den Opfern des Terrors finde ich die unaufhörlichen Selbstanklagen langsam peinlich.

Eine Tafel mit der Inschrift »Den Opfern der Gewalt« würde völlig genügen. Im Namen des Volkes sind nun einmal Gräueltaten begangen worden, die sich nicht wiederholen sollten. Es war vielfach organisierter Mord. Im Laufe der Nachkriegszeit ist auch genug Reue geäußert worden. Aber fast ein halbes Jahrhundert danach Denkmäler aufzustellen, die ohnehin keiner mehr versteht, scheint mir ganz einfach gesagt übertrieben.

Es gibt genug wirtschaftliche und soziale Probleme, wo man das Geld viel nützlicher verwenden könnte. [...] So richtet man Steinbrocken auf, die das Antlitz der Stadt kaum verschönern und als totes Kapital herumstehen. Kunstwerke, die nur einer Person Arbeit und Verdienst schaffen, wo Hunderte kaum ein Auskommen haben.

Zit. nach: Dürener Nachrichten vom 30. Juli 1988, S. 16.

1. Begründen Sie mithilfe der Quelle 47d die Aufstellung einer Stele vor dem Amtsgericht.
2. Überlegen Sie anhand der Quelle 47b, welcher Zusammenhang zwischen den neun anderen Gedächtnisorten, an denen Stelen errichtet wurden, und der NS-Zeit bestanden haben könnte.
3. Beurteilen Sie Rückriems Konzept eines dezentralen Mahnmals unter Zuhilfenahme der Quelle 47e.
4. Informieren Sie sich über Elie Wiesel. Konfrontieren Sie sein Zitat in Quelle 47e mit Ihrer Analyse des Leserbriefes in Quelle 47f.
5. Erkundigen Sie sich nach Mahnmalen in Ihrer Umgebung und untersuchen Sie sie in Gruppen unter Zuhilfenahme des Methodentrainings auf den Seiten 210–211.

## 4.6 Die »Walser-Bubis-Debatte«

Im Oktober 1998 erhielt der Schriftsteller Martin Walser den Friedenspreis des Deutschen Buchhandels. Seine Festrede wurde zum Auslöser der so genannten Walser-Bubis-Debatte, die die Erinnerung an den Holocaust problematisiert. Dies geschieht nicht ohne Grund 50 Jahre nach dem Ende der NS-Diktatur: Die Zahl derer, die sich an Erlebtes erinnern, nimmt ab, da die Generation der Zeitgenossen verstirbt. In der Gegenwart gründet sich die Auseinandersetzung mit dem Holocaust daher auf Mitgeteiltes, meist durch Medien Vermitteltes.

### 48 Eine Festrede und ihre Kritik

**a) Ein Ausschnitt aus Martin Walsers Festrede »Erfahrungen beim Verfassen einer Sonntagsrede« vom 11. Oktober 1998, gehalten in der Frankfurter Paulskirche:**
Ich verschließe mich Übeln, an deren Behebung ich nicht mitwirken kann. Ich habe lernen müssen wegzuschauen. Ich habe mehrere Zufluchtswinkel, in die sich mein Blick sofort flüchtet, wenn mir der Bildschirm die Welt als eine unerträgliche vorführt. Ich finde, meine Reaktion sei verhältnismäßig. Unerträgliches muss ich nicht ertragen. Auch im Wegdenken bin ich geübt. Ich käme ohne Wegschauen und Wegdenken nicht durch den Tag und schon gar nicht durch die Nacht. Ich bin nicht der Ansicht, dass alles gesühnt werden muss. [...]

Jeder kennt unsere geschichtliche Last, die unvergängliche Schande, kein Tag, an dem sie uns nicht vorgehalten wird. Könnte es sein, dass die Intellektuellen, die sie uns vorhalten, dadurch, dass sie uns die Schande vorhalten, eine Sekunde lang der Illusion verfallen, sie hätten sich, weil sie wieder im grausamen Erinnerungsdienst gearbeitet haben, ein wenig entschuldigt, seien für einen Augenblick sogar näher bei den Opfern als bei den Tätern? Eine momentane Milderung der unerbittlichen Entgegengesetztheit von Tätern und Opfern. Ich habe es nie für möglich gehalten, die Seite der Beschuldigten zu verlassen. Manchmal, wenn ich nirgends mehr hinschauen kann, ohne von einer Beschuldigung attackiert zu werden, muss ich mir zu meiner Entlastung einreden, in den Medien sei auch eine Routine des Beschuldigens entstanden. Von den schlimmsten Filmsequenzen aus Konzentrationslagern habe ich bestimmt schon zwanzigmal weggeschaut. Kein ernst zu nehmender Mensch leugnet Auschwitz; kein noch zurechnungsfähiger Mensch deutelt an der Grauenhaftigkeit von Auschwitz herum; wenn mir aber jeden Tag in den Medien diese Vergangenheit vorgehalten wird, merke ich, dass sich in mir etwas gegen diese Dauerpräsentation unserer Schande wehrt. Anstatt dankbar zu sein für die unaufhörliche Präsentation unserer Schande, fange ich an wegzuschauen. Ich möchte verstehen, warum in diesem Jahrzehnt die Vergangenheit präsentiert wird wie noch nie zuvor. Wenn ich merke, dass sich in mir etwas dagegen wehrt, versuche ich die Vorhaltung unserer Schande auf Motive hin abzuhören, und bin fast froh, wenn ich glaube entdecken zu können, dass öfter nicht mehr das Gedenken, das Nichtvergessendürfen das Motiv ist, sondern die Instrumentalisierung unserer Schande zu gegenwärtigen Zwecken. Immer guten Zwecken, ehrenwerten. Aber doch Instrumentalisierung. Jemand findet die Art, wie wir die Folgen der deutschen Teilung überwinden wollen, nicht gut und sagt, so ermöglichen wir ein neues Auschwitz. [...] Auschwitz eignet sich nicht dafür, Drohroutine zu werden, jederzeit einsetzbares Einschüchterungsmittel oder Moralkeule oder auch nur Pflichtübung. Was durch solche Ritualisierung zustande kommt, ist von der Qualität her Lippengebet.

Zit. nach: Frank Schirrmacher (Hrsg.), Die Walser-Bubis-Debatte. Eine Dokumentation, Frankfurt 1999, S. 11 ff.

**b) Ignatz Bubis, Vorsitzender des Zentralrates der Juden in Deutschland, nimmt am 9. November 1998 in einer Rede anlässlich des 60. Jahrestages der Reichspogromnacht öffentlich Stellung zu der Position Walsers:**

[Walser] spricht eindeutig für eine Kultur des Wegschauens und des Wegdenkens, die im Nationalsozialismus mehr als üblich war und die wir uns heute nicht wieder angewöhnen dürfen.

Wir müssen uns alle der Geschichte stellen, und dazu gehört, nicht nur Filme über Goethe oder Bismarck zu sehen, sondern auch über die Zeit des Nationalsozialismus. [...] Selbstverständlich beschäftigen wir uns freudig mit den Biografien von Goethe, Schiller, Beethoven oder Bismarck. Alles das sind Teile der deutschen Geschichte. Zu ihr gehören allerdings auch Hitler und Himmler. Man kann sich nicht nur die schönen Seiten seiner Geschichte heraussuchen und die unschönen verdrängen. Wer nicht bereit ist, sich diesem Teil der Geschichte zuzuwenden, sondern es vorzieht, wegzudenken oder zu vergessen, muss darauf gefasst sein, dass Geschichte sich wiederholen kann.

Diese Schande war nun einmal da und wird durch das Vergessenwollen nicht verschwinden, und es ist eine »geistige Brandstiftung«, wenn jemand darin eine Instrumentalisierung von Auschwitz für gegenwärtige Zwecke sieht. [...]

Dieser Trend der Rede Walsers ist neuerdings vermehrt spürbar. Der intellektuelle Nationalismus nimmt zu und ist nicht ganz frei von unterschwelligem Antisemitismus. Besonders irritiert bin ich über eine ganze Reihe von Zuschriften, die überrascht waren, dass ich Walser so kritisiere, denn dieser habe doch bloß das ausgesprochen, was die meisten ohnehin dächten. Walser und vielen geht es dabei auch um eine »Normalität«. Ich weiß nicht, was Sie darunter verstehen. Für mich ist Normalität, dass zum Beispiel Juden glauben wieder in Deutschland leben zu können, dass sich Juden im gesellschaftlichen wie politischen Leben der Republik engagieren und dass wir eine Demokratie haben, wie es sie bislang auf deutschem Boden nicht gegeben hat. »Normalität« kann aber nicht bedeuten, die Erinnerung zu verdrängen und mit neuen Antisemitismen und einem neuen Rassismus, wie er bei den rechtsextremen Parteien zum Tragen kommt, zu leben.

Zit. nach: Frank Schirrmacher (Hrsg.), Die Walser-Bubis-Debatte. Eine Dokumentation, Frankfurt 1999, S. 111 f.

**c) Ein Ausschnitt aus einem Brief an Martin Walser:**

Wie kann Bubis Sätze beiseite tun, in denen Sie unvermittelt über die »Grauenhaftigkeit von Auschwitz« sprechen, wie kann er den Ernst nicht wahrnehmen, der dahinter steht, wenn Sie sagen: »Auschwitz eignet sich nicht ...« Damit ist für jeden, der zuhören will, deutlich, wo sie stehen. Für mich jedenfalls ist es die Verständigungsbasis, von der wir ausgehen, wenn wir sagen: Das wird langsam kontraproduktiv. Ich sage »wir«, weil ich seit langem Sorge habe, dass das kein Mensch auf die Dauer aushalten kann, unentwegt in eine Büßerkutte gesteckt zu werden für eine Schuld, die er nicht persönlich begangen hat. [...] Es ist sehr schwierig, jungen Menschen klar zu machen, dass sie zwar keine »Kollektivschuld« tragen, aber Verantwortung dafür, dass es nie mehr geschehe. Und Auschwitz instrumentalisiert, über Massenmedien vermittelt, wirkt genau umgekehrt: Menschen, die in der Tat keine persönliche Schuld tragen, wehren sich dagegen, dass ihnen dauernd Schuld vorgehalten wird.

Zit. nach: Frank Schirrmacher (Hrsg.), Die Walser-Bubis-Debatte. Eine Dokumentation, Frankfurt 1999, S. 93 f.

Stellen Sie die Kernaussagen Walsers (a) und Bubis' (b) heraus. Überlegen Sie, wessen Argumenten Sie eher folgen können, und begründen Sie Ihre Position. Beziehen Sie in Ihre Überlegungen eigene Erfahrungen mit dem Thema »Holocaust und Medien« ebenso ein wie den Brief an Walser (c).

# 5. HISTORISCHE MUSEEN – NUR SPEICHER VON ERINNERUNG?

**Museen haben Geschichte**

Heutzutage gibt es eine große Fülle von Museumstypen: Das gestiegene Interesse an Sozial- und Alltagsgeschichte hat zur Gründung zahlreicher Industrie-, Stadt- und Heimatmuseen geführt. Die Anfänge von Museen liegen in den fürstlichen Kunst- und Wunderkammern des ausgehenden Mittelalters. Kostbare Waffen, Textilien, Gold- und Silberschmuck wurden hier aufbewahrt. Im 19. Jahrhundert entstand dann im Zuge der Nationalbewegung die Idee eines Nationalmuseums. In Nürnberg öffnete 1852 das Germanische Nationalmuseum mit dem Anspruch, Exponate aus allen Epochen der deutschen Geschichte auszustellen, um die gemeinsamen Wurzeln der »deutschen Stämme« zu zeigen.

**50 Jahre nach Kriegsende: Gründung von zwei historischen nationalen Museen**

Nach dem Zweiten Weltkrieg stand in der Bundesrepublik ein Museum, das sich mit der deutschen Nationalgeschichte beschäftigt, lange Zeit nicht auf der Tagesordnung. Außerdem übertrug das Grundgesetz den Bundesländern die Kulturhoheit. Dadurch sollte der föderalistische Aufbau der Bundesrepublik unterstrichen und Zentralisierungstendenzen vorgebeugt werden. Bereits seit den 1970er-Jahren forderten jedoch verschiedene Bundespolitiker – u. a. die Bundespräsidenten Gustav Heinemann und Walter Scheel – die Errichtung eines nationalen historischen Museums. Durch die Initiative von Bundeskanzler Helmut Kohl (1982–1998) entstanden dann zwei neue historische Museen der Bundesrepublik: Das Deutsche Historische Museum in Berlin (Ausstellungseröffnung im Zeughaus 1991) und das Haus der Geschichte der Bundesrepublik Deutschland in Bonn.

**Das »Haus der Geschichte der Bundesrepublik Deutschland« in Bonn**

Im Vorfeld der »Errichtung eines Hauses der Geschichte der Bundesrepublik Deutschland« setzte die Bundesregierung zur Klärung grundsätzlicher Fragen 1983 eine Kommission aus Historikern ein. Ein Jahr zuvor hatte Helmut Kohl in seiner Regierungserklärung vorgeschlagen, »eine Sammlung zur deutschen Geschichte seit 1945« aufzubauen. Die Expertenkommission erarbeitete ein Gutachten, das »Überlegungen und Vorschläge« beinhaltete, wie die »Geschichte der Bundesrepublik Deutschland und der geteilten Nation« in dem geplanten Museum in Bonn zu präsentieren sei. Die Initiative des Kanzlers und die Vorschläge der Kommission lösten eine kontroverse Debatte im Bundestag zwischen Regierung und Opposition sowie in den Medien aus. Die Kritik richtete sich gegen den Verdacht, die Bundesregierung würde in der Ausstellung ein Bild der Geschichte seit 1945 entwerfen, das parteipolitischen Vorstellungen entspräche. Im Dezember 1989 beschloss das Parlament die Museumsgründung und fünf Jahre später wurde das »Haus der Geschichte der Bundesrepublik Deutschland« eröffnet. Seit der Eröffnung 1994 erfährt das Museum einen sehr hohen Besucherzuspruch. Vor allem die attraktive Präsentation und Einordnung von Exponaten in einen historischen Kontext stoßen beim Publikum auf große Akzeptanz.

**Die Inszenierung von Objekten**

Wie bei allen Museumstypen besteht – neben der Sammlung, Restaurierung und Erforschung – die Hauptaufgabe von historischen Museen in der Präsentation von Überresten für die Öffentlichkeit. Teils mit Dauer-, teils mit aufwändigen Wechselausstellungen und unterschiedlichen Ausstellungskonzepten versuchen heutzutage verschiedenste Museen die Aufmerksamkeit auf sich zu ziehen. Dabei sammeln sie alle Arten von bildlichen, schriftlichen und dinglichen Überresten zur

**49 Ausstellungsbeginn im Haus der Geschichte.** Ausstellungsfoto.

Geben Sie möglichst spontan Ihre Assoziationen wieder, die sich nach der Betrachtung des Bildes einstellen.
Stellen Sie dann Hypothesen auf, welche Absichten man mit diesem Ausstellungseingang verfolgt.

Herrschafts-, Kultur-, Wirtschafts- oder Alltagsgeschichte. Im Museum spricht man von Originalen, denen eine gewisse Aura eigen ist: Die Betrachter empfinden nur bei Originalen eine eigentümliche Ausstrahlung, obwohl detailgetreue Nachbildungen (Repliken) davon praktisch nicht zu unterscheiden sind. Diese Wirkung des Originals empfindet der Museumsbesucher, weil er von der Bedeutung eines Objekts weiß. Die Wahrnehmung des Betrachters wird auch durch die Präsentation der Museumsobjekte gesteuert. Denn die Ausstrahlung eines Überrestes ändert sich wesentlich – je nachdem ob es isoliert in einer Vitrine liegt oder in einen Bedeutungszusammenhang gestellt wird, der historische Situationen simuliert. Neuere Museumskonzepte nutzen immer häufiger so genannte Inszenierungen, bei denen man mit mehreren Objekten bestimmte historische Räume oder Situationen nachzubilden versucht. Diese Objektarrangements lenken die Wahrnehmung und sind für die Besucher visuell attraktiv. Dabei gerät häufig in Vergessenheit, dass die Betrachter ein Original in einer Inszenierung anders wahrnehmen als der ehemalige Benutzer im direkten Umgang. Da Museen für die Besucher auch Lernorte sind, stellen sich den Ausstellungsplanern und Museumspädagogen Fragen: Wie lassen sich sinnvoll und lehrreich Relikte der Vergangenheit ausstellen? Wie läuft die Vermittlung von Einsichten in die Geschichte?

## 50 Das Haus der Geschichte: Gründung

**a) Bundeskanzler Helmut Kohl (1982–1998) regte in seiner Regierungserklärung vor dem Deutschen Bundestag die Einrichtung eines Hauses der Geschichte an, 13. Oktober 1982:**

Unsere Republik, die Bundesrepublik Deutschland, entstand im Schatten der Katastrophe. Sie hat inzwischen ihre eigene Geschichte. Wir wollen darauf hinwirken, dass möglichst bald in der Bundeshauptstadt Bonn eine Sammlung zur deutschen Geschichte seit 1945 entsteht, gewidmet der Geschichte unseres Staates und der geteilten Nation.

Zit. nach: Einstellung. Kritik. Kontroversen. Konsens. Hrsg. v. Haus der Geschichte der Bundesrepublik Deutschland, Bonn 1991, S. 2.

**b) In der Regierungserklärung vom 4. Mai 1983 erklärte der Bundeskanzler:**
Die Bundesregierung hat am 13. Oktober 1982 ihre Absicht angekündigt, in der Bundeshauptstadt Bonn eine Sammlung zur deutschen Geschichte seit 1945 zu gründen, die der Geschichte unseres Staates und der geteilten Nation gewidmet ist. Wir wollen auch dieses Vorhaben bald auf den Weg bringen. [...] Wir, die Deutschen, müssen uns unserer Geschichte stellen, mit ihrer Größe und ihrem Elend, nichts wegnehmen, nichts hinzufügen. Wir müssen unsere Geschichte nehmen, wie sie war und ist: ein Kernstück europäischer Existenz in der Mitte des Kontinents. Der jungen Generation muss die deutsche Geschichte in ihren europäischen Bezügen und Bedingungen wieder geistige Heimat werden.

Zit. nach: Einstellung. Kritik. Kontroversen. Konsens. Hrsg. v. Haus der Geschichte der Bundesrepublik Deutschland, Bonn 1991, S. 3.

**c) Am 18. März 1987 sprach Helmut Kohl das Projekt erneut in einer Regierungserklärung an:**
Für jedes Volk ist Geschichte Quelle der Selbstvergewisserung. Deshalb ist die Pflege von Kultur und Geschichte auch eine nationale Zukunftsaufgabe. [...] In Bonn entsteht ein Haus der Geschichte der Bundesrepublik Deutschland. [...] Die deutsche Geschichte soll so dargestellt werden, dass sich die Bürger darin wiedererkennen: offen für kontroverse Deutungen und Diskussionen, offen für die Vielfalt geschichtlicher Betrachtungsmöglichkeiten. In einer freien Gesellschaft gibt es nach unserer Überzeugung kein geschlossenes und schon gar nicht ein amtlich verordnetes Geschichtsbild.

Zit. nach: Einstellung. Kritik. Kontroversen. Konsens. Hrsg. v. Haus der Geschichte der Bundesrepublik Deutschland, Bonn 1991, S. 3.

1. Entnehmen Sie den Aussagen des Bundeskanzlers Informationen, mit welchen Absichten er die Gründung eines Museums zur Zeitgeschichte betrieb (50a, b und c).
2. Klären Sie, welchen Sinn die Beschäftigung mit Geschichte für den Bundeskanzler hat, und diskutieren Sie seine Haltung.

## 51 Historiker streiten um die Museumspläne

**a) Der Historiker Hans Mommsen zu den Museumsplänen der Bundesregierung:**
Obwohl der Kanzler seinerzeit sein Studium in Heidelberg mit einer historischen Dissertation abgeschlossen hat, geht es ihm bei den beiden Planungen* nicht darum, der historischen Forschung die Chance einzuräumen, ihre Arbeit der Öffentlichkeit besser zu präsentieren. Vielmehr erhofft sich die Bundesregierung von beiden Vorhaben eine »Festigung des historischen Selbstverständnisses« der Bürger der Bundesrepublik. Sie tut dies in der Erwartung, dass eine stärkere historische Rückbesinnung die Verbundenheit mit Staat und Verfassung erhöhen und das gesamtdeutsche Nationalbewusstsein beleben werde. »Es geht um die Schaffung einer Stätte der Selbstbesinnung und Selbsterkenntnis«, erklärte der Kanzler am 27. Februar 1985 in seinem Bericht zur Lage der Nation, »wo nicht zuletzt junge Bürger unseres Landes etwas davon spüren können – und sei es zunächst auch nur unbewusst –, woher wir kommen, wer wir als Deutsche sind, wo wir stehen und wohin wir gehen werden.« Das sind, bezogen auf die Aufgaben eines historischen Museums, anspruchsvolle Worte, die eine mehr oder minder eindeutige historische Standortbestimmung fordern, letztlich ein verbindliches deutsches Geschichtsbild, das auch Aussagen über den zukünftigen Weg der Nation einschließt.

In der Tat ist die Stiftung eines neuen historischen Konsenses der geheime Wunsch der Koalitionsparteien. Einerseits geht es darum, die Erfolgsgeschichte der Bundesrepublik historisch zu dokumentieren. Andererseits steht der Gedanke im Hintergrund,

Hans Mommsen, Die Last der Vergangenheit wird ausgeklammert, in: Frankfurter Rundschau, Ostern 1986, Nr. 74, S. 10.

wie ein CDU-Landtagsabgeordneter anlässlich der Richtliniendebatte zur Behandlung der deutschen Frage im Geschichtsunterricht 1978 formulierte, »die tausend Jahre heiler deutscher Geschichte jenseits des Nationalsozialismus« freizulegen und zur Abstützung eines konservativ gefärbten Patriotismus zu nützen. Nur widerwillig und erst auf das Drängen der Öffentlichkeit hin hat sich der längst eingerichtete Planungsstab für das »Haus der Geschichte« in Bonn dazu bereit erklärt, unter dem Stichwort »Die Last der Vergangenheit« den »Schatten der Katastrophe« (so Bauminister Schneider in der erwähnten Vorlage), also die Geschichte der Weimarer Republik und des Nationalsozialismus, mit zu berücksichtigen, allerdings nur als eines von 23 Schwerpunktthemen. [...]

Unzweifelhaft besitzt die Geschichte die eigentümliche Kraft der Identitätsstiftung, aber sie lehrt auch, dass jeder künstliche Versuch, dies zu forcieren, ins Gegenteil umschlägt. Den Bundeskanzler stört dies nicht. Er scheint sich nicht bewusst zu sein, dass moderne historische Museen vom Methodenfortschritt der historischen Wissenschaften nicht abgekoppelt werden können. Dem Selbstverständnis der internationalen Historiographie entspringt die Einsicht, dass Geschichte nur aus einer kritischen Distanz heraus und gerade nicht als Gegenstand emotionaler Identifikation dargestellt werden kann, und dies betrifft auch das Arrangement historischer Ausstellungen. Zwar beteuern die Urheber des Museumsplans, ein »ganzes Bild« bieten und »die in der deutschen Geschichte vorhandenen Widersprüche und Konflikte unparteiisch« aufzeigen zu wollen, und gleichermaßen hat der Bundeskanzler Wert darauf gelegt, die Planungskommission, die inzwischen beim Bundesbauminister eingerichtet worden ist, »fachlich und politisch ausgewogen«, was immer dies heißen mag, zusammenzusetzen. Auch dürfe kein »einseitiges« Bild entstehen. Gleichwohl ist beträchtliche Skepsis darüber angebracht, dass dies Versprechen eingelöst wird.

* Mommsen bezieht sich auf die gleichzeitig laufenden Planungen zu Museumsgründungen der Bundesregierung in Bonn (Haus der Geschichte) und Berlin (Deutsches Historisches Museum).

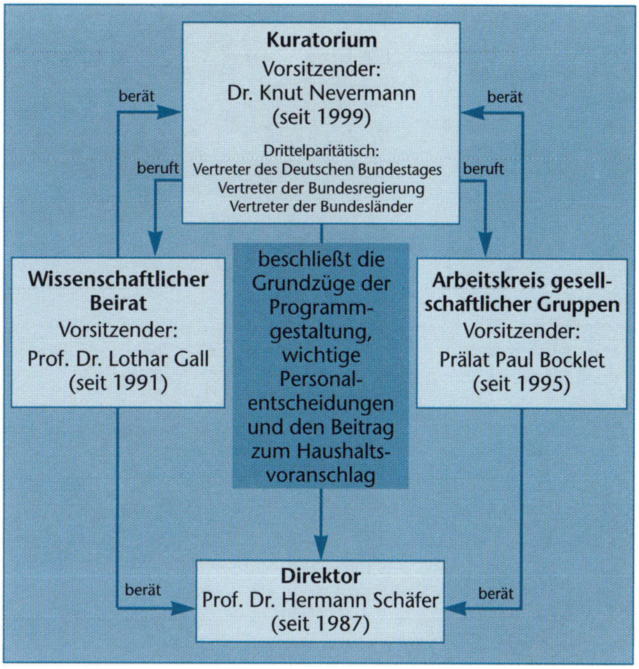


**52 Das Haus der Geschichte ist eine Stiftung der Bundesrepublik Deutschland.** Das Schaubild zeigt die Strukturen der Stiftung und die Aufgaben ihrer Gremien.

Beschreiben Sie das Schaubild über die Organisationsstruktur der Stiftung Haus der Geschichte. Nennen Sie Gründe dafür, warum der Bundestag 1989 eine derartige Struktur für das Museum beschloss.

**b) Die Historikerin Helga Grebing, heute Mitglied des Wissenschaftlichen Beirats, äußerte sich im Vorfeld der Projektplanung:**

Noch immer reden über das »Haus der Geschichte der Bundesrepublik Deutschland« in Bonn nur Insider aus Politik und Wissenschaft. Die Projekt-Planer sind nach wie vor zwar wissenschaftlich hoch angesehene Historiker, jedoch einer historiographischen Richtung zuzuordnen, die man wohl ohne Anstoß zu erregen als liberal-konservativ kennzeichnen kann. Jedenfalls bilden sie keinen repräsentativen Ausschnitt aus der Forschung zur neuesten Geschichte. Noch immer gibt es keinen öffentlichen Diskurs über das Projekt, durch den unterschiedliche Auffassungen detailliert ausgefochten werden könnten. [...]

**53 Die Geschichte der DDR** zeigt das Haus der Geschichte der Bundesrepublik Deutschland ebenfalls (hier zur politischen Entwicklung in den 1950er-Jahren: »SED-Staat – Volkskammerwahl – Kaderpartei«). Objekte aus Ost und West werden durch Trennelemente voneinander geschieden. Ausstellungsfoto.

Angesichts dieser Lage kommt selbst jemand (wie die Verfasserin dieses Beitrages), der als emphatischer Nach-1945er den Glauben an den demokratischen Ursprungskonsens für unsere Republik nicht aufgeben mag, auf die Idee, fürchten zu müssen, hier werde an einem gouvernemental verordneten Geschichtsbild gearbeitet. [...] Der Konsens, der in Aussicht stand, war ja so schlecht nicht, im Gegenteil: Das »Ja« zu dem Haus ist deutlich ausgefallen, die Gründe für seinen Bau kann man teilen: Die Bürger der Bundesrepublik Deutschland, die sich ihren Staat in weitgehend freier Selbstbestimmung schaffen und damit selbst den Grund legen konnten für eine stabile demokratische Kontinuität seit fast 40 Jahren, haben geradezu die Pflicht, dafür zu sorgen, dass sich diese Entwicklung auch in ihrer Selbstdarstellung spiegelt.

Aber wie kann diese Verpflichtung eingelöst werden? Die Historiker dürfen zuallererst den Politikern nicht vor- und weismachen, dass sie in der Lage sind, ihr Wissen zu einer »wahren Geschichte« der Bundesrepublik zusammenfügen zu können. Worauf sie sich allenfalls einlassen können, ist, Interpretationsangebote zu machen, die allerdings in ihrem Grundtenor von Fragestellungen bestimmt sein werden, die uns heute beschäftigen. Aus der unvermeidlich zeitbezogenen Prägung der vermittelbaren Einsichten und der Begrenztheit von Aussagen über Entwicklungen, die noch gar nicht abgeschlossen sind, müsste folgen, dass die Pluralität der Deutungen geradezu zum Prinzip erhoben wird.

Helga Grebing, Mut zu kontroversen Selbstdarstellungen, in: Das Parlament, Nr. 20–21, 17./24. Oktober 1986, S. 16.

**c) Der Historiker Lothar Gall – seiner Zeit Vorsitzender des Gutachtergremiums, das von der Bundesregierung benannt wurde, heute Vorsitzender des Wissenschaftlichen Beirates – zum Museumskonzept:**

Was von dieser Grundlage aus die Schwerpunkte und die Art der Darstellung in inhaltlicher Hinsicht anging, so bestand über zweierlei völlige Einigkeit. Zum einen, dass Geschichte nach heutigem Verständnis keine Geschichte der Haupt- und Staatsaktionen ist, sondern dass sie alle Bereiche des menschlichen Lebens umfasst, angefangen von der Alltagswelt über die Geschichte der Wirtschaft, der Gesellschaft, der Religion und der Kirchen, des Staates und der Politik bis hin zu der Geschichte des Geistes, der Kultur, der sich wandelnden Lebensauffassungen und Mentalitäten.

Und zum anderen, dass kein Staat, keine politische Gemeinschaft in der heutigen Welt eine Insel darstellt. Und dass vor allem die Geschichte der Bundesrepublik nur begreifbar und verständlich wird in ihren fortbestehenden gesamtnationalen wie in ihren inter- und übernationalen Bezügen. Der Rat der Gutachterkommission ging dementsprechend dahin – und darauf zielten dann auch ihre Vorschläge im Einzelnen –, mit Blick auf die Bundesrepublik ein möglichst umfassendes, nicht auf bestimmte Bereiche beschränktes Bild der Entwicklung der letzten vierzig Jahre anzustreben, das zugleich unterschiedlichen Auffassungen und Interpretationen einzelner Vorgänge und Prozesse breiten Raum gewährt.

Ein so umfassendes, verschiedenen Deutungen offenes Bild zu vermitteln, wirft natürlich, darüber war sich die Gutachtergruppe von Anfang an im Klaren, erhebliche Probleme auf, zumal angesichts des sicher nicht allzu hoch zu veranschlagenden geschichtlichen Vorwissens der Mehrzahl der künftigen Besucher. Ihr Vorschlag lautete daher, bei der Gestaltung die politische Entwicklung im engeren Sinne, ihre Hauptstationen, -vorgänge und -ereignisse als durchgängige zeitliche Orientierungsschiene, als eine Art Orientierungsrahmen zu benutzen, damit der Besucher nicht in der Fülle des Dargestellten und der unterschiedlichen Zusammenhänge untergeht.

Dieser Vorschlag ist verschiedentlich auf Missdeutungen gestoßen, als ziele das Ganze doch wieder auf eine eng gefasste Präsentation und Darstellung allein der politischen Geschichte und hier gar vornehmlich auf die Geschichte erfolgreichen Regierungshandelns. Es werde also, so war gelegentlich zu lesen und zu hören, im Kern um die Erfolgsgeschichte bestimmter Regierungen gehen, denen sich die gegenwärtige Bundesregierung besonders verpflichtet fühle.

Ein solcher Verdacht findet freilich in dem Gutachten der Kommission keine Grundlage. Dessen Leitvorstellung ist vielmehr ein offenes Geschichtsbild, das, um es in einer Formel zu sagen, auf Pluralität und Perspektivität hin ausgerichtet ist.

Pluralität heißt dabei nicht zuletzt, dass jeweils auch die kontroversen Positionen zu Wort kommen müssen, dass die unterschiedlichen Auffassungen über verschiedene Vorgänge und Entwicklungen – etwa in der Mitbestimmungsfrage oder der Frage der Wiederbewaffnung in den fünfziger Jahren – ihren Niederschlag finden.

Und Perspektivität meint, dass eben nicht der politische Entscheidungsprozess im engeren Sinne oder die Sozialgeschichte oder die wirtschaftlichen Verhältnisse, die Entwicklung des Geistes- und Kulturlebens oder die Alltagswelt – so wichtig jeder dieser Bereiche für sich genommen ist – einseitig dominieren, sondern dass sie in ihrem Nebeneinander und vor allem auch in ihrer Wechselbeziehung deutlich werden. Dass der Besucher dabei so wenig wie möglich gegängelt wird, dass er jeweils seinen ganz persönlichen Interessen folgen kann, ist dabei ein weiteres Ziel, wobei es nicht zuletzt darum geht, ihn immer auch zu unterhalten, den Ausstellungsbesuch nicht zu einer trockenen Unterrichtsstunde werden zu lassen.

Lothar Gall, Pluralität und Perspektivität. In: Das Parlament, Nr. 20–21, 17./24. Oktober 1986, S. 16.

1. Vergleichen Sie die Positionen der drei Historiker zur Errichtung eines nationalen Museums in der Bundesrepublik (51 a–c). Nennen Sie dazu deren Thesen und Argumente und nehmen Sie zu den sich widersprechenden Aussagen Stellung.
2. Die Autoren benutzen den Begriff »Geschichtsbild« (51 a–c). Klären Sie dessen Bedeutung und diskutieren Sie das damit verbundene Problem für ein staatliches Nationalmuseum.
3. Schildern Sie Ihren Eindruck von dem Ausstellungsfoto (53). Schätzen Sie dann ein, welche Assoziationen sich bei Besuchern aus Ost- und Westdeutschland einstellen könnten.

## 54 Präsentationsformen in Ausstellungen

**a) Überlegungen des Historikers Hartmut Boockmann, damals Sachverständiger bei den Planungen für das Deutsche Historische Museum in Berlin, zu Inszenierungen:**

Hartmut Boockmann, Geschichte im Museum? Zu den Problemen und Aufgaben eines Deutschen Historischen Museums, München 1987, S. 50f.

Auch nachgestellte Szenen sollen ja – je nach den Bedürfnissen des Publikums – erlaubt sein. Damit kommen wir zu anderen Möglichkeiten – oder Irrwegen – historischer Museen. Man erkennt das vielleicht am schnellsten, wenn man sich fragt, ob dieses Medium für einen kulturgeschichtlichen Sachverhalt (etwa: als Hansekaufleute verkleidete Schaufensterpuppen rechnen hinter Butzenscheiben in ihrem Kontor und belehren den Museumsbesucher, dessen Interessen das erfordern, über die Kraft des »aufstrebenden« Bürgertums) gleichermaßen gelten sollte wie für eine zeitgeschichtliche Szene. Soll Auschwitz nachgestellt werden? Und falls nicht: Hieße das nicht, dass man »gute« und »böse« Komplexe verschieden präsentieren würde? Aber vielleicht geht schon diese Frage in die Irre, weil jener Politologe möglicherweise gar nicht allein steht, der unter Formel »Museum als Lebensraum« vorgeschlagen hat, den Besuch eines Deutschen Historischen Museums »durch den Geruch von Gasöfen« wandern zu lassen. [...] Was also würden die erwähnten Rauchschwaden bewirken? Eine Beeinträchtigung des körperlichen Wohlbefindens der Museumsbesucher – von schlimmeren Folgen zu schweigen – ja doch wohl offensichtlich nicht. Aber was dann? Man stelle sich eine Schülerklasse vor, die durch eine solche Gestankschleuse getrieben wird. Ein gröberes Gaudium ließe sich schwerlich denken. Und was müsste wohl der empfinden, dessen Eltern in den hier nun »nachgestellten« Gaskammern umgebracht worden sind – und zwar von den Vorfahren derer, welche die Gaskammern nun »nachstellen«?

Man fragt sich, ob derjenige, der einen solchen barbarischen Unsinn vorschlägt, jemals in einem Museum – etwa in Warschau – gewesen ist, wo man die stummen Zeugen des Grauens betrachten kann: Fotos, Schriftstücke und Gegenstände aus dem Ghetto zum Beispiel. Und wenn er dergleichen gesehen hat, dann möchte man weiter fragen, ob denn in seinen Augen die Eindringlichkeit dieser Gegenstände Wünsche noch offen lässt und die Vermutung erlaubt, dass es etwas geben könnte, was näher an die Wirklichkeit deutscher Verbrechen in der Zeit des Nationalsozialismus heranführen könnte. Etwas wäre hier allerdings zu nennen, nämlich die Orte dieser Verbrechen selbst. Dass ein Besuch in einem historischen Museum nicht Einsichten von der gleichen Intensität hervorrufen kann, wie sie ein Besuch von Auschwitz, Theresienstadt oder Dachau selbst möglich macht, versteht sich von selbst. Ein historisches Museum kann seine Besucher nicht in der Illusion wiegen, sie an die Schauplätze der Geschichte, geschweige denn in die vergangene Wirklichkeit selbst zu versetzen.

**55 »Gegenwärtige Vergangenheit«.** Ausstellungsarrangement (Ausschnitt) im Haus der Geschichte in Bonn zu Auschwitz und den Auschwitzprozessen. Ausstellungsfoto.

**b) Der Direktor des Hauses der Geschichte, Hermann Schäfer, zum Ausstellungskonzept:**

»Ausstellungen sind für alle da!« Eine einleuchtende und selbstverständliche Aussage, die scheinbar dadurch bestätigt wird, dass jährlich etwa 100 Millionen Menschen in Deutschland Museen und Ausstellungen besuchen. Doch diese erstaunlich hohe Zahl täuscht: Nur 30 bis 40 Prozent der Gesamtbevölkerung gehen regelmäßig einmal im Jahr in Ausstellungen oder Museen. Mit dem Begriff Museum verbinden die meisten Menschen in Deutschland vornehmlich Kunstmuseen und -ausstellungen, und diese erreichen in der Tat eher eine Elite. Liegen Museen nicht – nicht mehr – im Zeittrend, wie manche behaupten, jedenfalls mit Blick auf das breite Publikum? 60 bis 70 Prozent der Bevölkerung besuchen Museen und Ausstellungen selten oder gar nicht.

[...] Das Haus der Geschichte möchte auch die Museen bisher eher reserviert gegenüberstehende Mehrheit der Bevölkerung in seine Ausstellungen und Veranstaltungen einladen, um sie für Zeitgeschichte, für die Geschichte unseres Landes zu interessieren, um sie im Museum zu informieren und zur Auseinandersetzung mit Vergangenheit und Gegenwart zu motivieren. Zwar hielten sich bisher in den Erwartungen an Museen und Ausstellungen Informations- und Unterhaltungsansprüche etwa die Waage, doch wächst der Wunsch nach Unterhaltung, das »Erlebnis Geschichte« gewinnt immer stärker an Gewicht. Dass Museen zunehmend als Bestandteil hochwertiger Freizeitgestaltung angesehen werden, ist verständlich und berechtigt. Die Begegnung mit Kultur und Kunst entspricht einem Bedürfnis einer wachsenden Zahl von Menschen, die anspruchsvolle Zerstreuung suchen. Aktive Beschäftigung, auch »kulturelles Windowshopping« – Schaufensterbummel im besten Sinne – entlang den Objekten unserer Geschichte gehört hierzu. Das Haus der Geschichte hat sich daher zum Ziel gesetzt, Vergangenheit auch als »Erlebnis Geschichte« zu vermitteln. [...]

Museum darf Spaß machen, die Ausstellungen müssen attraktiv sein! Unterhaltung darf beim »Erlebnis Geschichte« nicht an den Rand gedrängt werden. Die Lebendigkeit der Darstellung und die Faszination des Originals – Gegenstände, Fotos, Schriftstücke sowie Film- und Tondokumente – müssen im Mittelpunkt stehen. Besucher werden zu Nutzern, wenn sie auch Fragen auswählen und stellen, Antworten abrufen und mitbestimmen dürfen; so haben sie die Möglichkeit, sich aktiv mit der Geschichte auseinanderzusetzen. Künstliche Barrieren werden abgebaut, Schwellen- und Berührungsängsten wird vorgebeugt. Das Haus der Geschichte bietet einen offenen Zugang zur Geschichte: »Alltagsmenschen« sind die Zielgruppe, besucherorientiert ist die Präsentation, interaktiv und multimedial die Methode.

**56 Kohlekrise 1966.** Ausstellungsarrangement im Haus der Geschichte in Bonn. Ausstellungsfoto.

Hermann Schäfer, Erlebnis Geschichte – Eine neue Ausstellung für neue Besucher. In: Erlebnis Geschichte. Das Buch zur Ausstellung. Hrsg. v. Haus der Geschichte der Bundesrepublik Deutschland, 2. Aufl., Bonn 1998, S. 8 f.

1. Schildern Sie eigene positive und negative Erfahrungen bei Ausstellungsbesuchen. Berücksichtigen Sie dabei, was Sie nachhaltig interessiert oder beeindruckt hat.
2. Museen versuchen durch Inszenierungen Objekte zu präsentieren. Erläutern Sie mithilfe der Texte 54a und b den Begriff. Vergleichen Sie die Haltungen von H. Boockmann und H. Schäfer in Bezug auf derartige Ausstellungskonzeptionen.

## 57 Geschichte im Museum

**a) Aus einem Interview mit der Projektleiterin Andrea Mork zur Sonderausstellung »Ungleiche Schwestern? Frauen in Ost- und Westdeutschland«, 1997:**

*Frage:* Wie ist die Ausstellung gegliedert?

*Antwort:* Im Zentrum der Ausstellung steht die Rolle der Frau: die Frage nach ihren Tätigkeitsfeldern und den ihr zugeschriebenen Eigenschaften. Wir gehen davon aus, dass zum einen gesellschaftliche Fakten, politische Rahmenbedingungen, die rechtliche und soziale Stellung und Bildungschancen diese Rolle bestimmen. Darüber hinaus ist sie ganz erheblich von Idealvorstellungen und Rollenerwartungen geprägt, wie sie Werbung, Propaganda, Kunst und Literatur entwerfen. Der besondere Reiz und die Spannung der Ausstellung liegen in der Gegenüberstellung von jeweils vorherrschenden Leitbildern und der Lebenswirklichkeit der Frauen. Auf diese Weise lassen sich die beiden Gesellschaftssysteme an ihren eigenen Maßstäben messen. Sowohl die Leitbilder als auch die Realitäten sind einem starken Wandel unterworfen. Besucherinnen und Besucher werden angeregt, im Gang durch die Ausstellung das Spannungsfeld zwischen Ideal und Wirklichkeit immer neu zu vermessen.

*Frage:* Können Sie einige Beispiele für diese Leitbilder und die Realität nennen?

*Antwort*: In den fünfziger Jahren herrscht im Westen das Ideal der »Hausfrau und Mutter«, im Osten das Leitbild der »Heldin der Arbeit«. In der Ausstellung steht eine damenhafte Schaufensterpuppe in einem hoch eleganten Kleid des Berliner Modeschöpfers Heinz Oestergaard einer Bronzeskulptur gegenüber, mit der Walter Arnold 1952 der »Traktoristin« ein Denkmal setzt. Wir zeigen, dass der westdeutsche Schönheitskult seine besondere Ausprägung in der Institution der »Schönheitskönigin«[1] fand, das ostdeutsche Emanzipationsideal hingegen in der Mobilisierung von Hausfrauenbrigaden und in der Aktivisten-Bewegung.

Sie sehen, die Frauenbilder fallen in Ost- und Westdeutschland sehr unterschiedlich aus und markieren somit bereits eine wesentliche Differenz im Leben der Frauen. Denn diese Wunschbilder haben suggestiven Charakter, geben bestimmte Verhaltensmuster als erstrebenswert und glückverheißend vor.

[1] Unter dem Titel »Miss Germany. Eine schöne Geschichte« präsentierte das Haus der Geschichte im Frühjahr 2002 in seiner Leipziger Zweigstelle, dem Zeitgeschichtlichen Forum, eine Ausstellung zur Geschichte der »Misswahlen« in Deutschland, in der auch die gegen Ende der DDR ebenfalls im ostdeutschen Staat wieder zugelassenen Schönheitskonkurrenzen dokumentiert wurden.

Zit. nach: Ungleiche Schwestern? Frauen in Ost- und Westdeutschland. Das Magazin zur Ausstellung, hrsg. von der Stiftung Haus der Geschichte der Bundesrepublik Deutschland, Bonn 1997, S. 4.

**b)** links: **»Die Traktoristin«.** Bronzeskulptur von Walter Arnold, 1952. rechts: **Schaufensterpuppe,** bekleidet mit mit einem von dem (West-)Berliner Modeschöpfer Heinz Oestergaard in den 1950-Jahren entworfenen Kleid.

**c) Empfehlung des Europarates »on the learning of history in Europe«, 1996:**

[...] 14. [...]

*a) historical awareness should be an essential part of the education of all young people. The teaching of history should enable pupils to acquire critical thinking skills to analyse and interpret information effectively and responsibly, to recognise the complexity of issues and to appreciate cultural diversity. Stereotypes should be identified and any other distortions based on national, racial, religious or other prejudice;*

*b) the subject matter of history teaching should be very open. It should include all aspects of societies (social and cultural history as well as political). The role of women should be given proper recognition. Local and national (but not nationalist) history should be taught as well as the history of minorities. Controversial, sensitive and tragic events should be balanced by positive mutual influences; [...]*

*f) the different forms of history learning (textbook study, television, project work, museum visits, etc.) should be combined, without exclusive preferences to any of them. New information technologies should be fully integrated. Proper educational (and academic) standards must be ensured for the material used;*

*g) greater interaction should be fostered between school and out-of-school influences on young people's appreciation of history, for example by museums (and in particular history museums), cultural routes and tourism in general. [...]*

16. European collaboration should be encouraged in the field of history. The Assembly recommends that the Committee of Ministers:

*a) study the basic elements of the different histories of the people of Europe which, when accepted by everyone, could be included in all European history textbooks;*

*b) consider the possibility of establishing member states an on-line library of history;*

*c) encourage member states to establish national history museums on the lines of the German »House of History« in Bonn;*

*d) promote multilateral and bilateral projects on history and history teaching and in particular regional projects between neighbouring countries.*

Die Internetadressen von Museen finden Sie unter: www.klett-verlag.de
1. Klick: Lehrer
2. Klick: Geschichte
3. Klick: Links

Council of Europe (Parliamentary Assembly), Recommendation 1283 (1996) on history and the learning of history in Europe. Zit. nach: http://stars.coe.fr/ta96/erec1283.htm

1. Museen sammeln Originale und sollen auch Lernorte sein. Diskutieren Sie Möglichkeiten und Grenzen von Objekten, historische Ereignisse und Prozesse zu veranschaulichen (57a/b).
2. Bilden Sie Arbeitsgruppen: Schlagen Sie Objekte aus den Bereichen Politik, Kultur, Umwelt, Wirtschaft, Sport und Gesellschaft vor, die aufgenommen werden sollten in eine Museumssammlung, die die Zeit Ihrer Generation thematisiert.
   Präsentieren Sie Ihren Mitschülern Ihre Auswahl und begründen Sie diese kurz.
3. Erstellen Sie arbeitsteilig am Maßstab der Empfehlungen des Europarates (57c) eine Güte- und Mängelliste Ihres bisherigen Geschichtsunterrichts. Erwägen Sie dabei auch persönliche Verbesserungsvorschläge.

### Mögliche Arbeitsschritte vor, während und nach einem Museumsbesuch:

Museumsbesuche fördern, illustrieren und vertiefen historische Erkenntnisse. Die Beachtung folgender Aspekte ermöglicht eine zielgerichtete Beschäftigung mit einem Museum oder einer Ausstellung:

- **Arbeitsfragen im Vorfeld:** Welches sind die Schwerpunkte der Ausstellung? – Über Exponate, die man sich vorrangig ansehen möchte, sollte man sich im Vorfeld informieren. – Wer waren die Museumsgründer und welche Ziele verfolgten diese mit der Gründung des Museums? – Wer ist der heutige Träger des Museums? – Listen Sie mögliche Fragen auf, die im Museum beantwortet werden könnten.
- **Fragen im Museum:** Welche Themen werden behandelt und welche ausgespart? – Wie werden diese den Besuchern nahe gebracht? Berücksichtigen Sie dabei die Inszenierung der Objekte, die Ausstellungsgestaltung sowie die Form der Erläuterungen zu den Objekten. – Versuchen Sie die Fragen, die Sie ursprünglich an das Museum hatten, zu beantworten.
- **Nachbereitung eines Museumsbesuchs:** Konnten die von Ihnen aufgeworfenen Fragen im Museum geklärt werden? Bewerten Sie das Museum, auch vor dem Hintergrund der Intentionen der Ausstellungsmacher bzw. Museumsgründer.

# 6. POLITISCHE GEDENKTAGE IM HISTORISCHEN WANDEL

**Gedenktage und der Umgang mit Geschichte**

Gedenktage gliedern in allen Kulturen den Jahresverlauf. Mal erinnern diese an gemeinsame Ursprünge, dienen der Verehrung eines göttlichen Wesens oder einer göttlichen Abstammung; mal verweisen sie auf bedeutende Personen und deren Taten oder datierbare Ereignisse. Kirchliche Feiertage prägen noch heute unseren Alltag, ohne dass die meisten Menschen deren Geschichte kennen. Mit dem Beginn der Neuzeit spielte neben den Kirchen der Staat eine immer bedeutendere Rolle bei der Prägung von Gedenktagen. Und noch im 20. Jahrhundert führten vor allem staatliche Regeln zur Beachtung eines häufig arbeitsfreien Gedenk- bzw. Feiertages. Einschneidende politische Veränderungen oder Revolutionen waren besonders wirkungsmächtig. So ist nach 1990 kein einziger Gedenktag der DDR in den offiziellen Bestand der Bundesrepublik aufgenommen worden. Ist das an ein Datum gebundene historische Erinnern eines Staates oder einer Gesellschaft ein Seismograf für den Umgang mit der eigenen Geschichte?

**58** **40 Jahre DDR: Explosive Feierlichkeiten.** Karikatur von Horst Haitzinger. Neue Presse, Hannover, 7. Oktober 1989.

## 6.1 Nationalfeiertage – Gedenktage – Jubliläen

Am 14. Juli 1789 ereignete sich der Sturm auf die Bastille. Die Erinnerung an die Revolution wird in Frankreich besonders an diesem Tag gepflegt. Der französische Nationalfeiertag besitzt sogar universalhistorische Bedeutung. Zwar überdecken staatliche Feiern in Frankreich häufig die Kontroversen um die Deutung der Revolution und den Sinn des Feiertags. Aber dennoch überwiegt eine positive Haltung der Bevölkerung zum Feiertag.
Eine vergleichbare Funktion im nationalen Gedenken hat der 4. Juli, an dem jährlich der Unabhängigkeitserklärung von 1776 in den USA gedacht wird. Für Kommunisten im 20. Jahrhundert besitzt der jährliche Hinweis auf den Tag der »Großen Sozialistischen Oktoberrevolution« (7. November) eine ähnliche Rolle. An Unabhängigkeitstagen erinnern die ehemaligen Kolonien an gemeinsame Ursprünge und Erfahrungen oder preisen Staatsgründer. Nationen und Staaten pflegen mit Nationalfeiertagen Vergangenes zu feiern. Jedoch geht es bei all diesen staatlich verordneten Veranstaltungen keineswegs nur um die Beschäftigung mit Geschichte. Vielmehr beschwören die Gemeinschaften die Zukunft im Spiegel des Vergangenen.

**Deutsche Gedenktage im 20. Jahrhundert**

Deutschland besitzt keinen vergleichbaren historischen Feiertag. Aufgrund der deutschen Geschichte im 20. Jahrhundert überwiegen hingegen die negativen Daten, die eine positive nationale Identität erschweren. Mit dem Beitritt der neuen Bundesländer im Jahr 1990 erhielt der 3. Oktober den Rang eines staatlichen Feiertages. Er löste den 17. Juni ab, der als »Tag der Deutschen Einheit« in der Bundesrepublik seit 1954 an den Arbeiteraufstand in der DDR erinnerte. Der Austausch eines Feiertags zugunsten eines anderen hat im 20. Jahrhundert viele Vorbilder, da in jedem neuen System die Feiertage neu festgelegt wurden.

**Nationalfeiertage im Deutschen Reich**

Im Kaiserreich dominierten die Tage mit nationalistischem Charakter. Hierzu eigneten sich besonders die Geburtstage der Kaiser, aber auch die Erinnerung an den Sieg über Frankreich und die Gefangennahme des französischen Kaisers am Sedantag (2. September 1870) und die sich anschließende Reichsgründung (18. Januar 1871). Diese Nationalfeiertage besaßen eine hohe emotionale Bindekraft für große Teile der Bevölkerung. In der Weimarer Republik knüpfte man an diese Tradition nicht an. Vielmehr suchten die staatstragenden Kräfte nach Gedenktagen, die sich zur Identifikation mit dem demokratischen Staat anboten. Schließlich einigte man sich nach langwierigen Auseinandersetzungen auf den 11. August als Nationalfeiertag, an dem die Weimarer Verfassung in Kraft getreten war. Die mangelnde Akzeptanz der seit 1921 abgehaltenen Verfassungsfeier bei den Parteien und der Bevölkerung verweist auf die allgemeine Fragmentierung der Gesellschaft. Die Erinnerung an die Toten des Ersten Weltkriegs hielt die Weimarer Gesellschaft am Volkstrauertag wach. Er wurde republikweit am zweiten Fastensonntag (Reminiscere) begangen. Lustbarkeiten waren untersagt und man flaggte halbmast.

**Gedenktage während der NS-Diktatur**

Die neuen Machthaber seit 1933 änderten radikal alle Formen des staatlichen Gedenkens. Bereits 1934 verwandelte man den Volkstrauertag in den Heldengedenktag. Neben der Namensänderung erhielt der Tag auch einen anderen ideologischen Sinn. Veranstaltungen zum Heldengedenktag sollten nun nicht mehr von der Trauer um die Gefallenen bestimmt sein, sondern der Tag sollte einen »soldatischen und heroischen« Charakter aufweisen. Vorhandene Gedenktage deutete man konsequent im Sinne der nationalsozialistischen Weltanschauung um. Neue Feiertage dienten der Verherrlichung des Regimes. Am 20. April wurde der „Geburtstag des Führers" propagandistisch genutzt. Der 1. Mai war fortan der »Tag der nationalen Arbeit«. Mit dieser Maßnahme sollte die kritische Mehrheit der Arbeiterschaft für die NS-Diktatur gewonnen werden. Bisher hatte dieser Tag eine besondere Rolle für die internationale Arbeiterbewegung gehabt, die ihn als »Tag der Arbeit« seit dem 19. Jahrhundert als Kampftag ansah. Als Fest der Arbeiter sollte er ursprünglich dazu dienen, eine proletarische Gegenöffentlichkeit durch Feiern und Demonstrationen zu schaffen.

**Die sozialistische Gesellschaft und ihre Feiertage**

Nach 1949 brachen beide deutschen Staaten mit den politischen Fest- und Feiertagen der Nationalsozialisten. In der DDR fanden Umzüge, Kundgebungen, Militärparaden und Kranzniederlegungen vornehmlich an traditionellen Feiertagen der internationalen und deutschen Arbeiterbewegung statt. Zum Festkalender gehörten der 7. Oktober (Gründungstag der DDR) und der 7. November als der »Tag der Großen Sozialistischen Oktoberrevolution«. Der 1. Mai wurde nun der »Internationale Kampf- und Feiertag der Werktätigen«, die Beziehung zur UdSSR pflegte man mit der »Woche der Waffenbrüderschaft« und der 8. Mai (Kapitulation 1945) wurde als »Tag der Befreiung« begangen und gedeutet. Noch heute spielt das Gedenken an die Ermordung Rosa Luxemburgs und Karl Liebknechts am 15. Januar 1919 in den neuen Bundesländern eine Rolle. Auch der »Internationale Frauentag« am 8. März fand in der DDR eine große Beachtung und wurde meistens dazu genutzt, die Fortschritte in Fragen der Gleichberechtigung zu betonen.

**Der Teilung gedenken in der BRD**

In der alten Bundesrepublik gab es neben dem staatlich verordneten Gedenktag am 17. Juni ein Spektrum von Gedenktagen. An die deutsche Teilung erinnerte auch der 13. August als Tag des Mauerbaus (1961). Reden und Veranstaltungen

**59** **40 Jahre DDR: Schöner Schein und graue Realität.** Karikatur von F. Behrendt aus der Frankfurter Allgemeinen Zeitung, 7. Oktober 1989.

zur Verkündigung bzw. zum In-Kraft-Treten des Grundgesetzes am 23./24. Mai dienten der Ausbildung einer teilstaatlichen Identität. Als dritte Kategorie existierten Tage, die die beiden Weltkriege und die NS-Herrschaft thematisierten. Eine herausragende Rolle spielte dabei das Gedenken an den Widerstand am 20. Juli. An diesem Tag war 1944 ein Attentat auf Adolf Hitler gescheitert.

Je nach politischem System erhalten Gedenktage eine unterschiedliche Funktion und werden auf vielfältige Weise begangen. Häufig erinnern historische Gedenktage in öffentlichen Feiern an kollektiv erlebte Ereignisse. Sie dienen dann der Verhaltensorientierung, indem sie auf den Wertekanon und die Legitimität eines Gemeinwesens verweisen. So stiften sie Konsens und dienen der Herstellung und Sicherung von Massenloyalität gegenüber dem jeweiligen politischen System. Mit Nationalflagge und -hymne bilden sie ein Ensemble und machen einen wesentlichen Teil der symbolischen Politik aus. Diese versucht, die unterschiedlichen Interpretationen von Geschichte in jeder Gesellschaft zu bündeln und dadurch die individualisierten und differenzierten Geschichtsvorstellungen und -deutungen zu vereinheitlichen.

### Jenseits politischer Ziele

Neben den politischen Gedenktagen gibt es weitere Formen kalendarischen Erinnerns. Neben den jährlichen Gedenktagen gibt es Jubiläen, die sich an den runden Zahlen orientieren (10, 25, 50, 100). Vor allem jedoch existieren eine Vielzahl von Gedenktagen, die nur von gesellschaftlichen Minderheiten begangen werden. Sie besitzen häufig keinen staatlich geförderten Rang und verweisen auf die Leidensgeschichte einer gesellschaftlichen Gruppe. So hat sich in den letzten Jahren der Christopher-Street-Day zum Feier- und Protesttag der Homosexuellen entwickelt. Mit Geschichte wird auch Geld verdient. Gedenktage weisen eine immer stärkere ökonomische Funktion auf. Gedenktage zu prominenten Personen (z. B. 200. Todestag Wolfgang Amadeus Mozarts) ziehen eine große Warenproduktion mit sich. Die Medien verstärken diese Entwicklung.

## 60 1989 – Die 200-Jahr-Feier der Französischen Revolution

**a) Der Staatssekretär unter dem gaullistischen Premierminister Jacques Chirac, Philippe de Villiers, erklärte in einem »Offenen Brief« 1989:**

Bürger, wenn ich mich an Sie wende, meine Herren, Speichellecker der 200-Jahr-Feier, dann aus dem Grund, dass Sie nur ein Wort im Munde führen, um Ihre Wortverdreherei zu legitimieren: Geschichte. […]

Lenin und Stalin haben sich unentwegt auf den Konvent bezogen. Der ganzen Welt haben sie ihre eigene Revolution als dessen Erbe angeboten. Einer nach dem anderen haben sie sich auf Robespierre berufen. Welch schreckliche Abfolge! Welch unerträgliche Verwandtschaft! Das französische Volk kann diese totalitäre Idee nicht mehr ertragen, die darin besteht, die Revolution als »einen Block« anzupreisen. (J.-N. Jeanneney, Le Figaro, 23. März 1989) Aber ach! Im Konvent wurde nicht etwa der Samen gepflanzt für die Französische Republik, sondern für etwas, das dem Stalinismus ähnelt und das heute an allen Enden der Welt in Scherben zerfällt. [...]

Wenn man die Taten und den Machtmissbrauch des Konvents in der Vendée betrachtet, stellt man fest, dass es sich dabei um einen Kompromiss zwischen Caligula und Himmler handelt. [...] Die Vendée existiert in unseren Schulbüchern nur als »Gegenrevolution«. Diese Benennung stellt aber eine enorme Unwahrheit dar. Daher schreie ich mit ganzem Herzen diesen Brief heraus. Ich bleibe bei diesem Namen der Vendée, dieser Vendée, die für sich die Erbschaft der Revolution beansprucht, da sie sich im Namen des Artikels 35 der Erklärung der Menschenrechte erhoben hat. [...]

Wenn wir die Republik feiern wollen, dann müssen wir beachten, dass sie am 22. September 1792 errichtet worden ist. Diese erste Republik ist unter dem Namen »Konvent« berühmt geworden. Dann aber müssen wir auch von den religiösen Verfolgungen, von den Septembermassakern und den schwarzen Seiten dieser umwälzenden Epoche sprechen.

Philippe de Villiers, Lettre ouverte aux coupeurs de têtes et aux menteurs du bicentaire, Paris 1989. Übersetzung von Berit Pleitner.

**b) In einem Leitartikel in »L'Humanité« bezog am 14. Juli 1989 der Vorsitzende der Kommunistischen Partei Frankreichs Position:**

Vor genau 200 Jahren stürmte das Pariser Volk die Bastille und schrieb damit eine der schönsten Seiten der französischen Geschichte. In eben diesem Monat Juli 1789 überschwemmte eine Welle von Bauernaufständen ganz Frankreich. Am 4. August wurden die Privilegien abgeschafft. Am 24. fand die Erklärung der Menschen- und Bürgerrechte statt. Die Französische Revolution hatte begonnen. [...]

Die Volksbewegung hatte entscheidenden Anteil an dem Prozess der sozialen Transformation – Jean Jaurès sprach später von einer »bourgeoisen, aber in großen Teilen demokratischen Revolution« und begründete damit sowohl die tiefe Eigentümlichkeit wie die universelle Reichweite der Revolution. Die Devise der Französischen Republik »Freiheit, Gleichheit, Brüderlichkeit« wurde von 1848 über 1871 bis 1917 weltweit zur erklärten Forderung aller Revolutionäre. Sie ist auch heute noch das Herzstück unseres Kampfes. Wie könnten auch die wirtschaftlichen und politischen Kräfte, die unser Land regieren, diese Devise für sich in Anspruch nehmen? Freiheit? [...] Nicht für die, die heute nicht wissen, wie es morgen weitergehen soll. Nicht für die, die auf alles verzichten müssen, die der Unsicherheit ausgeliefert sind. Nicht für die Information, und immer weniger für Frankreich selber. Gleichheit? Nicht für die Arbeiter, die Angestellten, die Landwirte, die Arbeitslosen, die Rentner; nicht für die Kinder und die Jugend der unteren Schichten; nicht für die Frauen; nicht für die Opfer des Rassismus. Brüderlichkeit? Die ganze Welt, Milliarden von Enterbten richten in diesem Monat Juli 1989 ihr Augenmerk auf unser Land. Das offizielle Frankreich aber zeigt ihnen deutlich, wer seine Freunde sind, indem es gemeinsam mit den reichsten Ländern diese 200-Jahr-Feier begeht. [...]

An diesem 14. Juli richten sich unsere Gedanken auf die Zukunft. Die Ziele der Befreiung und des gemeinsamen Glücks verfolgen wir modernen Revolutionäre in direkter Nachfolge unserer Vorfahren von vor 200 Jahren weiter. Und wir haben eine Gewissheit: Die Gerechtigkeit, die Freiheit, der Frieden – was nur ein anderer Ausdruck ist für: Freiheit, Gleichheit, Brüderlichkeit – werden den Sieg davontragen.

»L'Humanité«, 14. Juli 1989. Übersetzung von Berit Pleitner.

Referieren Sie über folgende Gedenktage:

- 1. Mai und die Arbeiterbewegung
- 8. Mai und die Rede von Richard von Weizäcker

1. Ziehen Sie zur Vorbereitung die Informationen auf den Seiten 8-29 heran und klären Sie dann die historischen Bezüge in 60a und b. Vergleichen Sie die Aussagen der Autoren zur Französischen Revolution und benennen Sie Unterschiede in der Bewertung.

2. Diskutieren Sie anschließend, inwieweit die 200-Jahr-Feier mehr über das zeitgenössische Frankreich und weniger über das historische Ereignis aussagt. Nehmen Sie dazu Stellung, ob man von einer gespaltenen Erinnerung sprechen kann.

## 61 Heldengedenktag oder Volkstrauertag

**a) Adolf Hitler hielt am 16. März 1941 in Berlin eine Rede zum Heldengedenktag:**
Der Kampf um die Entscheidung im Westen konnte also beginnen. Er nahm den vorher bestimmten Verlauf. Was in vier Jahren unsagbaren Opfertums im Weltkrieg nicht gelungen war, vollendete sich in wenigen Wochen: Der Zusammenbruch der britisch-französischen Front. […]

**b)** NS-Plakat, 1943.

Heute steht die deutsche Wehrmacht in einem weltweiten Raum bereit, personell und materiell auf das Ungeheuerste verstärkt, entschlussfreudig und zuversichtlich das zu vollenden, was in dem geschichtlich epochalen Jahre 1940 begonnen wurde.

Damit aber treten wir nunmehr mit einem noch stärkeren Recht als im Jahre 1940 vor die deutschen Helden der Vergangenheit. Noch wissen wir alle, was sie besonders im Weltkrieg erdulden mussten und geleistet haben. Aber wir verbeugen uns vor ihrem Opfer selbst nicht mehr als Unwürdige. Als die deutschen Divisionen ihren Vormarsch im Westen antraten, hat die heutige Heldengedenkfeier ihren erhabensten Anfang genommen; denn auf unzähligen Soldatenfriedhöfen standen in dankbarer Ergriffenheit die siegreichen Söhne an den Gräbern ihrer heldenhaften Väter.

Das deutsche Volk hat alles wieder gutgemacht, was es einst in wahnsinniger Verblendung preisgab und verlor. So können wir uns gerade heute der Todesopfer des Weltkrieges wieder gehobenen Herzens erinnern. Inmitten all des ruhmvollen Geschehens der Gegenwart wollen wir dabei nicht die unermessliche seelische Kraft übersehen, die das deutsche Volk und seine Soldaten dem Heldentum ihrer Vorfahren verdanken. Umsonst sind auch die Soldaten des Weltkrieges nicht gefallen. Wenn auch damals den Opfern der augenblickliche Erfolg versagt blieb, so haben doch ihr heldenhafter Einsatz, ihr über alles Menschliche erhabener Kampfesmut dem deutschen Volk ein Vermächtnis hinterlassen, auf das sich nicht nur jede anständige deutsche Generation mit Andacht und mit innerer Ergriffenheit besinnen wird, sondern das auch unseren Gegnern in lähmender Erinnerung geblieben ist. Vielleicht auch aus diesem kraftvollen Bewusstsein heraus gelang es heute dem deutschen Volk, so unendlich Großes zu tun. Es fühlt sich als Vollstrecker des Willens seiner tapferen Ahnen. […]

Auch die Heimat muss in diesem Krieg schwerere Opfer bringen als früher. Auch ihr Heldentum trägt dazu bei, den entscheidendsten Kampf der deutschen Geschichte zu einem erfolgreichen zu gestalten. Und hier ist es nicht nur der Mann, der sich in seiner Widerstandskraft bewährt, sondern vor allem auch die Frau. Die Nation ist heute eine kämpfende Einheit geworden. Nicht, weil sie diesen Kampf suchte, sondern weil er ihr aufgezwungen wurde. So wie England und Frankreich den Krieg erklärten, so begann England auch den Krieg gegen das zivile Leben. Der Blockade des Weltkrieges, dem Krieg des Hungers gegen Frauen und Kinder, fügte es dieses Mal den Luft- und Brandkrieg gegen friedliche Dörfer und Städte hinzu. Allein in beiden wird England unterliegen.

Zit. nach: Philipp Bouhler, Der großdeutsche Freiheitskampf. Reden Adolf Hitlers, München 1942, S. 431–433.

**c) Eugen Gerstenmaier – späterer Bundestagspräsident – veröffentlichte am 23. November 1952 einen Artikel in der »Schwäbischen Rundschau« zum Volkstrauertag:**
Wahrlich: Der Heldengedenktag von einst ist ein Volkstrauertag geworden. Ein Tag, dem weder Heroisierung noch Pathos anstehen. Es ist ein alles menschliche Begreifen übersteigendes Ineinander von Größe und Elend, von Opfermut und Schuld und Schande. Keiner wird es mehr entwirren. Aber an diesem Tag dürfen wir in Demut und Trauer doch sagen: Ehre den toten Soldaten! Ehre denen, die reinen Herzens für das Vaterland starben! Ehre den Frauen und Kindern, den Alten und Jungen, die vom Feuerorkan der brennenden Heimat verschlungen wurden!

Ehre den toten Freunden, die in Deutschlands tiefster Nacht Wächter und Blutzeugen seiner Ehre waren. […]

Ehre den Erniedrigten und Gemordeten aus dem eigenen Volk wie den fremden Völkern, die in Deutschlands Namen schuldlos zu vielen Tausenden getötet wurden. Ehre denen, die still in den Tod gingen, und Ehre und Bewunderung jenen Todgeweihten, die in einem Nebenlager von Auschwitz zur Richtstätte zogen mit dem Gesang:

Allons enfants de la patrie, le jour de gloire est arrivé …

Ehre ihnen allen, auch wenn Ungezählte von ihnen nicht für, sondern gegen Deutschlands und Europas Zukunft geopfert wurden!

Aber dieser Tag wäre missverstanden, wenn er nichts wäre als eine wehmütige oder ehrfürchtige Erinnerung, ein trauerndes, scham- und schmerzvolles Gedenken. Und dieser Tag wäre sinnlos vertan, wenn er noch einmal jenen schneidigen Anrufen an den »Geist der Frontgeneration« dienen würde, der Wiederbelebung eines dunklen Mythos des Unheils.

Dieser Volkstrauertag gilt auch nicht einfach dem Memento mori, dem Gedanken an unsere Vergänglichkeit. Dafür kennt das Kirchenjahr Allerseelen, Allerheiligen und den Totensonntag. Der Volkstrauertag gilt nicht der allem Leben gesetzten kreatürlichen Frist und Grenze. Nein, er gilt dem widergöttlichen gewaltsamen Abbruch eines halb gelebten, unerfüllten und unvollendeten Lebens. Der Volkstrauertag heute gilt darum dem Krieg und seiner Bändigung. […] Weil der Volkstrauertag der Bändigung des Krieges gilt, darf, ja muss er gelten der Versöhnung. Ohne sie ist an die Zähmung jener dunklen Gewalt gar nicht zu denken. Versöhnung ist eine Sache der Herzen und der Gedanken. Aber diese Sache fordert mit eherner Konsequenz nicht nur die innere Bereitschaft und das Wort, sondern auch die äußere Tat der Versöhnung.

Eugen Gerstenmaier: Reden und Aufsätze, Stuttgart 1956, S. 178–181.

1. Analysieren Sie die Rede Hitlers (61a) daraufhin, welche Rolle die Toten des Ersten Weltkriegs für ihn spielen, welche Elemente der NS-Ideologie erkennbar sind und welche Absichten er damit verfolgt. Beziehen Sie auch Abbildung (61b) ein.
2. Klären Sie die politischen Ziele Eugen Gerstenmaiers und vergleichen sie diese mit denen von Adolf Hitler (61a und c). Diskutieren Sie, ob Sie Gerstenmaiers Position zu den Toten der Weltkriege teilen.
3. Nehmen Sie dazu Stellung, inwieweit der Volkstrauertag für die Gesellschaft und für Sie persönlich heute von Bedeutung ist.

## 62 Gedenktage und die deutsche Einheit

**a) Ilse Spittmann zur politischen Bedeutung des 17. Juni in der Bundesrepublik:**
Anfang der 70er-Jahre kam die Forderung nach Abschaffung des Feiertages auf. Die Distanz zu dem Ereignis wuchs, die emotionale Betroffenheit schwand. Der Tag wurde mehr und mehr ein zusätzlicher Feiertag, an dem man ins Grüne fuhr. Die Gewerkschaften reklamierten ihn als sozialen Besitzstand. Politische Einwände waren gewichtiger: Viele fanden es unpassend, dass die Menschen im sicheren Hort der Bundesrepublik Deutschland einen Aufstand feierten, den andere mit hohem Einsatz riskiert und verloren hatten. Im Lichte des gewandelten Verhältnisses zur DDR und zum Ostblock wirkte der Feiertag als Relikt des Kalten Krieges, das die Beziehungen störte; der Mauerbau hatte die Ahnung zur Gewissheit werden lassen, dass die Deutschen auf unabsehbar lange Zeit in zwei Staaten würden leben müssen, der Tag der Deutschen Einheit erschien nun anachronistisch und unehrlich. Aber mochte der Feiertag auch seinen ursprünglichen Sinn verloren haben, seine Abschaffung hätte als offizielle Absage an die Einheit der Nation gewirkt – dafür fand sich keine Mehrheit. Weit über den historischen Anlass hinaus war der Tag zum Symbol für den Einheitswillen der Deutschen geworden, der sich ungebrochen über die Jahrzehnte gehalten hat, auch als die Hoffnung auf Verwirklichung schon geschwunden war. Mit der Herstellung der staatlichen Einheit Deutschlands am 3.10.1990 wurde dieser Tag zum neuen nationalen Feiertag bestimmt. Der 17. Juni bleibt jedoch als Gedenktag erhalten.

Ilse Spittmann, Tag der Deutschen Einheit, in: Handwörterbuch zur deutschen Einheit. Hrsg. v. Werner Weidenfeld/Karl-Rudolf Korte, Lizenzausgabe für die Bundeszentrale für politische Bildung, Bonn 1991, S. 666.

**b) Hörfunk- und Fernsehansprache von Bundeskanzler Helmut Kohl zum Tag der Deutschen Einheit, 2. Oktober 1990:**
In wenigen Stunden wird ein Traum Wirklichkeit. Nach über vierzig bitteren Jahren der Teilung ist Deutschland, unser Vaterland, wieder vereint. Für mich ist dieser Augenblick einer der glücklichsten in meinem Leben; und aus vielen Briefen und Gesprächen weiß ich, welche große Freude auch die allermeisten von Ihnen empfinden. An einem solchen Tag richten wir unseren Blick nach vorn. Doch bei aller Freude wollen wir zunächst an jene denken, die unter der Teilung Deutschlands besonders zu leiden hatten. Familien wurden grausam auseinandergerissen. In den Haftanstalten waren politische Gefangene eingekerkert. Menschen starben an der Mauer.

Das alles gehört glücklicherweise der Vergangenheit an. Es soll sich niemals wiederholen. Deshalb dürfen wir es auch nicht vergessen. Wir schulden die Erinnerung den Opfern. Und wir schulden sie unseren Kindern und Enkeln. Solche Erfahrungen sollen ihnen für immer erspart bleiben.

Aus dem gleichen Grund vergessen wir auch nicht, wem wir die Einheit unseres Vaterlandes zu verdanken haben. Aus eigener Kraft allein hätten wir es nicht ge-

**c) 3. Octobre 1990.** Karikatur von Jacques Bellenger, November 1990.

schafft. Viele haben dazu beigetragen. Wann je hatte ein Volk die Chance, Jahrzehnte der schmerzlichen Trennung auf so friedliche Weise zu überwinden? In vollem Einvernehmen mit unseren Nachbarn stellen wir die Einheit Deutschlands in Frieden wieder her. [...]

Wir Deutschen haben aus der Geschichte gelernt. Wir sind ein friedens-, wir sind ein freiheitsliebendes Volk, und nie werden wir unsere Demokratie den Feinden des Friedens und der Freiheit schutzlos ausliefern. Für uns gehören Vaterlandsliebe, Freiheitsliebe und der Geist guter Nachbarschaft immer zusammen. Wir wollen zuverlässige Partner, wir wollen gute Freunde sein. Dabei gibt es für uns auf der Welt nur einen Platz: an der Seite der freien Völker.

**d) »Sieh mich an! Du hast mir den Himmel auf Erden versprochen ...«.** Karikatur von Martin Menzl, Neue Kronenzeitung (Österreich), 27. März 1991.

Analysieren Sie, wie in der Karikatur die »Vereinigungsschwierigkeiten« zwischen den beiden deutschen Staaten dargestellt werden. Begründen Sie, inwieweit die abgebildete Rollenverteilung für Sie die Aussageintention der Karikatur trifft oder verfehlt.

Gute Nachbarn wollen wir auch im Innern sein. Aufgeschlossenheit für den Nächsten, Achtung vor dem Andersdenkenden und Verbundenheit mit unseren ausländischen Mitbürgern gehören auch dazu. Unsere freiheitliche Demokratie muss von Vielfalt, von Toleranz, von Solidarität geprägt sein. Solidarität müssen wir vor allem als Deutsche jetzt untereinander beweisen. Vor uns liegt – jeder weiß es – eine schwierige Wegstrecke. Wir wollen diesen Weg gemeinsam gehen. Wenn wir zusammenhalten und auch zu Opfern bereit sind, haben wir alle Chancen auf einen gemeinsamen Erfolg. [...]

Die wirtschaftlichen Probleme, dessen bin ich gewiss, werden wir lösen können: gewiss nicht über Nacht, aber doch in einer überschaubaren Zeit. Noch wichtiger ist jedoch, dass wir Verständnis füreinander haben, dass wir aufeinander zugehen. Wir müssen ein Denken überwinden, das Deutschland immer noch in ein »Hüben« und in ein »Drüben« aufteilt. Über vierzig Jahre SED-Diktatur haben gerade auch in den Herzen der Menschen tiefe Wunden geschlagen. Der Rechtsstaat hat die Aufgabe, Gerechtigkeit und inneren Frieden zu schaffen. Hier stehen wir alle vor einer schwierigen Bewährungsprobe. Schweres Unrecht muss gesühnt werden, doch wir brauchen auch die Kraft zur inneren Aussöhnung.

Ich bitte alle Deutschen: Erweisen wir uns der gemeinsamen Freiheit würdig. Der 3. Oktober ist ein Tag der Freude, des Dankes und der Hoffnung. Die junge Generation in Deutschland hat jetzt – wie kaum eine andere Generation vor ihr – alle Chancen auf ein ganzes Leben in Frieden und Freiheit.

Wir wissen, dass unsere Freude von vielen Menschen in der Welt geteilt wird. Sie sollen wissen, was uns in diesem Augenblick bewegt: Deutschland ist unser Vaterland, das vereinte Europa unsere Zukunft.

Gott segne unser deutsches Vaterland!

Zit. nach: Europa-Archiv 21 (1990), D 537–539.

1. Befragen Sie Zeitgenossen danach, welche politische Bedeutung und alltagsgeschichtliche Wirkung der 17. Juni als Gedenktag hatte. Vergleichen Sie Ihre Ergebnisse mit den Aussagen in Quelle 62a. Ordnen Sie die Aussage des Textes in die Geschichte des deutsch-deutschen Verhältnisses von 1949–1989 ein.
2. Interpretieren Sie die Ansprache von Helmut Kohl (62b). Berücksichtigen Sie dabei besonders sprachliche Merkmale der Rede.

## 6.2 Der 9. November – ein »deutscher Schicksalstag«?

**63 Der 9. November im 20. Jahrhundert:** Berlin 1918 (oben links), München 1923 (oben rechts), Berlin 1938 (unten links), Berlin 1989 (unten rechts). Fotos.

| | |
|---|---|
| 9.11.1918 | Kaiser Wilhelm II. dankt ab und mit der Ausrufung der Republik beginnt die Novemberrevolution. |
| 9.11.1923 | Der Putsch Hitlers und Ludendorffs in München scheitert. |
| 9.11.1938 | Die Nationalsozialisten zerstören in der »Reichspogromnacht« Synagogen und jüdische Geschäfte, verfolgen und töten jüdische Frauen und Männer. |
| 9.11.1989 | Die Regierung der DDR öffnet die Berliner Mauer und die innerdeutsche Grenze. |

### Eine Alternative zum 3. Oktober?

Die Geschehnisse am 9. November 1989 leiteten eine Umwälzung größten Ausmaßes in Europa ein. Der Fall der Berliner Mauer beendete die Nachkriegszeit. Mag ein Datum auch Zufall sein – mit dem 9. November werden Ereignisse verbunden, die symbolträchtig für die Geschichte der Deutschen im 20. Jahrhundert sind. 1990 entbrannte eine Diskussion darüber, ob nicht der 9. November ein geeigneter nationaler Gedenktag der Bundesrepublik Deutschland sei. Dabei wurden nicht nur die historischen Ereignisse kontrovers gedeutet, sondern es prallten auch verschiedene Auffassungen aufeinander, wie ein Gedenktag in der deutschen Gesellschaft zukünftig begangen werden sollte.

## 64 Der 9. November: ein geeigneter Gedenktag?

**Michael Wolffsohn, Historiker:**

Ein nationaler Gedenktag sollte Licht und Schatten der nationalen Erfahrungen und Erlebnisse versinnbildlichen. Wir dürfen uns und anderen nicht vorgaukeln, dass die Geschichte Deutschlands nur Anlass zu Frohsinn böte. Nachdenklichkeit und Trauer sind angebracht, doch nicht nur Nachdenklichkeit und Trauer, sondern auch Frohsinn und Jubel. Mein Vorschlag: der 9. November. An diesem Datum verdichtet sich die deutsche Geschichte des zwanzigsten Jahrhunderts. [...]

Die Bürde und Würde des Menschen und des Deutschseins symbolisiert der 9. November. Außerdem symbolisiert er die deutsche Identität in ihren tragischen Verkettungen, besonders der deutsch-jüdischen. Für die Bürde haften alle Deutschen. Die Würde dieses Tages verdanken wir allein den Menschen in der DDR. Der Jubel vom 9. November 1989 löste vor allem in der jüdischen Welt Ängste aus. So Elie Wiesel: Bis 1989 »war der 9. November überall das Datum der Kristallnacht. Plötzlich ist das alles vergessen, und wir erinnern uns des 9. Novembers als des Tages, an dem die Berliner Mauer zusammenbrach. Und das bedrückt mich, denn es zeigt, dass der Raum unserer Erinnerung zu schrumpfen beginnt.«

Gerade weil und wenn der 9. November nationaler Gedenktag in Deutschland wird, kann der Raum der Erinnerung nicht schrumpfen. [...]

Des 9. Novembers werden künftig immer alle und auf jeden Fall gedenken. Das ist sicher. Und weil es sicher ist, muss es sinnvoll gesteuert werden. [...] Wird der 9. November nicht nationaler Gedenktag, ist das folgende Szenarium nicht nur möglich, sondern wahrscheinlich und auch gefährlich: Die einen jubeln ausschließlich über den 9. November 1989, über den politischen Fall der Mauer. Die anderen gedenken allein des 9. Novembers 1938, der ermordeten Menschen und brennenden Synagogen.

Die einen – das werden die meisten nichtjüdischen, die anderen – das werden die meisten jüdischen Deutschen sein. Die deutsch-jüdische Kluft würde größer und gefährlicher – und sogar noch zelebriert. Im Bilde gesprochen: Die Sektkorken der jubelnden Deutschen flögen in die weinenden Augen der Juden. Eine entsetzliche Vorstellung.

Vertreter der deutschen Juden haben mehrfach erklärt, dass der 9. November auf keinen Fall ein nationaler Gedenktag werden dürfe. Eine »Verhöhnung der Juden« wäre ein solcher Gedenktag, verkündeten wohlmeinende Nichtjuden. Beide sind dabei, wie mir scheint, nicht die besten Vertreter der jüdischen Sache. [...] Nur das gemeinsame Gedenken von Nichtjuden und Juden, von allen Deutschen, sichert die Würde und Bürde dieses Tages und damit auch das angemessene Gedenken an die deutsche Geschichte in ihrer Gesamtheit, in Bezug auf Licht und Schatten. Nach vollzogener Umkehr der Deutschen ist das Verhindern der Wiederkehr eine gemeinsame Aufgabe von Deutschen und Juden.

**65 Straßenumbenennung am 12. November 1989.** Foto.

Der Vorschlag, den 9. November zum nationalen Gedenktag zu erklären, ist defensiv und offensiv zugleich. Er soll durch die beim Gedenken vorgetragenen Gedanken zum Nachdenken und zur Verhinderung der Wiederkehr des Bösen erziehen. Er soll außerdem dafür sorgen, dass aus verständlicher Freude nicht Übermut werde.

Michael Wolffsohn, Deutsche Symbole. In: Die politische Meinung, Heft 253, S. 25–28.

1. Informieren Sie sich zu den geschichtlichen Abläufen, in die die Fotos (63a–d) einzuordnen sind. Schreiben Sie dann zu jeder Abbildung eine ausführliche Bildunterschrift, mit der Sie die Bildquelle historisch einordnen und Ursachen und Folgen der Ereignisse benennen .
2. Geben Sie die von Wolffsohn angeführten unterschiedlichen Positionen wieder und erläutern Sie die Haltung des Autors zum 9. November (64).

## 66 Welcher Feiertag? Stimmen einer Umfrage aus »Die Zeit«

**a) Wolf Biermann, Liedermacher:**
Der 8. Mai, und zwar ausdrücklich als Tag der Befreiung vom Hitler-Faschismus durch die Alliierten. Wir haben uns nun einmal nicht selbst befreit von dieser Tyrannei. Wir wollen uns erinnern an diese Dunkelheit und fest entschlossen sein, uns bei nächster Gelegenheit der kommenden Diktatoren selbst zu entledigen.

**b) Ernst Benda, früherer Präsident des Bundesverfassungsgerichts:**
Vom 17. Juni als Nationalfeiertag kann jetzt leichten Herzens Abschied genommen werden, weil damit nicht mehr das Missverständnis verbunden sein wird, auf das Ziel der staatlichen Vereinigung sollte verzichtet werden. Der 9. November bringt besser als jeder andere Tag die Erinnerung an die dunkelsten und hellsten Tage der neueren deutschen Geschichte zum Ausdruck; dies wäre ein gutes Datum für einen nationalen Feiertag.

**c) Antje Vollmer, Politikerin der Grünen:**
Braucht man wirklich einen Nationalfeiertag? Mein Vorschlag: Wenn wir es schaffen würden, wenigstens in der Frage der Demokratie ein Stückchen Parität zwischen der DDR und der Bundesrepublik zu praktizieren, wenn wir aus zwei unterschiedlichen demokratischen Entwicklungen eine neue Verfassung erarbeiten würden, wenn die dann eines Tages verabschiedet würde – den Tag will ich gern feiern. Dabei wird es uns doch wohl gelingen ein Datum für diesen Tag auszugucken, der nicht so ein gespenstisches Doppelgesicht trägt wie der 9. November.

**d) Peter Wapnewski, Germanistikprofessor:**
Wenn es denn einen Nationalfeiertag geben muss, so würde ich plädieren für den 20. Juli. Für also jenes zum Symbol erhobene Datum, das uns erlaubt, an die Schmach der Hitler-Zeit nicht nur mit Gefühlen der Beschämung zu denken, sondern zu erinnern an das »andere Deutschland«.

**e) Alfred Grosser, Politologe:**
Der 23. Mai ist zu sehr auf die aus der Teilung entstandene Bundesrepublik bezogen. Der 17. Juni ist schon längst zum Feiertag geworden und symbolisiert erstens ein Scheitern, zweitens eine deutsch-sowjetische Repression gegen andere Deutsche. Der 9. November ist nur tragbar, wenn zugleich der 9. November 1938 in Trauer erwähnt wird. Aber es wäre kein unrichtiges Datum. Warum aber nicht von vorne anfangen und den Tag nehmen, an dem zum ersten Mal das neue gesamtdeutsche Parlament tagen wird?

**f) Heinz Galinski, damaliger Vorsitzender des Zentralrates der Juden in Deutschland:**

Ich warne davor, den 9. November als einen Nationalfeiertag ins Auge zu fassen. Die Bedeutung dieses Tages, der außer im vergangenen Jahr und mit der Reichspogromnacht im Jahre 1938 auch schon 1918 und 1923 zum Fanal wurde, ist dazu angetan, mehr zu belasten denn zu beflügeln. Die Tatsache allein, dass ein solcher Vorschlag als ernsthafte Möglichkeit erwogen wird, empfinde ich als ein Alarmzeichen, als Zeichen der mangelnden Lernfähigkeit.

**g) Peter Brandt, Historiker, Sohn von Willy Brandt:**

Ich unterstütze die Idee einer vor über einem Jahrzehnt gegründeten Initiative »18. März – Nationalfeiertag in beiden deutschen Staaten«, das Erbe der gesamtdeutschen und liberal-demokratischen Revolution von 1848 in der Form des deutschen Nationalfeiertags zu ehren. Die Bewegung von 1848 war zugleich eine gesamteuropäische für nationale und staatsbürgerliche Freiheit. Beide bisherigen deutschen Staaten haben sich stets positiv auf die Revolution von 1848/49 bezogen.

**h) Manfred Rommel, ehemaliger Oberbürgermeister von Stuttgart:**

Meines Erachtens brauchen wir überhaupt keinen Nationalfeiertag, so dass ich für die Abschaffung des 17. Juni und die Nichteinführung des 23. Mai oder des 9. November eintrete. Denn was soll an einem solchen Nationalfeiertag geschehen? Noch mehr Reden gehalten werden? Noch mehr Belehrendes im Fernsehen gebracht werden? Wer die Vorzüge einer Demokratie nur begreift, wenn er jeweils anlässlich von Nationalfeiertagen einen patriotischen Rippenstoß erhält, dem ist ohnehin nicht zu helfen.

**a–h)** Zit. nach: Die ZEIT, 15. Juni 1990, S. 3 f., und 22. Juni 1990, S. 10.

1. Stellen Sie aus den Aussagen zur Wahl eines Gedenk- oder Feiertags die Vorschläge und ihre Argumente zusammen. Tragen Sie dann in eine Tabelle ein, was für und was gegen den 9. November spticht.
2. Um den 3. Oktober jedes Jahres gibt es vereinzelt Stimmen, die die Änderung des Feiertags fordern. Erörtern Sie vor dem Hintergrund der deutschen Geschichte im 20. Jahrhundert, ob der 9. November eine sinnvolle Alternative wäre.

In jedem Ort und jeder Stadt finden Jubiläen, Gedenk- oder Feiertage statt. Spüren Sie solchen lokalen Ereignissen nach und erkunden Sie die kulturellen, politischen und ökonomischen Motive.

### Angebote für ein Fächer verbindendes Projekt: Zur Konstituierung von Geschichte im öffentlichen Raum – Erinnerungskultur

**Erdkunde:** Standortfragen und Raumwandel im Ruhrgebiet – Ein neues Profil für das Revier: Vom industriellen Aufstieg zur Terziärisierung

**Deutsch:** »Ein Mann kommt nach Deutschland ...« – Texte nach Auschwitz: Holocaustliteratur; Weiterschreiben? – Lyrik in der Nachkriegszeit

**Ethik/Religion:** Auseinandersetzung oder Verdrängung? Die Kritik Hannah Arendts an dem Umgang der Deutschen mit ihrer nationalsozialistischen Vergangenheit

**Kunst:** Von der Wunderkammer zur »Spurensicherung« – Sammeln, Bewahren, Erinnern in der Kunst von den Anfängen bis zur Gegenwart

**Biologie:** Wahrnehmen, Erinnern, Vergessen – Die neurobiologische Perspektive

Verständigen Sie sich im Plenum über die Vorschläge und bilden Sie Gruppen zur arbeitsteiligen Realisierung der Projekte. Bereiten Sie am Ende Ihre Ergebnisse für die Präsentation in der Gruppe vor.

# LITERATUR ZUR VERTIEFUNG

## EINHEIT ODER TEILUNG EUROPAS? – ZUR BEDEUTUNG VON REVOLUTIONEN FÜR EUROPA 1789–1989


1848. Aufbruch zur Freiheit. Eine Ausstellung des Deutschen Historischen Museums und der Schirn Kunsthalle Frankfurt zum 150jährigen Jubiläum der Revolution von 1848/49, hrsg. v. Lothar Gall, Berlin 1998.

Altrichter, Helmut: Russland 1917. Ein Land auf der Suche nach sich selbst, Paderborn 1997.

Anderson, Benedict: Die Erfindung der Nation, Frankfurt a. M. 1996.

Bonwetsch, Bernd: Die russische Revolution 1917, Darmstadt 1991.

Dipper, Christof/Speck, Ulrich (Hrsg.): 1848. Revolution in Deutschland, Frankfurt a. M./Leipzig 1998.

Dowe, Dieter/Haupt, Heinz-Gerhart/ Langewiesche, Dieter (Hrsg.): Europa 1848 – Revolution und Reform, Bonn 1998.

Fehrenbach, Elisabeth, Vom Ancien Régime zum Wiener Kongreß, 2. Aufl., München/Wien 1993.

Figes, Orlando: Die Tragödie eines Volkes. Die Epoche der russischen Revolution 1891–1924, Berlin 1998.

Die Französische Revolution. Ein Lesebuch mit zeitgenössischen Berichten und Dokumenten, Stuttgart 1989.

Furet, François: Das Ende der Illusion. Der Kommunismus im 20. Jahrhundert, München 1996.

Furet, François/Ozouf, Mona (Hrsg.): Kritisches Wörterbuch der Französischen Revolution. 2 Bde., Frankfurt a. M. 1996.

Furet, François/Richet, Denis: Die Französische Revolution, Frankfurt a. M. 1968.

Grab, Walter (Hrsg.): Die Revolution von 1848/49. Eine Dokumentation, Stuttgart 1998.

Hein, Dieter, Die Revolution von 1848/49, 2. Aufl., München 1999.

Hertle, Hans-Hermann/Stephan, Gerd-Rüdiger (Hrsg.): Das Ende der SED. Die letzten Tage des Zentralkomitees, 2. Aufl. Berlin 1997.

Kuhn, Axel: Die Französische Revolution, Stuttgart 1999.

Maier, Charles S.: Das Verschwinden der DDR und der Untergang des Kommunismus, Frankfurt a. M. 1999.

Neubert, Erhrad, Geschichte der Opposition in der DDR 1949–1989, 2. Aufl. Berlin 1998.

Nipperdey, Thomas: Deutsche Geschichte 1800–1866. Bürgertum und starker Staat, München 1983.

Nolte, Hans-Heinrich: Kleine Geschichte Russlands, Stuttgart 1998.

Pipes, Richard: Die russische Revolution 1899–1917, 2 Bde., Berlin 1992.

Reichardt, Rolf: Das Blut der Freiheit. Französische Revolution und demokratische Kultur, Frankfurt a. M. 1998.

Reichardt, Rolf (Hrsg.): Ploetz. Die Französische Revolution, Freiburg/ Würzburg 1988.

Reinalter, Helmut: Lexikon zu Demokratie und Liberalismus 1750–1848/49. Frankfurt a. M. 1993.

Siemann, Wolfram: Die deutsche Revolution von 1848/49, Frankfurt a. M. 1985.

Simon, Gerhard u. Nadja: Verfall und Untergang des sowjetischen Imperiums, München 1993.

Vovelle, Michel: Die Französische Revolution. Soziale Bewegung und Umbruch der Mentalitäten, Frankfurt a. M. 1985.

Wende, Peter (Hrsg.): Große Revolutionen der Geschichte. Von der Frühzeit bis zur Gegenwart, München 2000.

Wolle, Stefan: Die heile Welt der Diktatur. Alltag und Herrschaft in der DDR 1971–1989, Berlin 1998.


## VERGANGENHEIT, DIE NICHT VERGEHT – NATIONALSOZIALISMUS UND ZWEITER WELTKRIEG


v. Arnim, Gabriele: Das große Schweigen. Von der Schwierigkeit, mit den Schatten der Vergangenheit zu leben, München 1989.

Bartoszewski Wladylaw: Das Warschauer Ghetto – wie es wirklich war. Zeugenbericht eines Christen, Frankfurt a. M. 1983.

Benz, Wolfgang (Hrsg.): Die Juden in Deutschland 1933–1945, München 1996.

Benz, Wolfgang/Graml, Hermann/Weiß, Hermann Hrsg.): Enzyklopädie des Nationalsozialismus, München 1997.

Berding, Helmut: Moderner Antisemitismus in Deutschland, Frankfurt a.M. 1988.

Bracher, Karl Dietrich/Funke, Manfred/ Jacobsen, Hans-Adolf (Hrsg.): Deutschland 1933 – 1945. Neue Studien zur nationalsozialistischen Herrschaft, Bonn 1992.

Broszat, Martin:, Zweihundert Jahre deutsche Polenpolitik, München 1972.

Browning, Christopher: Ganz gewöhnliche Männer. Das Reserve-Polizeibataillon 101 und die »Endlösung« in Polen, Reinbek 1996.

Borodziej Wlodimierz: Der Warschauer Aufstand, Frankfurt a. M. 2001.

Danyel, Jürgen (Hrsg.): Die geteilte Vergangenheit. Zum Umgang mit Nationalsozialismus und Widerstand in beiden deutschen Staaten. Berlin 1995.

Frei, Norbert : Vergangenheitspolitik. Die Anfänge der Bundesrepublik und die NS-Vergangenheit, München 1996.

Gellately, Robert: Hingeschaut und weggesehen. Hitler und sein Volk, Stuttgart 2002.

Görtemaker, Manfred: Deutschland im 19. Jh. Entwicklungslinien, Opladen 1994.

Gross, Jan Tomasz: Polish society under German occupation. The Generalgouvernement 1939–1944, Princeton N. J. 1979.

Haffner, Sebastian: Anmerkungen zu Hitler, Frankfurt a. M. 1981.

Heinsohn, Gunnar: Warum Auschwitz? Hitlers Plan und die Ratlosigkeit der Nachwelt, Reinbek 1995.

Herbert, Ulrich: Best. Biographische Studien über Radikalismus, Weltanschauung und Vernunft. 1903–1989, Bonn/Berlin 1996.

Hilberg, Raul: Die Vernichtung der europäischen Juden. 3 Bde, Durchg. und erw. Ausgabe, Frankfurt a. M. 1990.

Hilberg, Raul: Täter, Opfer, Zuschauer. Die Vernichtung der Juden 1933 bis 1945, Frankfurt a. M. 1999.

Hillgruber, Andreas: Der Zweite Weltkrieg. Kriegsziele und Strategien der großen Mächte, 6. verb. und erw. Aufl., Stuttgart 1996.

»Historikerstreit«. Die Dokumentation der Kontroverse um die Einzigartigkeit der nationalsozialistischen Judenvernichtung. München/Zürich 1987.

Holocaust. Der nationalsozialistische Völkermord und die Motive seiner Erinnerung, hrsg. v. Deutschen Historischen Museum, Berlin 2002.

Jesse, Eckhard (Hrsg.): Totalitarismus im 20. Jahrhundert. Eine Bilanz der internationalen Forschung, 2. erw. Aufl., Bonn 1999.

Kershaw, Ian: Der NS-Staat. Geschichtsinterpretationen und Kontroversen im Überblick, Reinbek 1999.

Kershaw, Ian.: Hitler 1889–1936, Stuttgart 1998.

Kershaw, Ian.: Hitler 1936–1945, Stuttgart 2000.
Klessmann, Christoph: Die Selbstbehauptung einer Nation. NS-Kulturpolitik und polnische Widerstandsbewegung, Düsseldorf 1971.
Krausnick, Helmut: Hitlers Einsatzgruppen. Die Truppen des Weltanschaungskrieges 1938–1942, Frankfurt a. M. 1985.
Kuby, Erich: Als Polen deutsch war. 1939–1945, München 1986.
Lichtenstein, Heiner/Romberg, Otto R. (Hrsg.): Täter – Opfer – Folgen. Der Holocaust in Geschichte und Gegenwart, Frankfurt a. M. 1995
Lipski, Jan Józef: Wir müssen uns alles sagen ... Essays zur deutsch-polnischen Nachbarschaft, Warszawa 1996.
Longerich, Peter: Die Ermordung der europäischen Juden. Eine umfassende Dokumentation des Holocaust 1941–1945, München/Zürich 1989.
Madajczyk,Czeslaw u.a. (Hrsg.): Vom Generalplan Ost zum Generalsiedlungsplan, München 1994.
Mosse, George: Die Geschichte des Rassismus in Europa, Frankfurta.M. 1990.
Nolte, Ernst: Die Deutschen und ihre Vergangenheiten. Erinnern und Vergessen von der Reichsgründung bis heute. Berlin/Frankfurt a. M. 1995.
Rees, Laurence: Die Nazis. Eine Warnung der Geschichte, München 2000.
Roseman, Mark: Die Wannsee-Konferenz, Berlin 2002.
Sösemann, Bernd (Hrsg.): Der Nationalsozialismus und die deutsche Gesellschaft, Stuttgart 2002.
Szarota, Tomasz: Warschau unterm Hakenkreuz. Leben und Alltag im besetzten Warschau, Paderborn 1985.
Thamer, Hans-Ulrich: Der Nationalsozialismus, Stuttgart 2002.
Wehler, Hans-Ulrich: Entsorgung der deutschen Vergangenheit? Ein polemischer Essay zum »Historikerstreit«, München 1988.
Wippermann, Wolfgang: Der konsequente Wahn. Ideologie und Politik Adolf Hitlers, Gütersloh/München 1989.
Wippermann, Wolfgang: Europäischer Faschismus im Vergleich 1922–1982, Frankfurt a. M. 1983.
Wippermann, Wolfgang: Umstrittene Vergangenheit. Fakten und Kontroversen zum Nationalsozialismus, Berlin 1998.

## ZUR KONSTITUIERUNG VON GESCHICHTE IM ÖFFENTLICHEN RAUM

Assmann, Aleida/Frevert Ute: Geschichtsvergessenheit – Geschichtsversessenheit: Vom Umgang mit deutschen Vergangenheiten nach 1945, Stuttgart 1999.
Assmann, Jan: Das kulturelle Gedächtnis. Schrift, Erinnerung und politische Identität in frühen Hochkulturen, München 1997.
Behrenbeck, Sabine u.a.: Historische Denkmäler. Vergangenheit im Dienste der Gegenwart?, Bergisch-Gladbach 1994.
Boockmann, Hartmut: Denkmäler. Eine Utopie des 19. Jahrhunderts. In: Geschichte in Wissenschaft und Unterricht 18 (1977), S. 160-173.
Borsdorf, Ulrich/Grütter, Heinrich Theodor (Hrsg.): Orte der Erinnerung. Denkmal, Museum, Gedenkstätte, Frankfurt a. M. 1999.
Burke, Peter: Geschichte als soziales Gedächtnis. In: Assmann, Aleida/Dietrich Harth (Hrsg.): Mnemosyne. Formen und Funktionen der kulturellen Erinnerung, Frankfurt a.M. 1991, S. 289-304.
Deutsche Nationaldenkmale 1790–1990. Hg. v. Sekretariat für kulturelle Zusammenarbeit nichttheatertragender Städte und Gemeinden in NRW, Gütersloh/Bielefeld 1993.
Eichmann, Bernd: Der Alltag war Hunger, Folter und Sterben. Das Konzentrationslager Buchenwald bei Weimar – Zweimal »im Dienst«, erst in der NS-Zeit, ab 1945 dann in der SBZ, in: Das Parlament vom 21.2.1992.
Feßmann, Jörg/Akademie der Künste Berlin (Hrsg.): Streit um die Neue Wache: Zur Gestaltung einer zentralen Gedenkstätte, Berlin 1993.
Gedenkstätte Buchenwald (Hrsg.): Zur Neuorientierung der Gedenkstätte Buchenwald. Die Empfehlungen der vom Minister für Wissenschaft und Kunst des Landes Thüringens berufenen Historikerkommission, Weimar-Buchenwald 1992.
Hackett, David A. (Hrsg.): Der Buchenwald-Report: Bericht über das Konzentrationslager Buchenwald bei Weimar, München 1996.
Halbwachs, Maurice, Das Gedächtnis und seine sozialen Bedingungen (1925), Frankfurt a. M. 1985.
Heimrod, Ute u.a. (Hrsg.): Der Denkmalstreit – das Denkmal? Die Debatte um das »Denkmal der ermordeten Juden Europas«. Eine Dokumentation, Berlin 1999.
Korff, Gottfried/Roth, Martin (Hrsg.): Das historische Museum. Labor, Schaubühne, Identitätsfabrik, Frankfurt a. M. 1990.
Koselleck, Reinhart: Vergangene Zukunft. Zur Semantik geschichtlicher Zeiten, Frankfurt a. M. 1995.
Le Goff, Jacques: Geschichte und Gedächtnis, Frankfurt a. M./ New York 1992.
Meier, Christian: 40 Jahre nach Auschwitz. Deutsche Geschichtserinnerung heute, München 1987.
Meier, Christian, Erinnern – Verdrängen – Vergessen, in: Merkur, H. 9/10 (1996), S. 937-952.
Nora, Pierre: Zwischen Geschichte und Gedächtnis, Frankfurt a. M. 1998.
Overesch, Manfred: Buchenwald und die DDR oder Die Suche nach Selbstlegitimation, Göttingen 1995.
Reichel, Peter: Politik mit der Erinnerung. Gedächtnisorte im Streit um die nationalsozialistische Vergangenheit, München 1995.
Reichel, Peter: Vergangenheitsbewältigung in Deutschland. Die Auseinandersetzung mit der NS-Diktatur von 1945 bis heute, München 2001.
Schirrmacher, Frank (Hrsg.): Die Walser-Bubis-Debatte. Eine Dokumentation, Frankfurt: Suhrkamp 1999.
Schmale, Wolfgang: Scheitert Europa an seinem Mythendefizit?, Bochum 1997.
Senatsverwaltung für Bau- und Wohnungswesen, Berlin (Hrsg.): Realisierungs- und Ideenwettbewerb Topographie des Terrors. Ergebnisprotokoll, Dokumentation, Berlin 1993.
Stölzl, Christoph (Hrsg.): Deutsches Historisches Museum. Ideen – Kontroversen – Perspektiven, Frankfurt a. M./ Berlin 1988.
Stoelzl, Christoph (Hrsg.): Die Neue Wache Unter den Linden: ein deutsches Denkmal im Wandel der Geschichte, Berlin 1993.
Wolfrum, Edgar: Geschichtspolitik in der Bundesrepublik Deutschland. Der Weg zur bundesrepublikanischen Erinnerung 1948-1990, Darmstadt 1999.
Novick, Peter: Vergangenheitsbewältigung in Deutschland. Die Auseinandersetzung mit der NS-Diktatur von 1945 bis heute, München 2001.
Zimmer, Hasko: Der Buchenwald-Konflikt: Zum Streit um Geschichte und Erinnerung im Kontext der deutschen Vereinigung, Münster 1999.

# PERSONENREGISTER

# SACHREGISTER

# BILDNACHWEIS

AKG – Archiv für Kunst und Geschichte, Berlin (6.1, 8.3, 9.4, 10.5, 23.17, 24.18, 36.27c, 51.40a, 55.35; 57.43, 198.1, 216.13, 252.40, 278.61b, 282.63 li o)
Archiv der sozialen Demokratie der Friedrich-Ebert-Stiftung, Bonn (120.17)
Archiv Gerstenberg, Wietze (61.46)
Arminius Marketing, Kalletal (227.21c)
Auschwitz-Birkenau State Museum, Oswiecim (Haus der Wannsee-Konferenz, Berlin/Archiv Auschwitz/Birkenau/142.41)
Bellenger, Jacques, Paris (280.62c)
Bertelsmann Lexikon Verlag GmbH, Gütersloh (Chronik der Deutschen, S. 936, Augsburg 1996/179.74b; Chronik der Deutschen, S. 1015, Augsburg 1996/184.78; Chronik des 19. Jahrhunderts, S. 664, Augsburg 1997/105.6b; Chronik des Zweiten Weltkrieges, S. 146, Augsburg 1997/147.46b)
Bibliothèque nationale de France, Paris (74.56)
Boness, Stefan/IPON, Berlin (101.2)
BPK – Bildarchiv Preußischer Kulturbesitz, Berlin (35.26b, 49.38, 60.45, 118.15c, 120.18, 130.28b, 137.36, 150.48, 168.65b, 177.72, 220.16, 240.29, 240.30, 241.31, 282.63 li u; Katz, Dietmar, 1998/42.32; Hoffmann, Heinrich/282.63 re o; © VG Bild-Kunst, Bonn 2001/110.9)
Bridgeman Art Library LTD, London (Bridgeman Giraudon/Lauros, London/ 17.12)
Bulls Pressedienst, Frankfurt (Caldwell, Bill/193.85b)
Bundesarchiv Koblenz, Koblenz (128.26, 156.54c, 159.57, 242.34; Bild 146/75/10/22//100.1)
Bütow, Hellmuth G. (Hg.), Länderbericht der Bundeszentrale für politische Bildung, Bd. 263, S. 276ff, Bonn 1988 (80.61)
CCC – Cartoon-Caricature-Contor, www.c5.net, München (Behrendt, Fritz/276.59; Haitzinger, Horst/81.63, 87.66d, 88.67, 274.58)
Deutsches Historisches Museum, Berlin (53.41a, 53.41b, 90.69, 173.69b, 253.41c; © Theil, A. C./243.35c)
Dokumentations- und Informationszentrum, München (115.14b; S. M. / Megele, Bernhard/102.3)
dpa, Frankfurt/M. (91.70, 194.86, 198.2, 282.63 re u, 283.65; Juraschek, Godehard/206.7; Grimm, Peer/249.39a; Vicente, Paul/199.3)
Erich Schmidt Verlag, Berlin (82.64)
FAZ, Bildredaktion, Frankfurt (FAZ 18.12.1996/Brocker, Felix/95.73)
Ferreres, Miquel, Spanien (193.85d)
Figes, Orlando, Die Tragödie eines Volkes, Bild 87, Berlin 1998 (69.52)
FOCUS Photo- und Presseagentur GmbH, Hamburg (Capa, Robert/241.32; Magnum/Scianna, Ferdinando/7.2)
Fotoarchiv, Essen (230.23e
Friedrich-Naumann-Stiftung, Gummersbach (182.76c)
Gäbler, Gerhard, Leipzig (89.68)
Gidal, Nachum T., Die Juden in Deutschland von der Römerzeit bis zur Weimarer Republik, S. 254, Gütersloh 1988 (104.4);
Giovanni et Muriel Dagli Orti, Paris (210.9)
GLOBUS Infografik GmbH, Hamburg (81.62)
Hahne & Schloemer Verlag, Düren (Hahne, Bernd/260.47a)
Haus der Geschichte, Bonn (151.49, 175.71, 265.49, 268.53, 270.55, 271.56, 272.57b re; © VG Bild-Kunst, Bonn 2002/272.57b li)
Heimrod, Ute (Hg.), Der Denkmalstreit – das Denkmal? Berlin 1999, (S. 275, Foto: Commerell, H. J./246.36; S. 1111, Foto: Kruse, Robert/247.37)
Heinrich Bauer Verlag, Hamburg (187.80b)
Hessisches Hauptstaatsarchiv, Wiesbaden (146.45a)
Historisches Museum Frankfurt, Frankfurt (41.31, 45.35b)
Historisch-Politische Weltkunde, Weimarer Republik und Nationalsozialismus, S. 213, Stuttgart 2001/135.33)
Institut für Lippische Landeskunde, Lemgo (Lux-Althoff, Stefanie, Die Plakatpropaganda der Weimarer Parteien zu den Wahlen und Volksabstimmungen von 1924 bis 1933, S. 56, Lemgo 2000/ 226.20d)
Inter Topics GmbH, Hamburg (Mansell Collection/21.15)
Käthe-Kollwitz-Museum, Berlin (©VG Bild-Kunst, Bonn 2001/244.35d)
Katholisches Bistumsblatt, Hildesheim, 29. März 1936 (144.97)
Keystone-Mast Collection, UCR/California Museum of Photography, University of California, Riverside (63.47b)
Kitte Foto, Görlitz (97.76)
Kladderadatsch, 28. Jg., Ausgabe 15.08.1875 (221.17b)
Körber-Stiftung, Hamburg (223.18a–d, 224.19b, 225.20a–b)
Landeshauptarchiv Koblenz (207.8b)
Landesverband Lippe, Lemgo (212.10, 213.11, 215.12e)
Marcks, Marie, Heidelberg (93.72b)
Menzl, Martin Emil, Wien (281.62d)
Moro, Giovanna, Roma (76.57)
Nowosti, Berlin (Russische Nachrichtenagentur (72.54a)
Peters, Sibylle, Diana oder die perfekte Tragödie, S. 2, Köln/Weimar/Wien 1998 (200.4)
Pietsch, Jürgen M., Spröda (255.42b)
Reichardt, Prof. Dr. Rolf, Mainz (14.8)
RMN – Service de la Photographique, Paris (Musée Carnavalet/15.10)
Sauer, Michael, Historische Lieder, S. 29, Stuttgart 1997/22.16c)
Schumacher, Joachim, Bochum (237.27f)
Seeger, Michael, Merzhausen (99.77)
Simon, Sven, Fotoagentur GmbH & Co., Essen (189.82)
SPIEGEL-Verlag, Hamburg (53.41c)
Stadtarchiv Dortmund (231.24a–b)
Stadtarchiv Hagen (229.23b)
Stadt Bochum, Presseamt (233.25)
Stadt Düren (260.47c)
Stadt Essen, Stadtbildstelle (228.22, 234.26d)
Stehle, Karl, München (106.7b)
Stiftung Archiv der Akademie der Künste, Berlin (Heartfield, John/119.16, 135.34)
Stiftung Archiv der Parteien und Massen, Berlin (85.65d)
Stiftung Topographie des Terrors, Berlin (256.43, 257.44, 257.45, 258.46b)
Stiftung Wolfgang Ratjen, München (37.29)
Stuttgarter Zeitung Verlagsgesellschaft, Stuttgart (Meinhard, Fritz/79.49)
Ulk 36, 1921 (123.22b)
ullstein bild GmbH, Berlin (64.48b, 68.50, 167.64)
VG Bild-Kunst, Bonn 2001 (238.28, 241.33b)
Westfälisches Landesmuseum für Kunst und Kulturgeschichte Münster (33.24)
Ya'acov Farkas, Tel Aviv (193.85c)
Zentner, Dr. Christian (Hg.), Der Zweite Weltkrieg – Daten, Fakten, Kommentare, S. 31, Rastatt 1998 (167.110)

Nicht in allen Fällen war es uns möglich den Rechteinhaber ausfindig zu machen. Berechtigte Ansprüche werden selbstverständlich im Rahmen der üblichen Vereinbarungen abgegolten.